국가평생교육진흥원에서 제시한 과목별 평가영역에 맞춘 최고의 수험서!

학위취득의 지름길!

독학사, 최고의 권위서!

독학사

| 한 권으로 끝내기 |

Bachelor's Degree

국내 최고의 권위서!

교육부인정교과서지정업체
은하출판사
Eunha Publishing Co.

Bachelor's Degree

독·학·사 머리말
Preface

"뜻이 있는 곳에 길이 있다."고 했다. 그러나 아무리 훌륭한 여행계획을 세웠다 하더라도 방안의 천정만 바라보고 앉아 있다면 그 계획이 무슨 소용이 있겠는가?

반면 여행의 길을 떠났다 하더라도 계획없이 이리저리 방황만 하고 돌아왔다면 몸만 고되고 허탈감만 남게 될 것이다. 여기서 우리는 계획과 실천이 동시에 중요함을 알게 된다. 여러분은 이미 마음의 각오와 계획을 세웠으리라 생각한다. 다만 이 계획을 실천할 지침서가 필요한 것이다. 현재 다른 방면의 참고서는 다양하면서도 여러분들이 필요로 하는 참고서는 자신있게 추천할 만한 것이 없는 실정이다.

본사는 한국방송통신대학이 개원되면서부터 각 학과의 부교재인 참고서를 30년 넘게 오랫동안 발행해 온 노하우를 바탕으로 학습시간이 절대적으로 부족한 독학사를 준비하시는 여러분들을 위하여 시간과 노력을 절약하고 시험준비에 완벽을 기할 수 있도록 국가평생교육진흥원에서 제시하고 있는 과목별 평가영역에 맞추어 자신있게 본 책을 출간하였다.

현재 독학학위 취득시험은 2008년 2월 '평생교육법'의 전부개정으로 한국방송통신대학이 관장하던 독학학위 취득업무가 "국가평생교육진흥원"으로 이관되었으며, 국가평생교육진흥원 홈페이지에서는 과목별 평가영역을 구체적으로 제시해 주고 있다. 따라서 독학사 시험을 대비하는 여러분들은 본 교재를 기준으로 열심히 학습에 매진하면 될 것이다.

본서의 특징은

첫째 독학학위 취득시험을 주관하는 국가평생교육진흥원의 평가영역에 맞추어 내용을 심도 있게 다루고 있으며,

둘째 본문의 '중요내용 및 핵심요약' 부분에서는 Key Point란에 기출문제를 분석하여 출제내용을 핵심적으로 기술하고 있고,

셋째 '실전예상문제' 부분에서는 그 동안 출제되었던 최근의 기출문제를 파악하여 그에 기준한 다양한 문제와 그에 해당하는 자세한 해설을 수록하고 있으며,

넷째 최소의 시간으로 최대의 효과를 거둘 수 있다는 점을 들 수 있다.

다양한 자료와 예시를 통해 더욱 구체적인 학습을 할 수 있도록 구성·편집된 본서가 여러분의 학습에 절대적인 도움이 되리라 확신하면서 앞날에 큰 영광이 함께 하길 기원한다.

교육부은하원격평생교육원 학위취득연구소

독·학·사

독학사 안내

독학학위제도

독학학위제는 「독학에 의한 학위취득에 관한 법률」에 의해 독학자(獨學者)에게 대학졸업자격을 인정하는 학사학위(學士學位) 취득의 기회를 줌으로써 평생교육의 이념을 구현하고 개인의 자아실현과 국가·사회의 발전에 이바지하는 것을 목적으로 하는 제도입니다.

- 고등학교 졸업 이상의 학력을 가진 사람이면 누구나 응시할 수 있습니다.
- 대학교를 다니지 않아도 스스로 공부해서 학위를 취득할 수 있습니다.
- 일과 학습의 병행이 가능하여 시간과 비용을 최소화할 수 있습니다.
- 언제나, 어디서나 학습이 가능한 평생학습시대의 자아실현을 위한 제도입니다.

독학학위제는 4개의 과정시험(교양, 전공기초, 전공심화, 학위취득 종합시험)으로 이루어져 있습니다. 그러나 개인의 자아실현과 평생교육의 이념을 구현하고자 개인의 삶에서 취득한 다양한 자격과 학습이력을 심사하여 1~3과정의 일부 과정 또는 과목 시험의 면제가 가능합니다. 4과정인 학위취득 종합시험은 반드시 응시하여야 하며, 학위취득 종합시험에 합격하면 교육부장관 명의의 학사학위를 취득하게 됩니다.

응시자격

2016년 시험부터 고등학교 졸업 이상의 학력을 가진 사람이면 누구나 1~3과정(교양과정, 전공기초과정 및 전공심화과정) 인정시험에 자유롭게 응시가 가능합니다. 단, 학사학위 취득을 위한 마지막 과정인 학위취득 종합시험(4과정)은 1~3과정 시험에 모두 합격(면제)하거나, 학위취득 종합시험 응시자격을 충족해야만 응시할 수 있습니다.

가. 교양과정 인정시험(1과정), 전공기초과정 인정시험(2과정), 전공심화과정 인정시험(3과정)

- 고등학교 졸업자
- 「초·중등교육법 시행령」 제98조 제1항에 따라 상급학교의 입학에 있어 고등학교를 졸업한 사람과 같은 수준의 학력이 있다고 인정되는 사람
- 「평생교육법」 제31조 제2항에 따라 지정된 학력이 인정되는 학교 형태의 평생교육시설에서 고등학교 교과과정에 상응하는 교육과정을 마친 사람
- 「보호소년 등의 처우에 관한 법률」 제29조에 따른 소년원학교에서 고등학교 교육과정을 마친 사람

나. 학위취득 종합시험(4과정) : 응시하고자 하는 전공과 동일 전공 인정학과에 한한다.

- 교양과정 인정시험, 전공기초과정 인정시험 및 전공심화과정 인정시험에 합격(면제)한 사람
- 대학(「고등교육법」 제2조 제2호·제3호 및 제5호에 따른 학교와 다른 법령에 따라 설립된 대학을 포함한다) 및 이에 준하는 각종학교(학력인정학교로 지정된 학교만 해당한다)에서 3년 이상의 교육과정을 수료하였거나 105학점 이상을 취득한 사람
- 수업연한이 3년인 전문대학을 졸업한 사람 또는 이와 같은 수준의 자격이 있다고 인정되는 사람(전문대학 졸업예정자는 응시불가)
- 「학점인정 등에 관한 법률」 제7조에 따라 105학점(전공 16학점 이상 포함) 이상을 인정받은 사람
- 외국에서 15년 이상의 학교교육 과정을 수료한 사람

응시자격 유의사항

- 학사학위 소지자는 취득한 학사학위 전공과 동일한 전공의 시험에 응시할 수 없다.
- 유아교육학, 정보통신학 전공 : 전공심화과정 인정시험 및 학위취득종합시험만 개설
  유아교육학, 정보통신학 전공은 3~4과정의(전공심화과정 인정시험, 학위취득종합시험) 시험만 개설되어 있다. 고등학교 졸업자가 전공심화과정 인정시험에 응시는 가능하나, 학위취득 종합시험에 응시하기 위해서는 1~2과정 시험 면제요건을 충족하고, 3과정 시험에 합격하거나 4과정 시험 응시자격을 충족해야 한다.
- 교양과정인정시험, 전공기초과정인정시험 면제대상
  - 동일전공 인정학과로 대학에서 2년 이상 교육과정 수료하거나 70학점 이상 학점을 취득한 사람
  - 동일전공 인정학과로 학점은행제에 70학점 이상 학점인정 받은 사람
  - 해당 전공 2과정까지 면제 가능한 자격 또는 면허를 취득하거나 시험에 합격한 사람 등
- 간호학 전공 : 학위취득종합시험만 개설
  간호학 전공은 4과정의(학위취득종합시험) 시험만 개설되어 있다. 학위취득 종합시험에 응시하기 위해서는 3년제 전문대학 간호학과를 졸업 또는 4년제 대학교 간호학과에서 3년 이상 교육과정을 수료하였거나 105학점 이상을 취득해야만 한다.

독・학・사

과정별 시험과목(과목코드) 및 시험시간표

가. 교양과정 인정시험 : 5과목 합격(필수 3과목, 선택 2과목)

- 필수 3과목(1교시 : 국어, 국사 / 2교시 : 외국어)
- 선택 2과목(3교시 : 15과목 중 2과목 선택)

구 분	과 목 명
필 수	국어, 국사, 외국어(영어, 일본어, 중국어, 독일어, 프랑스어 중 1과목 선택)
선 택	사회학개론, 심리학개론, 경영학개론, 법학개론, 문화사, 전산개론, 문학개론, 자연과학개론, 교육학개론, 경제학개론, 국민윤리, 철학개론, 초급통계학, 일반수학, 한문 중 2과목 선택

나. 전공기초과정 인정시험 : 6과목 이상 합격

구 분	과 목 명
국어국문학	국어학개론, 국어문법론, 국문학개론, 국어사, 고전소설론, 한국현대시론, 한국현대소설론, 한국현대희곡론
영어영문학	영어학개론, 영국문학개관, 중급영어, 19세기 영미소설, 영미희곡I, 영어음성학, 영문법, 19세기 영미시
심리학	상담심리학, 산업및조직심리학, 학교심리학, 생물심리학, 발달심리학, 성격심리학, 동기와 정서, 심리통계
경영학	회계원리, 인적자원관리, 마케팅원론, 조직행동론, 경영정보론, 마케팅조사, 생산운영관리, 원가관리회계
법학	민법I, 헌법I, 형법I, 상법I, 법철학, 행정법I, 형사소송법, 국제법
행정학	인사행정론, 행정조직론, 지방행정론, 정치학개론, 기획론, 비교행정론, 헌법, 재정학
가정학	인간발달, 복식디자인, 영양학, 가정관리론, 의복재료, 주거학, 가정학원론, 식품및조리원리
컴퓨터과학	논리회로설계, C프로그래밍, 자료구조, 객체지향프로그래밍, 시스템프로그래밍, 컴퓨터시스템구조, 프로그래밍언어론, 이산수학

다. 전공심화과정 인정시험 : 6과목 이상 합격

구 분	과 목 명
국어국문학	국어음운론, 한국문학사, 문학비평론, 국어정서법, 구비문학론, 국어의미론, 한국한문학, 고전시가론
영어영문학	고급영문법, 미국문학개관, 영어발달사, 고급영어, 20세기 영미소설, 영어통사론, 20세기 영미시, 영미희곡II

구 분	과 목 명
심리학	이상심리학, 심리검사, 소비자 및 광고심리학, 학습 및 기억심리학, 인지지각심리학, 사회심리학, 건강심리학, 심리학연구방법론
경영학	재무관리론, 경영전략, 투자론, 경영과학, 재무회계, 경영분석, 노사관계론, 소비자행동론
법학	헌법II, 민법II, 형법II, 민사소송법, 행정법II, 경제법, 노동법, 상법II
행정학	재무행정론, 정책학원론, 조사방법론, 행정법I, 지역사회개발론, 행정계량분석, 도시행정론, 공기업론
유아교육학	유아교육연구및평가, 부모교육론, 유아교육기관운영관리, 아동복지, 유아언어교육, 유아사회교육, 유아수학·과학교육, 놀이이론과 실제
가정학	가족관계, 가정자원관리, 식생활과 건강, 의복구성, 육아, 복식문화, 주거공간디자인, 식품저장 및 가공
컴퓨터과학	운영체제, 인공지능, 소프트웨어공학, 컴퓨터네트워크, 컴파일러, 알고리즘, 데이터베이스, 컴퓨터그래픽스
정보통신학	회로이론, 데이터통신, 정보통신이론, 임베디드시스템, 이동통신시스템, 정보통신기기, 정보보안, 네트워크프로그래밍

라. 학위취득 종합시험 : 6과목 이상 합격(교양 2과목, 전공 4과목)

구 분	과 목 명
국어국문학	국어학개론, 국문학개론, 한국문학사, 문학비평론
영어영문학	영미문학개관, 영미소설, 영어학개론, 고급영어
심리학	임상 및 상담심리학, 산업조직 및 소비자심리, 발달 및 사회심리학, 인지신경과학
경영학	재무관리, 마케팅관리, 회계학, 인사조직론
법학	민법, 헌법, 형법, 상법
행정학	인사행정론, 조직행태론, 재무행정론, 정책분석평가론
유아교육학	유아교육론, 유아발달, 유아교육과정, 유아교육교수법
가정학	패션과 의생활, 소비자론, 식이요법, 주거관리
컴퓨터과학	컴퓨터시스템구조, 컴퓨터네트워크, 자료구조, 운영체제
정보통신학	전자회로, 정보통신시스템, 네트워크 및 보안, 멀티미디어통신
간호학	간호연구방법론, 간호과정론, 간호지도자론, 간호윤리와 법

독·학·사

문항 수 및 배점

단계	문항 수 및 배점			예외 과목		
	객관식	주관식	합계	객관식	주관식	합계
1~2과정	40문항×2.5점 =100점	–	40문항 100점	25문항×4점 =100점	–	25문항 100점
3~4과정	24문항×2.5점 =60점	4문항×10점 =40점	28문항 100점	15문항×4점 =60점	5문항×8점 =40점	20문항 100점

합격 사정

가. 교양과정 인정시험, 전공기초과정 인정시험, 전공심화과정 인정시험

매 과목 100점 만점에 60점 이상 득점을 합격으로 하고 과목합격을 인정(합격 여부만 결정)

나. 학위취득 종합시험

구 분	총점학점제	과목별합격제
합격기준	총점(600점)의 60퍼센트 이상 득점(360점)하면 합격하고, 과목낙제 없음	매 과목 100점을 만점으로 하여 전 과목(교양2, 전공4) 60점 이상 득점하면 합격
유의사항	• 6과목 모두 신규 응시 • 기존 합격과목 불인정	• 기존 합격과목 재응시 불가 • 기존 합격과목 포함하여 총 6과목을 초과하여 선택할 수 없음

독학사 Ⅲ단계 – 경영분석

목차

Contents

제1장 경영분석의 이해
- 경영분석의 의의, 목적, 방법, 발전과정 ········· 12
- 재무제표의 이해 ········· 17
- 질적 정보의 이해 ········· 32
- 실전예상문제 ········· 42

제2장 재무비율 분석
- 재무비율의 의의, 목적, 분류 ········· 94
- 비율분석의 계산과 의미 ········· 99
- 비율분석의 유용성과 한계 ········· 111
- 비율분석의 보완 ········· 111
- 실전예상문제 ········· 120

제3장 기업손익 분석
- 손익분기분석(손익분기점 분석) ········· 160
- 레버리지 분석 ········· 165
- 실전예상문제 ········· 170

제4장 부실기업 분석
- 기업부실의 개요 ········· 192
- 우리나라의 부실기업 정리제도 ········· 193
- 기업부실의 예측방법 ········· 195
- 실전예상문제 ········· 200

목차

Contents

제5장 신용평가
- 신용분석의 의의 및 체계 ·· 214
- 채권등급평가 ·· 218
- 실전예상문제 ·· 220

제6장 기업가치평가
- 기업가치평가의 의의 및 절차 ·· 232
- 기업가치평가의 기본방법 ··· 233
- EVA : 경제적 부가가치 모형 ··· 235
- 실전예상문제 ·· 237

부록
- 최종모의고사 ·· 251

독|학|사|3|단|계

01 경영분석의 이해

단원개요

경제성장과 더불어 기업의 이해 관계자들 사이에서 기업 내용에 대한 관심이 증대되고 있다. 이 때 과거와 현재의 기업 실체를 파악하여 미래를 예측함으로써 의사결정 목적에 적합한 정보를 얻는 데 이용되는 것이 경영분석이다. 전통적으로 경영분석은 기업이 발표하는 재무제표에 의존하여 이루어져 왔지만, 최근 금융환경이 급변함에 따라 재무제표 이외에 경제, 산업, 기업 등과 관련한 자료들이 폭넓게 이루어지면서 종합적인 분석이 요구되고 있다.

출제경향 및 수험대책

이 단원에서는 해마다 출제비율이 약간씩 달라지기는 하지만 평균 5~6문제 정도는 출제되고 있는 편이다. 그 출제 내용을 살펴보면 경영분석의 의의, 전통적 경영분석과 현대적 경영분석, 내부분석 측면, 외부분석, 재무자료 분석, 비재무자료 분석, 경영분석의 발전 과정, 재무제표의 의미와 종류, 재무제표의 특성과 한계, 한국채택국제회계기준에서의 재무제표 표시기준, 재무제표의 일반사항, 재무상태표의 개념 및 기본구조, 재무상태표의 표시, 재무상태표 항목, 재무상태표의 형식, 재무제표의 유용성 및 한계, 포괄손익계산서, 자본변동표, 현금흐름표, 주석, 질적 정보의 이해 등에 대해서 묻는 문제들이 출제되고 있는 바, 자세하고 철저한 학습이 요구된다.

01 경영분석의 이해

- 경영분석의 의의, 목적, 방법, 발전 과정
- 재무제표의 의미와 종류
- 회계자료의 질적 분석
- 비계량적 요인 분석

1 핵심 중요내용 및 핵심요약

경영분석의 의의, 전통적 경영분석과 현대적 경영분석, 내부분석 측면, 외부분석, 재무자료 분석, 비재무자료 분석, 경영분석의 발전 과정, 재무제표의 의미와 종류, 재무제표의 유용성 및 한계, 재무상태표, 포괄손익계산서, 자본변동표, 현금흐름표, 주석, 질적 정보의 이해

경영분석의 의의, 목적, 방법, 발전과정

1. 경영분석의 의의

(1) 경영분석의 의의

① 기업의 의미
  ㉠ 기업은 자본주의 사회에서 이윤추구를 목적으로 하는 생산경제의 단위체 또는 그 활동이다.
  ㉡ 넓은 의미에서 기업이란 경제사업체 그 자체를 말하며, 좁은 의미로는 경제사업체의 주체를 가리킨다.
  ㉢ 기업의 구체적 활동을 말할 때는 '경영'이라는 개념을 사용한다. 즉, 경영은 생산단위의 활동을 나타내고, 기업은 경영활동의 주체이자 소유단위를 의미하는 것이다.
  ㉣ 물건을 만들어서 팔거나 서비스를 제공하여 이익을 얻는 것을 목적으로 하는 경영 조직체이다.
② 기업 경영 분석 : 과거와 현재의 기업 실체를 파악하고 미래를 예측하여 기업경영 의사결정에 적합한 정보를 얻고자 한다.
③ 경영분석의 구분
  ㉠ 전통적 경영분석
    - 기업의 회계자료를 이용하여 과거와 현재의 재무상태와 경영성과를 파악함으로써 미래를 예측하는 분석체계이다.
    - 주로 재무상태표, 포괄손익계산서, 현금흐름표 등 재무제표를 이용하여 기업의 실체를 파악하는 데 초점을 맞추므로 재무제표분석이라고도 한다.
  ㉡ 현대 경영분석
    - 회계자료뿐만 아니라 그 외에 다양한 기업관련자료를 이용하여 기업의 실체를 파악함으로써 미래를 예측하는 분석체계이다.
    - 재무제표 이외에 국내 · 외 경제동향, 산업동향, 기업동향과 같은 모든 기업관련요인을 분석대상으로 하고 있다.

Key Point

기업의 특징
- 이윤의 획득을 목적으로 운용하는 자본의 조직단위이다.
- 기업은 국민경제를 구성하는 기본적 단위이며, 생산수단의 소유와 노동의 분리를 기초로 하여 영리목적을 추구하는 독립적인 생산경제단위를 이루고 있다.
- 기업은 특정한 경제 목적을 실현하기 위해 인위적으로 형성되는 의식적 · 목적적 구성체이다. 따라서 기업에는 조직과 계산의 원칙이 관찰된다.
- 기업은 생산력 실현의 주체로서 자본이나 노동력 등의 생산요소를 결합하는 역할을 수행한다.

경영분석의 의의
- 넓은 의미의 경영분석 : 기업의 내 · 외부 이해관계가 경제적 의사결정에 필요한 정보를 획득하기 위해 기업과 관련된 자료를 수집 · 분석하는 활동이다.
- 좁은 의미의 경영분석 : 포괄손익계산서, 재무상태표, 현금흐름표 등 재무제표를 분석자료로 이용하는 것으로 재무제표분석을 말한다.

(2) 전통적 경영분석과 현대적 경영분석

① 전통적 경영분석의 문제
  ㉠ 이용자의 목적을 전통적 경영분석은 충족시키지 못한다.
  ㉡ 재무제표에 반영되지 않은 질적 요인에 대한 분석이 부족하다.
  ㉢ 다양한 자료를 활용하지 않아 기업에 대한 평가가 불완전하다.
  ㉣ 재무비율의 유용성에 대한 올바른 평가없이 경영분석이 행해진다.

② 현대 경영분석과 전통적 경영분석의 차이
  ㉠ 자료의 이용범위
    • 전통적 경영분석은 주로 회계자료에 의존한다.
    • 현대 경영분석에서는 회계자료뿐만 아니라 기업의 모든 내·외적 관련자료를 분석대상으로 한다.
  ㉡ 분석수단의 차이
    • 전통적 경영분석은 주로 재무제표항목 또는 재무비율을 이용하여 기업간의 상호비교분석, 시계열추세분석, 지수분석, 실수분석, 균형분석 등의 분석방법에 의존한다.
    • 현대 경영분석은 계량적 또는 통계적 분석방법 등과 같은 과학적 분석방법을 활용하는 등 분석방법이 다양해지고 있다.
  ㉢ 정보의 내용
    • 전통적 경영분석은 주로 재무제표를 근간으로 산출된 재무비율을 이용하여 과거와 현재의 재무상태 및 경영성과를 파악하여 미래를 예측하는 데 필요한 정보를 제공하고 있다.
    • 현대 경영분석은 급변하는 환경변화에 신속하게 대처하기 위한 의사결정의 지원체계로 발전하였다. 그리고 회계자료 이외에 모든 기업관련자료를 분석하고 있으며 분석기법 또한 의사결정 차원에서 검증되기 때문에 분석결과에 대한 신뢰성이 높으며 의사결정목적에 적합한 다양한 정보를 얻을 수 있다.

③ 현대적 경영분석의 조건
  ㉠ 실천적 측면에서 경영분석을 폭넓게 다루어야 한다.
  ㉡ 기업경영에 기업의 국제화와 다각화가 미치는 영향을 평가하여야 한다.
  ㉢ 기업의 질적 정보를 경영분석의 대상으로 해야 한다.
  ㉣ 재무비율이 의사결정과정에서 어떻게 활용되는가를 파악할 수 있는 도구가 되어야 한다.
  ㉤ 경영분석은 기업의 위험과 수익성을 평가해야 한다.

2. 경영분석의 목적

Key Point

▶ 전통적 경영분석에 이용되는 자료 : 미래의 수익 계획과 비용 계획을 나타내는 추정손익계산서, 미래 일정 시점의 재무상태를 나타내는 추정재무상태표, 현금의 조달계획과 운용계획을 나타내는 추정현금흐름표, 그리고 미래의 제조원가를 예상하는 추정제조원가명세서 등이 있다.

▶ 경영분석 : 기업의 과거 및 현재의 경영성과와 재무상태를 평가하고 기업의 미래상황을 예측하여 기업의 이해관계자들이 기업과 관련된 다양한 의사결정을 하는데 이용된다.

▶ 전통적 경영분석에서 현대적 경영분석으로
  • 전통적 경영분석만으로는 의사결정에서 요구되는 다양한 정보를 얻을 수 없다는 비판이 제기되면서 경영분석에 대한 새로운 접근이 제시되고 있다.
  • 기업규모의 확대와 더불어 자본시장이 발전함에 따라 경영자, 투자자, 금융기관, 종업원, 소비자, 행정기관 등 기업의 이해관계자들이 요구하는 정보의 유형은 다양화되고 있다.
  • 빠른 속도로 발전하고 있는 경제이론과 재무이론에 기초한 여러 형태의 의사결정기법이 개발되면서 경영분석의 역할을 학문적 시각에서 재조명하게 되었다.

▶ 경영분석의 조건
  • 재무비율 활용의 충족
  • 기업의 질적 정보의 대상화
  • 기업국제화·다각화의 영향 평가
  • 기업의 위험과 수익성 평가
  • 실천적 측면에서의 경영분석 활용

| 독 | 학 | 사 | 3 | 단 | 계 |

Key Point

경영분석의 목적 : 분석주체가 누구냐에 따라 달라진다.
• 내부 이해관계자 : 경영자이다.
• 외부이해관계자 : 금융기관·신용평가기관, 투자자·증권분석기관, 고객, 정부 등이 포함된다.

내부분석의 목적
• 자금조달 방법 및 투자 사업 선정 등을 위한 의사결정에 필요한 정보 수집
• 거래처의 신용분석, 경쟁기업의 분석, 인수대상 기업의 분석 등에 수행
• 경영전략이나 장기 경영계획의 수립을 위한 정보수집
• 업무계획 수립 또는 기업내부 상황의 통제를 위한 정보 수집이 목적

증권분석기관, 투자자 : 유가증권(채권·주식 등)의 내재가치를 파악하여 투자자가 유가증권의 투자에 필요한 정보를 획득하는 것을 목적으로 한다.

증권분석 : 다양한 기업의 내·외적 요인을 분석함으로써 어떤 증권이 과대 또는 과소평가되고 있는가에 대한 투자정보를 얻을 수 있다.

(1) 내부분석 측면

① 내부분석의 의미 : 내부분석은 경영자가 경영관리의 차원에서 필요한 정보를 얻기 위한 목적으로 수행하는 경영분석을 말한다.
② 내부분석의 목적 : 기업의 실체를 파악하는데 그치지 않고 의사결정에서 요구되는 정보를 얻는 데 있다.
  ㉠ 경영전략을 수립하는데 필요한 정보를 얻기 위하여 경영분석을 한다.
  ㉡ 경영계획을 수립하거나 경영활동을 통제하는 데 필요한 정보를 얻기 위하여 경영분석을 한다. 경영분석을 통해 어느 부분이 취약하고 어느 부분이 비교우위에 있는가를 파악하여, 취약한 부분을 보완하는 한편 비교우위에 있는 부분을 강화시킴으로써 경쟁력을 높일 수 있다.
  ㉢ 기업가치를 극대화시키기 위하여 어떤 방법으로 자금을 조달하고 어느 사업에 투자해야 할 것인가를 결정해야 하는데, 이와 같은 의사결정에서 요구되는 정보를 얻기 위해서 한다.

(2) 외부분석

외부분석은 기업의 외부 이해관계자들이 주체가 되어 수행하는 경영분석을 말한다.
① 금융기관, 신용평가 기관
  ㉠ 은행 등의 금융기관 : 대출금의 규모, 이자율, 대출기한 등과 같은 대출조건을 결정하는데 필요한 정보를 얻기 위하여 경영분석을 한다. 금융기관에서 수행하는 경영분석을 신용분석이라고 한다.
  ㉡ 신용평가기관 : 회사채나 기업어음을 발행하고자 하는 기업의 요청으로 그 기업의 채무불이행위험의 정도에 따라 평가된 신용등급을 투자자에게 제공하고 있다. 이와 같은 신용등급은 증권투자에 중요한 정보로 이용된다.
② 증권분석기관·투자자
  ㉠ 투자자와 증권분석기관은 채권 및 주식의 내재가치 또는 위험특성을 파악하기 위하여 경영분석을 한다.
  ㉡ 투자자 및 증권분석기관이 수행하는 경영분석을 흔히 증권분석이라고 한다.
  ㉢ 주식을 대상으로 하는 증권분석의 목적은 투자목표에 적합한 포트폴리오의 구성에 필요한 정보를 얻는 데 있다.
  ㉣ 채권을 대상으로 하는 증권분석에서는 채무불이행위험을 평가하는 데 목적을 두고 있다.
③ 거래처
  ㉠ 거래처가 주체가 되어 수행하는 경영분석에서는 부도가능성에 대한 정보를 얻기 위하여 거래대상기업의 다양한 재무자료를 평가한다.

  ⓒ 원자재, 중간재 또는 주요 부품 등을 납품하는 회사의 입장에서는 거래대상기업의 단기채무지급능력 등에 관한 면밀한 분석이 필요하다.
④ 정부 및 행정기관
  ㉠ 정부는 주로 산업정책의 수립, 산업에 대한 규제 또는 지원책의 수립, 조세정책의 수립 등에서 필요로 하는 정보를 얻기 위한 목적으로 경영분석을 수립한다.
  ㉡ 경제부처에서는 경제정책의 수립에 필요한 정보를 얻기 위한 목적으로 경영분석을 한다.
- 가격통제를 통한 물가안정에 필요한 정보를 얻기 위하여 수행되는 경영분석
- 국제경쟁력이 강한 산업에 대한 지원정책의 수립에 필요한 정보를 얻기 위하여 수립되는 경영분석
- 산업의 구조조정에 대한 정보를 얻기 위하여 수행되는 경영분석
- 독과점에 대한 정보를 얻기 위하여 수행되는 경영분석

⑤ 기타 분석자 : 경쟁회사, 노동조합, 공인회계사, 환경단체, 소비자, 언론기관, 연구기관 등도 나름대로 필요한 정보 수집의 목적으로 경영분석을 수행한다.

3. 경영분석의 방법

(1) 재무자료 분석

재무제표 등 회계자료를 대상으로 하는 분석방법이다.

① 비율분석
  ㉠ 비율분석은 재무제표 등과 같은 수치화된 자료를 이용하여 항목 사이의 비율을 산출, 기준이 되는 비율이나 과거의 실적, 그리고 다른 기업과의 비교 등을 통하여 그 의미나 특징, 추세 등을 분석평가하는 것이다.
  ㉡ 재무제표의 각 항목을 서로 대비시켜 구한 비율 또는 지수를 이용하는 것이다.

② 지수분석 : 주요 재무비율을 선정하여 산업에 대한 상대적인 비율을 산출한 후 각각에 부여된 가중치에 따라 가중평균지수를 계산하여 기업의 재무상태와 경영성과를 종합적으로 평가하는 것이다.

③ 실수분석 : 재무제표 상에 표시된 각 항목들의 값을 그대로 이용하는 것이다. 예 수준분석 · 증감분석 · 균형분석
  ㉠ 수준분석
- 재무제표 항목의 수치의 크기를 분석하는 것이다.
- 기업의 전반적인 규모나 재무상태를 파악하기 위한 예비분석단계에서 사용된다

Key Point

▶ 이해관계자의 경영분석 목적 내용
- 금융기관, 신용평가기관 : 기업의 신용도
- 증권 분석기관 · 투자자 : 투자정보
- 거래처 : 부도가능성의 정보
- 정부 및 행정기관 : 정책수행을 위한 정보

▶ 고객(소비자)
- 고객들은 나름대로 경영분석을 통하여 제품의 품질과 사후서비스의 가능성을 평가한 후 제품을 구매하는 경향이 있다.
- 고객이 주체가 되어 수행하는 경영분석은 수익력, 재무구조의 안정성, 경쟁력 등에 대한 평가를 통하여 기업의 계속성에 대한 정보를 얻는 데 목적을 두게 된다.

▶ 비율분석 : 기업규모의 차이를 감안하는 방법으로 관련되는 재무제표상의 각 항목의 수치를 대응시켜 비율 또는 구성비율을 만들어 비교하는 방법이다.

▶ 지수분석 : 기업의 재무상태와 경영성과에 대한 종합적 판단을 위해 중요재무비율에 일정한 가중치를 부여하여 가중평균함으로써 종합평점을 구하는 방법이다.

> **Key Point**
>
> 재무자료분석과 비재무자료분석
> - 재무자료분석 : 회계자료와 자본시장자료를 이용하는데 대체적으로 계량화된 자료를 이용하는 경우가 많다.
> - 비재무자료분석 : 기업의 경쟁상태, 환경, 제품의 질, 경영자의 능력 등과 같은 자료들을 이용하는데 계량화된 자료뿐만 아니라 질적 자료를 포함하는 경우가 있다.
>
> 경영분석
> - 재무자료분석 : 실수분석, 비율분석, 지수분석, 계량모형분석(통계분석)
> - 비재무자료분석 : 경제분석, 산업분석, 기업분석
>
> 경영분석의 발전
> - 경영분석이 이용되기 시작한 시기는 회계제도의 정착에 따라 공식적으로 재무제표가 작성되기 시작한 이후부터이다.
> - 경영분석의 발상지라고 할 수 있는 미국의 경우 산업혁명 이후 주식회사 형태의 많은 기업이 시장에 진출하는 한편 기업규모가 확대되기 시작하였다.
> - 공업화의 확산으로 기업의 자금수요가 증가하면서 자금공급원으로서 금융기관의 역할이 크게 증대되었다.

  ⓒ 증감분석법 : 일정기간 중에 특정 재무제표 항목이 어느 정도 변동하였고 그 원인은 무엇인가를 파악하는 것이다.
  ⓒ 균형분석법 : 재무제표상의 두 항목, 예를 들면 수익과 비용의 균형, 현금의 수입과 지출의 균형이 이루어져 있는가를 파악하는 것으로 자금흐름분석과 손익분기점 분석, 자본조달분기점분석, 이익계획분석 등이 이에 해당된다.
 ④ 통계분석 : 재무비율의 유용성을 높이기 위해 계량적인 분석을 통하여 필요한 정보를 가공하는 것이다.
  ㉠ 결과의 수치화를 통하여 객관적 판단지표를 제공한다.
  ⓒ 다수의 재무변수와 기업 그리고 여러 기간의 자료를 한꺼번에 고려할 수 있다.

(2) 비재무자료 분석

기업의 경영성과 및 재무상태에 중대한 영향을 미치는 기업 내외의 질적 요인을 분석한다.
① 경제분석 : 전체 경제활동의 동향이나 방향을 파악한다.
② 기업분석 : 기술수준, 제품의 구성, 경쟁력 등과 같은 질적 수준을 분석하여 기업의 경영능력을 파악하는 것이다.
③ 산업분석 : 산업의 특성이나 산업 동향을 파악한다.

4. 경영분석의 발전 과정

(1) 미국

① 1895년 : 미국의 뉴욕은행가협회가 자금을 차입하고자 하는 기업에 대하여 융자신청서의 부속서류로 자산-부채표를 제출하도록 하였다.
② 1900년 : 표준화된 융자신청서의 제출을 의무화시키면서 재무제표를 이용한 비율분석이 이용되기 시작하였다. 이때부터 재무제표를 체계적으로 분석하기 위한 기법들이 개발되었다.
③ 1910년대 이후 : 재무비율이 경영분석에 본격적으로 이용되었다.
 ㉠ 재무비율을 이용한 경영분석이 필요했던 주체는 금융기관이었으며, 유동비율을 이용하여 기업의 신용도를 평가하였다.
 ⓒ 유동비율을 이용한 기업의 신용도 평가에 따른 한계를 인식하면서 비율분석기법이 다양해지는 계기가 되었다.
④ 1930년 이후 경영관리 차원에서 경영분석이 시작되었다.
⑤ 1935년 증권관리위원회가 창설되었고 상장회사의 재무제표 작성기준이 마련되고 회계감사가 의무화되면서 재무제표의 신뢰성과 유용성이 높아졌다.

　　㉠ 뇌펠(C.F. Kneopell)에 의해서 개발된 손익분기점분석기법이 이익관리에, 원가분석기법이 원가관리에 이용되기 시작하였다.
　　㉡ 비율분석의 체계가 월(A. Wall)에 의해 정리되었다.
　⑥ 1960년대 말까지 경영분석발전의 지체
　　㉠ 재무제표가 기업의 실체를 충분히 대변하지 못하기 때문에 회계이익에 대한 부정적인 시각이 제기되었다.
　　㉡ 1950년대 이후부터 재무이론이 빠른 속도로 발전하였으나 전통적 경영분석이 이와 같은 재무이론의 발전에 부응하지 못하였다.
　　㉢ 이해관계자들의 정보에 대한 욕구가 다양화되면서 전통적 경영분석이 이와 같은 다양한 정보욕구를 충족시키지 못하였다.

(2) 우리나라

① 1962년 : 한국은행에서 「기업경영분석」을 발간하면서 비율분석이 이용되기 시작하였다.
② 1970년대 : 기업규모가 확대되어 투자정보에 대한 필요성, 기업정보의 필요성 등이 높아지면서 경영분석이 본격적으로 이용되었다.
③ 1980년대 : 증권회사의 대형화, 투자자문회사 등의 설립으로 관심이 높아지면서 커다란 발전을 이루었다.
④ 1990년대 : 경영관리의 차원에서 다양한 분야에까지 경영분석이 확산되었다.
⑤ 2000년대 : 기업과 관련된 모든 정보가 실시간으로 공개되어 이용되고 있다.

재무제표의 이해

1. 재무제표

(1) 재무제표의 의미

① 재무제표는 특정 필요에 따른 특수보고서의 작성을 기업에 요구할 수 있는 위치에 있지 아니한 재무제표이용자의 정보요구를 충족시키기 위해 작성된다.
② 재무제표는 현재 및 잠재 투자자와 채권자가 기업의 가치 또는 채무이행능력을 평가할 수 있도록 자산, 부채, 자본, 수익, 비용 및 현금흐름에 관한 정보를 전달하는 수단이다.
③ 회계실체의 일정기간(회계기간) 동안의 경제적 사건과 그 기간 말에 있어서의 경제적 상태를 나타내기 위한 일련의 회계보고서이다.
④ 회계는 회계실체의 이해관계자에게 회계실체에 관련된 유용한 재무적 정보를 제공하는 수단으로서 회계보고서를 작성·보고하는 것으로서, 재무제표는 이

Key Point

▶ 1970년대 경영분석
- 경영분석은 기본적으로 의사결정에서 요구되는 정보를 얻는데 목적을 두고 있기 때문에 의사결정모형과 경영분석을 통합시킴으로써 경영분석의 신뢰성과 유용성을 높일 수 있는 실천과학으로 발전시켜야 한다는 주장이 제기되었다.
- 경영분석을 의사결정목적에 적합한 정보를 얻기 위한 정보처리시스템으로 인식하여 경영분석의 유용성과 신뢰성이 의사결정모형과의 상호관계에서 설계되고 검증되어야 한다는 주장이 제기되었다.

▶ 우리나라의 경영분석 발전
- 1960년대 초 비율분석을 중심으로 한 경영분석의 이용
- 1970년대 투자정보 및 기업정보의 필요성 대두로 실무에 본격적으로 활용
- 1980년대 이후 경영분석의 괄목할만한 발전
- 1990년대 개방화 정책과 금융기관 경영에 대한 규제 완화로 경영분석의 역할 증대

▶ 재무제표 : 기본적으로 회계실체의 경영자 또는 그 지배를 받는 사람에 의하여 작성되며 그 정보는 회계실체의 경영자를 포함한 여러 이해관계자의 이해관계에 직접·간접으로 영향을 준다.

| 독 | 학 | 사 | 3 | 단 | 계 |

러한 회계보고서의 가장 중심적이고 종합적 체계를 이루고 있다.

⑤ 재무제표는 기업의 재무상태와 경영성과를 체계적으로 표현한 것이다. 재무제표의 목적은 광범위한 정보이용자의 경제적 의사결정에 유용한 기업의 재무상태, 경영성과와 재무상태변동에 관한 정보를 제공하는 것이다. 또한 재무제표는 위탁받은 자원에 대한 경영진의 수탁책임 결과도 보여준다.

⑥ 재무제표는 기본적으로 회계실체의 경영자 또는 그 지배를 받는 사람에 의하여 작성되며 그 정보는 회계실체의 경영자를 포함한 여러 이해관계자의 이해관계에 직접·간접으로 영향을 준다.

(2) 재무제표의 종류

재무제표의 종류에는 재무상태표, 포괄손익계산서, 자본변동표, 현금흐름표, 주석이 있다.

① 재무상태표 : 자산, 부채 및 자본에 관한 정보를 전달하는 재무제표로 기업의 재무상태를 나타낸다.

② 포괄손익계산서 : 수익과 비용 등을 보고하는 재무제표로 경영자의 경영성과를 보고한다.

③ 자본변동표 : 일정기간 자본의 크기와 변동에 관한 정보를 제공한다.

④ 현금흐름표 : 회계기간 동안의 현금흐름에 관한 정보를 전달하는 재무보고서이다.

⑤ 주석 : 재무제표 본문의 정보를 보완하여 재무제표의 전반적인 이해를 높이기 위하여 필요한 양적, 질적 정보를 제공한다.

(3) 재무제표의 특성과 한계

① 재무제표는 특정한 기업실체에 관한 정보를 제공하며, 산업 또는 경제 전반에 관한 정보를 제공하지는 않는다.

② 회계처리과정에서 둘 이상의 선택가능한 방법이 비교적 많다.

③ 재무제표에는 추정에 의하여 측정된 정보가 포함된다.

④ 재무제표에는 대부분 과거에 발생한 거래 기타 경제적 사건이 기업의 재무상태와 경영성과에 미친 영향에 대한 정보를 제공한다.

⑤ 재무제표에는 주로 화폐단위로 측정 가능한 재무적 정보가 제시된다. 비양적 질적 정보가 많이 생략된다는 점이다.

⑥ 회계정책을 소급하여 적용하거나, 재무제표의 항목을 소급하여 재작성 또는 재분류하는 경우 가장 이른 비교기간의 기초 재무상태표

(4) 한국채택국제회계기준에서의 재무제표 표시기준

① 전체 재무제표

Key Point

재무보고 : 재무회계의 목적을 달성하기 위해 외부에 전달되는 재무정보를 총칭하는 포괄적인 개념이다. 따라서 구체적인 재무보고의 목적은 현재 및 잠재 투자자와 채권자가 합리적인 의사결정을 하는 데 유용한 정보를 제공하는 재무회계의 목적과 동일하다.

재무제표의 중요성 : 오늘날 기업재무회계는 이해관계집단의 권익을 보호하고, 또 경합되는 이해관계를 조정하기 위하여 유용한 재무적 정보를 작성하여 이해를 달리하는 여러 관계집단에게 제공하는 직능을 수행하고 있다. 이 같은 수단으로 이용되는 것이다.

재무제표들의 특징
- 재무상태표는 기업실체의 유동성과 재무건전성을 평가하는데 유용한 정보를 제공한다.
- 포괄손익계산서는 기업실체의 수익성을 평가하는데 유용한 정보를 제공한다.
- 현금흐름표는 일정 기간 동안의 현금유입과 현금유출에 대해 많은 정보를 제공한다.

㉠ 기말 재무상태표 　　　　㉡ 기간 포괄손익계산서
㉢ 기간 자본변동표 　　　　㉣ 기간 현금흐름표
㉤ 주석(중요한 회계정책의 요약 및 그 밖의 설명으로 구성)
㉥ 회계정책을 소급하여 적용하거나, 재무제표의 항목을 소급하여 재작성 또는 재분류하는 경우 가장 이른 비교기간의 기초 재무상태표
② 이 기준서에서 사용하는 재무제표의 명칭이 아닌 다른 명칭을 사용할 수 있다.

(5) 재무제표의 일반사항

① 공정한 표시와 한국채택국제회계기준의 준수
　㉠ 재무제표는 기업의 재무상태, 경영성과 및 현금흐름을 공정하게 표시해야 한다. 공정한 표시를 위해서는 개념체계에서 정한 자산, 부채, 수익 및 비용에 대한 정의와 인식요건에 따라 거래, 그 밖의 사건과 상황의 효과를 충실하게 표현해야 한다.
　㉡ 한국채택국제회계기준을 준수하여 재무제표를 작성하는 기업은 그러한 준수 사실을 주석에 명시적이고 제한 없이 기재한다.
② 계속기업(계속사업) : 경영진은 재무제표를 작성할 때 계속기업으로서의 존속가능성을 평가해야 한다. 경영진이 기업을 청산하거나 경영활동을 중단할 의도를 가지고 있지 않거나, 청산 또는 경영활동의 중단 외에 다른 현실적 대안이 없는 경우가 아니면 계속기업을 전제로 재무제표를 작성한다.
③ 발생기준 회계 : 기업은 현금흐름 정보를 제외하고는 발생기준 회계를 사용하여 재무제표를 작성한다.
④ 중요성과 통합표시 : 유사한 항목은 중요성 분류에 따라 재무제표에 구분하여 표시한다. 상이한 성격이나 기능을 가진 항목은 구분해 표시한다. 다만 중요하지 않은 항목은 성격이나 기능이 유사한 항목과 통합해 표시할 수 있다.
⑤ 상계 : 한국채택국제회계기준에서 요구하거나 허용하지 않는 한 자산과 부채 그리고 수익과 비용은 상계하지 아니한다.
⑥ 보고빈도 : 전체 재무제표(비교정보를 포함)는 적어도 1년마다 작성한다. 보고기간 종료일을 변경하여 재무제표의 보고기간이 1년을 초과하거나 미달하는 경우 재무제표 해당 기간뿐만 아니라 다음 사항을 추가로 공시한다.
　㉠ 보고기간이 1년을 초과하거나 미달하게 된 이유
　㉡ 재무제표에 표시된 금액이 완전하게 비교가능하지는 않다는 사실
⑦ 비교정보 : 한국채택국제회계기준이 허용하거나 달리 요구하는 경우를 제외하고는 당기 재무제표에 보고되는 모든 금액에 대해 전기 비교정보를 공시한다. 당기 재무제표를 이해하는데 목적적합하다면 서술형 정보의 경우에도 비교정보를 포함한다.
⑧ 표시의 계속성 : 재무제표 항목의 표시와 분류는 다음의 경우를 제외하고는

Key Point

▶ 국제회계기준 : 연결재무제표를 기본 재무제표로 하고 있다. 따라서 종속기업이 있는 지배기업의 경우 연결재무상태표, 연결포괄손익계산서, 연결자본변동표, 연결현금흐름표, 연결주석을 기본 재무제표로 공시하여야 한다.

▶ 한국채택국제회계기준
・재무상태표에 표시하여야 할 최소한의 계정과목만 제시하고 있으며 재무상태표에 표시되어야 할 항목의 순서나 형식 등을 규정하고 있지 아니하다.
・기업은 재무제표에 표시되는 개별항목을 기업의 영업활동을 나타내기에 적절한 방법으로 세부적으로 분류하여야 한다.

▶ 포괄적 재무제표의 유형 : 재무상태표, 포괄적 손익계산서, 현금흐름표, 자본변동표, 주석 등

▶ 발생기준 회계 : 기업은 현금흐름 정보를 제외하고는 발생기준 회계를 사용하여 재무제표를 작성한다.

|독|학|사|3|단|계|

매기 동일하여야 한다.
  ㉠ 사업내용의 중요한 변화나 재무제표를 검토한 결과 다른 표시나 분류방법이 더 적절한 것이 명백한 경우
  ㉡ 한국채택국제회계기준에서 표시방법의 변경을 요구하는 경우
⑨ 재무제표의 식별
  ㉠ 재무제표는 동일한 문서에 포함되어 함께 공표되는 그 밖의 정보와 명확하게 구분되고 식별되어야 한다.
  ㉡ 각 재무제표와 주석은 명확하게 식별되어야 한다.
⑩ 유동과 비유동의 구분 : 유동성 순서에 따른 표시방법이 신뢰성 있고 목적적합한 정보를 제공하는 경우를 제외하고는 유동자산과 비유동자산, 유동부채와 비유동부채로 재무상태표에 구분하여 표시한다. 유동성 순서에 따른 표시방법을 적용할 경우 모든 자산과 부채는 유동성의 순서에 따라 표시한다.

2. 재무상태표

(1) 재무상태표의 개념

① 재무상태표는 일정 시점 현재 기업실체의 재무상태에 관한 정보를 제공하는 재무보고서이다. 재무상태란 기업실체가 일정시점에서 보유하고 있는 자산과 부채 및 자본의 상태를 말하며, 일정시점은 재무상태표일이다.
② 재무상태표(statement of financial position)는 일정시점을 기준으로 기업의 재무상태를 보고하는 보고서이다. 즉, 그 작성시점(보통 회계년도 말)을 기준으로 회사가 어떠한 자산을 얼마나 보유하고 있으며, 이러한 자산을 취득하기 위해 주주들이 자본을 얼마나 출자했으며 또한 부채는 얼마나 차입했나를 보여주는 보고서이다.

> 재무상태표 등식 : 자산 = 부채 + 자본

(2) 재무상태표의 기본구조

① 재무상태표의 기본요소 : 자산과 부채 및 자본이다.
② 한국채택국제회계기준 : 재무상태표에 표시하여야 할 최소한의 계정과목만 제시하고 있으며 재무상태표에 표시되어야 할 항목의 순서나 형식 등을 규정하고 있지 아니하다.
  ㉠ 유형자산   ㉡ 투자부동산
  ㉢ 무형자산   ㉣ 금융자산
  ㉤ 생물자산   ㉥ 재고자산
  ㉦ 매출채권 및 기타 채권   ㉧ 현금 및 현금성자산
  ㉨ 충당부채   ㉩ 금융부채

Key Point

재무상태표의 의의 : 일정시점을 기준으로 작성된 회계주체의 재무상태를 나타내는 재무보고서이다. 여기에서 일정시점이라 함은 재무상태표가 작성되는 특정 일자를 말하여 보통 회계주체가 정한 회계기간(accounting period)의 말일을 의미하며, 재무상태표일이라고도 한다.

재무제표의 식별
• 재무제표는 동일한 문서에 포함되어 함께 공표되는 그 밖의 정보와 명확하게 구분되고 식별되어야 한다.
• 각 재무제표와 주석은 명확하게 식별되어야 한다.

재무상태 : 일정시점에 있어서 회계주체의 자산과 부채 및 자본 등의 기본요소의 구성상태를 의미한다. 그러므로 재무상태표는 곧 특정일자에 있어서 회계주체의 자산과 부채 및 자본의 구성상태를 나타내는 재무보고서이다.

재무상태표의 형식 : '자산 = 부채 + 자본'의 형식으로 되어 있다.

- ㉠ 지분법에 따라 회계처리하는 투자자산
- ㉥ 지배기업의 소유주에게 귀속되는 주식발행 자본금과 적립금
- ㉤ 자본에 표시된 소수주주지분
- ㉮ 매각예정으로 분류된 처분자산집단에 포함된 부채
- ㉠' 이연법인세부채 및 이연법인세자산
- ㉡' 당기 법인세와 관련된 부채와 자산
- ㉢' 매입채무 및 기타 채무
- ㉣' 매각예정으로 분류된 자산과 매각예정으로 분류된 처분자산집단에 포함된 자산의 총계

(3) 재무상태표의 표시

재무상태표를 표시하는 경우 원칙적으로 유동성/비유동성 구분법을 적용하여 표시한다. 다만, 유동성 순서에 따른 표시방법이 유동성/비유동성 구분법보다 신뢰성 있고 목적적합한 정보를 제공하는 경우에는 유동성 순서에 따른 표시방법으로 재무상태표를 표시할 수 있다.

① 유동성/비유동성 구분법 : 자산과 부채를 유동자산(부채)과 비유동자산(부채)으로 구분하여 표시하는 것이다.
  - ㉠ 기업이 명확히 식별 가능한 영업주기 내에서 재화나 용역을 제공하는 경우, 재무상태표에 유동자산과 비유동자산 및 유동부채와 비유동부채를 구분하여 표시한다. 이는 운전자본으로서 계속 순환되는 순자산과 장기 영업활동에서 사용하는 순자산을 구분함으로써 유용한 정보를 제공하기 때문이다.
  - ㉡ 유동성 순서에 따른 표시방법이 신뢰성 있고 더욱 목적적합한 정보를 제공하는 경우를 제외하고는 재무상태표에 자산은 유동자산과 비유동자산으로, 부채는 유동부채와 비유동부채로 구분하여 표시한다.

② 유동성 순서에 따른 표시방법 : 자산과 부채를 오름차순이나 내림차순으로 유동성 순서에 따라 표시하는 것이다.
  - ㉠ 금융회사와 같은 기업은 재화나 서비스를 명확히 식별 가능한 영업주기 내에 제공하지 않기 때문에 자산과 부채를 유동성/비유동성 구분법으로 표시하는 것보다 오름차순이나 내림차순으로 유동성 순서에 따라 표시하는 것이 더욱 목적적합한 정보를 제공하기 때문이다.
  - ㉡ 금융회사와 같은 일부 기업의 경우 자산과 부채를 오름차순이나 내림차순으로 유동성 순서에 따라 표시하는 것이 유동성/비유동성 구분법보다 신뢰성 있고 더욱 목적적합한 정보를 제공한다.

(4) 재무상태표 항목

Key Point

▶ 비유동자산 : 유형자산 및 장기의 성격을 가진 금융자산을 포함하여 '비유동'이라는 용어를 사용하고 있다. 만약 의미가 명확하다면 대체적인 용어를 사용하는 것을 금지하지는 않는다.

▶ 재무상태표의 표시 : 재무상태표를 표시하는 경우 원칙적으로 유동성/비유동성 구분법을 적용하여 표시한다. 다만, 유동성 순서에 따른 표시방법이 유동성/비유동성 구분법보다 신뢰성 있고 목적적합한 정보를 제공하는 경우에는 유동성 순서에 따른 표시방법으로 재무상태표를 표시할 수 있다.

▶ 자산 : 과거 사건의 결과로서 현재 기업이 통제하고 있고, 미래의 경제적 효익이 기업에 유입될 것으로 기대되는 자원이다.

① 자산
  ㉠ 토지, 건물, 기계설비, 상품 등과 같이 기업이 소유하는 경제적 가치가 있는 재화이다.
  ㉡ 과거 거래의 결과로 특정실체가 소유나 통제하고 있는 장래의 경제적 효익이다.
  ㉢ 자산의 유형 : 자산은 회계정보이용자들이 이해하기 쉽도록 해당 자산의 성격을 잘 나타내는 과목을 사용하여 나타내야 하며, 한국채택국제회계기준에서는 최소한 유동자산과 비유동자산으로 구분하여 표시하도록 하고 있다.
    • 유동자산 : 자산은 다음의 경우에 유동자산으로 분류한다.
      ▶ 기업의 정상영업주기 내에 실현될 것으로 예상하거나, 정상영업주기 내에 판매 또는 소비할 의도가 있다.
      ▶ 주로 단기매매 목적으로 보유하고 있다.
      ▶ 보고기간 후 12개월 이내에 실현될 것으로 예상한다.
      ▶ 현금이나 현금성자산으로서, 교환이나 부채 상환 목적으로의 사용에 대한 제한 기간이 보고기간 후 12개월 이상이 아니다.
    • 비유동자산 : 그 밖의 모든 자산은 비유동자산으로 분류한다. 한국채택국제기준서에서는 유형자산, 무형자산 및 장기의 성격을 가진 금융자산을 포함하여 '비유동'이라는 용어를 사용하고 있다. 만약 의미가 명확하다면 대체적인 용어를 사용하는 것을 금지하지는 않는다.

② 부채
  ㉠ 부채의 의의 : 기업이 부담하는 채무이다. 즉 은행차입금이나 외상매입금 등과 같은 채무이다.
  ㉡ 부채의 유형 : 재무상태표에 표시되는 부채는 재무상태일로부터 1년 이내에 상환해야 하는 채무인 유동부채와 1년 이후에 상환해야 하는 채무인 비유동부채로 분류된다.
    • 유동부채 : 부채는 다음의 경우에 유동부채로 분류한다.
      ▶ 정상영업주기 내에 결제될 것으로 예상하고 있다.
      ▶ 주로 단기매매 목적으로 보유하고 있다.
      ▶ 보고기간 후 12개월 이내에 결제하기로 되어 있다.
      ▶ 보고기간 후 12개월 이상 부채의 결제를 연기할 수 있는 무조건의 권리를 가지고 있지 않다.
    • 비유동부채 : 그 밖의 모든 부채는 비유동부채로 분류한다.

③ 자본
  ㉠ 자본의 의의
    • 기업의 자산 중에서 소유주의 몫에 해당하는 금액이다. 그래서 소유주

Key Point

자산
- 유동자산
  - 현금 및 현금성자산 : 현금, 당좌예금, 보통예금
  - 매출채권 및 기타채권 : 매출채권, 단기대여금, 미수금
  - 기타금융자산 : 단기매매금융자산, 정기예금, 정기적금
  - 재고자산 : 상품, 제품, 재공품, 원재료
- 비유동자산
  - 장기대여금 및 수취채권 : 장기대여금, 미수금
  - 기타금융자산 : 매도가능금융자산, 만기보유금융자산, 투자부동산
  - 유형자산 : 토지, 건물, 비품, 기계장치
  - 무형자산 : 특허권, 상표권, 실용신안권

영업주기 : 영업활동을 위한 자산의 취득시점부터 그 자산이 현금이나 현금성자산으로 실현되는 시점까지 소요되는 기간이다. 정상영업주기를 명확하게 식별할 수 없는 경우에는 그 기간이 12개월인 것으로 가정한다.

부채의 의미 : 채권자가 기업의 자산에 대해서 청구할 수 있는 권리이다.

기타 유동부채 : 정상영업주기 이내에 결제되지는 않지만 보고기간 후 12개월 이내에 결제일이 도래하거나 단기매매목적으로 보유한다.

지분이라고도 부른다.
- 소유주가 출자한 금액과 영업활동을 통해 벌어들인 이익이 외부에 배당되지 않고 사내에 축적된 금액으로 이루어진다.
- 기업의 자산에 대한 청구권은 채권자가 우선하므로, 잔여지분이라고도 한다.

ⓒ 자본의 유형 : 납입자본, 기타 자본요소, 이익잉여금으로 분류된다.

(5) 재무상태표의 형식

재무상태표의 양식은 당기와 전기를 비교하는 형식으로 되어 있는데, 보고식 혹은 계정식 중 어느 형태로 작성할 것인지에 대한 구체적인 규정은 없다.

① 보고식 : 재무제표 항목을 위에서 아래로 나열하는 방식으로, 왼쪽과 오른쪽을 구분하지 않고 일렬로 배열하여 작성하는 방법을 말한다(일종의 보고서의 형태).

② 계정식 : 계정처럼 양쪽에 항목을 배열하는 양식으로, 왼쪽과 오른쪽으로 구분하여 자산을 왼쪽(차변)에, 부채와 자본을 오른쪽(대변)에 표시하는 형식을 말한다(일종의 표의 형태).

(6) 재무제표의 유용성 및 한계

① 재무제표의 유용성
  ㉠ 재무유연성을 평가할 수 있는 정보를 제공한다.
  ㉡ 재무구조에 대한 정보를 제공한다.
  ㉢ 포괄손익계산서 자료와 함께 사용할 경우 기업의 수익성과 위험성을 평가할 수 있도록 정보를 제공한다.
  ㉣ 유동성에 관한 정보를 제공한다.

② 재무제표의 한계
  ㉠ 잠재적 자산이 있을 때 이것을 화폐단위로 측정할 수 없어 자산으로 계상되지 않을 수 있다.
  ㉡ 자산과 부채가 존재함에도 불구하고 장부에 계상되지 않을 수 있다.
  ㉢ 유형자산의 평가에 원가모형이나 재평가모형을 선택할 수 있는데, 이런 것이 기업마다 유형자산의 평가와 관련한 회계처리가 다를 수 있고 재무상태에 미치는 영향도 다르게 나타난다.
  ㉣ 재무상태표의 자산은 몇몇 항목(수취채권의 순실현가능가치 평가, 금융자산 및 금융부채의 공정가치 평가, 재고자산의 저가주의 평가, 유형자산의 재평가 선택)을 제외하고는 역사적 원가(취득원가)로 보고되므로 자산가치가 현행가치에 의한 경제적 실질을 나타내지 못한다.
  ㉤ 자산의 평가에 경영자의 주관적인 판단이 개입될 여지가 많다.

Key Point

▶ 자본금
- 자본금은 법정자본금으로서 주당 액면가액에 발행주식수를 곱한 금액으로 보통주자본금, 우선주자본금 등을 포함한다.
- 한국채택국제회계기준에서는 지분상품을 비롯한 금융상품을 법적 형식이 아니라 실질에 따라 의무적으로 상환해야 하거나, 보유자(즉, 소유자)가 상환을 청구할 수 있는 상환우선주는 금융부채로 분류한다.

▶ 재무상태표의 형식
- 계정식(좌우배열식) : '자산 = 부채 + 자본'의 형식에 따라 자산의 항목 및 금액과 부채, 자본의 항목 및 금액을 좌우 두 난에 대조표시하여 쌍방의 합계가 평균을 이루도록 나타내는 형식을 취한다.
- 보고식(상하배열식) : 자산, 부채, 자본에 대한 각각의 항목과 금액이 위로부터 아래로 순차적으로 기재하는 형식을 취한다.

▶ 포괄손익계산서
- 수익, 비용, 당기순손익, 기타포괄손익, 총포괄손익의 순서로 표시한다.
- 포괄손익계산서는 일정 기간 기업의 경영성과를 나타내주는 재무제표이다.

3. 포괄손익계산서

(1) 포괄손익계산서(statement of comprehensive income)의 의미

① 일정기간의 수익과 그에 대응하는 비용을 하나의 표로 나타내어 그 기간의 순이익을 표시한 것이다.
② 일정기간 기업의 경영성과를 나타내는 재무보고서이다.
③ 종전의 기업회계기준들은 수익과 비용과 관련하여 많은 항목들을 제시하고 엄격한 구분기준(영업과 영업외 항목의 구분 등)을 두고 손익계산서에 표시하도록 하였으나, 한국채택국제회계기준은 표시정보에 대해서만 규정을 두어 비교적 재량적 표시를 허용하고 있다.
④ 포괄손익계산서는 경영성과를 나타내므로 성과를 측정하기 위한 일정한 기간개념이 필요하다. 즉, 포괄손익계산서를 작성하기 위해서는 분기, 반기 혹은 1년 동안 일정한 기간을 대상으로 작성된다.
⑤ 포괄손익계산서는 일정기간 동안의 수익, 비용, 이익과 손실 등을 통해 경영성과를 측정하여 이를 보고하는 재무제표로서, 특정 기간 동안의 경영성과에 대한 정보뿐만 아니라 기업의 미래 현금흐름과 수익창출능력 등을 이용자가 예측하는 데 유용한 정보를 제공한다.
⑥ 포괄손익계산서의 기본요소 : 포괄손익계산서의 기본요소는 수익과 비용이다. 회계에서 일정기간의 경영성과 또는 수익성은 그 기간에 실현된 수익과 그 수익의 창출과정에서 발생된 비용을 비교하여 측정할 수 있다.

(2) 포괄손익계산서 기준

① 수익·비용대응의 기준
   ㉠ 비용은 경제적 효익이 사용 또는 유출됨으로써 자산이 감소하거나 부채가 증가하고 그 금액을 신뢰성 있게 측정할 수 있을 때 인식한다. 이는 비용의 인식이 자산의 감소나 부채의 증가와 동시에 이루어짐을 의미한다.
   ㉡ 기간손익을 확정하는 과정에서 보고된 수익과의 인과관계에 기초를 두어 비용을 보고하여야 한다.
② 발생주의의 기준
   ㉠ 발생기준 : 기업실체에서 발생한 거래 및 이 거래와 관련된 수익과 비용은 그 현금유입과 현금유출이 있는 기간이 아니라 그 거래가 발생한 기간에 인식하는 것을 말한다.
   ㉡ 발생주의 회계에서는 수익과 비용 간의 적정대응이 확보되어 기간별 경영성과가 비교적 정확하게 표시될 수 있다.
③ 실현주의의 기준
   ㉠ 재화를 판매하거나 용역을 제공하였을 때 그 판매액이나 용역제공액으로

Key Point

포괄손익계산서의 역할
- 일정 기간동안의 기업실체의 경영성과에 대한 정보를 제공한다.
- 기업의 미래현금흐름과 이익창출능력 등의 예측에 유용한 정보를 제공한다.

수익·비용 대응원칙
- 비용 항목을 자기가 창출한 수익과 대응시켜 관련 수익과 같은 회계기간에 인식하여야 한다는 원칙이다.
- 수익과 비용의 관계가 명확하지 않은 경우 비용은 사용된 회계기간의 비용으로 인식된다. 이처럼 사용된 기간에 비용이 기록되는 것을 기간대응이라 한다.

수익실현원칙 : 원칙적으로 수익의 획득과정이 완료되고 그 수익을 객관적으로 측정할 수 있는 시점을 말한다. 일반적으로 이러한 수익실현시점은 재화나 용역이 제공된 시점이라 할 수 있다.

포괄손익계산서의 표시방법 : 해당 기간에 인식한 모든 수익과 비용 항목은 다음 중 한 가지 방법으로 표시한다.
- 단일 포괄손익계산서
- 두 개의 보고서 : 당기순손익의 구성요소를 배열하는 보고서(별개의 손익계산서)와 당기순손익에서 시작하여 기타포괄손익의 구성요소를 배열하는 보고서(포괄손익계산서)

수익을 인식하는 기준을 말한다.
ⓒ 수익이 실현되었거나 또는 실현가능한 시점에서 인식한다. 이것이 수익인식의 실현요건이다.

(3) 포괄손익계산서 표시 항목

① 수익(매출액) : 수익(매출액)은 받았거나 받을 대가의 공정가치로 측정한다. 수익금액은 일반적으로 판매자와 구매자 또는 자산의 사용자 간의 합의에 따라 결정되며, 판매자에 의해 제공된 매매할인 및 수량리베이트를 고려하여 받았거나 받을 대가의 공정가치로 측정한다.

② 매출원가 : 매출원가는 제품, 상품 등의 매출액에 대응되는 원가로서 판매된 제품이나 상품 등에 대한 제조원가 또는 매입원가이며, 기초제품(또는 상품) 재고원가에 당시 제품제조원가(또는 당기상품순매입원가)를 가산하여 산출한 판매가능제품(또는 상품)원가에서 기말제품(또는 상품)재고원가를 차감한 금액이다.

③ 매출총손익 : 매출총손익은 매출액에서 매출원가를 차감하여 산출한다.

④ 판매비와 관리비 : 제품, 상품 및 용역의 판매활동과 기업의 관리활동에서 발생하는 비용으로서 매출원가에 속하지 아니하는 모든 영업비용을 포함한다.

⑤ 법인세비용차감전계속영업손익 : 계속영업수익에서 계속영업비용을 차감하여 법인세비용차감전계속영업손익을 산출한다. 계속영업손익에서 계속영업손익법인세비용을 차감하여 계속영업손익을 산출한다.

⑥ 계속영업손익법인세비용 : 법인세비용차감전계속영업손익에 대응하여 발생한 법인세비용이다.

⑦ 중단영업손익 : 중단영업손익은 중단영업으로부터 발생한 수익에서 비용을 차감한 것으로서 세후 중단영업손익과 중단영업에 포함된 자산이나 처분자산집단을 순공정가치로 측정하거나 처분함에 따른 세후 손익의 합계를 포괄손익계산서에 단일 금액으로 표시한다.

⑧ 당기순손익 : 당기순손익은 계속영업손익에 중단영업손익을 가감하여 산출한다. 한 기간에 인식되는 모든 수익과 비용 항목은 한국채택국제회계기준이 달리 정하지 않는 한 당기순손익으로 인식한다.

⑨ 총포괄손익 : 거래나 그 밖의 사건으로 인한 자본의 변동을 의미한다. 다만, 소유주로서의 자격을 행사하는 소유주와의 거래로 인한 자본의 변동은 제외한다.

(4) 수익

① 정의 : 일정기간 기업의 계속적인 영업활동의 결과로서 발생된 현금이나 기타 자산의 유입을 말한다.

② 한국채택국제회계기준에서의 규정 : 수익을 포괄손익계산서에서 매출액과

Key Point

▶ 포괄손익계산서에 표시되는 정보
- 수익
- 금융원가
- 지분법 적용대상인 관계기업과 조인트벤처의 당기순손익에 대한 지분
- 법인세비용
- 다음의 두 가지를 합한 금액
  - 세후 중단영업손익
  - 중단영업에 속한 자산이나 처분자산집단의 처분으로 인하여 또는 순공정가치의 측정으로 인하여 인식된 세후 중단영업손익
- 당기순손익
- 성격별로 분류되는 기타포괄손익의 각 구성요소
- 지분법 적용대상인 관계기업과 조인트벤처의 기타포괄손익에 대한 지분
- 총포괄손익

▶ 수익
- 출자·증자와 같은 자기자본의 증가 및 차입금과 같은 타인자본의 증가 이외의 원인에 의하여 기업에 유입되는 가치이다.
- 기업이 제공하는 급부(재화 및 서비스)의 대가이다.

▶ 비용의 성격별 분류의 예

수익	x
기타 수익	x
제품과 재공품의 변동	x
원재료와 소모품의 사용액	x
종업원급여비용	x
감가상각비와 기타 상각비	x
기타 비용	x
총비용	(x)
법인세비용차감전순이익	x

| 독 | 학 | 사 | 3 | 단 | 계 |

기타수익으로 구분하여 표시하도록 규정하고 있다.

(5) 비용

① 정의 : 수익을 얻는 중 소모된 자산이나 사용된 용역의 원가이다.
② 비용의 분류 : 한국채택국제회계기준에서는 비용을 포괄손익계산서에 성격별로 구분하여 표시할 것인지, 기능별로 구분하여 표시할 것인지 선택할 수 있도록 규정하고 있다.

- ㉠ 성격별 분류 : 당기손익에 포함된 비용은 그 성격(예 감가상각비, 원재료의 구입, 운송비, 종업원급여와 광고비)별로 통합하며, 기능별로 재배분하지 않는다. 비용을 기능별 분류로 배분할 필요가 없기 때문에 적용이 간단할 수 있다.
- ㉡ 기능별 분류법 또는 '매출원가'법 : 비용을 매출원가, 그리고 물류원가와 관리활동원가 등과 같이 기능별로 분류한다. 이 방법에서는 적어도 매출원가를 다른 비용과 분리하여 공시한다.
- ㉢ 비용의 기능별 분류 또는 성격별 분류에 대한 선택 : 역사적, 산업적 요인과 기업의 성격에 따라 다르다. 두 방법 모두 기업의 매출 또는 생산 수준에 직접 또는 간접으로 연계하여 변동함을 시사한다. 각 방법이 상이한 유형의 기업별로 장점이 있기 때문에 기준서는 신뢰성 있고 보다 목적적합한 표시방법을 경영진이 선택하도록 하고 있다. 그러나 비용의 성격에 대한 정보가 미래현금흐름을 예측하는데 유용하기 때문에 비용을 기능별로 분류하는 경우에는 추가 공시가 필요하다.

(6) 당기업적주의와 포괄주의 포괄손익계산서

① 당기업적주의의 포괄손익계산서
  - ㉠ 당기업적주의 : 당해 기간의 정상적인 경영활동에서 생기는 경상적인 손익 요소만을 고려해 당기순손익을 결정하고, 비경상적 특별항목은 따로 이익잉여금 계산서에 직접 포함해야 한다는 주장이다.
  - ㉡ 당기업적주의의 초점 : 기업의 정상적 또는 경상적인 수익창출 능력을 측정하는데 초점을 두고 있다.
② 포괄주의의 포괄손익계산서
  - ㉠ 포괄주의 : 당기순손익을 일정 기간 동안 발생한 거래의 기록이나 기업의 재평가(배당금 지급이나 자본거래는 제외)에 의해 인식된 지분의 총변화로 인식한다. 따라서 기간손익 계산 시 경상적인 수익, 비용뿐만 아니라 비경상적이고 비반복적인 특별항목까지도 모두 포함해 측정한다.
  - ㉡ 포괄주의의 가장 큰 장점 : 특별손익에 대한 회계담당자의 자의적인 판단을 배제해 당기순손익을 임의적으로 조정할 여지를 원천적으로 없앨

Key Point

비용의 기능별 분류의 예
수익	x
매출원가	(x)
매출총이익	x
기타 수익	x
물류원가	(x)
관리비	(x)
기타 비용	(x)
법인세비용차감전순이익	x

당기업적주의 손익계산서와 포괄주의 손익계산서
- 당기업적주의의 손익계산서 : 당해기간의 정상적인 경영활동에서 생기는 반복적인 비용·수익요소만을 손익계산에 고려하여 순이익을 결정하고 이상적이고 비반복적으로 발생하는 비용·수익항목은 잉여금계산서에서 표시한다.
- 포괄주의의 손익계산서 : 포괄주의는 손익계산서를 작성할 때 경상적·반복적인 수익·비용항목은 물론이고, 이상적·비반복적 성격의 수익·비용항목까지도 포함하여 순손익을 표시하여야 한다.

한국채택국제회계기준에서의 구조 : 포괄손익계산서를 단일의 포괄손익계산서로 나타내든지, 아니면 당기순손익으로 시작하여 기타포괄손익의 구성요소를 배열하는 두 개의 보고서를 나타내든지 두 가지 방법 중 하나를 선택하여 표시할 수 있도록 규정하고 있다.

수 있다는 점이다.
ⓒ 한국채택국제회계기준
- 해당 기간에 인식한 모든 수익과 비용을 포괄손익계산서에 포함하도록 규정하고 있으므로 포괄주의를 채택하고 있다.
- 대부분의 손익항목을 당기순손익에 포함하여 일부 비경상적·비반복적 손익항목을 당기순손익과 구분하여 기타포괄손익으로 구분한다.

(7) 포괄손익계산서의 유용성 및 한계

① 유용성
ㄱ 영업활동의 성과를 평가하는데 유용한 정보를 제공한다.
ㄴ 현재 혹은 잠재적인 투자자와 채권자들에게 기업의 미래현금흐름과 수익 창출능력에 관한 정보를 제공한다.
ㄷ 회계이익을 근거로 하여 과세소득을 계산함으로써 과세소득의 기초자료를 제공한다.

② 한계
ㄱ 포괄손익계산서상의 순이익은 회계상의 이익으로서 진실한 이익 또는 경제학상의 이익과 차이가 있다.
ㄴ 자산평가에 대한 경영자의 주관적 판단에 따라 포괄손익계산서에 나타난 당기순손익이 다르게 나타날 수도 있다.
ㄷ 포괄손익계산서상의 순이익은 투자자의 기회비용을 반영해서 측정된 것이 아니기 때문에 경제적 부가가치를 나타내지 못한다.
ㄹ 대체적인 회계처리방법이 허용되므로 회계처리방법에 따라 경영성과, 즉 당기순이익이 다르게 나타난다.

4. 자본변동표

(1) 자본변동표의 개념

① 자본변동표는 자본의 크기와 그 변동에 관한 정보를 제공하는 재무보고서이며 자본금, 자본잉여금, 이익잉여금 및 기타자본요소의 변동에 관한 포괄적인 정보를 제공한다.
② 자본변동표는 납입자본, 이익잉여금, 기타자본요소의 각 항목별로 기초잔액, 당기변동사항, 기말잔액을 일목요연하게 나타낸 재무제표이다.
③ 자본변동표는 일정시점 현재 기업실체의 자본의 크기와 일정기간 동안 기업실체의 자본의 변동에 관한 정보를 나타내는 재무제표이다.

(2) 자본변동표 표시항목

Key Point

➡ 자본변동표
- 재무상태표에 표시되어 있는 자본의 기초잔액과 기말잔액을 모두 표시함으로써 재무상태표와 연계하여 이용할 수 있다.
- 자본의 변동내역은 포괄손익계산서와 현금흐름표에 나타난 정보와 연계하여 이용할 수 있으므로 재무정보 이용자들로 하여금 보다 명확하게 재무제표간 연계성을 이해할 수 있도록 해준다.

➡ 자본변동표의 표시 : 한국채택국제회계기준(K-IFRS)에서는 자본변동표에 표시하여야 할 최소한의 계정과목만 제시하고 있으며 세부적인 자본변동표의 형식 등을 규정하고 있지 아니하다. 다만, '재무제표 표시'의 실무적용지침에서 자본변동표 표시에 관한 간단한 사례를 제시하고 있다.

➡ 자본변동표 항목의 분류(1)
- 자본금의 변동 : 유·무상증자(감자)와 주식배당에 의하여 발생되며, 보통주자본금과 우선주자본금으로 구분하여 표시한다.
- 자본잉여금의 변동 : 유·무상증자(감자), 결손금처리금 등으로 구분하여 표시한다.
- 자본조정의 변동 : 자기주식, 주식할인발행차금, 주식선택권, 출자전환채무, 감자차손, 자기주식처분손실, 청약기일이 경과된 신주청약증거금 중 신주납입금으로 충당될 금액과 같은 항목으로 구분하여 표시한다.

Key Point

자본변동표 항목의 분류(2)
- 기타포괄손익누계액의 변동 : 매도가능증권평가손익, 해외사업환산손익, 확정급여제도의 보험수리적 손익, 현금흐름위험회피의 위험수단 평가손익 중 효과적인 부분, 자산재평가잉여금과 같은 항목으로 구분하여 표시한다.
- 이익잉여금의 변동 : 회계정책의 변경으로 인한 누적효과, 중요한 전기오류수정손익, 연차배당(당기 중에 주주총회에서 승인된 배당금액으로 하되 현금배당과 주식배당으로 구분하여 기재)과 기타 전기말 처분전 이익잉여금의 처분, 중간배당(당기 중에 이사회에서 승인된 배당금액), 당기순손익과 같은 항목으로 구분하여 표시한다.
- 비지배지분의 변동 : 지배기업이 직접 또는 다른 종속기업을 통하여 간접으로 소유하지 않는 지분에 귀속되는 종속기업의 당기순손익 및 순자산의 해당 부분이다. 이러한 비지배지분의 변동을 자본변동표에 별도로 구분하여 표시한다.

① 자본의 각 구성요소별로 회계정책, 회계추정의 변경 및 오류에 따라 인식된 소급적용이나 소급재작성의 영향
② 지배기업의 소유주와 비지배지분에게 각각 귀속되는 금액으로 구분하여 표시한 해당 기간의 총포괄손익
③ 자본의 각 구성요소별로 다음의 각 항목에 따른 변동액을 구분하여 표시한 기초시점과 기말시점의 장부금액 조정내역
  ㉠ 당기순손익
  ㉡ 기타포괄손익의 각 항목
  ㉢ 소유주로서의 자격을 행사하는 소유주와의 거래(소유주에 의한 출자와 소유주에 대한 배분, 그리고 지배력을 상실하지 않는 종속기업에 대한 소유지분의 변동을 구분하여 표시)

(3) 자본변동표의 유용성

① 자본변동표는 재무상태표에 표시된 모든 자본항목의 변동내용에 대한 정보를 제공해준다.
② 자본변동표는 재무제표간의 연계성 제고와 재무제표의 이해가능성을 높인다.
  ㉠ 재무상태표에 표시되어 있는 자본의 기초잔액과 기말잔액을 모두 제시함으로써 재무상태표와 연결할 수 있다.
  ㉡ 자본의 변동내용을 포괄손익계산서와 현금흐름표에 나타난 정보와 연결할 수 있어 정보이용자들이 보다 명확하게 재무제표간의 관계를 파악할 수 있게 된다.
③ 자본의 변동내용에 대한 포괄적인 정보를 제공해 준다. 즉, 자본변동표는 재무상태표에 표시된 모든 자본항목의 변동내용에 대한 정보를 제공해 준다.
④ 포괄손익계산서에 반영되지 않고 재무상태표의 자본에 직접 가감되는 항목에 대한 정보를 제공한다.

5. 현금흐름표

(1) 현금흐름표의 개념과 목적

① 현금흐름표의 개념
  ㉠ 기업의 현금흐름을 나타내는 표로서, 현금의 변동 내용을 명확하게 보고하기 위해 당해 회계기간에 속하는 현금의 유입과 유출내용을 적정하게 표시해야 한다.
  ㉡ 영업활동으로 인한 현금흐름, 투자활동으로 인한 현금흐름, 재무활동으로 인한 현금흐름으로 구분하여 표시하고, 이에 기초의 현금을 가산하여 기말의 현금을 산출하는 형식으로 표시한다.

ⓒ 일정 기간 동안 영업활동·투자활동·재무활동으로 인한 기업실체의 현금유입과 현금유출에 대한 정보를 제공하는 재무보고서이다.

ⓔ 현금흐름표는 기업의 현금 및 현금성자산의 창출능력, 현금흐름 시기와 확실성, 현금흐름 사용에 대한 재무제표이용자의 평가에 유용한 정보를 제공해주기 위한 재무제표이다. 현금흐름표의 현금은 현금 및 현금성자산이다.

- 현금 : 통화(지폐, 동전)뿐만 아니라 통화대용증권(타인발행 수표, 우편환 증서), 요구불예금(보통예금, 당좌예금)이 포함된다.
- 현금성자산 : 투자 등의 목적이 아닌 단기의 현금수요를 충족하기 위한 목적으로 보유하는데, 기업회계기준서는 유동성이 매우 높은 단기 투자자산으로서, 확정된 금액의 현금으로 전환이 용이하고 가치변동의 위험이 중요하지 않은 자산으로 정의한다. 따라서 투자자산은 일반적으로 만기일이 단기에 도래하는 경우(예 취득일로부터 만기일이 3개월 이내인 경우)에만 현금성자산으로 분류된다.

② 현금흐름표의 주요 목적 : 한 회계기간에 발생한 실제의 현금유입과 현금유출의 내용을 영업활동, 투자활동, 재무활동별로 구분·표시하여 정리함으로써 기업의 현금흐름과 현금상태의 변동원인에 대한 피드백정보를 제공하는 것이다.

(2) 현금흐름표의 장·단점

① 현금흐름표의 장점
  ⓐ 투자 및 재무활동이 재무상태에 미친 영향에 관한 정보를 제공한다.
  ⓑ 이익의 질을 평가하며 당기순이익과 현금흐름 차이에 관한 정보를 제공한다.
  ⓒ 기업의 유동성과 재무적 탄력성에 관련된 정보를 제공해준다.
  ⓓ 기업의 미래현금흐름에 대한 정보를 제공해준다.

② 현금흐름표의 단점
  ⓐ 현금주의에 입각하므로 기존 재무제표와 연계하여 종합적으로 해석해야만 경제적 실질변동을 파악할 수 있다.
  ⓑ 미래현금흐름에 대한 정기적 예측에 관한 정보를 제공하지 못한다.

(3) 현금흐름표의 구조

현금흐름표는 회계기간 동안 발생한 현금흐름을 영업활동, 투자활동 및 재무활동으로 분류하여 보고한다. 기업은 사업 특성을 고려하여 가장 적절한 방법으로 영업활동 및 재무활동에서 발생하는 현금흐름을 표시한다. 활동에 따른 분류는 이러한 활동이 기업의 재무상태와 현금 및 현금성자산의 금액에 미치는 영향을 재무제표이용자가 평가할 수 있도록 정보를 제공한다. 또한 이 정보는 각 활동

Key Point

▶ 현금흐름표 : 현금유입과 현금유출의 차이로 현금의 순증감을 나타낸다.
- 영업활동에 의한 현금유입 : 매출·이익·예금이자·배당수익
- 투자활동에 의한 현금유출과 유입 : 유가증권·비유동자산 매입, 예금 등은 현금이 유출되고, 유가증권·비유동자산 매각 등으로 인해 현금이 유입된다.
- 재무활동에 의한 현금유입과 유출 : 단기차입금의 차입, 신주발행 등은 현금이 유입되며, 단기차입금·배당금 지급 등은 현금이 유출된다.
- 한국채택국제기준에 의하면 이자지급과 배당금지급은 모두 영업활동이나 재무활동으로 분류할 수 있다.

▶ 현금흐름표 작성의 기준이 되는 현금의 범위 : 현금 및 현금성 자산으로 제한된다.
- 현금 : 통화와 타인발행수표, 당좌예금·보통예금 등 요구불예금을 포함한다.
- 현금성 자산 : 단기금융자산으로서 현금으로 전환이 용이하고 가치변동의 위험이 크지 않은 자산을 말한다.
  - 큰 거래비용 없이 현금으로 전환이 용이한 것
  - 이자율변동에 따른 가치변동의 위험이 중요하지 않은 금융상품으로서 취득 당시 만기일(또는 상환일)이 3개월 이내인 것

▶ 현금흐름표의 목적
- 주목적 : 기업의 이해관계자에 대하여 한 회계기간의 현금수지에 관련된 정보를 제공한다.
- 부목적 : 기업의 영업활동, 투자활동, 재무활동에 관한 현금흐름 효과의 보고를 한다.

| 독 | 학 | 사 | 3 | 단 | 계 |

간의 관계를 평가하는데 사용될 수 있다.

① 영업활동

㉠ 영업활동에서 발생하는 현금흐름의 금액은 기업이 외부의 재무자원에 의존하지 않고 영업을 통하여 차입금 상환, 영업능력의 유지, 배당금 지급 및 신규투자 등에 필요한 현금흐름을 창출하는 정도에 대한 중요한 지표가 된다.

㉡ 역사적 영업현금흐름의 특정 구성요소에 대한 정보를 다른 정보와 함께 사용하면, 미래 영업현금흐름을 예측하는데 유용하다.

㉢ 기업은 단기매매목적으로 유가증권이나 대출채권을 보유할 수 있으며, 이때 유가증권이나 대출채권은 판매를 목적으로 취득한 재고자산과 유사하다. 따라서 단기매매목적으로 보유하는 유가증권의 취득과 판매에 따른 현금흐름은 영업활동으로 분류한다. 마찬가지로 금융회사의 현금 선지급금이나 대출채권은 주요 수익창출활동과 관련되어 있으므로 일반적으로 영업활동으로 분류한다.

② 투자활동 : 투자활동 현금흐름은 미래수익과 미래현금흐름을 창출한 자원의 확보를 위하여 지출된 정보를 나타내기 때문에 현금흐름을 별도로 구분 공시하는 것이 중요하다.

③ 재무활동 : 재무활동 현금흐름은 미래현금흐름에 대한 자본 제공자의 청구권을 예측하는데 유용하기 때문에 현금흐름을 별도로 구분 공시하는 것이 중요하다.

(4) 현금흐름의 보고

① 영업활동 현금흐름의 보고 : 영업활동 현금흐름은 다음 중 하나의 방법으로 보고한다.

㉠ 직접법 : 총현금유입과 총현금유출을 주요 항목별로 구분해 표시하는 방법이다.
- 영업활동 현금흐름을 보고하는 경우에는 직접법을 사용할 것을 권장한다.
- 직접법을 적용하여 표시한 현금흐름은 간접법에 의한 현금흐름에서는 파악할 수 없는 정보를 제공하며, 미래현금흐름을 추정하는데 보다 유용한 정보를 제공한다.

㉡ 간접법
- 당기순손익에 현금을 수반하지 않는 거래, 과거 또는 미래의 영업활동 현금유입이나 현금유출의 이연 또는 발생, 투자활동이나 재무활동 현금흐름과 관련된 손익항목의 영향을 조정하여 표시하는 방법이다.
- 대체적인 방법으로, 영업활동 순현금흐름은 포괄손익계산서에 공시된 수익과 비용, 그리고 회계기간 동안 발생한 재고자산과 영업활동에 관

Key Point

영업활동 현금흐름의 예
- 재화의 판매와 용역 제공에 따른 현금유입
- 로열티, 수수료, 중개료 및 기타 수익에 따른 현금유입
- 재화와 용역의 구입에 따른 현금유출
- 종업원과 관련하여 직·간접적으로 발생하는 현금유출
- 보험회사의 경우 수입보험료, 보험금, 연금 및 기타 급부금과 관련된 현금유입과 현금유출
- 법인세의 납부 또는 환급. 다만, 재무활동과 투자활동에 명백히 관련되는 것은 제외
- 단기매매목적으로 보유하는 계약에서 발생하는 현금유입과 현금유출

직접법 : '영업활동 현금흐름'을 표시할 때 현금을 수반하여 발생한 수익 또는 비용 항목을 총액으로 표시하되, 현금유입은 원천별로 현금유출액은 용도별로 나타내는 방법을 말한다.

간접법
- 당기순이익(손실)에 조정항목을 가감하여 '영업활동 현금흐름'을 산출하는 방법을 말한다.
- 구체적으로 '영업활동 현금흐름 = 당기순손익 + 발생액'으로 구한다. 이를 다시 세분하여 표현하면 '영업활동 현금흐름 = 당기순손익 + 비현금성 비용 - 비현금성 수익±영업활동 관련 자산의 변동±영업활동 관련 부채의 변동'으로 표현할 수 있다.

련된 채권·채무의 변동을 보여줌으로써 간접법으로 표시할 수 있다.
② 투자활동과 재무활동 현금흐름의 보고 : 순증감액으로 현금흐름을 보고하는 경우를 제외하고는 투자활동과 재무활동에서 발생하는 총현금유입과 총현금유출은 주요 항목별로 구분하여 총액으로 표시한다.
③ 순증감액에 의한 현금흐름의 보고
　㉠ 다음의 영업활동, 투자활동 또는 재무활동에서 발생하는 현금흐름은 순증감액으로 보고할 수 있다.
　　• 현금흐름이 기업의 활동이 아닌 고객의 활동을 반영하는 경우로서 고객을 대리함에 따라 발생하는 현금유입과 현금유출
　　• 회전율이 높고 금액이 크며 만기가 짧은 항목과 관련된 현금유입과 현금유출
　㉡ 금융회사의 경우 다음 활동에서 발생하는 현금흐름은 순증감액으로 표시할 수 있다.
　　• 확정만기조건 예수금의 수신과 인출에 따른 현금유입과 현금유출
　　• 금융회사 간의 예금이체 및 예금인출
　　• 고객에 대한 현금 선지급과 대출 및 이의 회수

(5) 현금흐름표 작성을 위한 자료

① 현금흐름표는 일반적으로 다음 자료를 이용하여 작성된다.
　㉠ 비교재무상태표 : 자산, 부채 및 자본 항목의 기초 및 기말 잔액에서 각 계정의 기중변동액에 대한 정보를 얻을 수 있다.
　㉡ 당기의 (포괄)손익계산서 : 여기에서 '영업활동 현금흐름'을 계산하는데 필요한 정보를 얻을 수 있다.
　㉢ 기타 거래자료 : 일반분개장으로부터 기중 현금유입과 현금유출을 결정하는데 유용한 추가적인 정보를 얻을 수 있다.
② 현금흐름표 작성을 위한 3단계 : 다음의 주요 단계를 거치게 된다.
　㉠ 현금증감액의 결정(1단계) : 이 절차는 단지 현금의 기초잔액과 기말잔액을 비교하여 수행되므로 비교적 간단하다.
　㉡ 영업활동 현금흐름의 결정(2단계) : 이 절차는 매우 복잡하다. 당기의 (포괄)손익계산서뿐만 아니라 비교재무상태표와 기타 거래자료까지도 이용해야 한다.
　㉢ 투자활동 현금흐름과 재무활동 현금흐름의 결정(3단계) : 이를 결정하기 위해서는 재무상태표에서 영업활동에 관련되지 않은 다른 모든 계정의 변동을 분석해야 한다.

(6) 현금흐름정보의 유용성

Key Point

▶ 영업활동 현금흐름
• 주로 기업의 주요 수익창출활동에서 발생한다.
• 영업활동 현금흐름은 일반적으로 당기순손익의 결정에 영향을 미치는 거래나 그 밖의 사건의 결과로 발생한다.

▶ 현금흐름표의 작성 절차
• 제1단계 : 비교재무상태표로부터 현금계정의 변동을 계산한다.
• 제2단계 : 재무상태표에서 비현금계정의 변동이 현금흐름에 미친 영향을 영업활동으로 인한 현금흐름으로 분류하여 정리한다. 영업활동으로 인한 현금흐름은 손익계산서의 각 계정과 재무상태표의 유동자산과 비유동부채계정에 대한 분석으로부터 얻어진다.
• 제3단계 : 재무상태표에서 비현금계정의 변동이 현금흐름에 미친 영향을 투자활동으로 인한 현금흐름, 재무활동으로 인한 현금흐름으로 분류하여 정리한다.
　－투자활동으로 인한 현금흐름은 일반적으로 비유동자산계정과 추가정보 분석으로부터 얻을 수 있다.
　－재무활동으로 인한 현금흐름은 비유동부채와 자본계정 및 추가정보 분석결과로부터 얻을 수 있다.

① 현금흐름정보는 동일한 거래와 사건에 대하여 서로 다른 회계처리를 적용함에 따라 발생하는 영향을 제거하기 때문에 영업성과에 대한 기업 간의 비교가능성을 제고한다.
② 현금흐름정보는 현금 및 현금성자산의 창출능력을 평가하는데 유용할 뿐만 아니라 서로 다른 기업의 미래현금흐름의 현재가치를 비교·평가하는 모형 개발에 유용하다.
③ 현금흐름표는 다른 재무제표와 같이 사용되는 경우 순자산의 변화, 재무구조(유동성과 지급능력 포함), 그리고 변화하는 상황과 기회에 적응하기 위하여 현금흐름의 금액과 시기를 조절하는 능력을 평가하는데 유용한 정보를 제공한다.

6. 주석(notes)

① 주석은 각각의 재무제표에 표시하는 정보에 추가하여 제공된 정보를 말한다.
② 주석이 제공하는 정보
　㉠ 재무제표 작성 근거와 문단에 따라 사용한 구체적인 회계정책에 대한 정보
　㉡ 한국채택국제회계기준에서 요구하는 정보이지만 재무제표 어느 곳에도 표시되지 않는 정보
　㉢ 재무제표 어느 곳에도 표시되지 않지만 재무제표를 이해하는 데 목적적합한 정보

질적 정보의 이해

1. 회계자료의 질적 분석

재무비율을 이용한 경영분석이나 종합적인 분석방법은 여러 가지 측면에서 정보이용자에게 유용한 정보를 제공하지만 다음과 같은 점에서 한계가 있다. 회계자료와 관련된 여러 가지 한계점, 재무비율의 계산 및 해석상의 한계점 등으로 경영분석이 어려운 경우가 있다.

(1) 재무제표(양적 분석)의 한계

① 재무제표에 반영되어 있지 않으며 계량화하기도 어려운 질적 정보가 있다.
② 재무제표에는 많은 추정이 포함된다. 추정은 기본적으로 미래의 불확실성에 기인한 오류를 내재하고 있다.
③ 인플레이션이 생기면 기업의 경제적 실질을 제대로 반영하지 못한다.
④ 동일 사건에 대해 다양한 회계처리방법을 사용하므로 기업간 비교가 어렵다.

Key Point

역사적 현금흐름정보
- 미래현금흐름의 금액, 시기 및 확실성에 대한 지표로 자주 사용된다.
- 과거에 추정한 미래현금흐름의 정확성을 검증하고, 수익성과 순현금흐름 간의 관계 및 물가변동의 영향을 분석하는데 유용하다.

주석
- 재무상태표, 포괄손익계산서, 별개의 손익계산서(표시하는 경우), 자본변동표 및 현금흐름표에 표시하는 정보에 추가하여 제공된 정보를 의미한다.
- 주석은 재무제표에 표시된 항목을 구체적으로 설명하거나 세분화하며, 재무제표 인식요건을 충족하지 못하는 항목에 대한 정보를 제공한다.
- 주석은 재무제표의 해당 과목에 식별번호 또는 기호를 붙이고, 별지에 동일한 식별 번호 또는 기호를 기재하고 그 항목의 내용을 서술로 또는 수치로 기재하는 방식으로 제시한다.

(2) 회계처리방법의 다양성

① 재무제표 내용상의 차이 : 재무제표의 내용은 경제요인, 산업요인, 기업요인 등에 따라 영향을 받지만 그 중에서도 특히 기업요인과 회계처리방법에 따라 차이가 있다.

② 회계처리 방법 선택에 영향을 미치는 요인
  ㉠ 경영자에 대한 보상제도
  ㉡ 이익배분기준
  ㉢ 법인세 절감효과, 차입조건
  ㉣ 기업회계기준이나 세무회계기준
  ㉤ 산업내의 회계 관행
  ㉥ 수익과 비용의 대응 원칙, 보수주의 원칙, 객관성의 원칙 등과 같은 회계원칙

③ 여러 기업의 재무제표를 비교할 수 있는 방법
  ㉠ 재무제표의 수치를 수정하지 않고 그대로 비교하는 방법이다.
  ㉡ 통일된 회계처리방법에 따라 비교대상기업의 재무제표를 수정하는 방법이다.

(3) 재무비율의 문제점

① 재무비율의 계산과 관련된 문제점
  ㉠ 재무비율이 음(-)의 값을 갖는 경우 : 음(-)의 값을 보이는 재무비율은 그 의미가 애매할 뿐만 아니라 다른 재무비율과의 상호비교에서도 일관성이 없기 때문에 많은 문제점을 야기시킨다. 이러한 문제점을 해결하는데 이용되는 방법은 다음과 같다.
    • 가장 많이 이용되는 방법으로 해당기업을 표본에서 제외시키는 방법이다.
    • 분모항이 음(-)의 값을 보이는 원인을 찾아내어 적절한 수치로 수정하는 방법이다.
  ㉡ 분모 또는 분자의 값이 극단적인 값을 갖는 경우
    • 극단적인 값이 기록상의 오류에 기인하지 않는 경우에는 이를 적절하게 수정하여야 한다.
    • 극단적으로 큰 값을 보이거나 작은 값을 보이는 재무비율을 표본에서 제외시킴으로써 보다 합리적인 결과를 얻을 수도 있다.

② 재무비율 해석상의 문제
  ㉠ 재무비율을 해석할 때, 합리적인 표준비율의 선정이 어렵기 때문에 어떤 재무비율이 양호한지의 여부를 판단하는 것은 결코 쉬운 일이 아니다.
  ㉡ 기간비교나 상호비교를 통하여 상대적인 관점에서 이뤄져야 한다.

> **Key Point**
>
> 회계이익과 경제적 이익의 차이점
> • 회계이익은 역사적 원가에 기초하여 산정되기 때문에 물가변동이 기간이익에 미치는 영향을 충분히 반영하지 못하고 있다. 한편 경제적 이익은 시장가치에 기초하여 측정되기 때문에 물가변동이 기간이익에 미치는 영향을 충분히 반영하고 있다.
> • 회계이익에는 자산처분시에 실현되는 처분이득만이 반영되는 반면에 경제적 이익에는 자산이 처분되지 않더라도 그 자산의 시장가치변화가 모두 반영된다.
> • 회계이익은 기간이익에 영향을 미칠 수 있는 미래의 사건을 반영하지 못한다. 경제적 이익은 미래 현금흐름의 정확한 시간패턴, 즉 미래이익의 변화를 알아야 추정이 가능하기 때문에 미래의 사건을 충분히 반영한다.

ⓒ 특수한 경우 추세분석을 통하여 재무비율을 비교하면 의미있는 결과를 얻을 수 있다.

(4) 통계적 분석과 관련된 문제점

통계분석을 통하여 보다 목적적합한 정보를 얻기 위해서는 무엇보다도 통계분석에 따른 여러 가지 문제점을 검토하여 이와 같은 문제를 사전에 제거시키는 일이 선행되어야 한다.

① 횡단면분석상의 문제점
　ⓐ 자료가 없는 경우 : 횡단면분석에서 분석대상기업의 자료가 없는 경우에는 목적했던 결과를 얻을 수 없다.
　ⓑ 회계기간이 일치하지 않는 경우 : 일반적으로 기업에 따라 결산일이 서로 다르기 때문에 재무제표자료를 상호 비교하는 데 있어 문제가 있을 수 있다.
　ⓒ 회계처리방법이 다른 경우 : 그 기업의 특성을 그대로 받아들여 재무제표자료를 수정하지 않고 상호 비교하는 것이 바람직할 수도 있으나 일관성 있는 결과를 얻을 수 없다는 문제가 있다.

② 시계열분석상의 문제점
　ⓐ 시계열분석 : 시계열자료를 분석하여 체계적인 패턴을 찾아낸 후 그 패턴에 의거하여 미래의 재무상태와 경영성과를 예측하는 데 이용된다.
　ⓑ 재무제표자료에 대한 시계열분석에서 직면하는 문제점 : 구조적 변화에 의한 시계열자료상의 문제, 회계처리방법의 변경과 관련된 문제, 계정과목의 분류와 관련된 문제, 극단적인 값과 관련된 문제 등이 있다.

(5) 재무제표의 분식

① 재무제표 분식의 의의
　ⓐ 재무제표의 분식 : 어떤 특정한 의도나 목적하에서 정상적인 회계절차에 의해 산출된 결과가 아닌 왜곡된 경영실적과 재무 상태를 포괄손익계산서 및 재무상태표에 보고하는 행위를 말한다.
　ⓑ 분식 : 이익을 과대하게 표시함으로써 자기회사의 경영성과나 재무상태를 실제보다 더 좋게 보이려는 경우를 의미한다.
　ⓒ 역분식 : 세금회피를 목적으로 이익을 과소하게 표시하는 경우를 말한다.

② 실리트(H.Schilit)가 정리한 재무제표 분식유형 7가지
　ⓐ 분식유형1 : 수익을 조기에 실현한다.
　ⓑ 분식유형2 : 가공의 수익을 기록한다.
　ⓒ 분식유형3 : 일시적 이익을 위해 이익을 부풀린다.
　ⓓ 분식유형4 : 금년도 비용을 다음 연도로 연기한다.

Key Point

재무비율 문제점의 해소 : 많은 항목으로 복잡하게 구성되어 있는 재무제표의 항목을 분석목적에 적합하고 경제적 연관성이 높은 항목끼리 서로 대응시켜 재무비율을 측정함으로써 재무비율이 가지고 있는 문제점을 해소시킬 수 있다.

재무제표자료를 이용한 통계적 분석방법
- 횡단면분석 : 일정시점에서 여러 기업의 재무제표자료를 비교분석하는 방법을 말한다.
- 시계열분석 : 특정 기업의 재무제표자료를 기간별로 비교분석하는 방법을 말한다.

회계처리방법의 변경과 관련된 문제 : 분석기간 동안 회계처리방법이 변경된 경우 다음과 같은 방법으로 시계열분석을 할 수 있다.
- 회계처리방법의 변경이 미치는 효과가 미미하거나 경영자가 새로운 기업환경에 적절하게 대응하기 위한 수단으로 회계처리방법을 변경한 경우에는 시계열자료를 수정하지 않고 그대로 이용한다.
- 재무제표에 표시된 주석 등의 정보를 이용하여 변경된 회계처리방법에 따라 변경 전의 시계열자료를 수정하여 분석한다.
- 단기간의 자료만을 이용하고자 하는 경우에는 동일한 회계처리방법에 따라 작성된 시계열자료만을 이용하여 분석한다.

- ⑩ 분석유형5 : 모든 부채를 기록하지 않거나 공시하지 않는다.
- ⑪ 분석유형6 : 당기 이익을 미래로 이연시킨다.
- ⑫ 분석유형7 : 미래의 비용을 당기에 처리한다.

③ 분식의 발견
- ㉠ 재무제표의 분석은 개별항목분석과 재무비율의 분석을 모두 포함한다.
- ㉡ 과정 : 경영환경 변화와 기업의 대응 및 경영실적을 분석 → 분식의 가능성 예측 → 재무제표에 대한 분석
- ㉢ 고의로 이루어지기 때문에 외부감사 등에 의해 적발해 내기가 어렵다.

④ 재무제표 분식의 폐해
- ㉠ 경제 전체의 신뢰도를 떨어뜨리고, 회사와 종업원들에게 피해를 준다.
- ㉡ 채권자 및 거래처에 손해를 끼치고, 선의의 투자자들에게 피해를 준다.

2. 비계량적 요인 분석

계량화할 수 없는 기업의 질적 요인으로는 산업적 요인, 경제적 요인, 기업적 요인 등이 있다.

(1) 산업분석

기업의 수익력, 위험과 경쟁력 등은 그 기업이 속해 있는 산업의 구조적 특성에 의하여 영향을 받는다.

① 산업분석이 갖는 중요한 의미
- ㉠ 산업분석을 통하여 관련산업의 경제적 위치와 전망을 진단하는 한편 미래에 예상되는 기업의 수익력과 위험을 추정할 수 있다.
- ㉡ 산업분석을 통하여 산업의 강점 및 약점을 파악할 수 있다.

② 산업분석시 검토해야 할 요인
- ㉠ 수요구조 : 산업제품에 대한 수요의 변화를 제품별, 이용자별, 지역별로 검토한다.
- ㉡ 생산구조 : 생산기술, 생산능력, 제조공정, 가동률 등에 대해 업계 전체의 동향을 파악하고 설비투자의 내용과 규모, 주요원자재 가격의 동향, 해외진출상황 등도 검토한다.
- ㉢ 판매구조 : 판매조직 및 물적 유통구조를 명확하게 파악하고, 판매가격의 추이, 유통과정의 재고수준, 가격 카르텔의 유무 등을 검토한다.
- ㉣ 산업의 경쟁상황 : 특정 산업의 경쟁 정도는 대체상품의 출현에 따른 위협, 구매 기업의 교섭력, 새롭게 진출한 기업이 가해 오는 위협, 공급 기업의 교섭력과 같은 여러 가지 요인에 의해 결정된다.
- ㉤ 정부의 산업정책 : 특정 산업에 대한 정부의 태도를 검토한다.

Key Point

➡ 재무제표 분식결산을 하는 동기
- 비자금 조성을 위해
- 기업신용도가 약화되면 자금 조달이 어렵고 기차입자금에 대해서도 상환독촉을 받기 때문에 자금조달에 문제가 없도록 재무상태가 양호하게 보이게끔 분식할 유인을 가진다.
- 한국의 경우에는 비자금 조성 관행이 분식결산의 동기로 크게 작용했다.

➡ 회계처리 방법 선택에 영향을 미치는 요인 : 회계원칙, 회계 관행, 기업회계기준이나 세무회계기준, 법인세 절감효과, 차입조건, 이익배분기준, 경영자에 대한 보상제도

➡ 재무제표의 분식 : 어떤 특정한 의도를 가지고 왜곡된 경영실적과 재무상태를 포괄손익계산서 및 재무상태표에 보고하는 행위를 말한다.

➡ 재무제표 분식의 폐해
- 선의의 투자자들에게 피해를 준다.
- 채권자 및 거래처에 손해를 끼칠 수 있다.
- 회사와 종업원들에게 피해를 준다.
- 경제 전체의 신뢰도를 떨어뜨린다.

Key Point

시장규모분석
- 산업분석에서 가장 기본이 되는 과제는 대상산업의 범위를 명확히 설정하는 일이다.
- 산업분석에서 다루고자 하는 산업의 개념은 특정 산업에 포함된 업체 및 중간업체와 다른 산업에 속하는 경쟁자와 고객들을 모두 포함하는 개념이다.
- 산업의 시장규모 측정 : 산업의 시장규모에 따라 기업의 매출액이 영향을 받는다. 따라서 산업의 시장규모를 측정함으로써 기업의 수익력과 위험에 대한 정보를 얻을 수 있다.

산업구조분석
- 산업의 장기전망과 수익성을 평가하기 위해서는 산업의 잠재적 시장규모뿐만 아니라 산업의 구조적 요인에 대한 분석이 이루어져야 한다.
- 산업의 구조적 요인은 기존업체와의 경쟁, 신규업체의 진입장벽, 상품의 대체가능성, 고객과의 관계 및 원자재공급업자와의 관계 등으로 분류된다.

성숙기에 있는 기업의 전략 : 시장변경전략, 제품수정전략, 마케팅믹스의 수정전략 등을 통하여 대처해 나간다.
- 시장변경전략 : 기존시장에서 신규시장으로 진출을 모색하는 전략으로 제품의 상표인지도를 재정립하여야 한다.
- 제품수정전략 : 신규사용자나 사용률의 증대를 위하여 품질 및 디자인과 같은 제품의 특성을 변경하는 전략이다.
- 마케팅믹스의 수정전략 : 하나 혹은 그 이상의 마케팅믹스 요소를 변경하여 매출을 증대시킬 수 있는 가능성을 모색하는 전략이다.

  ⓑ 해외의 산업동향 : 분석 대상 업종에 대한 주요국의 동향을 조사한다.
  ⓢ 경영성과와 재무구조 : 수익성, 자본구성, 산업의 성장성, 원가구조 등에 대해 검토한다.
  ⓞ 산업의 연혁 : 특정산업의 시작과 발전단계에 대해 검토한다.
 ③ 제품수명주기 분석(산업의 라이프사이클 분석) : 산업동향과 추세는 제품수명주기(product life cycle)를 통하여 파악할 수 있으며, 제품수명주기는 도입기, 성장기, 성숙기, 쇠퇴기 등 4단계로 구분된다. 제품수명주기는 산업과 기업의 장기적인 전망, 특정 단계에 속한 기업의 매출규모, 비용구조, 수익성 위험 등에 대한 정보와 앞으로의 전망과 변화추세를 평가할 수 있게 한다.
  ㉠ 도입기
   • 신제품이 처음으로 시장에 소개되는 단계이다.
   • 산업 내에서 투자 종목을 선택하기가 어렵다.
  ㉡ 성장기
   • 높은 매출성장률과 급격한 시장점유율의 확대로 이익이 현저하게 증가하지만 새로운 경쟁업체들이 시장에 진입하는 단계이다.
   • 산업내 선도기업이 점점 뚜렷하게 드러난다.
  ㉢ 성숙기
   • 시장수요가 포화상태에 도달함에도 불구하고 경쟁업체가 속출하여 기업간의 경쟁이 격렬해지는 한편 매출성장률이 점진적으로 둔화되는 단계이다.
   • 이익은 최고점에서 점진적으로 감소하기 시작하고 유휴시설이 발생한다.
   • 성장률이 현저히 둔화되어 경제 전반과 비슷한 수준에 머무른다.
  ㉣ 쇠퇴기
   • 수요량이 감소하고 새로운 기술개발, 구매자의 기호변화, 새로운 경쟁업자의 속출 등으로 이익이 최저가 되는 단계이다.
   • 대체적인 신제품의 등장, 제품의 진부화, 신기술의 등장 등으로 인해 산업의 규모가 정체하거나 쇠퇴한다.

(2) 거시경제분석

거시경제분석에서 고려하고 있는 경제요인으로는 실물시장, 금융시장, 해외시장 등과 관련된 요인이 있다.
① 실물시장과 관련된 요인
 ㉠ 경기 : 한 나라의 경제활동수준을 의미한다.
  • 경기수준이 기업의 미래현금흐름에 영향을 미치기 때문에 경기수준과 기업가치 사이에 밀접한 연관성이 있다. 경기가 호전될수록 기업의 현

금흐름이 증가하고, 경기가 침체될수록 감소하는 경향이 있기 때문이다.
- 경기수준을 나타내는 경제지표를 검토함으로써 경제활동수준과 방향을 예측할 수 있다.

ⓒ 경기종합지수(composite indexes of business indicators ; CI)
- 경기종합지수의 정의 : 국민경제 전체의 경기동향을 쉽게 파악하고 예측하기 위하여 주요 경제지표의 움직임을 가공·종합하여 지수형태로 나타낸 것이다.
- 경기종합지수의 분류 : 개별 구성지표의 경기전환점에 대한 일치성 정도에 따라 선행종합지수(leading)·동행종합지수(coincident)·후행종합지수(lagging)로 나눈다.
  ▶ 선행종합지수 : 앞으로의 경기동향을 예측하는 지표로서 제조업 입직자비율·기업경기실사지수(실적)·순상품교역조건·건축허가면적·자본재수입액·설비투자추계지수·재고순환지표·총유동성·월평균 종합주가지수 등과 같이 앞으로 일어날 경제활동에 큰 영향을 끼치는 지표의 움직임을 종합하여 작성한다.
  ▶ 동행종합지수 : 비농가취업자수·산업생산지수·제조업가동률지수·도소매판매액지수·건설기성액·수출액·수입액 등과 같이 현재의 경기상태를 보여주는 지표로서 국민경제 전체의 경기변동과 거의 동일한 방향으로 움직이는 지표로 구성된다.
  ▶ 후행종합지수 : 경기의 변동을 사후에 확인하는 지표로서 이직자수·상용근로자수·도시가계소비지출·소비재수입액·생산자제품재고지수·회사채유통수익률 등의 지표가 주로 이용된다.

ⓒ 기업경기실사지수(business survey index ; BSI)
- 기업경기실사지수의 정의 : 경기동향에 대한 기업가들의 판단·예측·계획의 변화추이를 관찰하여 지수화한 지표 즉, 주요 업종의 경기동향과 전망, 그리고 기업 경영의 문제점을 파악하여 기업의 경영계획 및 경기대응책 수립에 필요한 기초자료로 이용하기 위한 지표이다.
- 조사방법 : 실제 금액의 증감률에 의해 경기 변동을 분석한 계수 조사와 기업활동의 수준, 변화방향을 조사하는 판단 조사가 있다.

$$BSI = \frac{긍정적\ 응답업체\ 수 - 부정적\ 응답업체\ 수}{전체\ 응답자\ 수} \times 100 + 100$$

- 다른 경기관련 자료와 달리 기업가의 주관적이고 심리적인 요소까지 조사가 가능하므로 경제정책을 입안하는 데도 중요한 자료로 활용된다.

ⓔ 국민소득(national income)

Key Point

➡ 기업의 미래현금흐름 : 미래 경제활동 수준에 따라 영향을 받기에 경제성장률, 물가, 통화량, 금리수준 등과 같은 거시경제요인과 밀접한 관련이 있다.

➡ 경기의 예측방법 : 국민경제의 안정적 성장을 지속하기 위해서는 경기의 움직임을 보다 빠르고 정확하게 예측해야 한다.
- 산업생산지수등과 같은 경기 변화와 밀접한 개별경제지표들의 움직임을 살펴본다.
- 지표들을 선정한 후 적절한 통계적 분석 기법에 의해 가공하여 합성한 종합경기지표를 사용한다.
- 경제 주체들의 경기판단이나 경기 동향을 파악하는 설문조사 방법을 사용한다.

➡ 거시경제분석
- 기업의 미래 현금흐름은 미래의 경제활동수준에 따라 영향을 받기 때문에 경제활동수준을 대변하는 경제성장률, 경제정책, 물가, 통화량 및 금리수준 등과 같은 거시경제요인과 밀접한 관련이 있다.
- 여러 형태의 경제지표가 거시경제분석에서 이용되고 있으나 경제지표의 분석은 그 범위가 넓을 뿐만 아니라 정형화된 분석방법이 존재하지 않기 때문에 충분한 경험과 판단력이 요구된다.
- 연구기관, 정부, 한국은행 및 기타 전문분석기관 등에서 제공하는 경제관련 자료를 수집하여 기업의 경영전략 등과 연계시켜 분석하여야 한다.

Key Point
국민소득
• 한 나라의 경제 수준과 국민의 생활 수준을 종합적으로 파악할 수 있는 대표적인 지표이다.
• 한 나라의 가계, 기업, 정부 등 모든 경제 주체가 일정기간에 새로이 생산한 재화와 서비스의 가치를 시장 가격으로 평가하여 합산한 것으로 흔히 국민총소득이라는 용어가 사용된다.
국민총생산(GNP)
• 경제활동수준을 파악하는데 이용되는 대표적인 지표이다.
• GNP는 일정기간 동안 한 나라에서 생산된 최종생산물의 시장가치를 의미하는 개념으로 모든 생산과정에서 창출된 부가가치에 감가상각비를 합산하여 측정된다.
• GNP는 각 경제부문의 생산활동, 소비활동, 투자활동, 수출활동 등을 함께 나타내는 종합지표에 해당된다.
• GNP는 당해 연도나 분기가 끝난 후 측정되기 때문에 이를 통해 경기수준이나 전망을 신속히 판단하기 어렵다. 따라서 경기동향의 보다 신속한 파악을 위해서 월별로 발표되는 다른 형태의 경제지표를 이용한다.
물가의 특징
• 여러 재화의 개별가격을 종합·평균한 것으로 소비재 또는 생산재와 같이 특정의 범위에 속하는 상품의 가격을 종합·평균한 것이 소비재 물가 또는 생산재 물가이며, 이들을 합쳐 사회 전체의 입장에서 종합적으로 본 것이 일반물가이다.
• 물가는 화폐가치를 나타내는 척도이다. 화폐의 가치란 상품을 살 수 있는 힘, 즉 구매력을 의미하는 것이다. 따라서 물가가 상승하면 화폐의 가치는 하락되는 것이기 때문에 화폐의 구매력은 물가지수의 역수와 같다.

- 보통 1년을 단위로 그 나라의 정상 거주자들이 생산한 최종 재화와 용역의 화폐가치를 총합산함으로써 측정할 수 있다.
- 국민소득은 생산·분배·지출의 세 가지 측면에서 파악되며, 그 각각을 생산국민소득·분배국민소득·지출국민소득이라고 한다.

ⓜ 경제성장지표(rate of economic growth)
- 경제성장률 : 한 나라에서 일정 기간(보통 1년) 동안 이룩한 국민경제(투자·산출량·국민소득)의 증감분을 전년도와 비교하여 산출해낸 비율이며, 한 나라의 경제발전 동향을 한 눈에 보여주는 지표이다.
- GDP : 국내에 있는 모든 생산 요소를 결합하여 만들어 낸 최종생산물의 합인 생산활동지표이다.
- GNP : 한나라가 소유한 생산 요소를 국내외의 생산활동에 참여시킨 대가로 받은 소득을 합계하여 산출하는 소득지표이다.

② 금융시장과 관련된 요인
ⓐ 금리
- 정의 : 금리는 자금차입에 대한 대가로 지급하는 이자율을 의미한다.
- 금리는 자금에 대한 수급상황, 물가상승률, 자금의 사용기간, 채무불이행위험의 정도 등에 따라 달라진다.
- 금리 수준의 변동이 기업경영에 미치는 영향 : 금리가 상승할수록 기업의 자금조달이 어려워지고 금융비용의 부담이 커지기 때문에 수익력이 약화되고, 금리가 하락할수록 자금조달이 수월해지고 설비투자가 증가하는 한편 금융비용의 부담이 줄어들어 수익력이 호전된다.
- 금리는 금융시장의 가격으로서 통화량과 함께 통화신용정책의 지표로서 유용하게 활용될 수 있다.
- 금리는 정부나 중앙은행이 직접 규제하거나 시장개입 등을 통해 간접적으로 국민경제에 영향력을 행사한다.

ⓑ 물가
- 정의 : 여러 가지 상품들의 가격을 한데 묶어 이들의 종합적인 움직임을 알 수 있도록 한 것으로 여러 가지 상품들의 평균적인 가격수준이다.
- 물가는 구체적으로 물가지수로 측정된다. 물가지수는 여러 가지 상품들의 가격을 특수한 방식으로 평균하여 하나의 숫자로 나타낸 것으로서 어느 시점의 물가를 100으로 놓고 비교되는 다른 시점의 물가를 지수로 표시한다.
- 물가상승 : 기업이 보유한 자산의 명목가치를 상승시키게 하는 측면이 있는 반면에 기업의 원가상승으로 인한 투자위축과 실질소득의 감소에 따른 구매력 감소를 초래하여 기업활동에 나쁜 영향을 미치게 된다.
- 인플레이션 : 물가가 지속적으로 오르는 현상을 말하며, 이는 민간의

저축과 투자를 위축시키며 소득 분배 및 자원 배분을 왜곡시키고 국제 경쟁력을 약화시킴으로써 국민 경제 성장에 걸림돌이 될 수 있다.
- 물가 상승시 발생할 수 있는 현상 : 인플레이션은 국제수지에 악영향을 가져다 주며, 인플레이션은 소득 및 부의 분배에 악영향을 미치고, 실질소득이 감소한 것과 같은 효과가 발생한다.
- 우리나라에서는 소비자물가지수와 생산자물가지수를 이용하여 전반적인 물가수준을 점검하고 있다. 소비자물가지수는 통계청에서 발표하고 있으며, 생산자물가지수는 한국은행에서 발표하고 있다.

ⓒ 통화량
- 정의 : 금융기관 이외의 민간부문이 보유하는 현금통화·예금통화의 총칭으로, 통화공급량이라고도 한다.
- 금융환경의 변화가 통화지표에 미치는 영향 : 신용카드 이용 확대 → 전통적 통화 개념 변모가능, 금리자유화 → 금리의 가격기능 강화, 경제의 개방화, 자본 자유화 → 빈번한 자본유출입 현상, 새로운 금융상품 증가 → 극심한 금융권간의 자금이동 현상
- 통화지표 : 한 나라 안에 유통되고 있는 통화의 양적 수준을 나타내는 기준으로, 대부분의 나라에서는 경제성장·물가안정·국제수지균형 등의 목표달성을 위해 통화량을 적정수준으로 조절하고 있으며, 이를 위해 통화지표가 필요하게 된다.
- 통화 관리방식의 변화 : 직접규제방식(개별은행의 자금공급규모를 한국은행이 결정), 간접규제방식(공개시장조작 등)
- 통화량과 기업가치의 관계 : 통화량은 기업의 기대현금흐름과 위험조정 할인율에 영향을 미치므로 결국 기업가치에 영향을 미친다.

③ 해외시장과 관련된 요인
ⓐ 환율(exchange rate)
- 정의 : 타국통화와 자국통화 사이의 교환율을 의미한다.
- 환율은 기본적으로 외환의 수요와 공급에 의하여 결정되지만 인플레이션, 금리, 국제수지와 정치적 요인 등의 복합적인 요인에 의하여 영향을 받는다.
- 환율 하락시
  ▶ 긍정적인 측면 : 수입원료가 내려가 국내 물가 하락
  ▶ 부정적인 측면 : 원화가치가 절상되어 수출 감소, 경제성장 둔화, 실업자 증가, 고용사정 악화, 경상수지 악화
- 환율 상승시
  ▶ 긍정적인 측면 : 원화가치가 절하되면 수출이 잘되고 수입이 줄어 경상수지 개선

Key Point

통화량의 특징
- 케인즈(J.M. Keynes)에 의하면 통화량이 증가할수록 이자율이 하락하여 설비투자가 확대되고, 국민소득이 늘어나서 기업가치가 상승한다고 한다.
- 통화량이 지속적으로 증가할 경우에는 일시적인 이자율의 하락으로 투자를 증대시키고 그 결과 유효수요가 증대되어 생산량이 증가하지만, 일시적인 생산량의 증대는 화폐에 대한 수요를 증대시킬 뿐만 아니라 물가를 상승시키는 결과를 가져와서 이자율을 상승시키는 원인이 되기 때문에 결국 기업가치에 영향을 미친다고 보지만 그 방향은 달라질 수 있다.

우리나라의 통화지표 : M1, M2, MCT, M3 등 여러 종류의 통화지표를 작성하고 있다.
- M1 : 화폐의 지급결제수단으로서의 기능을 중시하여 민간이 보유하고 있는 현금과 당좌예금, 보통예금 등 은행 요구불 예금의 합계로 정의된다.
- M2 : M1보다 넓은 의미로 M1뿐만 아니라 장기예금, 정기적금 등 은행의 저축성 예금과 거주자 외화 예금을 포함한다.
- MCT : M2에 양도성예금증서와 금전신탁을 포함시킨 지표이다.
- M3 : M2에 비은행 금융기관의 각종 예수금과 은행 및 비은행 금융기관이 발행하는 금융채, 양도성예금증서, 표지어음 및 상업어음 등을 포함시킨 가장 넓은 의미의 통화지표이다.

Key Point

국제수지
- 경상수지 : 무역 수지는 재화를 수출입하여 얻은 외화의 수지며, 무역 외 수지는 용역을 거래하여 얻은 외화의 수지이다. 또한 이전 수지는 무상 원조나 증여로 인한 수지이다. 교통이 발달함에 따라 관광과 보험 등이 증가하는 경향이 나타나는데, 이로 인해 앞으로 무역 외 수지는 더욱 늘어날 전망이다.
- 자본 수지 : 자본 수지는 차관 투자 등 자본이 국제적으로 이동하는 데서 발생하는 수지로, 장기 자본 수지와 단기 자본 수지가 있다.

기업분석
- 기업의 재무상태와 경영성과는 경제요인과 산업의 구조적 요인에 의하여 영향을 받을 뿐만 아니라 기업내부의 질적 요인에 의해서도 영향을 받는다.
- 기업 내의 질적 요인 : 시장에서 경쟁적 우위, 경영기능과 조직 등이 있으며, 이러한 내적 요인은 기업의 수익력과 위험에 영향을 미친다.

▶ 부정적인 측면 : 원자재 수입 가격 상승, 국내물가 상승

ⓒ 국제수지(payments, balance of)
- 정의 : 한 나라의 거주자와 다른 나라의 거주자 사이에 이루어지는 모든 경제거래를 체계적으로 기록한 것이다.
- 한 나라의 전체 국제수지에서는 지급한 금액 모두가 받은 금액과 상쇄되므로, 무역수지와는 달리 흑자나 적자가 생기지 않고 균형을 이룰 수 있다.
- 대외 거래 : 상품과 서비스를 사고 파는 경상거래와 돈을 빌리거나 빌려주는 자본 거래로 나눌 수 있다.
- 경상수지가 흑자인 경우 : 국민소득의 증대, 고용 확대, 채무 상환 용이 등의 긍정적인 효과가 있다.
- 경상수지가 적자인 경우 : 소득 감소, 외채 증가 등의 부정적인 효과가 있다.
- 국제수지 분석에서 경상 수지가 가장 중요시된다.

(3) 기업분석

① 경쟁적 우위성분석

㉠ 기업의 경쟁적 우위는 장기적으로 유지할 수 있어야 하고, 경쟁적 우위확보는 기업의 장기적인 수익성에 긍정적 영향을 미친다.

㉡ 기업의 유지 가능한 경쟁적 우위를 분석하는 기법 : 저가격전략의 토대가 되는 경험곡선분석, 제품의 특이성을 강조하는 차별화 분석, 전문성을 강조하는 중점성 분석 등이 이용되고 있다.
- 경험곡선분석 : 기업의 경쟁적 위치를 평가하는 데 있어서 상세한 원가분석이 필요하며, 이러한 분석기법 중의 하나가 바로 경험곡선분석이다.
- 차별화 분석 : 기업의 제품이나 서비스 등이 경쟁업체가 도저히 따라올 수 없을 정도의 차이를 갖고 있는지를 분석하는 방법이다.
- 중점성 분석 : 기업이 모든 제품을 대상으로 시장에서 효율적으로 경쟁할 수 없다는 전제에서 어느 특정 고객집단이나 특정 시장을 대상으로 중점적인 공략을 할 것인가를 분석하여 기업의 경쟁적 우위를 평가하는 방법이다.

② 제품포트폴리오분석 : 제품구성 및 시장지위

㉠ 제품판매로부터 기업의 수익이 발생하기 때문에 제품구성과 시장지위를 평가함으로써 기업에 대한 현재와 미래의 수익력과 위험에 관한 정보를 얻을 수 있다.

㉡ 제품의 시장 지위 : 시장점유율과 시장성장률 두 가지 지표에 따라 4가지로 구분할 수 있다.

- 개(dogs)제품 : 성숙 혹은 쇠퇴 단계에 있는 시장에 위치하여 시장점유율이 낮은 제품이다.
- 현금젖소(cash cows)제품 : 시장이 성숙기에 도달하여 성장률도 낮지만 높은 시장점유율을 유지하고 있어 많은 현금흐름을 제공하는 제품이다.
- 스타제품 : 성장잠재력과 시장점유율이 높은 제품이다.
- 의문부호 제품 : 시장 성장잠재력은 높으나 진입초기이므로 시장점유율이 낮은 신제품을 의미한다.

③ 경영기능과 조직평가
  ㉠ 인적 자원 관리능력과 조직의 유연성 : 기업의 수익성에 중요한 영향을 미친다.
  ㉡ 마케팅 능력 : 기업의 수익성에 중요하다.
  ㉢ 생산과 기술개발능력 : 기업의 장기적인 수익력과 위험에 영향을 미친다.
  ㉣ 재무적 유연성 : 기업의 재무상태와 경영성과에 안정성을 제공한다.
  ㉤ 경영정보시스템 : 경영의 모든 계층에 있는 구성원들에게 업무수행에 필요한 정보를 필요한 시기에 제공하는 시스템을 말한다.
④ 연구개발력 : 현대기업의 성장원천은 혁신에 있는데 이는 연구 개발력에 의해 결정된다.

Key Point

제품 포트폴리오 전략 : 보스턴컨설팅그룹(BCG)에 의해 개발되었기에 BCG 매트릭스라고도 한다. 제품의 시장점유율과 성장율을 토대로 어느 사업(제품)을 성장(평가)할 것인가를 전략적으로 결정할 때 사용되는 방법이다.

참고문헌

- 장영광, 「경영분석」, 무역경영사, 2012
- 임태순, 「경영분석」, 한국학술정보, 2011
- 박정식·신동령, 「경영분석」, 다산출판사, 2010
- 한동협, 「경영분석」, 청목출판사, 2008
- 김종오·이우백·김종선, 「경영분석」, 한국방송통신대학교출판부, 2007
- 강호정, 「경영분석」, 배재대학교출판부, 2006

Bachelor's Degree

🔲2 실전예상문제

객관식

Keypoint & Answer

기업에 대한 설명 ➡ ④

1 다음 중 기업에 대한 설명으로 옳지 <u>않은</u> 것은?
① 기업은 자본주의 사회에서 이윤추구를 목적으로 하는 생산경제의 단위체 또는 그 활동이다.
② 넓은 의미에서 기업은 경제사업체 그 자체를 말하며, 좁은 의미로는 경제사업체의 주체를 가리킨다.
③ 기업의 구체적 활동을 말할 때는 경영이라는 개념을 사용한다.
④ 기업은 한 조직의 경제활동에 관한 내용의 체계적인 개발과 분석을 나타내는 활동이다.

▶ 기업
• 기업은 자본주의 사회에서 이윤추구를 목적으로 하는 생산경제의 단위체 또는 그 활동이다.
• 넓은 의미에서 기업은 경제사업체 그 자체를 말하며, 좁은 의미로는 경제사업체의 주체를 가리킨다.
• 기업의 구체적 활동을 말할 때는 경영이라는 개념을 사용한다.

기업의 의의에 대한 내용 ➡ ②

2 다음 중 기업의 의의에 대한 내용으로 바르지 <u>못한</u> 것은?
① 기업은 일자리 제공이라는 중요한 역할을 담당하고 있다.
② 국가 경제를 위해 조직된 조직체이다.
③ 이익을 얻는 것을 목적으로 하는 경영조직체이다.
④ 물건을 만들어 팔거나 서비스를 제공한다.

▶ 기업은 각종 물품을 생산 공급하고 일자리를 제공해주는 중요한 역할을 담당하기 때문에 기업의 건전한 발전은 국가 경제에 유용하다.

경영분석의 목적 ➡ ①

3 다음 중 경영분석의 목적으로 가장 적합한 것은?
① 기업경영 의사결정을 위한 정보 수집이다.
② 재무상태를 파악하기 위함이다.
③ 기업의 미래를 예측한다.
④ 과거의 기업 실체를 파악한다.

▶ 경영분석은 과거와 현재의 기업실체를 파악하여 미래를 예측함으로써 기업경영 의사결정에 적합한 정보를 얻는데 그 목적이 있다.

Keypoint & Answer

4 다음 중 기업의 재무계수를 분석·검토해서 기업의 재무상태와 경영성과의 양부 또는 적부를 판단·인식하는 방법은 무엇인가?

① 경영분석(재무분석) ② 대기행렬분석
③ 공정분석 ④ 시장조사분석

▶ 문제는 경영분석의 정의에 관한 것이다.

➡ 경영분석의 정의 ➡ ❶

5 다음은 경영분석의 의의에 대한 내용이다. 그 설명이 <u>잘못된</u> 것은?

① 기업 경영의 의사결정에 필요 정보를 얻기 위한 자료의 수집·분석 활동이다.
② 재무제표분석은 비율분석의 핵심이 된다.
③ 재무제표분석자료는 재무상태표와 포괄손익계산서 등 두 가지로 이루어진다.
④ 재무제표분석은 좁은 의미의 경영분석이다.

▶ 재무제표분석에 이용되는 자료는 포괄손익계산서, 재무상태표, 현금흐름표, 제조원가명세서 등 여러 가지 회계자료가 있다.

➡ 경영분석의 의의 ➡ ❸

6 다음 중 경영분석에서 이용되는 가장 기본적인 재무자료는 무엇인가?

① 자본변동표 ② 포괄손익계산서와 잉여금계산서
③ 현금흐름표 ④ 재무상태표와 포괄손익계산서

▶ 경영분석에서 이용되는 기본적 재무자료는 B/S와 P/L(I/S)이다.

➡ 경영분석에서 이용되는 기본적 재무자료 ➡ ❹

7 다음 중 전통적 경영분석에 대한 설명으로 거리가 <u>먼</u> 것은?

① 기업회계자료를 이용하여 과거와 현재 재무상태와 경영성과를 파악하여 미래를 예측한다.
② 주로 재무제표를 이용하여 기업 실체를 파악하는데 초점을 맞춘다.
③ 모든 기업관련요인을 분석대상으로 하고 있다.
④ 흔히 재무제표분석이라고도 한다.

▶ 전통적 경영분석
 • 기업회계자료를 이용해 과거와 현재 재무상태와 경영성과를 파악하여 미래를 예측한다.
 • 주로 재무제표를 이용하여 기업 실체를 파악하는데 초점을 맞춘다.
 • 흔히 재무제표분석이라고도 한다.

➡ 전통적 경영분석에 대한 설명 ➡ ❸

8 다음 중 전통적 경영분석에 대한 내용으로 옳은 것은?

제1장 경영분석의 이해 **43**

| 독 | 학 | 사 | 3 | 단 | 계 |

Keypoint & Answer

전통적 경영분석에 대한 내용 ➡ ❷

① 재무비율의 유용성에 대한 올바른 평가를 선행하는 것을 원칙으로 한다.
② 재무제표에 반영되지 않는 질적 요인에 대한 분석이 부족하다.
③ 증권시장 관련자료 등 다양한 자료를 충분히 활용하여 평가한다.
④ 전통적 경영분석은 다양한 이용자의 목적에 충족시킨다.

▶ 전통적 경영분석의 문제점
- 재무비율의 유용성에 대한 올바른 평가 없이 행해지는 경우가 많다.
- 다양한 이용자의 목적을 충족시키지 못한다.
- 증권시장 관련 자료 등 다양한 자료를 충분히 활용하지 못한 채 이루어지기 때문에 기업에 대한 평가가 완전하지 못하다.
- 재무제표에 반영되지 않는 질적 요인에 대한 분석이 부족하다.

현대적 경영분석에 대한 설명 ➡ ❹

9 다음 중 현대적 경영분석에 대한 설명으로 옳지 <u>않은</u> 것은?

① 회계자료뿐 아니라 그 외 다양한 기업관련자료를 이용하여 기업실체를 파악함으로써 미래를 예측하는 분석체계이다.
② 기업이해관계자들은 회계자료와 다양한 기업자료를 분석하여 의사결정목적에 적합한 정보를 얻고자 한다.
③ 재무제표 이외에 국내·외 경제동향, 산업동향 등의 요인을 분석대상으로 한다.
④ 재무상태표, 포괄손익계산서 등을 이용하여 기업실체 파악에 초점을 둔다.

▶ 현대적 경영분석
- 회계자료뿐 아니라 그 외 다양한 기업관련자료를 이용하여 기업실체를 파악함으로써 미래를 예측하는 분석체계이다.
- 기업이해관계자들은 회계자료와 다양한 기업자료를 분석하여 의사결정목적에 적합한 정보를 얻고자 한다.
- 재무제표 이외에 국내·외 경제동향, 산업동향 등의 요인을 분석대상으로 한다.

전통적 경영분석의 특징적인 내용 ➡ ❷

10 다음 중 전통적 경영분석의 특징적인 내용으로 옳지 <u>않은</u> 것은?

① 주로 재무제표를 근간으로 산출된 재무비율을 이용하여 미래예측에 필요한 정보를 제공한다.
② 분석결과에 대한 신뢰성이 높으며 의사결정목적에 적합한 다양한 정보를 얻을 수 있다.
③ 주로 재무제표항목이나 재무비율을 이용하여 기업간 상호비교 분석, 시계열 추세분석 등의 분석방법에 의존한다.
④ 주로 회계자료에 의존한다.

▶ 전통적 경영분석의 특징적인 내용
- 주로 재무제표를 근간으로 산출된 재무비율을 이용하여 미래예측에 필요한 정보를 제공한다.

- 주로 재무제표항목이나 재무비율을 이용하여 기업간 상호비교 분석, 시계열추세 분석 등의 분석방법에 의존한다.
- 주로 회계자료에 의존한다.

11 다음 중 현대 경영분석의 특징적인 내용으로 옳지 <u>않은</u> 것은?

① 급변하는 환경변화에 신속하게 대처하기 위한 의사결정 지원체계로 발전한다.
② 회계자료뿐 아니라 기업의 내·외적 관련자료를 분석대상으로 한다.
③ 의사결정목적에 적합한 다양한 정보를 얻을 수 있다.
④ 재무제표를 근간으로 재무비율을 이용하여 정보를 제공한다.

▶ 현대 경영분석의 특징적인 내용
- 급변하는 환경변화에 신속하게 대처하기 위한 의사결정 지원체계로 발전한다.
- 회계자료뿐 아니라 기업의 내·외적 관련자료를 분석대상으로 한다.
- 의사결정목적에 적합한 다양한 정보를 얻을 수 있다.
- 과학적 분석방법을 활용하는 등 분석방법이 다양해지고 있다.

➡ 현대 경영분석의 특징적인 내용 ➡ ❹

12 다음 중 현대적 경영분석의 과제로서 거리가 <u>먼</u> 것은?

① 재무제표에 반영되지 않지만 기업의 재무상태나 경영성과에 중대한 영향을 미치는 질적정보도 경영분석의 대상이 되어야 한다.
② 기업의 위험과 수익성을 평가할 경우 반드시 증권시장자료의 분석이 함께 이루어져야 한다.
③ 경영분석의 이론적 측면을 폭넓게 다루어야한다.
④ 재무비율이 실제의 의사결정과정에서 어떻게 활용되고 있는지 파악할 수 있는 도구가 되어야한다.

▶ 경영분석의 실천적 측면이 폭넓게 다루어져야 한다.

➡ 현대적 경영분석의 과제 ➡ ❸

13 다음 중 경영자가 경영관리의 차원에서 필요한 정보를 얻기 위한 목적으로 수행하는 경영분석을 무엇이라 하는가?

① 내부분석 ② 외부분석
③ 정보분석 ④ 효율분석

▶ 내부분석은 경영자가 경영관리의 차원에서 필요한 정보를 얻기 위한 목적으로 수행하는 경영분석이다.

➡ 내부분석의 의미 ➡ ❶

14 다음 중 내부분석의 목적과 거리가 <u>먼</u> 것은?

① 자금조달·투자 사업의 선정 등과 같은 의사결정에 필요한 정보를 얻는다.

➡ 내부분석의 목적 ➡ ❷

| 독 | 학 | 사 | 3 | 단 | 계 |

Keypoint & Answer

② 주식의 내재가치를 평가하여 주식의 가치가 과대 또는 과소평가 되었는지에 대한 정보를 얻는다.
③ 경영자가 장기 경영계획이나 경영전략을 수립하는데 필요한 정보를 얻는다.
④ 경영자가 업무계획을 수립하거나 기업 내부 상황을 통제하는 데 필요한 정보를 얻는다.

▶ ②는 주식을 대상으로 하는 주식평가로 기업 외부의 이해 관계자들인 투자자나 증권분석기관에서 수행하는 경영분석이다.

내부적 목적에 의한 경영분석을 행하는 이유 ➡ ❶

15 다음 중 내부적 목적에 의한 경영분석을 행하는 이유로 옳은 것은?
① 경영관리의 합리화를 기하기 위해서
② 제정책(예 : 과세정책)을 수립하기 위해
③ 회계처리의 적정성을 평가하기 위해서
④ 신용분석을 하기 위해서

▶ ②, ③, ④ : 외부적 목적에 의한 경영분석, ① : 내부적 목적에 의한 경영분석
경영분석 목적의 중점이 외부적 목적에서 내부적 목적으로 이행하게 되었다.

외부분석의 의미 ➡ ❷

16 다음 중 기업의 외부 이해관계자들이 주체가 되어 수행하는 경영분석을 무엇이라 하는가?
① 내부분석 ② 외부분석
③ 전략분석 ④ 통제분석

▶ 외부분석은 기업의 외부 이해관계자들이 주체가 되어 수행하는 경영분석을 말한다.

증권분석의 의미 ➡ ❷

17 다음 중 투자자 및 증권분석기관이 수행하는 경영분석을 대체로 무엇이라고 하는가?
① 신용분석 ② 증권분석
③ 감사분석 ④ 행정분석

▶ 투자자와 증권분석기관은 채권 및 주식의 내재가치(intrinsic value) 또는 위험특성을 파악하기 위하여 경영분석을 한다. 따라서 투자자 및 증권분석기관이 수행하는 경영분석을 흔히 증권분석(security analyisis)이라고 한다.

외부적 경영분석이 필요한 이유 ➡ ❶

18 다음 중 외부적 경영분석이 필요한 이유로서 올바른 것은?
① 경제계획수립이나 물가안정에 필요한 정보를 얻기 위하여
② 외부환경의 변화에 신속하게 대응하기 위하여
③ 경영전략이나 장기경영계획의 수립에 필요한 정보를 얻기 위하여

46 경영분석

④ 업무계획의 수립이나 내부통제에 필요한 정보를 얻기 위해서

▶ 외부적 경영분석과 내부적 경영분석
- 외부적 목적에 의한 경영분석은 기업의 외부자인 여신자, 투자가, 행정기관, 공공단체, 종업원 등에 의해 재무상태와 경영성과를 측정·분석하는 것을 말한다. 국가 및 공공단체는 제정책의 수립과 수행을 위해 기업의 재무상태와 경영성과를 분석·검토한다.
- 내부적 목적에 의한 경영분석은 경영자가 경영당사자의 입장에서 경영관리의 합리화를 기하기 위한 내부적 관리목적의 수단으로 행하는 것이다.

19 다음 중 기업의 외부자인 은행 등 여신자들에 의해 행해지는 경영분석은 무엇인가?

① 원가분석　　　　② 신용분석
③ 투자분석　　　　④ 감사분석

▶ 기업의 외부자인 은행, 거래처와 같은 여신자들은 거래기업의 지급능력과 수익성을 판단하기 위해서 거래기업의 재무제표를 분석하는데, 유동성 분석이 그 중심과제이다. 이러한 분석을 신용분석이라 한다.

⇒ 신용분석의 의미　　➡ ②

20 다음 중 주로 산업정책의 수립 및 규제, 지원책의 수립 등에서 필요로 하는 정보를 얻기 위한 목적으로 경영분석을 수행하는 분석기관은?

① 금융기관　　　　② 신용평가기관
③ 정부　　　　　　④ 공인회계사

▶ 정부는 주로 산업정책의 수립 및 규제, 지원책의 수립 등에서 필요로 하는 정보를 얻기 위한 목적으로 경영분석을 수행한다.

⇒ 정부의 경영분석 수행　➡ ③

21 다음 중 외부감사인이 주체가 되어 수행하며 회계처리 및 재무제표의 적정성 여부를 평가하는데 초점을 두는 분석은?

① 신용분석　　　　② 감사분석
③ 증권분석　　　　④ 투자분석

▶ 감사분석은 외부감사인이 주체가 되어 수행하며 회계처리 및 재무제표의 적정성 여부를 평가하는데 초점을 두는 분석이다.

⇒ 감사분석의 의미　　➡ ②

22 기업 외부의 이해관계자들과 경영분석의 목적이 잘못 연결된 것은?

① 금융기관 – 기업의 신용도 평가
② 증권분석기관 – 유가증권의 내재가치 파악 및 투자 정보 획득
③ 거래처 – 거래기업의 부도가능성에 관한 정보수집

⇒ 기업 외부의 이해관계자들과 경영분석의 목적　➡ ④

| 독 | 학 | 사 | 3 | 단 | 계 |

④ 세무기관 – 투자자보호를 위한 금융기관의 자산구성과 수익성평가

▶ • 세무기관 : 기업의 조세부담능력, 적정과세, 세금포탈 등에 대한 정보를 얻기 위해 기업에 대한 세무분석을 한다.
• 금융감독기관 : 투자자보호와 금융시장의 발전을 위한 행정지도 차원에서 금융 기관을 대상으로 자산 구성과 수익성을 평가한다.

경영분석이 최초로 실시된 나라
➡ ②

23 다음 중 경영분석이 최초로 실시된 나라에 해당되는 것은?
① 프랑스   ② 미국
③ 독일   ④ 영국

▶ 경영분석이 최초로 실시된 나라는 미국이다.

경영분석의 발전에 대한 내용 ➡ ②

24 다음 중 경영분석의 발전에 대한 내용으로 그 설명이 옳은 것은?
① 현재 회계 관행에 따라 작성되는 재무제표가 가진 한계점으로 인하여 경영분석에 대한 이론적 체계가 정립되지 못하고 있다.
② 1910년대 이후 재무비율이 경영분석을 위해 본격적으로 이용되기 시작하였다.
③ 1960년대 이후 종래의 비율분석기법들이 체계적으로 정리되었으며 여러 형태의 경영분석 기법들이 개발되었다.
④ 경영분석은 산업혁명과 해외무역의 발달과 함께 정착되었다.

▶ ①은 1960년대 말까지의 상황이다.
③ 1930년 이후 비율분석기법이 체계적으로 정리되었다.
④ 경영분석은 회계제도의 발전과 증권시장의 발달과 함께 정착되었다.

미국에서 1960년대 말까지 경영분석발전이 지체된 이유
➡ ④

25 미국에서 1960년대 말까지 경영분석발전이 지체된 이유로 거리가 먼 것은?
① 재무제표가 기업실체를 충분히 대변하지 못하기 때문에 회계이익에 대한 부정적 시각이 제기되었다.
② 1950년대 이후부터 재무이론이 빠른 속도로 발전했으나 전통적 경영분석이 재무이론의 발전에 부응하지 못하였다.
③ 이해관계자들의 정보에 대한 욕구가 다양화되면서 전통적 경영분석이 다양한 정보욕구를 충족시키지 못하였다.
④ 포트폴리오 이론에서 요구되는 위험특성에 대한 정보를 쉽게 획득할 수 있게 되었다.

▶ 경영분석 발전이 지체된 이유
• 재무제표가 기업실체를 충분히 대변하지 못하기 때문에 회계이익에 대한 부정적 시각이 제기되었다.

- 1950년대 이후부터 재무이론이 빠른 속도로 발전했으나 전통적 경영분석이 재무이론의 발전에 부응하지 못하였다.
- 이해관계자들의 정보에 대한 욕구가 다양화되면서 전통적 경영분석이 다양한 정보욕구를 충족시키지 못하였다.

26 다음 중 경영분석의 발전과정이 순서대로 바르게 나열된 것은?

① 포괄손익계산서의 이용 → 재무상태표의 이용 → 자본변동표 이용
② 경영비율의 이용 → 경영비율의 작성 → 재무상태표의 이용
③ 경영비율의 작성 → 포괄손익계산서의 이용 → 경영비율의 이용
④ 재무상태표의 이용 → 경영비율의 작성 → 경영비율의 이용

▶ 경영분석의 발전과정은 재무상태표의 이용(제1단계) → 재무비율의 작성(제2단계) → 재무비율의 이용(제3단계)이다. 경영비율의 이용단계에 해당하는 대표적인 예는 추세비율과 표준비율이다.

27 우리나라의 경영분석 발전과정에 대한 내용으로 바르지 못한 것은?

① 경영분석의 발전은 컴퓨터 통신망의 확산과 함께 일반화될 것으로 보인다.
② 1960년대 초부터 비율분석을 중심으로 한 경영분석이 본격적으로 실시되었다.
③ 1970년대에는 경영분석이 본격적으로 실무에 활용되기 시작하였다.
④ 1980년대에 주식시장 및 금융시장의 개방화 정책에 따라 외국금융기관의 국내 진출이 가속화되고 각종 규제가 완화되어 경영분석의 역할이 증대되었다.

▶ 1990년대에 주식시장 및 금융시장의 개방화 정책이 시행되었다.

28 다음 경영분석의 방법 중 재무자료 분석에 해당하지 않는 것은?

① 경제분석   ② 지수분석
③ 실수분석   ④ 비율분석

▶ 재무자료분석 : 비율분석, 실수분석, 지수분석, 통계분석

29 다음 중 재무제표상에 표시된 각 항목들의 값을 그대로 이용하는 재무자료분석은 무엇인가?

① 비율분석   ② 실수분석
③ 기업분석   ④ 산업분석

▶ 실수분석은 재무제표상에 표시된 각 항목들의 값을 그대로 이용하는 재무자료분석이다.

경영분석의 발전과정 ➡ ❹

우리나라의 경영분석 발전과정 ➡ ❹

경영분석의 방법 중 재무자료 분석의 종류 ➡ ❶

실수분석의 내용 ➡ ❷

Keypoint & Answer	
실수분석의 종류	➡ ❹

30 다음 중 실수분석에 해당되지 <u>않는</u> 것은?

① 수준분석　　　　② 증감분석
③ 균형분석　　　　④ 비율분석

▶ 실수분석은 수준분석, 증감분석, 균형분석을 포함한다.

비율분석의 내용	➡ ❹

31 재무제표의 각 항목을 서로 대비시켜 구한 비율을 이용하여 표준비율과 비교하여 필요한 정보를 얻는데 이용되는 분석방법은 무엇인가?

① 통계분석　　　　② 지수분석
③ 실수분석　　　　④ 비율분석

▶ 비율분석에 관한 내용이다.

증감분석법	➡ ❷

32 다음 중 기간 중에 특정 재무제표 항목이 어느 정도 변동하였고 그 원인은 무엇인가를 파악하는 재무자료분석은?

① 수준분석　　　　② 증감분석
③ 균형분석　　　　④ 비율분석

▶ 증감분석법은 기간 중에 특정 재무제표 항목이 어느 정도 변동하였고 그 원인은 무엇인가를 파악하는 재무자료분석이다.

실수분석에 해당되는 균형분석법에 해당되는 것	➡ ❸

33 다음 중 실수분석에 해당되는 균형분석법에 해당되지 <u>않는</u> 것은?

① 자금흐름분석　　② 손익분기점분석
③ 지수분석　　　　④ 이익계획분석

▶ 균형분석법에는 자금흐름분석, 손익분기점분석, 이익계획분석, 자본조달분기점 분석이 해당된다.

지수분석의 내용	➡ ❶

34 다음 중 주요 재무비율을 선정하여 산업에 대한 상대적 비율 산출 후 가중치에 따라 가중평균지수를 계산하여 기업재무상태와 경영성과를 종합평가하는 방법은 무엇인가?

① 지수분석　　　　② 비율분석
③ 실수분석　　　　④ 통계분석

▶ 지수분석은 주요 재무비율을 선정하여 산업에 대한 상대적 비율 산출 후 가중치에 따라 가중평균지수를 계산하여 기업재무상태와 경영성과를 종합평가하는 방법이다.

35 다음 중 재무비율의 유용성을 높이기 위해 계량적 분석을 통해 필요정보를 가공하는 방법은 무엇인가?

① 지수분석 ② 비율분석
③ 실수분석 ④ 통계분석

▶ 통계분석은 재무비율의 유용성을 높이기 위해 계량적 분석을 통해 필요정보를 가공하는 방법이다.

Keypoint & Answer

➡ 통계분석의 내용 ➡ ④

36 다음 중 비재무자료 분석에 해당되지 <u>않는</u> 것은?

① 기업분석 ② 비교분석
③ 산업분석 ④ 경제분석

▶ 비재무자료 분석에는 경제분석, 산업분석, 기업분석 등이 있다.

➡ 비재무자료 분석의 종류 ➡ ②

37 다음 중 전체 재무제표로 거리가 <u>먼</u> 것은?

① 현금흐름표 ② 제조원가명세서
③ 포괄손익계산서 ④ 재무상태표

▶ 전체 재무제표의 구성 : 재무상태표, 포괄손익계산서, 현금흐름표, 자본변동표, 주석이 있다.

➡ 전체 재무제표의 구성 ➡ ②

38 기업의 재무상태를 나타내는 재무제표로 알맞은 것은?

① 자본변동표 ② 현금흐름표
③ 포괄손익계산서 ④ 재무상태표

▶ 재무상태표는 일정시점에서의 기업의 재무상태를 나타낸다.

➡ 기업의 재무상태를 나타내는 재무제표 ➡ ④

39 다음 중 재무상태표 등식으로 옳은 것은?

① 자산 = 부채 + 자본 ② 자산 = 자본 − 부채
③ 부채 = 자산 + 자본 ④ 자본 = 자산 + 부채

▶ 재무상태표 등식 : 자산 = 부채 + 자본

➡ 재무상태표 등식 ➡ ①

40 다음 중 재무상태표의 구성요소로 알맞은 것은?

① 순이익 ② 수익
③ 비용 ④ 자본

▶ 문제 39번 해설 참조

➡ 재무상태표의 구성요소 ➡ ④

|독|학|사|3|단|계|

Keypoint & Answer

특정의 실체가 소유 또는 통제하는 자산 ➡ ④

비유동자산의 종류 ➡ ①

유동자산의 종류 ➡ ③

기업의 자산에 대한 우선적 청구권 ➡ ③

기업의 자산에 대한 채권자의 청구 ➡ ②

소유주 지분을 나타내는 것 ➡ ②

41 과거의 거래 또는 사상의 결과로서 특정의 실체가 소유 또는 통제하고 있는 장래의 경제적 효익은 무엇인가?
① 부채　　　　　② 자본
③ 수익　　　　　④ 자산

▶ 자산은 특정의 실체가 소유 혹은 통제하는 장래의 경제적 효익을 의미한다.

42 다음 중 비유동자산에 해당되는 것은?
① 유형자산　　　② 매출채권
③ 예금　　　　　④ 현금

▶ 비유동자산에는 대여금, 투자부동산, 무형자산, 유형자산 등이 있다.

43 다음 중 유동자산이 <u>아닌</u> 것은?
① 예금　　　　　② 재고자산
③ 수취채권　　　④ 현금

▶ 유동자산은 현금, 예금, 매출채권, 재고자산 등이 해당된다.

44 다음 기업의 자산에 대한 우선적 청구권을 나타내는 것은 어떤 것인가?
① 비용　　　　　② 수익
③ 부채　　　　　④ 자본

▶ 부채는 기업의 자산에 대해서 채권자가 청구할 수 있는 것으로 이것은 소유주청구권에 우선한다.

45 특정 실체의 과거 거래의 결과로 장래에 타실체나 개인에게 용역을 제공하여야 할 의무를 말하는 것은?
① 자산　　　　　② 부채
③ 자본　　　　　④ 비용

▶ 부채는 기업의 자산에 대해서 채권자가 청구할 수 있는 것이다.

46 다음 소유주 지분을 나타내는 것은 무엇인가?
① 수익　　　　　② 자본
③ 부채　　　　　④ 자산

▶ 자본은 소유주 지분으로서 총자산에 대한 소유주의 청구권이다.

52 경영분석

47 다음 중 잔여지분을 무엇이라고 하는가?
① 순이익   ② 자본
③ 부채   ④ 자산

▶ 자본은 총자산에서 총부채를 차감한 것인데, 기업의 자산에 대한 청구권은 채권자가 우선하므로 자본을 잔여지분이라고도 한다.

48 다음 중 자본에 대한 설명으로 바르지 <u>못한</u> 것은?
① 자본은 소유주 지분이다.
② 자본은 잔여지분이다.
③ 자본은 총자산에서 총부채를 차감한 것이다.
④ 기업의 자산에 대한 청구권은 소유주가 채권자보다 우선한다.

▶ 채권자가 기업의 자산에 대한 청구권은 소유주보다 우선한다.

49 다음 재무제표 중에서 기업의 경영성과에 대한 정보를 제공하는 것은?
① 현금흐름표   ② 자본변동표
③ 포괄손익계산서 ④ 재무상태표

▶ 재무상태표는 기업의 재무상태에 관한 보고서이며, 포괄손익계산서는 기업의 경영성과에 관한 보고서이다.

50 다음 중 손익계산서의 구성요소로 알맞은 것은?
① 수익과 비용   ② 자본
③ 부채   ④ 자산

▶ 수익, 비용, 순이익은 손익계산서 구성의 요소이다.

51 다음 중 기업의 경영성과를 보고하기 위하여 작성되는 재무제표는 어떤 것인가?
① 현금흐름표   ② 자본변동표
③ 포괄손익계산서 ④ 재무상태표

▶ 포괄손익계산서는 일정기간에 실현된 수익에서 발생된 비용을 대응시켜 그 기간의 순이익을 산출한 것을 나타낸다.

52 일정기간 동안 기업의 계속적인 영업활동의 결과로서 발생된 현금이나 기타 자산의 유입을 의미하는 것은?
① 자본   ② 수익

Keypoint & Answer

➡ 잔여지분 또는 자본 ➡ ❷

➡ 자본의 지분과 청구권 ➡ ❹

➡ 기업의 경영성과에 대한 정보를 제공하는 포괄손익계산서 ➡ ❸

➡ 손익계산서의 구성요소 ➡ ❶

➡ 기업의 경영성과를 보고하기 위하여 작성되는 재무제표 ➡ ❸

➡ 기업의 계속적인 영업활동의 결과로서 발생된 현금이나 기타 자산의 유입 ➡ ❷

| 독 | 학 | 사 | 3 | 단 | 계 |

Keypoint & Answer

③ 비용　　　　　　　　　④ 자산

▶ 수익 : 기업이 일정기간 동안 고객에게 재화나 용역을 제공함으로써 실현한 금액

자본변동표 ➡ ❷

53 다음 중 자본의 크기와 그 변동에 관한 정보를 제공하는 재무보고서는?
① 현금흐름표　　　　　② 자본변동표
③ 포괄손익계산서　　　④ 재무상태표

▶ 자본변동표는 당기에 처분 가능한 이익잉여금액과 처분내역을 나타낸 것이다.

기초현금과 기말현금간의 차이 ➡ ❶

54 다음 중 기초현금과 기말현금간의 차이의 원인에 대한 정보를 나타내는 것은?
① 현금흐름표　　　　　② 자본변동표
③ 포괄손익계산서　　　④ 재무상태표

▶ 현금흐름표는 현금유입과 유출의 차이로서 현금의 순증감을 표시한다.

재무제표의 한계 ➡ ❹

55 다음 중 재무제표의 한계로 볼 수 없는 것은?
① 재무제표에는 추정된 많은 자료가 포함되어 있다.
② 물가 상승시, 기업의 경제적 실질을 제대로 반영하지 못한다.
③ 회계처리방법이 다양하다.
④ 합리적인 표준비율이 선정되어 있다.

▶ 재무제표의 한계
　• 재무제표에 반영되어 있지 않으며 계량화하기도 어려운 질적 정보가 있다.
　• 재무제표에는 많은 추정이 포함된다. 추정은 기본적으로 미래의 불확실성에 기인한 오류를 내재하고 있다.
　• 역사적 원가의 기록으로 인해 인플레이션이 생기면 기업의 경제적 실질을 제대로 반영하지 못한다.
　• 동일한 사건에 대해서도 다양한 회계처리방법을 사용하므로 기업간 비교가 어렵다.

회계처리방법 선택에 영향을 미치는 요인 ➡ ❹

56 다음 중 회계처리방법 선택에 영향을 미치는 요인으로 거리가 먼 것은?
① 기업내의 회계 관행　　　② 이익배분기준
③ 경영자에 대한 보상제도　④ 경제적 발전 양상

▶ 회계처리방법 선택에 영향을 미치는 요인
　• 경영자에 대한 보상제도　　• 이익배분기준
　• 법인세 절감효과, 차입조건　• 기업회계기준이나 세무회계기준
　• 기업내의 회계 관행
　• 수익과 비용의 대응 원칙, 보수주의 원칙, 객관성의 원칙 등과 같은 회계원칙

57 많은 양의 재무자료를 분석 목적에 적합한 단순한 형태로 요약하는 것을 무엇이라고 하는가?

① 재무비율 계산의 목적
② 재무비율 계산의 문제점
③ 재무비율 분석
④ 회계처리의 다양성

▶ 재무비율 계산의 목적에 대한 설명이다.

Keypoint & Answer

➡ 많은 양의 재무자료를 분석 목적에 적합한 단순한 형태로 요약하는 것
➡ ❶

58 다음 중 재무비율 계산과 해석에 대한 내용으로 바르지 못한 것은?

① 재무비율을 계산하여 분모값이 음(-)의 값을 나타나면 이를 적절하게 수정하여야 한다.
② 재무비율에 의한 평가는 기간 비교나 상호비교를 통하여 상대적인 관점에서 이루어져야 한다.
③ 재무비율을 해석할 때 기준이 되는 합리적인 표준비율의 선정은 쉽게 얻을 수 있다.
④ 계절적 변동이 심한 제품을 취급하는 기업은 추세분석을 통하여 재무비율을 비교하면 좋다.

▶ 재무비율을 해석할 때 기준이 되는 표준비율의 선정은 어렵기 때문에 재무비율을 해석할 때에는 주의하여야 한다.

➡ 재무비율 계산과 해석에 대한 내용
➡ ❸

59 일정시점에서 여러 기업의 재무제표자료를 기간별로 비교분석하는 방법을 무엇이라 하는가?

① 횡단면분석
② 시계열분석
③ 재무분석
④ 질적 분석

▶ 일정시점에서 여러 기업의 재무제표자료를 기간별로 비교분석하는 방법을 말한다.

➡ 일정시점에서 여러 기업의 재무제표자료를 기간별로 비교분석하는 방법
➡ ❶

60 다음 중 횡단면분석상의 문제점에 대한 설명으로 틀린 것은?

① 분석대상기업의 자료가 없는 경우에는 목적했던 결과를 얻을 수 없다.
② 회계기간이 일치하지 않는 경우 일반적으로 기업에 따라 결산일이 서로 다르기 때문에 재무제표자료를 상호 비교하는 데 있어 문제가 있을 수 있다.
③ 회계처리방법이 다른 경우 그 기업의 특성을 그대로 받아들여 일관성 있는 결과를 얻을 수 없다.
④ 회계처리방법의 변경과 관련된 문제, 계정과목의 분류와 관련된 문제 등이 나타난다.

➡ 횡단면분석상의 문제점에 대한 설명
➡ ❹

제1장 경영분석의 이해 **55**

| 독 | 학 | 사 | 3 | 단 | 계 |

▶ 시계열분석상의 문제점
- 시계열분석 : 시계열자료를 분석하여 체계적인 패턴을 찾아낸 후 그 패턴에 의거하여 미래의 재무상태와 경영성과를 예측하는 데 이용된다.
- 재무제표자료에 대한 시계열분석에서 직면하는 문제점 : 구조적 변화에 의한 시계열자료상의 문제, 회계처리방법의 변경과 관련된 문제, 계정과목의 분류와 관련된 문제, 극단적인 값과 관련된 문제 등이 있다.

재무제표의 분석에 대한 내용 → ❶

61 고의로 왜곡된 경영실적과 재무상태를 포괄손익계산서 및 재무상태표에 보고하는 행위를 가리키는 말은?

① 분식 ② 회계
③ 재무분석 ④ 질적 분석

▶ 재무제표의 분식 : 어떤 특정한 의도나 목적하에서 정상적인 회계절차에 의해 산출된 결과가 아닌 왜곡된 경영실적과 재무 상태를 포괄손익계산서 및 재무상태표에 보고하는 행위를 말한다.

재무제표분석에서 역분식에 대한 내용 → ❷

62 다음 중 재무제표분석에서 역분식에 대한 설명으로 올바른 것은?

① 이익을 과대표시하는 것 ② 이익을 과소표시하는 것
③ 비용을 과소표시하는 것 ④ 자본을 과대표시하는 것

▶ 역분식은 세금회피목적으로 주로 행해진다.

재무제표분석의 주된 동기 → ❹

63 다음 중 재무제표분석의 주된 동기가 <u>아닌</u> 것은?

① 비자금 조성을 위해 ② 자금조달의 용이성을 위해
③ 거래처에 대한 신용유지 ④ 기업청산을 위해

▶ 재무제표 분식의 동기
- 분식결산을 하는 동기 : 비자금 조성을 위해 혹은 기업신용도가 약화되면 자금조달이 어렵고 기차입자금에 대해서도 상환독촉을 받기 때문에 자금조달에 문제가 없도록 재무상태가 양호하게 보이게끔 분식할 유인을 가진다.
- 한국의 경우에는 비자금 조성 관행이 분식결산의 동기로 크게 작용했다.

재무제표분석의 유형 → ❸

64 다음 중 재무제표분석의 유형으로 거리가 <u>먼</u> 것은?

① 금년도 비용을 다음 연도로 연기한다. ② 가공의 수익을 기록한다.
③ 모든 부채를 기록하고 공시한다. ④ 수익을 조기에 실현한다.

▶ 재무제표분식의 방법에는 수익의 조기실현, 가공의 수익기록, 자산의 과대평가, 금년도 비용의 다음연도로의 연기, 부채의 과소계상, 당기이익의 미래이연, 미래비용의 당기처리 등이 있다.

56 경영분석

65 재무제표 분식에서 '수익을 조기에 실현한다'는 분식유형의 경우가 아닌 것은?

① 매출이 완성되기 전에 출고한 것처럼 하는 경우
② 중대한 불확실성이 존재함에도 불구하고 수익을 기록하는 경우
③ 미래에 제공해야 할 용역의무가 있음에도 불구하고 수익을 기록하는 경우
④ 유사한 자산의 교환을 이익으로 기록하는 경우

▶ ④는 '가공의 수익을 기록한다'는 분식유형에 속한다.

Keypoint & Answer

➡ '수익을 조기에 실현한다'는 분식유형의 경우 ➡ ④

66 다음 중 '일시적 이익을 위해 이익을 부풀린다'의 분식유형에 해당되는 것은?

① 매출이 완성되기 전에 출고한 것처럼 하는 경우
② 재고자산 등 가공자산을 계상하는 경우
③ 반복적인 이익과 비경상적이고 비반복적인 이익을 구분하지 않는 경우
④ 감가상각이나 상각을 매우 느리게 하는 경우

▶ 실리트(H. Schilit)가 정리한 재무제표 분식유형 7가지
- 분식유형1 : 수익을 조기에 실현한다.
- 분식유형2 : 가공의 수익을 기록한다.
- 분식유형3 : 일시적 이익을 위해 이익을 부풀린다.
- 분식유형4 : 금년도 비용을 다음 연도로 연기한다.
- 분식유형5 : 모든 부채를 기록하지 않거나 공시하지 않는다.
- 분식유형6 : 당기 이익을 미래로 이연시킨다.
- 분식유형7 : 미래의 비용을 당기에 처리한다.

➡ '일시적 이익을 위해 이익을 부풀린다'의 분식유형 ➡ ③

67 다음 중 재무제표분식의 폐해로 볼 수 없는 것은?

① 고의의 투자자들에게 피해를 준다.
② 채권자에게 손해를 끼친다.
③ 회사와 종업원들에게 피해를 준다.
④ 신뢰도를 떨어뜨린다.

▶ 재무제표 분식의 폐해
- 선의의 투자자들에게 피해를 준다.
- 채권자 및 거래처에 손해를 끼칠 수 있다.
- 회사와 종업원들에게 피해를 준다.
- 경제 전체의 신뢰도를 떨어뜨린다.

➡ 재무제표분식의 폐해 ➡ ①

68 다음 중 분식을 발견하는 태도나 방법으로 옳지 않은 것은?

① 외부감사로 적발해낸다.
② 재무제표의 개별항목을 면밀히 분석한다.
③ 재무비율의 추세를 분석한다.

➡ 분식을 발견하는 태도나 방법 ➡ ①

| 독 | 학 | 사 | 3 | 단 | 계 |

Keypoint & Answer

④ 기업의 재무 비율을 산업전체와 비교해 본다.

▶ 분식은 고의로 이루어지므로 외부감사로 적발하기가 어렵다.

계량화할 수 없는 기업의 질적 요인 ➡ ④

69 다음 중 계량화할 수 없는 기업의 질적 요인으로 거리가 먼 것은?

① 경제적 요인 ② 산업적 요인
③ 기업적 요인 ④ 재무제표 요인

▶ 기업의 재무상태와 경영성과에 영향을 미칠 수 있는 질적요인으로는 경제적, 산업적, 기업적 요인 등이 있다.

기업의 미래현금흐름 ➡ ④

70 다음 중 기업의 미래현금흐름과 관련이 없는 것은?

① 경제성장률 ② 통화량
③ 금리수준 ④ 회계처리 방법

▶ 기업의 미래현금흐름은 미래 경제활동 수준에 따라 영향을 받기에 경제성장률, 물가, 통화량, 금리수준 등과 같은 거시경제요인과 밀접한 관련이 있다.

금융기관 이외의 민간부문이 보유하는 현금통화·예금통화의 총칭 ➡ ①

71 금융기관 이외의 민간부문이 보유하는 현금통화·예금통화의 총칭은?

① 통화량 ② 물가
③ 금리 ④ 경제성장률

▶ 통화량 : 금융기관 이외의 민간부문이 보유하는 현금통화·예금통화의 총칭으로, 통화공급량이라고도 한다.

우리나라의 통화량 지표 ➡ ④

72 다음 중 우리나라의 통화량 지표가 아닌 것은?

① M1 ② M2
③ M3 ④ M4

▶ 우리나라의 통화 지표
- M1 : 화폐의 지급결제수단으로서의 기능을 중시하여 민간이 보유하고 있는 현금과 당좌예금, 보통예금 등 은행 요구불 예금의 합계로 정의된다.
- M2 : M1보다 넓은 의미로 M1 뿐만 아니라 장기예금, 정기적금 등 은행의 저축성 예금과 거주자 외화 예금을 포함한다.
- MCT : M2에 양도성예금증서와 금전신탁을 포함시킨 지표이다.
- M3 : M2에 비은행 금융기관의 각종 예수금과 은행 및 비은행 금융기관이 발행하는 금융채, 양도성예금증서, 표지어음 및 상업어음 등을 포함한 가장 넓은 의미의 통화지표이다.

73 시중에 유통되는 돈의 총량을 파악하는 척도는 무엇인가?

① 금리 ② 물가
③ 수출입 ④ 통화지표

▶ 각 나라의 중앙은행들은 자국 내에 유통되는 돈의 총량을 적정한 수준으로 유지할 수 있도록 통화지표를 작성하고 있다.

Keypoint & Answer

▶ 시중에 유통되는 돈의 총량을 파악하는 척도 ➡ ❹

74 한 나라 안에 유통되고 있는 통화의 양적 수준을 나타내는 기준을 무엇이라 하는가?

① 통화지표 ② 물가지표
③ 금리지표 ④ 경제성장지표

▶ 통화지표 : 한 나라 안에 유통되고 있는 통화의 양적 수준을 나타내는 기준으로, 대부분의 나라에서는 경제성장·물가안정·국제수지균형 등의 목표달성을 위해 통화량을 적정수준으로 조절하고 있으며, 이를 위해 통화지표가 필요하게 된다.

▶ 한 나라 안에 유통되고 있는 통화의 양적 수준을 나타내는 기준 ➡ ❶

75 자금차입에 대한 대가로 지급하는 이자율을 무엇이라 하는가?

① 물가 ② 금리
③ 수익 ④ 통화

▶ 금리는 자금차입에 대한 대가로 지급하는 이자율을 의미한다. 금리는 자금에 대한 수급상황, 물가상승률, 자금의 사용기간, 채무불이행위험의 정도 등에 따라 달라진다.

▶ 자금차입에 대한 대가로 지급하는 이자율 ➡ ❷

76 1990년대 금융환경의 변화에 대한 내용으로 볼 수 없는 것은?

① 새로운 금융상품의 증가로 금융권간에 극심한 자금이동현상 발생
② 경제의 개방화와 자본자유화로 국가간에 빈번한 자본 유출입현상 발생
③ 금리 자유화로 금리의 가격기능이 크게 약화
④ 신용카드 이용 확대로 전통적인 통화의 개념 변모 가능

▶ 금리의 자유화는 금리의 가격기능을 크게 강화하였다.

▶ 1990년대 금융환경의 변화에 대한 내용 ➡ ❸

77 다음 중 금리에 대한 설명으로 틀린 것은?

① 금리란 돈을 빌린 대가로 지불하는 자금의 가격이다.
② 금리 수준의 변동이 기업경영에 미치는 영향은 미약하다.
③ 금리는 정부나 중앙은행이 직접 규제하거나 시장개입 등을 통해 간접적으로 국민경제에 영향력을 행사한다.
④ 금리는 금융시장의 가격으로서 통화량과 함께 통화신용정책의 지표로서 유용하게 활용될 수 있다.

▶ 금리에 대한 내용 및 특성 ➡ ❷

| 독 | 학 | 사 | 3 | 단 | 계 |

Keypoint & Answer

▶ 금리 수준의 변동이 기업경영에 미치는 영향은 매우 크다. 금리 수준이 인상될 경우 기업의 금융 비용 부담이 늘어나 기업의 수지가 악화됨으로써 주가가 하락한다. 금리 변동은 투자자의 유가증권에 대한 요구수익률을 변동시킴으로써 주가를 변동시킨다.

금리가 인상될 경우 주가의 변화
➡ ❶

78 다음 중 금리가 인상될 경우 주가는 어떻게 변하는가?
① 주가가 하락한다.　　② 주가가 상승한다.
③ 주가와 상관없다.　　④ 주가는 정체한다.

▶ 금리 인상시, 기업 수지가 악화되므로 주가는 하락한다.

물가가 오를 때 나타나는 현상
➡ ❷

79 다음 중 물가가 오를 때 나타나는 현상으로 볼 수 없는 것은?
① 실질소득이 감소한다.　　② 저축이 증가한다.
③ 소득분배에 악영향을 미친다.　　④ 국제수지에 악영향을 준다.

▶ 현금보유시 손해본다고 생각하기에 저축이 감소한다.

물가 상승시 발생할 수 있는 현상
➡ ❷

80 물가 상승시 발생할 수 있는 현상이 아닌 것은?
① 실질소득이 감소한 것과 같은 효과가 발생한다.
② 채무자는 채무부담이 늘어 손해를 본다.
③ 인플레이션은 소득 및 부의 분배에 악영향을 미친다.
④ 인플레이션은 국제수지에도 악영향을 준다.

▶ 인플레이션은 소득 및 부의 분배에 악영향을 미친다. 물가가 오르면 금융자산을 가진 사람은 손해를 보지만, 채무자는 채무부담이 줄기 때문에 이익을 본다.

인플레이션의 특징
➡ ❹

81 '물가가 지속적으로 오르는 현상을 (　　)(이)라고 하는데 (　　)(은)는 소득분배 및 자원배분을 왜곡시키고 민간의 저축과 투자를 위축시키며 국제경쟁력을 약화시킨다.'에서 빈 칸에 공통으로 들어갈 말은?
① 구조적 인플레이션　　② 스태그플레이션
③ 디플레이션　　④ 인플레이션

▶ • 디플레이션 : 물가하락
　• 스태그플레이션 : 물가상승, 생산량 감소
　• 구조적 인플레이션 : 수요가 증가하거나 공급측면에서 생산증대에 제약

경기의 과정
➡ ❶

82 다음 중 경기의 과정으로 올바른 것은 어느 것인가?
① 호황→후퇴→침체→회복　　② 후퇴→회복→침체→호황

60 경영분석

③ 회복→침체→호황→후퇴   ④ 침체→후퇴→회복→호황

▶ 경기의 과정 : 호황→후퇴→침체→회복

83 다음 중 경기에 대한 설명으로 **틀린** 것은?

① 경기는 한 나라의 경제활동수준을 의미한다.
② 경기수준이 기업의 미래현금흐름에 영향을 미치기 때문에 경기수준과 기업가치 사이에 밀접한 연관성이 있다.
③ 경기가 호전될수록 기업의 현금흐름이 감소하고, 경기가 침체될수록 증가하는 경향이 있다.
④ 경기수준을 나타내는 경제지표를 검토함으로써 경제활동수준과 방향을 예측할 수 있다.

▶ 경기수준이 기업의 미래현금흐름에 영향을 미치기 때문에 경기수준과 기업가치 사이에 밀접한 연관성이 있다. 경기가 호전될수록 기업의 현금흐름이 증가하고, 경기가 침체될수록 감소하는 경향이 있기 때문이다.

84 국민경제 전체의 경기동향을 쉽게 파악하고 예측하기 위하여 주요 경제지표의 움직임을 가공·종합하여 지수형태로 나타낸 것을 무엇이라 하는가?

① 기업경기실사지수   ② 경기종합지수
③ 국민소득   ④ 경제성장지표

▶ 경기종합지수(composite indexes of business indicators) : 국민경제 전체의 경기동향을 쉽게 파악하고 예측하기 위하여 주요 경제지표의 움직임을 가공·종합하여 지수형태로 나타낸 것으로 1983년 3월부터 통계청에서 매달 작성하여 발표하고 있으며, 개별 구성지표의 경기전환점에 대한 일치성 정도에 따라 선행종합지수(leading)·동행종합지수(coincident)·후행종합지수(lagging)로 나눈다.

85 현재의 경기상태를 보여주는 지표로서 국민경제 전체의 경기변동과 거의 동일한 방향으로 움직이는 지표로 구성되는 것은?

① 선행종합지수   ② 후행종합지수
③ 동행종합지수   ④ 기업경기실사지수

▶ 현재의 경기상태를 보여주는 지표로서 국민경제 전체의 경기변동과 거의 동일한 방향으로 움직이는 지표로 구성된다.

86 다음 중 우리나라의 대표적인 종합경기지표로 옳은 것은?

① 경기종합지수   ② 기업경기실사지수
③ 국민소득   ④ 경제성장지표

| 독 | 학 | 사 | 3 | 단 | 계 |

Keypoint & Answer

▶ 경기종합지수 : 우리나라의 대표적인 종합경기지표로 국민경제의 각 부문을 대표하는 각종 경제지표 중 경기대응성이 높은 것들을 선정한 후 이를 가공, 종합하여 작성된다.
 • 선행종합지수 : 비교적 가까운 장래의 경기 동향을 예측하는 지표
 • 동행종합지수 : 현재의 경기 지수
 • 후행종합지수 : 경기의 변동을 사후에 확인하는 지표

경기종합지수의 3개군 ➡ ④

87 다음 중 경기종합지수의 3개군이 <u>아닌</u> 것은?
① 선행종합지수   ② 동행종합지수
③ 후행종합지수   ④ 이행종합지수

▶ 경기종합지수는 기준순환일(경기전환점)에 대한 시차정도에 따라 선행, 동행 및 후행 종합지수의 3개군으로 구분된다.

선행종합지수의 특징 ➡ ④

88 선행종합지수는 비교적 가까운 장래의 경기 동향을 예측하는 지표이다. 이에 해당되지 <u>않는</u> 것은?
① 통화량   ② 수출신용장(L/C) 내도액
③ 기계수주액   ④ 산업생산지수

▶ 산업생산지수는 동행종합지수로 현재의 경기 상태를 나타내는 지표이다.

기업경기실사지수의 공식 ➡ ②

89 다음의 〈보기〉에 제시된 식은 무엇을 산출하는 공식인가?

보기
$$\frac{긍정적\ 응답업체수 - 부정적\ 응답업체수}{전체응답지수} \times 100 + 100$$

① 경기종합지수   ② 기업경기실사지수
③ 국민소득   ④ 경제성장지표

▶ 기업경기실사지수(BSI)란 경기에 대한 기업가들의 판단, 예측 및 계획 등이 단기적인 경기 변동에 중요한 영향을 미친다는 경험적 사실에 바탕을 두고 설문서를 통해 기업가의 경기 동향 판단이나 예측 등을 조사하여 지수화한 것이다.

기업경기실사지수의 내용 ➡ ①

90 경기동향에 대한 기업가들의 판단·예측·계획의 변화추이를 관찰하여 지수화한 지표를 무엇이라고 하는가?
① 기업경기실사지수   ② 경기종합지수
③ 국민소득   ④ 경제성장지표

▶ 기업경기실사지수(business survey index) : 경기동향에 대한 기업가들의 판단·예측·계획의 변화추이를 관찰하여 지수화한 지표로 약칭으로 BSI라고 한다. 주요 업종의 경기동향과 전망, 그리고 기업 경영의 문제점을 파악하여 기업의 경영계획 및 경

기대응책 수립에 필요한 기초자료로 이용하기 위한 지표이다. 다른 경기관련 자료와 달리 기업가의 주관적이고 심리적인 요소까지 조사가 가능하므로 경제정책을 입안하는 데도 중요한 자료로 활용된다.

91 한 나라의 경제 수준과 국민의 생활 수준을 종합적으로 파악할 수 있는 대표적인 지표를 무엇이라 하는가?

① 경기종합지수 ② 기업경기실사지수
③ 국민소득 ④ 경제성장지표

▶ 국민소득
• 한 나라의 경제 수준과 국민의 생활 수준을 종합적으로 파악할 수 있는 대표적 지표이다.
• 한 나라의 가계, 기업, 정부 등 모든 경제 주체가 일정기간에 새로 생산한 재화와 서비스의 가치를 시장 가격으로 평가해 합산한 것으로 흔히 국민총소득이라는 용어가 사용된다.

92 다음 중 경제성장지표에 대한 설명으로 그 내용이 올바른 것은?

① GNP는 국내 모든 생산 요소를 결합하여 만들어낸 최종생산물의 합이다.
② GDP는 국내외의 생산활동에 참여한 대가로 받은 소득의 합계이다.
③ 한 나라 경제가 이룩한 성과를 측정하는 중요한 척도이다.
④ 중심지표는 변화없이 고정되어 있어야 한다.

▶ ①과 ②의 설명이 바뀌었다. 중심지표는 변화에 따라 조정되어야 한다.

93 다음 중 환율에 대한 설명으로 틀린 것은?

① 환율은 우리 돈과 외국 돈의 교환비율이다.
② 환율이 떨어져 원화가치가 절상되면 수출이 줄어들고 경제성장이 둔화되어 실업자가 증가되고 고용사정이 어려워진다.
③ 환율이 내려가면 구입원료가 내려가 국내 물가가 내려간다.
④ 환율이 올라 원화가치가 절상되면 수출이 잘되고 수입이 줄어 경상수지의 개선을 기대할 수 있다.

▶ 환율이 떨어져 원화가치가 절상되면 수출이 줄어들고 경제성장이 둔화되어 실업자가 증가되고 고용사정이 어려워지지만 수입이 늘어나 경상수지는 악화된다. 그러나 환율이 내려가면 구입원료가 내려가 국내 물가가 내려가는 긍정적인 측면도 있다. 반면 환율이 올라 원화가치가 절하되면 수출이 잘되고 수입이 줄어 경상수지의 개선을 기대할 수 있다.

94 다음 중 환율이 내려갔을 때 나타나는 현상으로 바르지 못한 것은?

Keypoint & Answer

▶ 국민소득에 관한 내용 ➡ ❸

▶ 경제성장지표에 대한 내용 ➡ ❸

▶ 환율에 대한 내용 ➡ ❹

| 독 | 학 | 사 | 3 | 단 | 계 |

Keypoint & Answer

환율이 내려갔을 때 나타나는 현상
➡ ❸

① 원화가치가 절상된다. ② 수출이 줄어든다.
③ 경제성장이 활발해진다. ④ 실업자가 증가된다.

▶ 경제성장이 둔화된다. 환율하락 → 원가가치 절상 → 수출감소 → 경제성장 둔화 → 실업자 증가

국제수지의 내용 및 특성
➡ ❶

95 일정기간 한 국가의 거주자와 비거주자 사이에 일어난 상품, 서비스, 자본 등의 모든 경제적 거래로 발생한 수입과 지급의 차이를 가리켜 무엇이라고 하는가?

① 국제수지 ② 환율
③ 통화량 ④ GNP

▶ 국제수지(payments, balance of)
- 한 나라의 거주자와 다른 나라의 거주자 사이에 이루어지는 모든 경제거래를 체계적으로 기록한 것이다.
- 한 나라의 전체 국제수지에서는 지급한 금액 모두가 받은 금액과 상쇄되므로, 무역수지와는 달리 흑자나 적자가 생기지 않고 균형을 이룰 수 있다.

국제수지에 대한 특징
➡ ❹

96 다음 중 국제수지에 대한 설명으로 옳지 <u>않은</u> 것은?

① 국제수지는 일정 기간 한 국가의 거주자와 비거주자 사이에 일어난 상품, 서비스, 자본 등의 모든 경제적 거래로 발생한 수입과 지급의 차이를 의미한다.
② 대외 거래는 상품과 서비스를 사고 파는 경상거래와 돈을 빌리거나 빌려주는 자본 거래로 나눌 수 있다.
③ 국제수지 분석에서 경상수지가 가장 중요시된다.
④ 경상수지가 흑자가 되면 소득 감소, 외채 증가 등의 악영향이 있다.

▶ 경상수지가 흑자가 되면 국민소득의 증대, 고용 확대, 채무 상환 용이 등의 긍정적인 효과가 있다. 반면, 경상수지가 적자가 되면 소득 감소, 외채 증가 등의 악영향이 있다.

산업분석을 위한 일반적 검토요인
➡ ❹

97 다음 중 산업분석을 위한 일반적 검토요인으로 거리가 먼 것은?

① 수요구조 ② 생산구조
③ 판매구조 ④ 소득구조

▶ 산업분석의 일반적 검토요인 : 산업연혁, 수요구조, 생산구조, 판매구조, 재무구조, 정부의 산업에 대한 정책, 해외산업동향, 산업의 경쟁상황

산업분석을 위한 일반적 검토 요인
➡ ❸

98 다음 중 유통과정의 재고수준, 판매가격의 추이, 가격 카르텔의 유무 등을 검토해야 하는 산업분석을 위한 일반적 검토 요인은?

① 수요구조 ② 생산구조

③ 판매구조   ④ 산업의 연혁

▶ 판매구조 요인에 대한 설명으로써 업종마다 대금의 결제조건, 유통 경비의 부담 등에 관련하여 독특한 관행이 있으므로 이에 대해서는 추가적인 분석이 필요하다.

99 다음 중 기업의 재무상태와 경영성과에 영향을 미칠 수 있는 질적 요인 중 산업분석시 검토해야 할 요인들로 거리가 먼 것은?

① 산업의 연혁   ② 경영성과와 재무구조
③ 통화량   ④ 수요구조

▶ 산업분석을 위한 일반적 검토요인에는 산업의 연혁, 수요구조, 생산구조, 판매구조, 경영성과와 재무구조, 정부의 산업정책, 해외의 산업동향, 산업의 경쟁상황 등이 있다.

100 다음 중 산업 라이프 사이클에서 제품이 확고한 시장 기반을 형성하고 산업 내 선도기업이 점점 뚜렷하게 드러내는 시기는?

① 도입기   ② 성장기
③ 성숙기   ④ 쇠퇴기

▶ 성장기의 특징으로 선도기업의 위치가 안정되고 시장점유율도 좀 더 쉽게 예측할 수 있다.

101 산업 라이프 사이클에서 시장수요가 포화상태에 도달함에도 불구하고 경쟁업체가 속출하여 기업간의 경쟁이 격렬해지는 한편 매출성장률이 점진적으로 둔화되는 단계를 무엇이라 하는가?

① 도입기   ② 성장기
③ 성숙기   ④ 쇠퇴기

▶ 산업 라이프 사이클
 • 도입기 : 산업전체가 매우 빠르게 성장하지만 어떤 회사가 그 산업을 주도하게 될 것인지가 불분명하기에 산업 내에서 투자 종목을 선택하기가 어렵다.
 • 성장기 : 산업내 선도기업이 점점 뚜렷하게 드러난다. 선도기업의 위치가 안정됨에 따라 시장점유율도 좀더 쉽게 예측할 수 있다.
 • 성숙기 : 제품이 충분한 시장을 확보하였으므로 성장률이 현저히 둔화되어 경제 전반과 비슷한 수준에 머무른다.
 • 쇠퇴기 : 제품의 진부화, 대체적인 신제품의 등장 신기술의 등장 등으로 인해 산업의 규모가 정체하거나 쇠퇴한다.

102 다음 중 기업분석에 대한 설명으로 옳지 않은 것은?

① 기업의 재무상태와 경영성과는 경제요인과 산업의 구조적 요인, 기업의 내부 질적 요인에 의해서도 영향을 받는다.

Keypoint & Answer

➡ 산업분석시 검토해야 할 요인 ➡ ③

➡ 산업 라이프 사이클 ➡ ②

➡ 산업 라이프 사이클 ➡ ③

➡ 기업분석에 대한 내용 ➡ ④

| 독 | 학 | 사 | 3 | 단 | 계 |

② 제품 구성을 평가할 때 제품의 종류와 매출액 구성비를 분석하고 제품별로 비용구조와 공헌이익을 파악해야 한다.
③ 기업의 경쟁적 우위는 장기적으로 유지할 수 있어야 한다.
④ 제품의 시장지위는 개(dogs) 제품일 때 가장 좋다.

▶ 개제품은 성숙단계나 쇠퇴단계에 있는 시장에 위치하며 시장점유율도 낮아 개 제품에 대한 추가투자보다 적절한 시기에 제품 철수를 고려해야 한다.

Keypoint & Answer

기업 내의 질적요인 ➡ ❶

103 다음 중 기업 내의 질적요인으로 볼 수 없는 것은?
① 산업의 연혁 ② 연구개발력
③ 경쟁적 우위분석 ④ 제품구성 및 시장지위

▶ 기업 내의 질적 요인에는 제품의 구성과 시장지위, 기업의 경쟁적 우위, 연구개발력, 경영기능과 조직 등이 있다.

시장성장률의 기준 ➡ ❶

104 시장성장률은 연평균 몇 %의 성장률을 기준으로 성장성의 높고 낮음을 판단하는가?
① 10% ② 15%
③ 20% ④ 25%

▶ 제품의 시장지위는 시장성장률 연평균 10%를 기준으로 한다.

현금 젖소(cash cows)제품 ➡ ❸

105 시장이 성숙기에 도달하여 성장률도 낮지만 높은 시장점유율을 유지하고 있어 많은 현금 흐름을 제공하는 제품은?
① 의문부호 제품 ② 스타제품
③ 현금젖소제품 ④ 개제품

▶ 현금 젖소(cash cows)제품에서는 높은 시장점유율에 의한 많은 현금흐름으로 의문부호제품에 투자하여 이를 스타제품으로 만드는 것이 현명한 자원배분 방법이다.

시장잠재력과 시장점유율이 높은 제품 ➡ ❷

106 다음 중 시장잠재력과 시장점유율이 높은 제품은 어느 것인가?
① 의문부호 제품 ② 스타제품
③ 현금젖소제품 ④ 개제품

▶ 스타제품에 대한 것으로 현금 유입이 많지만 성장을 위한 순운전자본과 자본적 지출에 대한 투자가 많기 때문에 순현금흐름이 크지 않다.

107 다음 중 기업의 경쟁적 우위를 분석하는 기법에 해당하지 않는 것은?

66 경영분석

① 경험곡선분석 ② 기능성 분석
③ 차별화 분석 ④ 중점성 분석

▶ 기업의 경쟁적 우위 분석기법
- 경험곡선분석 : 저가격 전략의 토대
- 차별화 분석 : 제품의 특이성 강조
- 중점성분석 : 전문성을 강조

108 다음 중 기업의 유지 가능한 경쟁적 우위를 분석하는 기법에 해당되지 <u>않는</u> 것은?

① 경험곡선분석 ② 차별화 분석
③ 중점성 분석 ④ 우위성 분석

▶ 기업의 경쟁적 우위를 분석하는 기법
- 경험곡선분석 : 기업의 경쟁적 위치를 평가하는 데 있어서 상세한 원가분석이 필요하며, 이러한 분석기법 중의 하나가 바로 경험곡선분석이다.
- 차별화 분석 : 기업의 제품이나 서비스 등이 경쟁업체가 도저히 따라올 수 없을 정도의 차이를 갖고 있는지를 분석하는 방법이다.
- 중점성 분석 : 기업이 모든 제품을 대상으로 시장에서 효율적으로 경쟁할 수 없다는 전제에서 어느 특정 고객집단이나 특정 시장을 대상으로 중점적인 공략을 할 것인가를 분석하여 기업의 경쟁적 우위를 평가하는 방법이다.

109 기업의 제품이나 서비스 등이 경쟁업체가 도저히 따라올 수 없을 정도의 차이를 갖고 있는지를 분석하는 방법을 무엇이라 하는가?

① 경험곡선분석 ② 차별화 분석
③ 중점성 분석 ④ 우위성 분석

▶ 문제 108번 해설 참조

110 '현대 기업의 성장원천은 ( )에 있는데 ( )의 양과 질은 기업의 연구개발력에 의해 결정된다.'에서 빈 칸에 공통으로 들어갈 말은?

① 혁신 ② 라이프 사이클
③ 생산구조 ④ 경영성과

▶ 혁신은 기업의 성장원천이며 기업의 연구개발에 의해 결정된다.

111 기업의 재무상태와 경영성과에 영향을 미치는 중요한 요인의 하나는 기업 내부의 경영기능과 조직이다. 그 구체적인 내용이 <u>아닌</u> 것은?

① 생산과 기술개발능력 ② 마케팅능력

| 독 | 학 | 사 | 3 | 단 | 계 |

Keypoint & Answer

③ 인적자원 관리능력과 조직의 유연성　④ 시장점유율과 시장성장률

▶ ④는 제품구성 및 시장지위를 나타내는 비율이다.

재무제표의 기능 ➡ ❶

112 다음 중 기업에 관한 각종의 이해관계자 집단들의 권익을 보고하고, 상충하는 이해관계를 조정해 주는 기능을 수행하는 것은?

① 재무제표　　　　　　　　② 결산정리
③ 잉여금회계　　　　　　　④ 상품매매거래

▶ 재무제표는 경영자가 기업의 재무상태·경영성과·현금흐름 등에 관한 정보를 일반적으로 인정된 회계원칙인 기업회계기준에 따라 인식·측정·기록·분류·요약한 보고서이다.

기본적인 재무제표 ➡ ❸

113 다음 중에서 기본적인 재무제표로 볼 수 <u>없는</u> 것은?

① 포괄손익계산서　　　　　② 재무상태표
③ 부속명세서　　　　　　　④ 현금흐름표

▶ 기본적인 재무제표로는 재무상태표, 포괄손익계산서, 현금흐름표, 주석 등이다.

정태론에서 중요시하고 있는 재무제표 ➡ ❹

114 다음 중 정태론에서 중요시하고 있는 재무제표는 무엇인가?

① 현금흐름표　　　　　　　② 자본변동표
③ 포괄손익계산서　　　　　④ 재무상태표

▶ 재무상태 중심의 회계이론을 정태론이라 한다. 이에 비해 손익계산 중심의 회계이론을 동태론이라고 한다.

재무제표의 일반사항 ➡ ❸

115 다음 중 재무제표의 일반사항으로 거리가 <u>먼</u> 것은?

① 공정한 표시　　　　　　　② 계속사업
③ 현금기준회계　　　　　　④ 표시의 계속성

▶ 기업은 현금흐름 정보를 제외하고는 발생기준 회계를 사용하여 재무제표를 작성한다.

재무제표의 일반사항 ➡ ❷

116 다음 중 재무제표의 일반사항에 대한 설명으로 옳지 <u>않은</u> 것은?

① 유사한 항목은 중요성 분류에 따라 재무제표에 구분하여 표시한다.
② 전체 재무제표는 적어도 6개월마다 작성한다.
③ 한국채택국제회계기준에서 요구하거나 허용하지 않는 한 자산과 부채, 수익과 비용은 상계하지 아니한다.

④ 경영진은 재무제표를 작성할 때 계속기업으로서의 존속가능성을 평가해야 한다.

▶ 전체 재무제표(비교정부를 포함)는 적어도 1년마다 작성한다. 보고기간종료일을 변경하여 재무제표의 보고기간이 1년을 초과하거나 미달하는 경우 재무제표 해당 기간뿐만 아니라 다음 사항을 추가로 공시한다.
  • 보고기간이 1년을 초과하거나 미달하게 된 이유
  • 재무제표에 표시된 금액이 완전하게 비교가능하지는 않다는 사실

117 다음 중 일정 시점 현재 기업실체의 재무상태에 관한 정보를 제공하는 재무보고는?

① 재무상태표 ② 포괄손익계산서
③ 자본변동표 ④ 현금흐름표

▶ 재무상태표는 일정 시점 현재 기업실체의 재무상태에 관한 정보를 제공하는 재무보고이다.

118 다음 중 재무상태표 표시에 대한 설명으로 옳지 <u>않은</u> 것은?

① 재무상태표를 표시하는 경우 원칙적으로 유동성/비유동성 구분법을 적용하여 표시한다.
② 유동성 순서에 따른 표시방법이 유동성/비유동성 구분법보다 신뢰성 있고 목적적합한 정보를 제공하는 경우에는 유동성 순서에 따른 표시방법으로 재무상태표를 표시할 수 있다.
③ 금융회사의 경우 유동성/비유동성 구분법을 사용하는 것이 신뢰성이 있다.
④ 유동성/비유동성 구분법이란 자산과 부채를 유동자산(부채)과 비유동자산(부채)으로 구분하여 표시하는 것을 말한다.

▶ 금융회사와 같은 일부 기업의 경우 자산과 부채를 오름차순이나 내림차순으로 유동성 순서에 따라 표시하는 것이 유동성/비유동성 구분법보다 신뢰성 있고 더욱 목적적합한 정보를 제공한다. 이러한 기업은 재화나 서비스를 명확히 식별 가능한 영업주기 내에 제공하지 않기 때문에 자산과 부채를 유동성/비유동성 구분법으로 표시하는 것보다 오름차순이나 내림차순으로 유동성 순서에 따라 표시하는 것이 더욱 목적적합한 정보를 제공하기 때문이다.

119 다음 중 재무제표 작성과 표시원칙으로 거리가 <u>먼</u> 것은?

① 계속기업 전제 ② 공정한 표시
③ 중요성에 따른 통합표시 ④ 상계표시의 허용

▶ 재무제표 작성과 표시원칙 : 계속기업 전제, 공정한 표시, 중요성에 따른 통합표시, 발생기준회계의 사용, 상계표시의 금지, 보고빈도, 비교정보의 공시, 표시의 계속성

Keypoint & Answer

➡ 재무상태표의 개념 ➡ ❶

➡ 재무상태표 표시 ➡ ❸

➡ 재무제표 작성과 표시원칙 ➡ ❹

| 독 | 학 | 사 | 3 | 단 | 계 |

Keypoint & Answer

전체 재무제표의 작성 ➡ ❶

120 다음 중 전체의 재무제표는 적어도 몇 년마다 작성하는가?
① 1년 ② 2년
③ 3년 ④ 4년

▶ 전체 재무제표는 적어도 1년마다 작성한다. 재무제표 기간이 1년을 초과하거나 미달하면 그 이유와 금액의 비교가능성이 결여되어 있다는 사실을 공시한다.

특정 시점을 기준으로 작성되는 정태보고서 ➡ ❹

121 특정 시점을 기준으로 작성되는 정태보고서를 무엇이라 하는가?
① 현금흐름표 ② 이익잉여금처분계산서
③ 포괄손익계산서 ④ 재무상태표

▶ 재무상태표는 일정시점을 기준으로 작성되는 정태적 보고서이다.

비유동자산의 종류 ➡ ❸

122 다음 중 비유동자산에 해당되지 <u>않는</u> 것은?
① 투자자산 ② 유형자산
③ 재고자산 ④ 무형자산

▶ 자산의 분류
 • 유동자산 : 현금 및 현금성 자산, 재고자산, 단기금융자산 또는 매출채권
 • 비유동자산 : 투자자산, 유형자산, 무형자산

유동자산의 분류기준 ➡ ❸

123 다음 중 유동자산의 분류기준이 <u>아닌</u> 것은?
① 기업의 정상영업주기 내에 실현될 것으로 예상하거나 정상영업주기 내에 판매하거나 소비할 의도가 있다.
② 주로 단기매매 목적으로 보유하고 있다.
③ 현금이나 현금성자산으로 부채상환 목적으로의 사용제한 기간이 보고기간 후 12개월 이상이다.
④ 보고기간 후 12개월 이내에 실현될 것으로 예상한다.

▶ 현금이나 현금성자산으로서 교환이나 부채상환 목적으로의 사용에 대한 제한기간이 보고기간 후 12개월 이상이 아니다.

유동부채의 분류기준 ➡ ❹

124 다음 중 유동부채의 분류기준이 <u>아닌</u> 것은?
① 정상영업주기 내에 결제될 것으로 예상하고 있다.
② 주로 단기매매 목적으로 보유하고 있다.
③ 보고기간 후 12개월 이내에 결제하기로 되어 있다.
④ 보고기간 후 12개월 이상 부채의 결제를 연기할 수 있는 무조건적 권리를 가진다.

▶ 보고기간 후 12개월 이상 부채의 결제를 연기할 수 있는 무조건의 권리를 가지고 있지 않다.

125 다음 중 자본에 대한 설명으로 옳지 <u>않은</u> 것은?

① 국제회계기준에서는 자본을 납입자본과 적립금으로만 언급하고 있으며 자본의 세부 개별항목에 대해서는 구체적으로 예시하지 않고 있다.
② 자본금은 법정자본금으로서 주당 액면가액에 발행주식수를 곱한 금액으로 보통주자본금, 우선주자본금 등을 포함한다.
③ 상환우선주는 자본으로 분류한다.
④ 당기에 발생한 기타포괄손익은 포괄손익계산서의 '기타포괄손익'란에 표시하고, 기타포괄손익의 잔액은 재무상태표의 자본항목 중 '기타포괄손익누계액'란에 표시한다.

▶ 한국채택국제회계기준에서는 지분상품을 비롯한 금융상품을 법적 형식이 아니라 실질에 따라 재무상태에 표시하도록 하고 있다. 따라서 우선주 중에서도 발행자가 의무적으로 상환해야 하거나, 보유자(즉, 소유자)가 상환을 청구할 수 있는 상환우선주는 금융부채로 분류한다.

▶ 자본의 특징 ➡ ❸

126 다음 중 재무상태표의 유용성으로 거리가 <u>먼</u> 것은?

① 자산가치가 현행가치에 의한 경제적 실질을 잘 나타낸다.
② 재무상태표 자료는 포괄손익계산서 자료와 함께 사용하면 기업의 수익성과 위험을 평가할 수 있도록 해준다.
③ 유동자산과 유동부채를 통해 유동부채의 지급능력을 나타내는 유동성에 관한 정보를 제공한다.
④ 경제적 자원인 자산의 혼합배율과 자기자본과 타인자본의 구성비율을 나타내는 재무구조에 대한 정보를 제공한다.

▶ 재무상태표의 유용성 ➡ ❶

▶ 재무상태표의 유용성
 • 이용 가능한 경제적 자원과 부채 상환시기와 금액에 관한 정보를 제공함으로써 재무유연성을 평가할 수 있는 정보를 제공한다.
 • 재무상태표 자료는 포괄손익계산서 자료와 함께 사용하면 기업의 수익성과 위험을 평가할 수 있도록 해준다.
 • 유동자산과 유동부채를 통해 유동부채의 지급능력을 나타내는 유동성에 관한 정보를 제공한다.
 • 경제적 자원인 자산의 혼합배율과 자기자본과 타인자본의 구성비율을 나타내는 재무구조에 대한 정보를 제공한다.

127 다음 중 재무상태표의 한계로 거리가 <u>먼</u> 것은?

Keypoint & Answer	
재무상태표의 한계	➡ ❸

① 미래의 경제적 효익을 가져다 줄 수 있는 자산이라 할지라도 화폐단위로 측정이 가능하지 않으면 자산으로 계상되지 않는다.
② 재무상태표의 자산은 소수의 항목을 제외하고는 역사적 원가(취득원가)로 보고되기 때문에 자산가치가 현행가치에 의한 경제적 실질을 나타내지 못한다.
③ 자산과 부채가 존재함으로 모든 것이 장부에 계상된다.
④ 유형자산의 평가에 있어서 원가모형이나 재평가모형을 선택할 수 있으므로 기업마다 유형자산의 평가와 관련한 회계처리가 다를 수 있고 재무태에 미치는 영향도 다르게 나타난다.

▶ 자산과 부채가 존재함에도 불구하고 장부에 계상되지 않을 수 있다.

재무상태표의 형식	➡ ❹

128 다음 중 재무상태표의 형식 설명으로 적당치 <u>않은</u> 것은?

① 재무상태표의 기본요소는 자산, 부채, 자본이다.
② 재무상태표에는 계정식과 보고식이 있다.
③ 재무상태표는 특정시점에서 기업의 재무상태를 나타낸다.
④ 재무상태표 형식에는 이해관계자가 요구하는 기업활동에 관한 정보를 개괄적인 것으로만 작성해야 한다.

▶ 형식은 명료하고 정확하게 작성해야 한다.

동태론에서 중요시하고 있는 재무제표	➡ ❸

129 다음 중 동태론에서 중요시하고 있는 재무제표는 무엇인가?

① 현금흐름표　　　　　　　② 이익잉여금처분계산서
③ 포괄손익계산서　　　　　④ 재무상태표

▶ 포괄손익계산서는 기업의 경영성과를 명확히 보고하기 위하여 1회계기간에 실현된 수익항목과 이에 대응하는 비용항목을 대조·표시하여 당해 기간의 순이익을 표시한 재무제표의 하나이다.

포괄손익계산서에 대한 내용	➡ ❷

130 다음 중 포괄손익계산서에 대한 설명으로 맞지 <u>않은</u> 것은?

① 1회계기간에 실현된 수익항목과 이에 대응하는 비용항목을 대조·표시하여 당해 기간의 순이익을 표시한 재무제표이다.
② 포괄손익계산서에는 경상적·기간적인 수익·비용 항목만을 계상해야 한다는 것이 포괄주의이다.
③ 발생주의는 수익·비용이 발생하였다고 하는 사실에 입각하여 수익·비용을 인식하는 원칙이다.
④ 원칙적으로 수익은 판매한 때 갑자기 나타나는 것이 아니라 판매가 이루어질 때까지 서서히 발생한다.

▶ ②는 당기업적주의에 대한 내용이다.

131 다음 중 포괄손익계산서의 작성기준에 해당되지 <u>않는</u> 것은?

① 실현주의의 기준　　② 발생주의의 기준
③ 원가주의의 기준　　④ 수익·비용대응의 기준

▶ 포괄손익계산서의 작성기준 : 발생주의의 기준, 실현주의의 기준, 수익·비용대응의 기준 등이다.

포괄손익계산서의 작성기준 ➡ ❸

132 다음 중 포괄손익계산서의 작성기준에서 판매기준이라고 하는 것은?

① 실현주의의 기준　　② 발생주의의 기준
③ 수익·비용대응의 기준　　④ 총액주의의 기준

▶ 실현주의의 기준은 재화를 판매하였다든지, 용역을 제공하였을 때 그 판매액이나 용역제공액으로 수익을 인식하는 기준을 말한다.

포괄손익계산서의 판매기준 ➡ ❶

133 다음 중 기간손익을 확정하는 과정에서 보고된 수익과의 인과관계에 기초를 두어 비용을 보고하여야 한다는 기준은?

① 총액주의의 기준　　② 수익·비용대응의 기준
③ 구분계산의 기준　　④ 발생주의의 기준

▶ 수익·비용대응의 기준이란 기간손익을 확정하는 과정에서 보고된 수익과의 인과관계에 기초를 두어 비용을 보고하여야 한다는 기준이다.

수익·비용대응의 기준 ➡ ❷

134 다음 중 기업의 주된 영업활동에서 발생한 제품, 상품, 용역 등의 총매출액에서 매출할인, 매출환입 및 매출에누리 등을 차감한 금액은?

① 매출액　　② 매출원가
③ 판매비와 관리비　　④ 중단영업손익

▶ 수익(매출액)은 받았거나 받을 대가의 공정가치로 측정한다. 수익금액은 일반적으로 판매자와 구매자 또는 자산의 사용자 간의 합의에 따라 결정되며, 판매자에 의해 제공된 매매할인 및 수량리베이트를 고려하여 받았거나 받을 대가의 공정가치로 측정한다.

매출액의 개념 ➡ ❶

135 다음 중 제품, 상품 및 용역의 판매활동과 기업의 관리활동에서 발생하는 비용으로서 매출원가에 속하지 아니하는 모든 영업비용을 포함하는 것은?

① 매출총손익　　② 판매비와 관리비
③ 매출원가　　④ 당기순손익

판매비와 관리비 ➡ ❷

| 독 | 학 | 사 | 3 | 단 | 계 |

Keypoint & Answer

▶ 판매비와 관리비는 제품, 상품 및 용역의 판매활동과 기업의 관리활동에서 발생하는 비용으로서 매출원가에 속하지 아니하는 모든 영업비용을 포함한다.

당기순손익의 산출 → ②

136 다음 중 계속영업손익에 중단영업손익을 가감하여 산출하는 것은?
① 매출원가
② 당기순손익
③ 기타포괄손익
④ 총포괄손익

▶ 당기순손익은 계속영업손익에 중단영업손익을 가감하여 산출한다. 한 기간에 인식되는 모든 수익과 비용 항목은 한국채택국제회계기준(K-IFRS)이 달리 정하지 않는 한 당기순손익으로 인식한다.

총포괄이익의 개념 → ②

137 다음 중 주식발행이나 배당금 지급과 같이 소유주로서의 자격을 행사하는 소유주와의 거래로 인한 자본변동을 제외한 자본의 변동을 무엇이라 하는가?
① 당기순손익
② 총포괄손익
③ 매출총손익
④ 중단영업손익

▶ 총포괄손익은 거래나 그 밖의 사건으로 인한 자본의 변동을 의미한다. 다만, 소유주로서의 자격을 행사하는 소유주와의 거래로 인한 자본의 변동은 제외한다. 따라서 주식발행이나 배당금 지급과 같이 소유주로서의 자격을 행사하는 소유주와의 거래로 인한 자본변동을 제외한 자본의 변동을 총포괄손익이라 한다.

비용의 성격별 분류 → ③

138 다음 중 비용의 성격별 분류의 예가 <u>아닌</u> 것은?
① 제품과 재공품의 변동
② 감가상각비
③ 매출총이익
④ 종업원급여비용

▶ 비용의 성격별 분류의 예 : 제품과 재공품의 변동, 감가상각비, 종업원급여비용, 원재료와 소모품의 사용액, 총비용 등

비용의 기능별 분류 → ④

139 다음 중 비용의 기능별 분류의 예가 <u>아닌</u> 것은?
① 매출원가
② 물류원가
③ 관리비
④ 감가상각비

▶ 비용의 기능별 분류의 예 : 수익, 매출원가, 매출총이익, 기타 수익, 물류원가, 관리비, 기타 비용, 법인세비용차감순이익

당기업적주의하의 손익계산서가 갖는 장점 → ②

140 다음 중 포괄주의하의 손익계산서에 비해 당기업적주의하의 손익계산서가 갖는 장점으로 옳은 것은?
① 손익계산서를 보다 객관적으로 작성할 수 있다.

② 손익계산서의 비교분석이 용이하다.
③ 연간순손익을 조작할 가능성이 줄어든다.
④ 이용자의 목적에 적합한 이익을 측정할 수 있도록 한다.

▶ 당기업적주의하의 손익계산서는 경상적이고 반복적인 수익·비용항목만으로 손익을 계산하기 때문에 포괄주의하의 손익계산서와 비교하여 비교분석이 용이하다.

141 다음 중 손익계산서를 작성할 때 경상적·반복적인 수익·비용항목은 물론이고, 이상적·비반복적 성격의 수익·비용 항목까지도 다 포함하여 순손익을 표시하여야 한다는 주의는?

① 포괄주의　　　　　　② 당기업적주의
③ 선택주의　　　　　　④ 구분주의

▶ 포괄주의는 손익계산서를 작성할 때 경상적·반복적인 수익·비용항목은 물론이고, 이상적·비반복적 성격의 수익·비용항목까지도 포함하여 순손익을 표시하여야 한다은 주장을 말한다.

142 다음 중 포괄손익계산서의 유용성으로 거리가 먼 것은?

① 노동조합의 임금협상에 필요한 정보의 제공, 소비자의 상품 혹은 용역구매 관련 의사결정에 대한 신뢰성 있는 정보의 제공, 정부의 조세 및 경제정책의 기초자료 제공 등을 한다.
② 회계이익을 근거로 하여 과세소득을 계산함으로써 기초자료를 제공한다.
③ 투자자들에게 과거수익창출능력에 대한 정보를 제공한다.
④ 영업활동을 수행한 결과인 경영성과를 나타내는 이익정보를 제공함으로써 영업활동의 성과를 평가하는데 유용한 정보를 제공한다.

▶ 현재 혹은 잠재적인 투자자와 채권자들에게 기업의 미래현금흐름과 수익창출능력에 관한 정보를 제공한다. 즉, 이익의 추세와 다양한 수익의 원천을 통해 미래현금흐름의 금액, 시기 및 불확실성의 정도와 수익창출능력의 예측에 유용한 정보를 제공한다.

143 다음 중 포괄손익계산서의 한계로 거리가 먼 것은?

① 경제적 부가가치를 너무 자세하게 나타낸다.
② 대체적인 회계처리방법이 허용되고 있기 때문에 회계처리방법에 따라 경영성과, 즉 당기순이익이 다르게 나타난다.
③ 자산의 평가는 이익의 결정에 영향을 미치므로 경영자의 주관적인 판단이 개입될 여지가 많다.
④ 포괄손익계산서상의 순이익은 회계상의 이익으로서 진실한 이익 또는 경제학상의 이익과 차이가 있다.

Keypoint & Answer

▶ 포괄주의의 특징　　➡ ❶

▶ 포괄손익계산서의 유용성　➡ ❸

▶ 포괄손익계산서의 한계　➡ ❶

▶ 포괄손익계산서상의 순이익은 투자자의 기회비용을 반영해서 측정된 것이 아니기 때문에 경제적 부가가치를 나타내지 못한다. 즉, 포괄손익계산서상의 순이익은 채권자들에 대한 자금조달비용인 금융비용을 차감한 후 계산되지만 투자자에 대한 기회비용개념으로서의 자금조달비용은 반영하고 있지 않다.

자본변동표 ➡ ❸

144 다음 중 일정기간 동안의 자본의 크기와 그 변동에 관한 정보를 제공하는 재무제표는 무엇인가?

① 현금흐름표
② 재무상태표
③ 자본변동표
④ 포괄손익계산서

▶ 자본변동표는 일정기간 동안의 자본의 크기와 그 변동에 관한 정보를 제공하는 재무제표로서, 자본을 구성하고 있는 자본금, 자본잉여금, 자본조정, 기타포괄손익누계액, 이익잉여금(결손금), 비지배지분의 변동에 대한 포괄적 정보를 제공한다.

자본조정의 변동 항목 ➡ ❶

145 다음 중 자본조정의 변동 항목으로 거리가 먼 것은?

① 결손금처리
② 주식할인발행차금
③ 주식선택권
④ 출자전환채무

▶ 자본조정의 변동
• 자기주식
• 주식할인발행차금
• 주식선택권
• 출자전환채무
• 감자차손
• 자기주식처분손실
• 청약기일이 경과된 신주청약증거금 중 신주납입금으로 충당될 금액

자본변동표 표시항목 ➡ ❷

146 다음 중 자본변동표 표시항목으로 거리가 먼 것은?

① 지배기업의 소유주와 비지배주주에게 귀속되는 금액으로 구분하여 표시한 해당 기간의 총포괄손익
② 단기매매목적으로 보유하는 계약에서 발생하는 현금유출
③ 자본의 각 구성요소별로, 회계정책, 회계추정의 변경 및 오류에 따라 인식된 소급적용이나 소급재작성의 영향
④ 소유주에 의한 출자와 소유주에 대한 배분을 구분하여 표시한, 소유주로서의 자격을 행사하는 소유주와의 거래금액

▶ 자본변동표 표시항목
• 지배기업의 소유주와 비지배주주에게 귀속되는 금액으로 구분하여 표시한 해당 기간의 총포괄손익
• 자본의 각 구성요소별로, 회계정책, 회계추정의 변경 및 오류에 따라 인식된 소급적용이나 소급재작성의 영향
• 소유주에 의한 출자와 소유주에 대한 배분을 구분하여 표시한, 소유주로서의 자격을 행사하는 소유주와의 거래금액

- 자본의 각 구성요소별로 장부금액의 각 변동을 공시한 기초시점과 기말시점의 장부금액 조정내역

Keypoint & Answer

147 다음 중 자본변동표의 유용성으로 거리가 먼 것은?

① 기타포괄손익누계액에 관한 정보를 제공한다.
② 재무상태표가 반영하지 못하는 자본의 변동내용을 포괄적이고 체계적으로 제공한다.
③ 배당과 배당성향에 관한 정보를 제공한다.
④ 영업활동의 성과를 평가하는데 유용한 정보를 제공한다.

▶ 자본의 변동표는 자본의 크기와 그 변동내용을 나타내는 재무보고서로서, 다음과 같은 유용성을 갖는다.
- 재무상태표가 반영하지 못하는 자본의 변동내용을 포괄적이고 체계적으로 제공한다.
- 기타포괄손익누계액에 관한 정보를 제공한다.
- 배당과 배당성향에 관한 정보를 제공한다.

➡ 자본변동표의 유용성 ➡ ④

148 다음 중 영업활동, 투자활동 및 재무활동으로 구분하여 표시하는 보고서는?

① 재무상태표   ② 포괄손익계산서
③ 현금흐름표   ④ 결손금처리계산서

▶ 재무상태표는 일정시점에 있어서 기업의 자원(자산)과 이에 대한 채권자 및 소유주의 청구권(지분)을 대조·표시한 보고서이며, 포괄손익계산서는 일정기간 동안 자본(소유주지분)에 변동을 주는 활동을 나타내는 보고서이다. 이에 대하여 현금흐름표는 기업의 현금흐름을 나타내는 보고서로서 현금의 변동내용을 명확하게 보고하기 위하여 당해 회계기간에 속하는 현금의 유입과 유출내용을 적정하게 표시한 것이다.

➡ 현금흐름표의 특징 ➡ ③

149 기초현금과 기말현금의 순증감에 대한 내역을 표시하고 있는 재무보고서는?

① 재무상태표   ② 포괄손익계산서
③ 이익잉여금처분계산서   ④ 현금흐름표

▶ 현금흐름표는 기업의 현금흐름을 나타내는 보고서로서 현금의 변동내용을 명확하게 보고하기 위해 당해 회계기간에 속하는 현금의 유입과 유출내용을 적정하게 표시한 것이다.

➡ 기초현금과 기말현금의 순증감에 대한 내역을 표시하고 있는 재무제표 ➡ ④

150 다음 중 현금흐름표에 관한 효익 중에서 틀린 것은?

① 현금흐름표에서는 현금흐름의 금액과 시기를 조절하는 능력을 평가하는데 유용한 정보를 제공한다.

➡ 현금흐름표에 관한 효익 ➡ ②

② 현금흐름표는 현금변동의 정태적 정보를 제공해 준다.
③ 현금흐름표는 현금 및 현금성 자산의 창출능력을 평가하는데 유용하다.
④ 현금흐름정보는 영업성과에 대한 기업간 비교가능성을 제고한다.

▶ 현금흐름표는 일정 기간의 현금이 어떤 원인에 의하여 어떤 변동(결과)을 가져왔는가 하는 현금변동의 동태적 정보를 제공해 준다.

현금흐름의 표시 → ❹

151 다음은 현금흐름을 표시한 것이다. 틀린 것은?

① 영업활동으로 인한 현금흐름
② 투자활동으로 인한 현금흐름
③ 재무활동으로 인한 현금흐름
④ 특별활동으로 인한 현금흐름

▶ 현금흐름표는 현금유입과 유출, 즉 현금흐름을 i) 영업활동으로 인한 현금흐름, ii) 투자활동으로 인한 현금흐름, iii) 재무활동으로 인한 현금흐름으로 구분하여 표시한다.

투자활동의 의미 → ❸

152 다음 중 미래수익과 미래현금흐름을 창출할 자원의 확보를 위하여 지출된 정도를 나타내는 현금흐름 활동은?

① 영업활동
② 재무활동
③ 투자활동
④ 취득활용

▶ 투자활동 현금흐름은 미래수익과 미래현금흐름을 창출할 자원의 확보를 위하여 지출된 정도를 나타내기 때문에 현금흐름을 별도로 구분 공시하는 것이 중요하다.

투자활동 → ❷

153 다음 중 장기성 자산 및 현금성자산에 속하지 않는 기타 투자자산의 취득 및 처분과 관련이 깊은 활동은?

① 영업활동
② 투자활동
③ 재무활동
④ 종속활동

▶ 투자활동 : 장기성 자산 및 현금성자산에 속하지 않는 기타 투자자산의 취득과 처분

영업활동의 의미 → ❶

154 다음 중 기업이 외부의 재무자원에 의존하지 않고 영업을 통하여 차입금 상환, 영업능력의 유지, 배당금 지급 및 신규투자 등에 필요한 현금흐름을 창출하는 정도에 대한 중요한 지표가 되는 현금흐름활동은?

① 영업활동
② 재무활동
③ 투자활동
④ 예측활동

▶ 영업활동에서 발생하는 현금흐름의 금액은 기업이 외부의 재무자원에 의존하지 않고 영업을 통하여 차입금 상환, 영업능력의 유지, 배당금 지급 및 신규투자 등에 필요한 현금흐름을 창출하는 정도에 대한 중요한 지표가 된다. 역사적 영업현금흐름의 특정 구성요소에 대한 정보를 다른 정보와 함께 사용하면 미래 영업현금흐름을 예측하는데 유용하다.

155 다음 중 영업활동 현금흐름의 예로 거리가 먼 것은?

① 재화의 판매와 용역 제공에 따른 현금유입
② 로열티, 수수료, 중개료 및 기타 수익에 따른 현금유입
③ 재화와 용역의 구입에 따른 현금유출
④ 유형자산 취득에 따른 현금유출

▶ 영업활동 현금흐름의 예
 • 재화의 판매와 용역 제공에 따른 현금유입
 • 로열티, 수수료, 중개료 및 기타 수익에 따른 현금유입
 • 재화와 용역의 구입에 따른 현금유출
 • 종업원과 관련하여 직·간접으로 발생하는 현금유출
 • 보험회사의 경우 수입보험료, 보험금, 연금 및 기타 급부금과 관련된 현금유입과 현금유출
 • 법인세의 납부 또는 환급. 다만, 재무활동과 투자활동에 명백히 관련되는 것은 제외
 • 단기매매목적으로 보유하는 계약에서 발생하는 현금유입과 현금유출

Keypoint & Answer

▶ 영업활동 현금흐름의 예 ➡ ❹

156 다음 중 단기매매목적으로 보유하는 계약에서 발생하는 현금유입과 유출이 해당되는 현금흐름활동은?

① 영업활동   ② 재무활동
③ 투자활동   ④ 예측활동

▶ 문제 155번 해설 참조

▶ 영업활동의 의미 ➡ ❶

157 다음 중 투자활동 현금흐름의 예가 <u>아닌</u> 것은?

① 유형자산, 무형자산 및 기타 장기성 자산의 취득에 따른 현금유출
② 다른 기업의 지분상품이나 채무상품 및 조인트벤처 투자지분의 취득에 따른 현금유출
③ 제3자에 대한 선급금 및 대여금의 회수에 따른 현금유입
④ 차입금 상환에 따른 현금유출

▶ ④는 재무활동에 속한다.

▶ 투자활동 현금흐름의 예 ➡ ❹

158 다음 중 재무활동 현금흐름의 예로 거리가 먼 것은?

① 주식이나 기타 지분상품의 발행에 따른 현금유입
② 주식의 취득이나 상환에 따른 소유주에 대한 현금유출
③ 담보·무담보부사채 및 어음 발행과 기타 장·단기차입에 따른 현금유입
④ 제3자에 대한 선급금 및 대여금

▶ ④는 투자활동에 속한다.

▶ 재무활동 현금흐름의 예 ➡ ❹

| 독 | 학 | 사 | 3 | 단 | 계 |

Keypoint & Answer

영업활동 현금흐름의 보고 중 직접법 ➡ ④

159 다음 중 영업활동 현금흐름의 보고 중 직접법에 대한 설명으로 옳지 <u>않은</u> 것은?

① 총현금유입과 총현금유출을 주요 항목별로 구분하여 표시하는 방법이다.
② 영업활동 현금흐름을 보고하는 경우에는 직접법을 사용할 것을 권장한다.
③ 직접법을 적용하여 표시한 현금흐름은 미래현금흐름을 추정하는데 보다 유용한 정보를 제공한다.
④ 회계기간 동안 발생한 재고자산과 영업활동에 관련된 채권·채무의 변동 등의 영향을 조정하여 결정한다.

▶ ④의 경우는 간접법에 해당된다.

현금흐름의 내용 ➡ ②

160 다음 중 현금흐름과 관련된 설명으로 옳지 <u>않은</u> 것은?

① 외화거래에서 발생하는 현금흐름은 현금흐름 발생일의 기능통화와 외화 사이의 환율을 외화 금액에 적용하여 환산한 기능통화 금액으로 기록한다.
② 환율변동으로 인한 미실현손익은 현금흐름이다.
③ 이자와 배당금의 수취 및 지급에 따른 현금흐름은 각각 별도로 공시한다. 각 현금흐름은 매 기간 일관성 있게 영업활동, 투자활동 또는 재무활동으로 분류한다.
④ 법인세로 인한 현금흐름은 별도로 공시하며, 재무활동과 투자활동에 명백히 관련되지 않는 한 영업활동 현금흐름으로 분류한다.

▶ 환율변동으로 인한 미실현손익은 현금흐름이 아니다. 그러나 외화로 표시된 현금 및 현금성자산의 환율변동효과는 기초와 기말의 현금 및 현금성자산을 조정하기 위해 현금흐름표에 보고한다. 이 금액은 영업활동 및 재무활동, 투자활동 및 재무활동 현금흐름과 구분하여 별도로 표시하며, 그러한 현금흐름을 기말 환율로 보고하였다면 발생하게 될 차이를 포함한다.

주관식

기업분석

1 질적 요인을 분석함으로써 기업의 경영능력을 파악하는 데 이용되는 비재무자료 분석은 무엇인가?

▶ 기업분석은 질적 요인을 분석함으로써 기업의 경영능력을 파악하는 데 이용되는 비재무자료 분석이다.

미국

2 경영분석의 발상지는 어디라고 할 수 있는가?

▶ 미국은 산업혁명 이후 철도 산업을 중심으로 공업화가 빠른 속도로 확산되면서 주식회사가 출현하고 자본의 주요 공급자인 은행, 보험회사 등 금융기관의 역할이 급속하게 증대됨에 따라 기업의 재무자료를 체계적으로 분석할 필요성이 대두되었다.

3 일정시점에 있어서 기업의 재무상태를 나타내고 있는 재무제표는 무엇인가?

▶ 재무상태표란 일정시점에 있어서 기업의 재무상태를 나타내고 있는 재무제표로서 재무상태란 자산, 부채, 자본의 상태를 말한다.

➡ 재무상태표

4 일정 기간 동안의 기업의 경영성과를 나타내 주는 재무제표는?

▶ 포괄손익계산서는 기업의 경영성과를 명확히 보고하기 위하여 1회계기간에 실현된 수익항목과 이에 대응하는 비용항목을 대조·표시하여 당해 기간의 순이익을 표시한 재무제표의 하나이다.

➡ 포괄손익계산서

5 ( )하의 포괄손익계산서에는 반복적인 수익·비용항목만이 포함된다. ( ) 안에 알맞은 것은?

▶ 당기업적주의하의 포괄손익계산서에는 반복적인 수익·비용항목만이 포함된다. 따라서 비경상적이고 비반복적인 수익·비용항목은 포함되지 않는다.

➡ 당기업적주의

6 일정 기간 중의 현금의 유입과 유출에 관한 정보를 제공하는 재무보고서를 무엇이라고 하는가?

▶ 현금흐름표는 영업활동, 투자활동, 재무활동으로 인한 현금흐름으로 구분하여 표시한다.

➡ 현금흐름표

7 소유주 지분의 변동에 관한 정보를 제공하는 재무보고서는 무엇인가?

▶ 자본변동표는 소유주에 의한 출자와 소유주에 대한 배분 등 한 회계기간에 발생한 소유주 지분(자본)의 변동에 관한 정보를 제공하는 재무제표로서, 자본을 구성하고 있는 자본금·자본잉여금·이익잉여금(또는 결손금)·기타자본구성요소(자본조정, 기타포괄손익누계액 등)의 회계기간 중 변동에 대한 전체적인 정보를 제공한다.

➡ 자본변동표

8 시중에 유통되는 돈의 총량을 파악하는 척도는 무엇인가?

▶ 각 나라의 중앙은행들은 자국 내에 유통되는 돈의 총량을 적정한 수준으로 유지할 수 있도록 통화지표를 작성하고 있다.

➡ 통화지표

9 ( )(은)는 일정 기간 한 국가의 거주자와 비거주자 사이에 일어난 상품, 서비스, 자본 등의 모든 경제적 거래로 발생한 수입과 지급의 차이를 의미한다. ( ) 안에 알맞은 것은?

▶ 국제수지는 일정 기간 한 국가의 거주자와 비거주자 사이에 일어난 상품, 서비스, 자본 등의 모든 경제적 거래로 발생한 수입과 지급의 차이를 의미한다.

➡ 국제수지

제1장 경영분석의 이해 **81**

| 독 | 학 | 사 | 3 | 단 | 계 |

Key Point

증권분석 : 투자자 및 증권분석기관이 수행하는 경영분석이다.

비재무자료분석
- 경제분석 : 전체 경제활동의 동향이나 방향을 파악한다.
- 기업분석 : 기술수준, 제품의 구성, 경쟁력 등과 같은 질적 수준을 분석하여 기업의 경영능력을 파악하는 것이다.
- 산업분석 : 산업의 특성이나 산업 동향을 파악한다.

실수분석의 유형
- 수준분석
- 증감분석
- 균형분석

10 신용분석에 대해 간략히 설명하시오.

11 증권분석에 대해 간략히 설명하시오.

12 비재무자료분석이란 무엇인지 설명하시오.

13 실수분석에 대해 간략히 설명하시오.

Answer

10 금융기관이나 신용평가기관이 실행하는 경영분석 활동을 신용분석이라 하며 주로 기업의 신용도를 평가하는 것을 목적으로 한다.

11 투자자나 증권분석기관에서 수행하는 경영분석을 흔히 증권분석이라 하며, 채권 및 주식과 같은 유가증권의 내재가치를 파악하여 투자자가 유가증권을 구입하고 처분하는 데에 필요한 투자정보를 획득하는 것을 목적으로 한다.

12 비재무자료 분석은 재무제표에는 나타나지 않지만 기업의 경영성과 및 재무상태에 중대한 영향을 미치는 기업 내외의 질적 요인을 분석하는 것을 말한다. 전체 경제활동의 동향이나 방향을 파악하는 데 이용되는 경제분석, 산업의 특성이나 산업 동향을 파악하는 데 이용되는 산업분석, 제품 구성, 경쟁력, 기술 수준 등과 같은 질적 요인을 분석함으로써 기업의 경영능력을 파악하는 데 이용되는 기업분석 등이 비재무자료 분석의 수단으로 이용된다.

13 실수분석은 재무제표 상에 표시된 각 항목들의 값을 그대로 이용하는 방법으로 여기에는 경제적 연관성이 있는 두 개의 항목을 비교하는 비교분석, 재무제표 항목의 증감액을 분석하여 각 항목이 어떤 원인에 의해 변동되었는가를 평가하는 증감분석, 기업에서 수익과 비용 또는 현금의 수입과 지출이 균형을 보이고 있는가를 분석하는 균형분석 등이 포함된다.

14 내부분석과 외부분석에 대해 설명하시오.

15 감사분석에 대해 간략히 설명하시오.

16 증감분석법에 대해 간략히 설명하시오.

17 자산의 의미를 간략히 설명하시오.

18 재무제표에 대해 간략히 설명하시오.

Key Point

▶ 감사분석 : 외부감사인이 주체가 되어 수행하며 회계처리 및 재무제표의 적정성 여부를 평가하는데 초점을 두는 분석이다.

▶ 증감분석법 : 기간 중에 특정 재무제표 항목이 어느 정도 변동하였고 그 원인은 무엇인가를 파악하는 재무자료분석이다.

Answer

14 외부분석은 기업 외부의 이해 관계자들이 각자의 목적에 따라 수행하는 경영분석이다. 주요한 외부 이해 관계자에는 금융기관, 신용평가기관, 증권분석기관, 투자자, 행정기관, 소비자 등이 포함된다. 내부분석은 경영자가 경영관리의 차원에서 필요한 정보를 얻기 위한 목적으로 수행하는 경영분석이다.

15 감사분석은 외부감사인이 주체가 되어 수행하며 회계처리 및 재무제표의 적정성 여부를 평가하는데 초점을 두는 분석이다.

16 증감분석법은 기간 중에 특정 재무제표 항목이 어느 정도 변동하였고 그 원인은 무엇인가를 파악하는 재무자료분석이다.

17 과거 사건의 결과로서 현재 기업이 통제하고 있고 미래 경제적 효익이 기업에 유입될 것으로 기대되는 자원이다.

18 재무제표는 경영자가 기업의 재무상태·경영성과·현금흐름 등에 관한 정보를 일반적으로 인정된 회계원칙인 기업회계기준에 따라 인식·측정·기록·분류·요약한 서류이다.

▶ 전체 재무제표의 구성 : 재무상태표, 포괄손익계산서, 현금흐름표, 자본변동표, 주석이 있다.

| 독 | 학 | 사 | 3 | 단 | 계 |

Key Point

수익·비용대응의 기준 : 기간손익을 확정하는 과정에서 보고된 수익과의 인과관계에 기초를 두어 비용을 보고하여야 한다는 기준이다.

우리나라의 통화 지표
- M1 : 화폐의 지급결제수단으로서의 기능을 중시하여 민간이 보유하고 있는 현금과 당좌예금, 보통예금 등 은행 요구불 예금의 합계로 정의된다.
- M2 : M1보다 넓은 의미로 M1뿐만 아니라 장기예금, 정기적금 등 은행의 저축성 예금과 거주자 외화 예금을 포함한다.
- MCT : M2에 양도성예금증서와 금전신탁을 포함시킨 지표이다.
- M3 : M2에 비은행 금융기관의 각종 예수금과 은행 및 비은행 금융기관이 발행하는 금융채, 양도성예금증서, 표지어음 및 상업어음 등을 포함한 가장 넓은 의미의 통화지표이다.

19 수익에 대해 간략히 설명하시오.

20 수익·비용대응의 기준에 대해 설명하시오.

21 의문부호(question marks)제품에 대해 설명하시오.

22 통화지표의 의미를 간략히 설명하시오.

23 경기종합지수를 3가지 쓰시오.

Answer

19 수익은 일정기간 동안 기업의 계속적인 영업활동의 결과로서 발생된 현금이나 기타 자산의 유입을 말한다.

20 수익·비용대응의 기준이란 기간손익을 확정하는 과정에서 보고된 수익과의 인과관계에 기초를 두어 비용을 보고하여야 한다는 기준이다.

21 의문부호(question marks)제품은 시장의 성장잠재력은 높으나 진입초기이기 때문에 시장점유율이 낮은 신제품을 의미한다. 이와 같은 제품은 연구개발에 대한 투자가 많기 때문에 현금유출과 위험이 크며 시장점유율이 낮기 때문에 현금흐름이 음(-)으로 나타나고 단위당 생산원가가 높다. 이와 같은 제품은 시장개척을 통하여 시장점유율이 높아지면 스타(stars)제품으로 발전되지만, 시장점유율이 높아지지 않은 상태에서 시장이 성숙단계로 넘어가는 경우에는 개(dogs)제품으로 전락하게 된다.

22 한 나라 안에 유통되고 있는 통화의 양적 수준을 나타내는 기준으로, 대부분의 나라에서는 경제성장·물가안정·국제수지균형 등의 목표달성을 위해 통화량을 적정수준으로 조절하고 있으며, 이를 위해 통화지표가 필요하게 된다.

23
- 선행종합지수 : 앞으로의 경기동향을 예측하는 지표로서 제조업 입직자비율·기업경기실사지수(실적)·순상품교역조건·건축허가면적·자본재수입액·설비투자추계지수·재고순환지표·총유동성·월평균 종합주가지수 등과 같이 앞으로 일어날 경제활동에 큰 영향을 끼치는 지표의 움직임을 종합하여 작성한다.
- 동행종합지수 : 비농가취업자수·산업생산지수·제조업가동률지수·도소매판매액지수·건설기성액·수출액·수입액 등과 같이 현재의 경기상태를 보여주는 지표로서 국민경제 전체의 경기변동과 거의 동일한 방향으로 움직이는 지표로 구성된다.
- 후행종합지수 : 경기의 변동을 사후에 확인하는 지표로서 이직자수·상용근로자수·도시가계소비지출·소비재수입액·생산자재제고지수·회사채유통수익률 6개 지표로 구성된다.

24 기업의 경쟁적 우위를 분석하는 기법에 대해 쓰시오.

25 전통적 경영분석의 의미와 특징을 간략히 설명하시오.

26 현대적 경영분석의 의미를 설명하시오.

27 정부의 경영분석 목적에 대해 설명하시오.

> **Key Point**
>
> ▶ 넓은 의미의 경영분석 : 경영자, 투자자, 금융기관 등 기업의 내·외부 이해 관계자가 경제적 의사결정에 필요한 정보를 획득하기 위해 기업과 관련된 자료를 수집·분석하는 활동을 말한다.
>
> ▶ 내부분석(intenal analysis) : 경영자가 경영관리 차원에서 필요한 정보를 얻기 위해 수행하는 경영분석을 말하며 의사결정에 요구되는 정보를 얻는 것을 목적으로 한다.
>
> ▶ 전통적 경영분석에 이용되는 자료 : 미래의 수익 계획과 비용 계획을 나타내는 추정포괄손익계산서, 미래 일정 시점의 재무상태를 나타내는 추정재무상태표, 현금의 조달계획과 운용계획을 나타내는 추정현금흐름표, 그리고 미래의 제조원가를 예상하는 추정제조원가명세서 등이 있다.

Answer

24
- 경험곡선분석 : 기업의 경쟁적 위치를 평가하는 데 있어서 상세한 원가분석이 필요하며, 이러한 분석기법 중의 하나가 바로 경험곡선분석이다.
- 차별화 분석 : 기업의 제품이나 서비스 등이 경쟁업체가 도저히 따라올 수 없을 정도의 차이를 갖고 있는지를 분석하는 방법이다.
- 중점성 분석 : 기업이 모든 제품을 대상으로 시장에서 효율적으로 경쟁할 수 없다는 전제에서 어느 특정 고객집단이나 특정 시장을 대상으로 중점적인 공략을 할 것인가를 분석하여 기업의 경쟁적 우위를 평가하는 방법이다.

25 전통적 경영분석은 비율분석의 핵심이 되는 재무제표 분석으로 기업의 과거 경영실적이나 재무상태를 나타내는 포괄손익계산서, 재무상태표 등 회계자료를 분석하는 것이다. 그러나 비율분석이라고 해도 과거 자료에만 의존하는 것은 아니다. 예측자료를 이용하여 미래의 경영실적이나 재무상태를 파악할 수도 있다.

26 좁은 의미의 전통적 경영분석을 보완해줄 새로운 접근 방식으로서, 재무제표 이외에도 국내·외 경제 동향, 산업 동향, 기업 동향과 같은 모든 기업 관련 요인들을 고려하여 다양한 기업 관련 자료를 분석함으로써 과거와 현재의 기업 실체를 파악하고 미래를 예측하는 분석 체계를 의미한다.

27 국제 경쟁력이 강한 산업에 대한 지원 및 구조조정 정책과 경제 계획 수립, 물가 안정을 위한 가격 통제 등을 수행하기 위해 기업에 대한 정보를 필요로 한다. 그리하여 정책 결정의 유형에 따라 다양한 형태의 경영분석을 실시한다.

| 독 | 학 | 사 | 3 | 단 | 계 |

Key Point

기업 : 이윤의 획득을 목적으로 운용하는 자본의 조직단위로, 다음과 같은 특징을 지닌다.
- 소유와 노동의 분리 : 기업은 생산수단의 소유와 노동의 분리를 기본적인 특징으로 한다.
- 영리목적 : 기업은 영리목적을 추구하는 경제사업이라는 점에서 정부·교회 등의 비영리경제조직과 구별된다.
- 독립성 : 기업은 생산·유통을 통하여 사회적 수요를 충족시키며, 여기서 얻어진 수익을 생산에 대한 대가로서 대금·임금·세금·배당·이자 등의 형태로 분배한다. 기업이 이러한 시장경제의 메커니즘 안에서 존재하느냐 존재하지 않느냐는 기업의 자기책임에 맡겨진다.
- 생산경제의 단위체 : 기업은 사회가 필요로 하는 재(財) 또는 서비스를 생산, 배급하는 경제적 조직의 단위체이므로 소비경제의 단위체인 정부·가계와 구별된다.

28 내부경영분석의 목적을 3가지 이상 쓰시오.

29 거래처의 경영분석 목적에 대해 설명하시오.

30 지수분석에 대해 설명하시오.

31 기업의 의미를 간략히 설명하시오.

Answer

28
- 경영자가 업무 계획을 수립하거나 기업 내부 상황을 통제하는 데 필요한 정보를 얻기 위해 경영분석을 실시한다.
- 경영자가 경영전략이나 장기 경영계획을 수립하는 데 필요한 정보를 얻기 위해 경영분석을 실시한다.
- 대외적으로 경영자는 거래처의 신용분석, 경쟁기업의 분석, 인수 대상 기업의 분석 등을 수행한다.
- 경영자는 어떤 방법으로 자금을 조달하고 어느 사업에 투자해야 할 것인가와 같은 의사결정에 필요한 정보를 얻기 위해 경영분석을 한다. 이 때의 목적 역시 기업가치를 극대화하는 것이다.

29 어떤 기업에 원자재, 중간재, 주요 부품 등을 납품하는 회사의 입장에서는 거래 대상 기업의 단기채무 지급능력 등을 면밀하게 분석해야 한다. 거래처가 주체가 되어 경영분석을 수행할 때는 특히 부도 가능성에 대한 정보를 얻기 위해 거래 대상 기업의 다양한 재무자료를 평가한다.

30 주요 재무비율을 선정하여 산업에 대한 상대적인 비율을 산출한 후 각각에 부여된 가중치에 따라 가중평균지수를 계산하여 기업의 재무상태와 경영성과를 종합적으로 평가하는 방법을 말한다.

31 기업은 자본주의 사회에서 이윤추구를 목적으로 하는 생산경제의 단위체 또는 그 활동이다. 넓은 의미에서 기업이란 경제사업체 그 자체를 말하며, 좁은 의미로는 경제사업체의 주체를 가리킨다.

32 외부분석 중 신용분석에 대해 간략히 설명하시오.

33 비율분석의 유용성과 한계점을 3가지 이상 쓰시오.

34 통계분석에 대해 간략히 설명하시오.

35 경영분석을 위해 재무제표를 활용하려고 할 때의 문제점에 대해 설명하시오.

Key Point

▶ 신용분석
- 기업에 대해 신용(자금)을 공여(供與)하는 측에서 그 기업의 신용능력(지불능력)을 알아보기 위해 시행하는 분석이다.
- 경영분석의 일종으로 1920년대 미국의 은행이 행한 것이 시초로 그 후 경영분석의 출발점이 되었다.
- 방법으로는 재무상태표·포괄손익계산서와 같은 재무제표를 이용하여 비율법·지수법·추세법 등으로 분석한다.
- 비율법은 제항목 간의 관계를 분석하는 것으로, 자본구성비율·자산구성비율·자본 대 자산비율·각종 이익률·각종 회전율을 산출하며 일정한 기준에 의하여 적부를 판단하게 된다.
- 지수법은 각 비율에 대하여 실제 비율과 표준비율을 비교하며, 추세법은 재무상태의 추이를 추적하는 방법이다.

▶ 비율분석의 특징
- 비율분석은 재무제표 등과 같은 수치화된 자료를 이용하여 항목 사이의 비율을 산출, 기준이 되는 비율이나 과거의 실적 그리고 다른 기업과의 비교 등을 통해 그 의미나 특징, 추세 등을 분석 평가하는 것이다.
- 실질 재무자료로부터 비율이 계산된 경우 그 비율이 높은가, 낮은가 또는 양, 불량을 판단하기 위해서는 일반적으로 기업간 비교인 횡단면 분석방법과 기간별 비교인 시계열 분석방법이 많이 이용되고 있다.
- 비율분석은 복잡한 경제현상을 비교적 단순한 분석방법으로 비교, 평가할 수 있다.
- 비율분석은 비교평가의 절대적 기준을 설정하기가 용이하지 않고 종합적 평가가 곤란하다.

Answer

32 대출금의 규모, 이자율, 대출기한 등과 같은 대출조건을 결정하는데 필요한 정보를 얻기 위하여 경영분석을 한다. 금융기관에서 수행하는 경영분석을 신용분석이라고 한다.

33 • 유용성
ⅰ) 비율분석은 간단하면 이해하기 쉬워 전공지식이 없이도 쉽게 이용
ⅱ) 이미 작성된 재무제표를 이용하기 때문에 시간과 비용 절약됨
ⅲ) 구체적이고 복잡한 기업분석 이전에 예비분석의 가치가 있다.
• 한계점
ⅰ) 과거의 회계정보에 의존
ⅱ) 계절적인 변화 반영 못함
ⅲ) 기업마다 회계처리 방식이 다름
ⅳ) 기업의 경영방식이나 고유 성격에 따라 재무비율의 차이 발생
ⅴ) 표준비율 설정 어려움

34 재무비율의 유용성을 높이기 위해 계량적인 분석을 통하여 필요한 정보를 가공하는 것이다. 이는 결과의 수치화를 통하여 객관적 판단지표를 제공한다. 그리고 다수의 재무변수와 기업 그리고 여러 기간의 자료를 한꺼번에 고려할 수 있다.

35 ① 재무제표는 역사적 원가에 의해 기록되므로 인플레이션이 생기면 기업의 경제적 실질을 제대로 반영하지 못한다.
② 재무제표를 작성할 때 동일한 사건에 대해서도 다양한 회계처리 방법이 인정되고 있으므로, 기업마다 서로 다른 회계처리를 하면 기업간 비교가 어려워진다. 때로는 회계처리 방법을 변경하여 이익을 조작하는 기업도 있을 수 있다.
③ 재무제표에 반영되어 있지 않으며 계량화하기도 어려운 질적 정보가 있다.

| 독 | 학 | 사 | 3 | 단 | 계 |

Key Point

재무상태표 기본요소와 그 특징
- 자산 : 미래 경제적 효익, 기업 실체의 지배, 과거 거래나 사건의 결과
- 부채 : 미래 경제적 효익의 희생, 현재의 의무, 과거 거래나 사건 결과
- 자본 : 소유주지분(owner's equity), 잔여청구권, 순자산, 잔여지분

역분식 : 이익을 과대하게 표시함으로써 자기회사의 경영성과나 재무상태를 실제보다 더 좋게 보이려 하는 경우를 분식이라 한다. 한편, 세금을 적게 낼 목적으로 이익을 과소하게 표시하는 것도 분식에 해당되는데 이 경우를 특별히 역분식이라 한다.

포괄손익계산서 기본요소와 그 특징
- 수익 : 주요한 경영활동, 경제적 효익의 총유입, 자본의 증가
- 비용 : 주요한 경영활동, 경제적 효익의 유출·사용, 자본의 감소

포괄손익계산서의 유용성 : 포괄손익계산서는 다음과 같은 유용한 정보를 제공할 수 있다.
- 영업활동의 성과평가에 도움이 되는 정보를 제공한다.
- 기업의 수익성과 미래의 현금흐름을 예측할 수 있는 정보를 제공한다.
- 과세소득결정의 기초자료로 이용된다.

---

36 전체 재무제표에는 어떤 것들이 있는지 기술하시오.

37 재무제표의 목적에 대해 설명하시오.

38 포괄손익계산서에 대해 약술하시오.

39 포괄손익계산서의 유용성에 대해 설명하시오.

Answer

36 전체 재무제표는 다음을 모두 포함하여야 한다. 포괄손익계산서, 기말 재무상태표, 기간 자본변동표, 기간 현금흐름표, 주석(중요한 회계정책의 요약 및 그 밖의 설명으로 구성), 회계정책을 소급하여 적용하거나, 재무제표의 항목을 소급하여 재작성 또는 재분류하는 경우 가장 이른 비교기간의 기초 재무상태표 등이 있다.

37 재무제표는 기업의 재무상태와 경영성과를 체계적으로 표현한 것이다. 재무제표의 목적은 광범위한 정보이용자의 경제적 의사결정에 유용한 기업의 재무상태, 경영성과와 재무상태변동에 관한 정보를 제공하는 것이다. 또한 재무제표는 위탁받은 자원에 대한 경영진의 수탁책임 결과도 보여준다.

38 포괄손익계산서는 기업의 경영성과를 명확히 보고하기 위하여 1회계기간에 실현된 수익항목과 이에 대응하는 비용항목을 대조·표시하여 당해 기간의 순이익을 표시한 재무제표의 하나이다.

39 포괄손익계산서의 유용성 : 포괄손익계산서는 다음과 같은 유용한 정보를 제공할 수 있다.
- 영업활동의 평가에 도움이 되는 정보를 제공한다.
- 기업의 수익성과 미래의 현금흐름을 예측할 수 있는 정보를 제공한다.
- 과세소득결정의 기초자료로 이용된다. 수익 또는 비용이 발생하였다고 하는 사실에 입각하여 수익·비용을 인식하는 원칙을 말하는데 흔히 비용의 인식에 적용된다. 실현주의는 재화를 판매하였다든가 또는 용역을 제공하였을 때 그 판매액이나 용역제공액으로 수익을 인식하는 기준으로서 수익의 인식에 주로 적용된다.

40 포괄손익계산서의 작성기준에 대해 설명하시오.

41 당기업적주의와 포괄주의에 의한 포괄손익계산서에 대해 설명하시오.

42 현금흐름표에 대해 간략히 설명하시오.

43 재무상태표, 포괄손익계산서, 재무상태표, 현금흐름표를 비교설명하시오.

Key Point

▶ 포괄손익계산서
- 일정기간 동안의 기업이 경영성과에 관한 정보를 제공하는 재무보고서로서, 당해 회계기간의 경영성과를 나타낼 뿐만 아니라 기업의 미래현금흐름과 수익창출능력 등의 예측에 유용한 정보를 제공한다.
- 일정기간 동안의 기업의 경영성과를 나타내므로 동태보고서라고 한다.

▶ 당기업적주의의 주장근거
- 정상적인 영업활동에서 발생한 수익·비용만을 포괄손익계산서에 포함시키는 것이 미래의 순이익을 예측하는데 보다 더 유용하다.
- 비경상적·비반복적 항목들을 포괄손익계산서에 포함시키면 기간별·기업간의 비교가능성이 저해된다.
- 비경상적·비반복적 항목들이 포괄손익계산서에 포함되면 정보이용자들을 오도해 의사결정을 그르치게 할 가능성이 있다.

▶ 포괄주의의 주장근거
- 현실적으로 경상적·반복적 항목과 비경상적·비반복적 항목의 구분이 분명하지 않으므로 당시업적주의에 의한 포괄손익계산서를 작성하게 되면 이익조작 가능성이 있다.
- 기업의 장기적 이익창출능력을 평가하기 위해서는 기업활동에 영향을 미치는 모든 요소가 고려되어야 한다

Answer

40 포괄손익계산서의 작성기준 : 발생주의, 실현주의, 수익·비용 대응 등이 있다.
- 발생주의 : 수익 또는 비용이 발생하였다는 사실에 입각하여 수익·비용을 인식하는 원칙이다.
- 실현주의 : 재화를 판매하고 용역을 제공하였을 때 그 수익을 인식하는 원칙이다.
- 수익·비용대응 : 기간손익을 확정하는 과정에서 보고된 수익과의 인과관계에 기초를 두어 비용을 보고하여야 한다는 원칙이다.

41 당기업적주의란 특정회계기간의 포괄손익계산서를 통하여 계산된 손익수치는 그 기간의 경상적인 업적을 나타내 주어야 한다는 주장으로 경영자의 관리적 결정에 의하여 통제될 수 없는 사건에 의한 영향이나 비경상적인 거래나 사건에 의한 영향은 포괄손익계산서에서 모두 제외하여 이익잉여금의 가감항목으로 처리하는 것이고, 포괄주의란 이들 비경상적·임의적 항목들이 결국 이익잉여금에 영향을 주는 것이기 때문에 손익계산에 이들을 모두 반영해야 한다는 것이다.

42 현금흐름표는 일정기간 동안 발생한 현금 및 현금성자산의 유입과 유출에 관한 정보를 제공하는 재무보고서이다. 현금 및 현금성자산은 현금(보유현금과 요구불예금)과 더불어 즉시 현금성자산으로 전환할 수 있는 단기·유동성 증권을 포함한다.

43 재무상태표는 특정 시점의 기업재무상태를 나타내며, 포괄손익계산서는 특정 기간 동안의 기업성과(당기순이익의 발생내역)를 나타내 준다. 자본변동표는 자본의 증감내역을 보다 상세히 나타내는 것을 주요 목적으로 한다. 그런데 재무상태표, 포괄손익계산서, 그리고 자본변동표만으로는 현금의 유입과 유출, 즉 현금흐름에 관한 정보를 일목요연하게 나타내지 못한다. 이러한 한계점을 보완하여 현금흐름에 관한 정보를 보다 포괄적으로 설명하기 위해 기본재무제표의 하나로 현금흐름표를 작성하고 있다.

| 독 | 학 | 사 | 3 | 단 | 계 |

Key Point

현금성자산
- 확정된 금액의 현금으로 전환이 용이하다.
- 가치변동의 위험이 중요하지 않은 만기 3개월 이내의 증권이다.
- 청구가 되었을 때 상환하고 기업의 현금관리의 중요한 부분인 경우 은행차입액(예 당좌차월)은 차감된다.

현금흐름표의 유용성
- 기업의 미래현금흐름을 예측하는 데 유용한 정보를 제공한다.
- 기업의 유동성과 재무건전성을 평가할 수 있다.
- 객관성있는 정보를 제공한다.
- 투자활동과 재무활동의 영향을 분석할 수 있다.

영업활동으로 인한 현금흐름을 계산하기 위한 방법
- 직접법 : 현금을 수반하여 발생한 수익 또는 비용항목을 총액으로 하여 표시하되, 현금유입액은 원천별로, 현금유출액은 용도별로 분류하여 표시하는 방법
- 간접법 : 당기순손익에 현금의 유출이 없는 비용 등을 가산하고, 현금의 유입이 없는 수익 등을 차감하여 표시하는 방법

44 현금흐름표의 구조에 대해 설명하시오.

45 기업경기실사지수(business survey index ; BSI)에 대해 설명하시오.

46 산업의 라이프사이클에 대해 설명하시오.

Answer

44
- 영업활동으로 인한 현금흐름표 : 일반적으로 제품의 생산과 판매활동, 상품·용역의 구매활동 등을 말하며, 투자 및 재무활동에 속하지 아니한 거래를 모두 포함한다.
- 투자활동으로 인한 현금흐름표 : 기업의 납입자본과 차입금의 크기 및 구성비용에 변동을 가져오는 활동이다.
- 재무활동으로 인한 현금흐름표 : 장기성 자산 및 현금성 자산에 속하지 않는 기타 투자자산의 취득과 처분에 관한 활동이다.

45 기업활동의 실적과 계획, 경기동향 등에 대한 기업가 자신들의 의견을 직접 조사, 지수화해 전반적인 경기동향을 파악하고자 하는 지표이다. 이 지수의 유용성은 기업가들이 경기를 판단하거나 예측·계획하는 행위들이 단기적인 경기변동에 중요한 영향을 미친다는 경험적인 사실에 바탕을 두고 있다. 실제로 일본에서는 중소기업을 대상으로 조사된 기업경기실사지수가 경기선행지수의 구성지표로 사용되고 있다. 지수계산은 전체 응답업체 중 전기에 비해 호전됐다고 답한 업체수의 비율과 악화되었다고 답한 업체수 비율을 차감한 다음 100을 더해 계산된다.

46 ① 도입기 : 산업전체가 매우 빠르게 성장하지만 어떤 회사가 그 산업을 주도하게 될 것인지가 불분명하기에 산업 내에서 투자 종목을 선택하기가 어렵다.
② 성장기 : 산업내 선도기업이 점점 뚜렷하게 드러난다. 선도기업의 위치가 안정됨에 따라 시장점유율도 좀더 쉽게 예측할 수 있다.
③ 성숙기 : 제품이 충분한 시장을 확보하였으므로 성장률이 현저히 둔화되어 경제 전반과 비슷한 수준에 머무른다.
④ 쇠퇴기 : 제품의 진부화, 대체적인 신제품의 등장, 신기술의 등장 등으로 인해 산업의 규모가 정체하거나 쇠퇴한다.

47 금리에 대해 설명하시오.

48 우리나라의 통화지표에 대해 설명하시오.

49 산업분석시 검토해야 하는 요인들에 대해 설명하시오.

Key Point

▶ 금리의 기능
- 금리는 여러 가지 기능을 수행하고 있는데 가장 중요한 것이 돈을 빌리려고 하는 자금의 수요와 돈을 빌려주고자 하는 자금의 공급을 원활히 조절해 주는 기능이다. 자금의 공급보다 수요가 많으면 금리가 오르고 그러면 돈을 빌리는데 많은 비용이 들기 때문에 자금에 대한 수요가 점차 줄어드는 반면 이자가 많아져 자금의 공급은 늘어나게 되어 결국 수요와 공급이 같아지게 된다.
- 금리는 자금의 배분기능도 수행한다. 금리가 오를 경우 자금의 공급은 늘어난다. 한편 장사가 잘 되는 산업부문은 더 많은 금리를 줄 수 있으므로 그 쪽으로 돈이 몰리게 된다. 결국 금리는 이익을 많이 내는 산업으로 더 많은 자금이 흘러가도록 함으로써 나라 전체적으로 보다 효율적인 자금 활용이 가능하게 된다.

▶ 금리의 계산방법
- 단리 : 원금에 대한 이자만 계산하는 방식이다.
- 복리 : 원금에 대한 이자뿐만 아니라 이자에 대한 이자도 함께 계산하는 방법이다.

Answer

47 자금을 대차(貸借)할 때 부과하는 사용료이다. 이자·이식(利息)과 동의어이기는 하지만 관용상으로는 이자가 추상적인 관념인 데 비하여, 금리는 자금시장에서 구체적으로 거래되고 있는 자금의 사용료 또는 임대료이다. 자금을 대출할 때는 대출해 주는 사람이 차용하는 사람에게 사용료를 부과하고 있는데, 그 외에도 대출에 소요되는 각종 수수료, 위험부담을 위한 보험료, 원금을 반환할 시기의 화폐가치 하락에 대한 손실에 대비하는 보상금 등을 부과하기도 한다.

48 ① M1 : 화폐의 지급결제수단으로서의 기능을 중시하여 민간이 보유하고 있는 현금과 당좌예금, 보통예금 등 은행 요구불 예금의 합계로 정의된다.
② M2 : M1보다 넓은 의미로 M1 뿐만 아니라 장기예금, 정기적금 등 은행의 저축성 예금과 거주자 외화 예금을 포함한다.
③ MCT : M2에 양도성예금증서와 금전신탁을 포함시킨 지표이다.
④ M3 : M2에 비은행 금융기관의 각종 예수금과 은행 및 비은행 금융기관이 발행하는 금융채, 양도성예금증서, 표지어음 및 상업어음 등을 포함시킨 가장 넓은 의미의 통화지표이다.

49 산업분석시 검토해야 할 요인들로는 산업연혁, 수요구조, 재무구조, 정부의 산업에 대한 정책, 해외 산업 동향, 생산구조, 판매구조, 산업의 경쟁상황 등이 있다.

독│학│사│3│단│계

02 재무비율 분석

단원개요

전통적으로 경영분석은 재무제표분석을 중심으로 수행되어 왔다. 재무제표분석에서는 재무비율을 계산하고 이를 이용하여 기업의 재무상태나 경영성과를 파악하는 비율분석이 중요한 위치를 차지하고 있다. 재무제표의 여러 항목 중에서 서로 관계 있는 항목들을 결합하여 비율을 구하면 기업의 이해관계자들에게 유용한 정보들을 제공할 수 있다.

출제경향 및 수험대책

이 단원에서는 해마다 출제비율이 약간씩 달라지기는 하지만 평균 5~6문제 정도는 출제되고 있는 편이다. 그 출제 내용을 살펴보면 재무비율의 의의 및 목적, 비율분석을 위한 기초자료, 재무비율의 분류, 표준비율, 유동성비율, 레버리지비율, 수익성비율, 활동성비율, 성장성비율, 시장가치비율, 생산성비율, 비율분석의 유용성, 비율분석의 한계, 추세분석, 평점제도, ROI·ROE분석, 지수법 등에 대해서 묻는 문제들이 출제되고 있는 바, 자세하고 철저한 학습이 요구된다.

재무비율 분석

1 핵심 중요내용 및 핵심요약

재무비율의 의의 및 목적, 비율분석을 위한 기초자료, 재무비율의 분류, 표준비율, 유동성비율, 레버리지비율, 수익성비율, 활동성비율, 성장성비율, 시장가치비율, 생산성비율, 비율분석의 유용성, 비율분석의 한계, 추세분석, 평점제도, ROI·ROE분석, 지수법

재무비율의 의의, 목적, 분류

(1) 재무비율의 의의 및 목적

① 재무비율
  ㉠ 재무제표분석에 사용되는 주된 도구이다.
  ㉡ 재무제표에서 얻을 수 있는 자료를 분자와 분모로 해 얻어진 비율이다.
  ㉢ 재무제표에 포함된 경제적 정보를 쉽게 파악할 수 있도록 제안된 비율이다.
  ㉣ 단순한 척도이지만 경영분석을 위해 매우 유용하게 이용된다.

② 비율분석
  ㉠ 재무제표상 두 항목간의 재무비율을 계산하여 절대적 기준과 비교하거나 산업평균비율 같은 표준비율과 비교하여 기업의 재무상태나 경영성과를 평가하는 방식으로 수행한다.
  ㉡ 재무비율의 역사적 추이를 관찰하여 기업의 재무상태나 경영성과의 변화 및 변화방향을 예측할 수 있다.
  ㉢ 재무비율의 분자항·분모항에 영향을 미치는 요인을 고려하여 재무비율을 해석해야 한다.

(2) 비율분석을 위한 기초자료

① 재무상태표
  ㉠ 재무상태표는 일정시점을 기준으로 기업의 재무상태를 보고하는 재무제표이다.
  ㉡ 재무상태표는 그 작성시점(보통 회계연도 말)을 기준으로 회사가 어떠한 자산을 얼마나 보유하고 있으며, 이러한 자산을 취득하기 위해 주주들이 자본을 얼마나 출자했으며 또한 부채는 얼마나 차입했나를 보여주는 보고서이다.
  ㉢ 대변에 자금의 조달원천을 나타내는 자본과 부채를 기입하고, 차변에 조

달된 자금의 운용상태를 나타내는 자산을 기입한다.
- 자산 : 토지, 건물, 기계설비, 상품 등과 같이 기업이 소유하는 경제적 가치가 있는 재화이다.
- 부채 : 기업이 부담하는 채무이다. 즉, 은행 차입금이나 외상매입금 등과 같은 채무이다.
- 자본 : 기업의 자산 중에서 소유주의 몫에 해당하는 금액이다. 따라서 이를 소유주 지분이라고도 부른다.

② 포괄손익계산서
㉠ 일정기간 동안 발생한 수익과 비용을 기재해 기업의 경영성과를 명시하는 계산서이다.
㉡ 포괄손익계산서는 일정기간중에 발생한 모든 수익과 이익을 얻기 위해 소요된 비용 및 손실을 대비함으로써, 그 기간의 순손익을 확정하는 동시에 그 순손익이 발생한 원인 및 과정을 명확하게 보여주는 것이다.
㉢ 예상 수익을 측정할 수 있게 함으로써 장래 경영활동에 중요한 지침을 제공한다.
㉣ 수익과 비용
- 수익 : 영업활동의 결과 자본의 증가를 가져오는 것으로 회계에서는 수익이 발생하면 자본의 출자나 증자에 의하지 아니하고 자본이 증가한다. 한국채택국제회계기준에서는 수익을 포괄손익계산서에서 매출액과 기타수익으로 구분하여 표시하도록 규정하고 있다.
- 비용 : 수익을 얻는 중 소모된 자산이나 사용된 용역의 원가이다. 자본을 감소시키며, 실제의 현금유출이나 예상되는 현금유출을 나타낸다. 한국채택국제회계기준에서는 비용을 포괄손익계산서에 성격별로 구분하여 표시할 것인지, 기능별로 구분하여 표시할 것인지 선택할 수 있도록 규정하고 있다.

③ 현금흐름표(statement of cash flow)
㉠ 기업의 현금흐름을 나타내는 표로, 기업회계기준에서는 '현금의 변동 내용을 명확하게 보고하기 위하여 당해 회계기간에 속하는 현금의 유입과 유출내용을 적정하게 표시하여야 한다'고 규정되어 있다.
㉡ 현금흐름표는 영업활동으로 인한 현금흐름, 투자활동으로 인한 현금흐름, 재무활동으로 인한 현금흐름으로 구분하여 표시하고, 이에 기초의 현금을 가산하여 기말의 현금을 산출하는 형식으로 표시한다.
- 영업활동 : 현금 유입은 매출·이익·예금이자·배당수입 등이 있고 매입, 판공비 지출, 대출이자 비용, 법인세 등으로 유출된다.
- 투자활동 : 현금유출은 유가증권·토지 매입, 예금 등이 있고, 유가증권·토지 매각 등으로 인해 유입된다.

Key Point

▶ 비율분석의 특징
- 개별 항목에 대한 분석을 통하여 탐지하기 어려운 기업의 재무적 건강상태와 건강상태의 변화가능성을 파악하는데 이용된다.
- 비율분석의 목적은 다양한 기업의 이해관계자들이 의사결정에 필요한 목적적합한 정보를 얻는 데 있다.

▶ 재무상태표의 특징
- 기업의 일정시점(통상은 결산일)에서의 재무상태를 표시한 회계보고서이다.
- 재무상태표는 기업자금을 운영과 원천의 양면에서 파악한 계산서이므로 자산합계액과 부채 및 자본의 합계액은 당연히 합치하는 관계에 있다.

▶ 포괄손익계산서 : 포괄손익계산서에서는 수익과 비용의 과목을 대응·비교시켜 손익을 표시하므로, 그 기능은 순손익액을 명백히 할 뿐만 아니라 손익발생의 과정을 분석적으로 추적할 수 있도록 하여 영업의 수행과정까지 알려준다.

- 재무활동 : 현금유입은 단기차입금의 차입, 사채, 증자 등이며, 단기차입금·사채 상환 등으로 유출된다.
    ⓒ 현금흐름표가 제공하는 정보
    - 기업의 지급능력 및 재무위험
    - 미래현금흐름의 예측
    - 순이익의 질
    - 주된 영업활동을 통하여 조달되거나 사용된 현금흐름
    - 시설 또는 설비와 같은 고정자산의 취득에 사용된 자금의 원천
    - 회사채 발행이나 주식발행을 통하여 조달된 자금의 사용 내역
    - 영업손실을 보았음에도 불구하고 일정한 배당금을 계속 지급할 경우, 배당금 지급에 사용된 자금의 원천
    - 부채 및 회사채의 상환에 소요된 자금의 조달내역
    - 생산시설의 확충에 소요된 투자재원의 조달 내용
    - 전기에 비해 당기순이익이 증가하였음에도 불구하고 현금이 감소한 원인

④ 자본변동표
    ㉠ 자본변동표는 자본의 크기와 그 변동에 관한 정보를 제공하는 재무보고서이며 납입자본(자본금, 자본잉여금), 이익잉여금 및 기타자본요소의 변동에 관한 포괄적인 정보를 제공한다.
    ㉡ 자본변동표는 재무상태표에 표시된 모든 자본항목의 변동내용에 대한 정보를 제공해준다.
    ㉢ 자본변동표는 재무제표간의 연계성 제고와 재무제표의 이해가능성을 높인다.

⑤ 제조원가명세서
    ㉠ 특정제품의 제조원가, 혹은 특정기간에 있어서의 제조제품의 제조원가의 명세를 나타내는 보고서이다.
    ㉡ 일정 기간 물건을 만드는데 든 비용을 재료비, 노무비, 경비로 나누어 정리한 표이다.
    ㉢ 제품을 만드는데 소요된 원가를 파악하여 제조과정에서 개선할 점을 찾아내는 데에 유용하게 쓰인다.

⑥ 기타 비회계자료
    ㉠ 증권시장자료
    - 증권시장에서 거래되는 주식과 채권에 관한 자료 : 주가, 주식거래량, 국공채와 회사채의 수익률·거래량, 주가수익비율(PER), 배당수익률, 주당이익(EPS)
    - 투자자의 효과적 투자결정을 위한 경영분석 : 증권시장자료, 분석대

Key Point

▸ **재무비율에 영향을 미치는 요인** : 재무비율은 전반적인 경제 상황, 산업에서의 지위, 경영정책과 회계처리 방법 등에 따라 영향을 받는다.
- 재무비율을 구성하는 각 항목의 값이 타당하고 일관성이 있는가를 확인하여야 한다.
- 여러 기업의 재무비율을 상호 비교하거나 한 기업의 재무비율을 기간별로 상호 비교하는 경우에는 일관된 회계처리방법이 적용되고 있는가를 확인하여야 한다.

▸ **자본변동표** : 한 보고기간에 발생한 소유주지분(자본)의 변동에 관한 정보를 제공하는 재무보고서로서, 자본을 구성하고 있는 자본금·자본잉여금·이익잉여금(또는 결손금)·기타 자본구성요소(자본조정·기타포괄손익누계액)의 변동에 대한 포괄적인 정보를 제공한다.

▸ **제조원가명세서**
- 제조원가보고서라고도 한다. 주주 등에 대한 외부보고용은 기간손익계산서의 부속명세서로서 작성된다.
- 기재는 당기 총제조비용을 재료비·노무비·경비 등으로 구분한 것에다 기초 재공품 원가를 더한 것에서 기말 재공품원가를 공제하는 형식으로 행한다.

상기업 및 업계(산업), 일반경제동향에 관한 질적인 자료
- 투자자들이 이용할 수 있는 자료 : 주보, 「증권시장」(한국증권거래소), 「증권조사월보」(증권감독원), 「증권금융」(한국증권금융)
ⓒ 한국은행의 「주요경제지표」・「주간해외경제동향」, 한국산업은행의 「경제브리프스」 등

(3) 재무비율의 분류

① 분석자료에 의한 분류
  ㉠ 정태비율 : 일정시점에서 기업의 재무상태를 나타내는 정태적 재무보고서인 재무상태표상의 두 항목을 대응시켜 계산되는 재무비율로서 재무상태표비율이라고도 한다.
  ㉡ 동태비율 : 일정기간 동안의 경영성과를 나타내는 동태적 재무보고서인 포괄손익계산서상의 두 항목을 대응시키거나, 또는 재무상태표 항목과 포괄손익계산서의 항목을 대응시켜 계산되는 재무비율로서 포괄손익계산서비율이라고도 한다.
  ㉢ 혼합비율 : 한 항목은 재무상태표에서, 다른 항목은 포괄손익계산서에서 얻어진 비율(동태비율의 성격)이다.

② 분석방법에 의한 분류
  ㉠ 관계비율 : 재무제표상의 두 항목을 대응시켜 측정되는 비율로서 항목비율이라고도 한다.
  ㉡ 구성비율 : 총자산 또는 매출액에서 각 항목이 차지하는 비중을 비율로 나타낸 것으로 기업간 상호비교에 유용한 방법이다.

③ 의사결정자의 필요에 따른 분류
  ㉠ 수익성비율
    - 기업의 이익창출 능력을 측정하는 재무비율이다.
    - 기업의 궁극적인 목적은 이익창출이므로 수익성 비율은 기업의 경영활동 성과를 평가하는데 있어서 가장 중요한 지표의 하나이다.
    - 자본시장의 투자자들은 투자의사결정의 중요한 지침으로 기업의 수익성을 중시하는 경향이 크다.
    - 수익성비율은 영업활동 단계별로 수익성을 측정할 수 있고, 또는 기업에 대한 자본제공자 및 이해관계자의 입장에서 측정할 수도 있다.
  ㉡ 활동성비율(효율성비율, 회전율비율)
    - 기업의 경영자원이 얼마나 효율적으로 사용되었나를 측정하는 지표이다.
    - 일반적으로 일정기간 동안의 매출액을 달성하는데 특정 자산이 몇 회나 회전했나, 즉 회전율로 측정한다.
    - 자산회전율이 높을수록 자산이 경영활동에 효율적으로 사용되었다고 할

Key Point

▶ 주가수익비율(price earning ratio)
- 주가를 주당순이익(earning per share : EPS)으로 나눈 주가의 수익성 지표이다.
- 주가가 주당순이익의 몇 배인가를 나타낸 것으로 투자판단의 지표로 사용된다.
- PER이 높으면 기업이 영업활동으로 벌어들인 이익에 비해 주가가 높게 평가되었으며, 반대로 PER이 낮으면 이익에 비해 주가가 낮게 평가되었음을 의미하므로 주가가 상승할 가능성이 크다.

▶ 정태비율과 동태비율
- 정태비율 : 현금비율, 유동비율, 부채비율, 자기자본비율 등
- 정태비율 : 자본회전율, 자산회전율, 매출액, 이익률, 자본이익률 등

▶ 수익성비율 : 투하 자본에 대한 경영성과를 나타내는 비율로 정보 이용자의 입장에서는 이익 창출능력에 대한 정보가 포함된다.

수 있다.
ⓒ 유동성비율(지급능력비율)
- 기업의 단기지급능력을 측정하는 재무비율이다.
- 단기에 현금화할 수 있는 유동자산을 단기에 기한이 도래하는 유동부채로 나누어 구한다.

ⓔ 레버리지비율(부채상환비율, 안정성비율)
- 타인자본이 기업자본 중에서 차지하는 비율로 자본조달의 안정성을 나타낸다.
- 레버리지비율은 기업의 장기지급능력을 측정하는 재무비율이다.
- 레버리지비율은 기업의 총자산 중에서 외부의 채권자로부터 차입한 금액과 주주가 출자한 금액의 비율로 측정한다.
- 외부차입금의 비중이 높을수록 기업의 위험은 증가하므로 레버리지비율은 기업의 위험을 측정하는 척도로도 이용된다.
- 외부로부터 차입한 부채는 지렛대와 같은 역할을 하는데, 즉 동일한 영업활동에 대해 부채비율이 높을수록 그 성과가 확대되어 나타난다.

ⓜ 성장성비율
- 기업의 규모나 수익의 정도를 나타내는 비율이다.
- 성장성비율은 기업의 성장성을 측정하는 재무비율로서 매출액증가율, 이익증가율, 자산증가율 등이 있다.
- 기업의 성장률은 그 기업이 속하는 해당 산업의 예상성장률, 자사의 경쟁적 위치 및 경영전략 등에 의해 영향을 받는다.
- 기업의 성장성을 분석하기 위해서는 경쟁기업의 성장률, 제품의 수명주기, 재무비율 및 이익의 질 등의 요소도 함께 고려해야 한다.

ⓗ 시장가치비율 : 주가는 기업의 가치를 평가하는 가장 객관적인 척도이므로 주가를 이용한 비율분석은 종합적이고 객관적이라고 할 수 있다.

ⓢ 생산성비율 : 기업의 생산 활동에 투하되는 인적·물적 생산요소의 성과를 측정하는 비율이다.

(4) 표준비율

① 표준비율의 의미 : 재무비율을 이용하여 기업의 재무상태와 경영성과를 평가할 때 비교·평가의 기준이 되는 재무비율을 표준비율이라 한다.
② 표준비율로 이용되는 재무비율
  ㉠ 경쟁기업의 재무비율
    - 경쟁기업의 재무비율 또는 산업 내의 대표적인 기업의 재무비율을 표준비율로 구할 수 있다.
    - 산업평균비율보다 영업활동의 특성 또는 규모면에서 유사한 경쟁업체의

재무비율을 표준비율로 이용하는 것이 바람직할 것이다.
- 산업을 선도하는 대표적인 기업의 재무비율을 표준비율로 이용할 수 있다. 따라서 선도기업의 재무비율을 기준으로 재무비율을 분석하여 취약한 부분과 우위에 있는 부분을 파악할 수 있다.

ⓒ 산업평균비율
- 산업평균비율은 표준산업분류와 같은 일정한 기준에 따라 산업을 분류하여 그 산업에 속해 있는 모든 기업의 재무비율을 평균한 값이다.
- 산업평균비율은 재무비율의 비교기준인 표준비율로 가장 널리 사용된다.
- 산업평균비율을 표준비율로 이용하는 경우 재무비율을 산업평균비율과 비교함으로써 재무상태와 경영성과가 양호한지 또는 불량한지를 평가할 수 있다.

ⓒ 과거평균비율 : 분석기업의 과거평균비율을 표준비율로 이용할 수 있다. 과거평균비율을 표준비율로 이용함으로써 그 기업의 재무상태 및 경영성과의 변동추세뿐만 아니라 특정 비율의 변동원인도 쉽게 파악할 수 있게 된다.

ⓔ 경험적 재무비율
- 경험적 재무비율은 오랜 기간에 걸쳐 체험적으로 터득된 이상적인 재무비율을 의미한다.
- 경험적 비율은 특정 국가의 정치·경제적 특성, 사회·문화적 특성, 금융환경, 그 국가의 특정 기업이 속해 있는 산업과 기업규모 등에 따라 영향을 받을 수 있다.

③ 표준비율 이용의 유의점
ⓐ 현실적으로 산업평균비율을 측정하기 위해 영업특성, 영업규모, 회계처리방법 등의 유사성을 충족시키는 기업을 찾기 어렵다.
ⓑ 대부분 기업은 여러 형태의 제품을 생산하고 있으므로 한 기업을 특정 산업으로 분류하는 것은 현실적으로 어렵다.
ⓒ 원재료, 생산공정, 최종제품 등에 따라 산업의 분류방법이 다양하므로 분석목적에 따라 적합한 방법으로 산업을 분류해야 한다.

비율분석의 계산과 의미

1. 유동성비율

(1) 유동성비율의 이해

① 유동성비율
ⓐ 외상매입금, 미지급금, 지급어음 등과 같은 단기부채의 지급능력을 측정하는 척도이다.

Key Point

➡ 산업평균비율
- 영업특성, 영업규모 및 회계처리 방법 등이 유사한 기업들을 하나의 산업으로 분류하여 평균비율을 측정해야 한다.
- 원재료, 생산공정 또는 최종제품 등에 따라 산업의 분류방법이 다양하므로 분석목적에 따라 적합한 방법으로 산업을 분류해야 한다.
- 우리나라의 산업별 평균비율은 한국은행의 「기업경영분석」과 한국산업은행의 「기업재무분석」에서 제공하고 있다.

➡ 경험적 재무비율 : 오랜 기간에 걸쳐 체험적으로 터득된 이상적인 재무비율을 의미한다.

➡ 유동성 비율
- 단기채무를 상환할 수 있는 능력을 측정하는 재무비율로서 흔히 단기채무지급능력비율이라고도 한다.
- 유동성은 단기간에 자산을 현금화시킬 수 있는 정도를 의미한다.
- 단기란 기업의 정상적인 영업주기로서 통상 1년 동안의 기간을 의미한다.

| 독 | 학 | 사 | 3 | 단 | 계 |

Key Point

유동성의 특징
- 유동자산은 단기간에 처분하여 현금화할 수 있는 자산이기 때문에 유동성은 유동자산과 유동부채의 상대적 크기에 따라 달라진다.
- 유동부채가 유동자산을 초과하는 경우에는 유동성이 취약하다고 말할 수 있다.
- 유동부채에 지나치게 의존하는 경우 심각한 손해를 입을 뿐만 아니라 최악의 경우 지급불능상태에 빠져 파산할 수도 있다.
- 유동성 부족으로 인하여 상대적으로 유리한 할인혜택을 이용할 수 없거나 수익성 있는 사업기회를 포기해야 하는 등 여러 가지 사업상의 제약을 받을 수 있다.
- 유동성에 가장 많은 관심을 갖는 이해관계자는 운영자금을 대출해 주는 금융기관과 신용으로 원재료 등을 판매하는 납품업체 등이다.

ⓒ 일반적으로 현금, 유가증권, 외상매출금, 재고자산 등 1년 이내에 현금화하기 용이한 유동자산을 1년 이내에 만기가 도래하는 유동부채로 나눠 측정한다.

② 재무상태표에서 유동성 배열에 따라 자산 및 부채 항목을 세분해 표시하는 이유 : 유동성을 쉽게 파악하기 위해서이다.

③ 기업이 유동성을 적절히 관리하는 이유 : 이는 지급불능의 원인이 어디에 있든지 기업이 만기가 도래하는 지급의무를 이행하지 못할 때에는 영업활동의 중단을 초래해 도산으로 이어질 가능성이 크기 때문이다.

④ 기업은 유동성 부족에 따른 손실과 유동성 확보에 따른 수익성 저하의 두 가지 측면을 충분히 고려하여 적절한 수준에서 유동성을 유지하도록 하여야 한다.

⑤ 유동성 비율을 이용하여 단기채무지급능력을 측정할 때 고려할 사항
 ㉠ 기업의 유동성은 유동자산의 이용효율성과 관련이 있다. 재고자산이 현금이나 매출채권으로 전환되는 속도, 매출채권이 현금으로 회수되는 속도, 매입채무를 결제하는 속도 등이 유동자산의 이용효율성과 직접적으로 관련이 있다.
 ㉡ 유동자산을 구성하는 각 항목에 따라 유동성의 정도가 다르다. 여기서의 유동성은 정상가격으로 현금화시킬 수 있는 정도를 의미한다.
 ㉢ 유동성이 높다고 해서 반드시 단기채무지급능력이 높다는 것을 의미하지 않는다.

(2) 유동성비율의 유형

① 유동비율(Current ratio)
 ㉠ 일반적으로 유동성은 유동자산과 유동부채의 백분비로 측정하는데 이를 유동비율이라고 한다.

$$유동비율 = \frac{유동자산}{유동부채} \times 100$$

유동비율 : 기업의 단기채무지급능력을 측정하는 재무비율로서 흔히 은행가비율이라고도 한다.

 ㉡ 유동자산은 단기부채를 상환하는데 사용될 수 있는 재원으로 간주되기 때문에 유동비율이 높을수록 유동성이 높은 것으로 판단한다.
 ㉢ 유동비율은 경험적으로 200% 이상이 채권자에게 안전한계로 인식되어 왔다. 이는 현금 외에 유동자산 중에 포함되어 있는 매출채권이나 재고자산은 현금화하는데 시간이 오래 걸리기 때문에 유동자산 총액이 유동부채의 두 배 이상은 되어야 건전한 지급능력을 가진 것으로 보기 때문이다.
 ㉣ 유동비율이 높은 것은 채권자의 입장에서는 바람직하지만, 경영자의 입장에서는 바람직하지 않을 수 있다. 왜냐하면 유동자산에 대한 지나친 투자

유동비율의 특징
- 단기채권자의 청구권이 유동자산에 의해 어느 정도 충당될 수 있는지를 나타내는 지표이다.
- 유동비율이 높을수록 단기채무지급능력이 양호함을 의미한다.
- 유동비율은 유동자산의 가치감소에 대한 안전수준을 측정하는 지표라 할 수 있다.

는 수익창출을 위한 고정자산 투자를 감소시켜 수익성을 떨어뜨리기 때문이다.

② 당좌비율(산성시험비율)
   ㉠ 산성시험비율(quick ratio)은 기업의 단기지급능력을 유동비율보다 엄격히 측정하기 위해 고안된 척도이다.
   ㉡ 산성시험비율은 유동자산에서 재고자산을 제외한 금액을 분자로 하고, 분모는 유동부채를 그대로 사용한다.

$$산성시험비율 = \frac{유동자산 - 재고자산}{유동부채} \times 100$$

   ㉢ 유동자산에서 재고자산을 차감하는 이유
      • 재고자산의 경우 판매과정을 통해서 현금으로 전환되는 속도가 비교적 늦을 뿐만 아니라 현금화되지 못할 가능성도 있기 때문이다.
      • 재고자산은 청산시 매각손실의 위험이 가장 큰 자산이다. 따라서 산성시험비율은 재고자산의 처분을 고려하지 않은 상황에서 단기채무를 상환할 수 있는 단기채무지급능력을 측정하는 비율이기 때문에 유동비율보다 유동성 측면을 더 강조하는 비율이라 할 수 있다.
   ㉣ 산성시험비율이 높을수록 단기채무지급능력이 양호함을 의미한다. 일반적인 기준으로 당좌비율이 100% 이상이어야 바람직한 것으로 평가된다.

③ 순운전자본구성비율
   ㉠ 순운전자본 : 유동자산에서 유동부채를 차감한 금액으로 측정된다.
      • 순운전자본이 양(+)의 값을 보이는 경우 : 유동자산으로 유동부채를 상환한 후에도 여유가 있다는 것을 의미한다.
      • 순운전자본이 음(-)의 값을 보이는 경우 : 유동자산으로 유동부채를 충분히 상환할 수 없다는 것을 의미한다.
   ㉡ 순운전자본구성비율의 의의
      • 총자산(총자본)에서 순운전자본이 차지하는 비율인 순운전자본구성비율을 이용하여 단기유동성을 측정할 수 있으며, 이는 주로 기업의 파산예측에서 많이 이용되고 있는 재무비율이다.
      • 순운전자본구성비율은 기업의 단기채무지급능력의 기초가 되는 재무비율이다.

$$순운전자본구성비율 = \frac{순운전자본}{총자산} \times 100$$

2. 레버리지비율

(1) 레버리지비율의 이해

Key Point

➡ 산성시험비율의 성격
• 유동자산에서 재고자산 등을 차감한 것을 유동부채로 나눈 비율이다.
• 산성시험비율은 유동비율의 보조비율로 이용되며, 특히 경제환경에 민감하거나 진부화 위험이 높은 재고자산을 보유하고 있는 기업의 단기채무지급능력을 평가하는데 유용한 지표이다.
• 유동비율은 양호한데도 불구하고 산성시험비율이 불량한 경우에는 그 원인이 주로 재고자산의 과다한 보유 때문인 것으로 추정해 볼 수 있다.

➡ 순운전자본
• 유동자산에서 유동부채를 차감한 잔액으로 일상적인 영업활동에 필요한 자금으로서 단기부채를 지급하는데 사용할 단기자산이며 단기 채권자를 보호하기 위한 자금이라고 할 수 있다.
• 기업의 단기 지급능력을 표시하는 자금 개념이며 기업의 영업활동을 표시하는 자금 개념이다.

| 독 | 학 | 사 | 3 | 단 | 계 |

Key Point

레버리지비율(자본구조비율)
- 기업의 장기채무지급능력을 나타내는 비율로서 타인자본 의존도에 의해 측정된다.
- 채권자의 입장에서 보면 기업의 부채의존도는 채권회수에 대한 위험부담의 정도를 나타내기 때문에 기업의 부채의존도가 낮을수록 안전하다고 평가하게 된다. 따라서 기업의 장기채무에 대한 안전도를 평가하는데 유용하게 이용되는 재무비율이다.
- 부채의존도가 높아질수록 재무레버리지효과가 커진다.

부채비율의 특징
- 기업의 부채를 자기자본으로 나누어 계산된다.
- 채권자 입장에서는 부채비율이 낮을수록 채권회수의 안전도가 높아지기 때문에 낮은 부채비율을 선호한다.
- 주주 입장에서는 높은 부채비율을 선호할 수도 있다. 왜냐하면 경기 호전시 투자수익이 이자비용을 초과할 것으로 예상될 때 주주들의 몫이 확대되는 레버리지효과를 기대할 수 있기 때문이다.

① 레버리지비율은 기업의 장기지급능력을 측정한다.
② 레버리지비율에는 기업의 자본구조를 나타내는 부채비율, 이자지급능력을 측정하는 이자보상비율, 고정자산에 대한 상대적 투자비중을 나타내는 고정비율 등이 있다.
③ 레버리지비율은 기업이 장기채무의 원금과 이자를 원만하게 상환할 수 있는지 여부를 평가하는 잣대가 되므로 안정성 비율이라고도 한다.

(2) 레버리지비율의 유형

① 부채비율
  ㉠ 부채비율은 자산의 취득에 사용된 자금의 조달원천, 즉 부채와 자본의 상대적 비중을 말한다.
  ㉡ 부채비율은 기업의 재무구조의 건전성을 측정하는 중요한 지표이다.

$$부채비율 = \frac{타인자본(부채)}{자기자본} \times 100$$

  ㉢ 부채비율의 구성
   - 타인자본 : 유동부채, 장기차입금, 사채를 포함한다.
   - 자기자본 : 보통주, 유보이익, 자본준비금을 포함한다.
  ㉣ 부채비율이 낮을수록 장기채무지급능력이 양호하다고 평가되며, 일반적인 기준에서 보면 부채비율이 100% 이하이어야 바람직한 것으로 평가된다.

② 자기자본비율
  ㉠ 자기자본비율은 총자본(부채와 자본총계) 중에서 자기자본이 차지하는 비중을 나타내는 비율로 다음과 같이 계산된다.

$$자기자본비율 = \frac{자기자본}{총자본} \times 100$$

  ㉡ 자기자본은 금융비용을 부담하지 않고 이용할 수 있는 자본이기 때문에 자기자본비율이 높을수록 기업의 재무안정성이 높아진다고 볼 수 있다.
  ㉢ 부채비율과 함께 기업의 재무구조를 측정하는 가장 중요한 지표이다.
  ㉣ 금융기관의 경우에는 일반 제조업과 다른 영업특성을 가지고 있기 때문에 금융기관의 재무안정성을 측정하는 비율로서 BIS비율이 이용되고 있다.

$$BIS비율 = \frac{자기자본 + 보완자본}{위험가중자산} \times 100$$

   - 자기자본 : 기본자금(자본금, 자본준비금, 이익잉여금 등)에 보완자본(재평가적립금, 대손충당금, 후순위채무 등)을 더한 후, 공제항목(주식할인발행차금, 영업권상당액, 자기주식 등)을 차감하여 산출한다.
   - 위험가중자산 : 자산별로 거래상대방의 신용도, 담보, 보증의 유무 등

위험도를 고려하여 가중치가 부여되고, 그 위험가중치에 의해 가중평균된 자산이다.

③ 고정(비유동)비율
  ㉠ 고정(비유동)비율은 자기자본이 고정(비유동)자산에 얼마나 투자되고 있는가를 측정한다.
    • 자본조달의 원천과 운용 사이의 균형관계, 즉 자본배분의 안정성을 측정하는 지표이다.
    • 고정(비유동)자산을 자기자본으로 나누어 측정한다.

$$고정(비유동)비율 = \frac{고정(비유동)자산}{자기자본} \times 100$$

  ㉡ 장기적으로 자금이 고착되는 고정(비유동)자산은 가급적 자기자본으로 충당하는 것이 바람직하다. 따라서 고정(비유동)비율은 100% 이하를 유지하는 것이 적절하다.
  ㉢ 기업자산의 고정화 위험을 측정하는 대표적인 비율로 자기자본이 고정(비유동)자산에 어느 정도 투입되어 운영되고 있는가를 나타내는 지표이다.
  ㉣ 고정(비유동)비율이 낮을수록 기업의 장기적 재무안정성이 좋은 것으로 평가된다.

④ 고정(비유동)장기적합률
  ㉠ 고정(비유동)장기적합률의 의의 : 거액의 설비투자를 요하는 장치산업에 있어서는 현실적으로 소요자금의 상당부분을 부채로 충당할 수밖에 없는 경우가 많다. 이때 고정(비유동)부채도 안정성 있는 장기자금이므로, 고정(비유동)자산에 대한 투자는 자기자본과 고정(비유동)부채의 범위 내에서 이루어지면 안정적이라고 할 수 있다. 고정(비유동)장기적합률은 이런 취지에서 고정(비유동)자산을 자기자본과 고정(비유동)부채의 합으로 나누어 측정한다.

$$고정(비유동)장기적합률 = \frac{고정(비유동)자산}{자기자본 + 고정(비유동)부채} \times 100$$

  ㉡ 고정(비유동)장기적합률은 자기자본 및 고정(비유동)부채가 고정(비유동)자산에 어느 정도 투입되어 운용되고 있는가를 나타내는 지표이다.

⑤ 이자보상비율
  ㉠ 이자보상비율은 이자 및 세금 차감 전 이익(EBIT)을 이자비용으로 나누어 측정한다.

$$이자보상비율 = \frac{이자 및 세금차감 전 이익 혹은 영업이익(EBIT)}{이자비용} \times 100$$

  ㉡ 이자보상비율은 이자지급에 필요한 수익을 창출할 수 있는 능력을 측정하

> **Key Point**
>
> BIS 비율의 특징
> • BIS 비율은 국제결제은행(BIS)이 제시한 은행의 자기자본비율로, 은행경영의 건전성을 체크하는 지표로 이용된다.
> • 이 비율은 은행이 자기자본을 위험가중자산(대출, 유가증권 투자 등의 자산 중 손실을 입을 위험이 있는 자산)으로 나눠 산출한다.
> • BIS 비율은 수치가 클수록 은행경영이 건전하다는 것을 의미하는데, 자기자본이 크거나 위험가중자산이 적을수록 이 비율은 커진다.
> • 국제결제은행(BIS)은 1930년 설립된 국제기구로, 1988년 바젤 합의를 통해 자기자본비율 규제를 정했다. 우리나라도 1993년 이를 도입했다. 이 기준에 따르면 국제적인 업무를 하는 은행은 위험 자산에 대해 최소 8% 이상 자기자본을 유지하도록 되어 있다.
>
> 고정(비유동)비율의 성격
> • 자기자본이 고정(비유동)자산에 어느 정도 투입되어 운용되고 있는가를 나타내는 지표이다.
> • 고정(비유동)비율은 고정(비유동)자산을 자기자본으로 나눈 비율이다.

| 독 | 학 | 사 | 3 | 단 | 계 |

Key Point

이자보상비율
- 기업이 부채에 대한 이자지급 의무를 이행할 수 있는 능력을 보기 위한 지표이다.
- 영업이익을 지급이자비용으로 나누어 산출한다.
- 이자보상비율이 100 미만일 때는 갚아야 할 이자비용보다 기업이 벌어들인 영업이익이 더 적었다는 뜻이다. 즉, 지급이자비용이 영업이익을 넘는 것을 뜻하므로 이자지급 능력에 문제가 있다고 판단할 수 있다.

수익성 비율의 특징
- 기업의 이익창출능력을 나타내는 지표로서 기업활동의 결과를 집약한 경영성과를 측정하는 재무비율이다.
- 기업이 주주와 채권자로부터 자본을 조달하여 이를 영업활동, 투자활동 및 재무활동 등에 투자한 결과로 얻어진 성과의 정도를 측정하는 재무비율이기 때문에 특히 기업의 이해관계자들이 중요한 의미를 갖는 정보로 이용할 수 있다.
- 수익성 비율은 포괄손익계산서상의 회계이익에 기초하여 측정되기 때문에 기업의 실질적인 현금흐름에 관한 정보가 반영되지 않고 있다는 결점이 있다.

매출액이익률
- 매출로부터 얼마만큼의 이익을 얻고 있느냐를 나타낸다.
- 매출액이익률은 분자 항에 매출총이익, 영업이익과 순이익 중 어떤 이익항목을 이용하느냐에 따라 매출액총이익률, 매출액영업이익률, 매출액순이익률 등으로 구분될 수 있다.

기 위한 지표로서 기업의 이자부담능력을 판단하는데 유용하게 이용되는 재무비율이다.
ⓒ 이자보상비율은 이자비용의 몇 배까지 지급할 수 있는가를 측정하는 비율이기 때문에 적정수준 이상의 이자보상비율을 유지해야만 이자비용의 지급능력이 양호한 것으로 평가받게 된다.
ⓔ 타인자본의 사용으로 발생하는 금융비용, 즉 이자가 기업에 어느 정도의 압박을 가져오는가를 보기 위한 것이다.

3. 수익성비율

(1) 수익성비율의 이해

① 수익성비율은 일정기간 동안 획득한 이익을 수익획득을 위해 사용한 투자액으로 나누어 계산한다.
② 수익성비율은 누구의 입장에서 본 수익성인가에 따라 여러 척도로 측정할 수 있다.
③ 수익성비율은 기업의 모든 활동이 종합적으로 어떤 결과를 나타내는가를 측정해 주는 지표가 된다.

(2) 수익성비율의 이해

① 매출액이익률
ⓐ 매출액이익률은 일정기간 동안 획득한 이익을 그 기간 동안에 이루어진 매출액으로 나눈 비율이다.

$$매출액이익률 = \frac{순이익}{매출액} \times 100$$

ⓑ 매출액이익률은 분자를 반드시 세후순이익으로 할 필요는 없고, 매출활동의 수익성을 측정하는 변수인 매출총이익, 영업이익, 경상이익 등을 분자로 사용해 영업활동의 다양한 단계에서의 매출액이익률로 측정할 수 있다.

② 총자산순이익률(총자본순이익률)
ⓐ 총자산순이익률(ROA : Return on total Assets)은 총자산을 수익창출에 얼마나 효율적으로 이용하고 있는가를 측정하는 재무비율로서 순이익을 총자산으로 나누어 계산된다.

$$총자산순이익률 = \frac{순이익}{총자산(총자본)} \times 100$$

ⓑ 순이익과 총자본(총자산)의 관계를 나타내는 것으로서 기업의 수익성을 대표하는 비율이다.

③ 자기자본순이익률

㉠ 자기자본순이익률(ROE : return on equity)은 당기순이익을 자기자본으로 나눈 백분율로 자기자본을 경영자가 얼마나 효율적으로 운용했나를 측정한다.

$$자기자본순이익률 = \frac{순이익}{자기자본} \times 100$$

㉡ 주주들은 자신의 투자자금에 대한 수익성에 관심을 갖는데 이러한 관점에서 측정하는 수익성 척도가 자기자본순이익률이다.

㉢ 자기자본순이익률이 높다는 것은 자기자본이 매우 효율적으로 운용되고 있음을 의미한다.

㉣ 자기자본순이익률은 매출액이익률의 증가, 총자산회전율의 증가 또는 부채의 이용 등에 따라 개선될 수 있으므로 근본적인 자기자본순이익률의 변화요인을 살펴보는 것이 중요하다.

4. 활동성비율

(1) 활동성비율의 이해

① 활동성비율은 경영활동의 수행과정에서 특정 자산이 얼마나 효율적으로 사용되었나를 측정한다.
  ㉠ 활동성비율은 매출액을 특정 자산으로 나누어 매출액을 달성하는데 특정 자산이 몇 회나 회전했나, 즉 회전율로 측정한다.
  ㉡ 자산의 회전율이 높을수록 자산이 경영활동에 효율적으로 사용되었다고 할 수 있다.

② 활동성비율은 기업의 수익성 악화의 숨겨진 원인을 찾아내는데 유용한 지표이다.
  ㉠ 기업이 자산을 비효율적으로 사용하면 보다 많은 투자액이 필요하고 불필요한 이자비용이 지출되며 궁극적으로 자산수익률이 악화된다.
  ㉡ 낮은 활동성비율은 회수불능 외상매출금이 증가했거나 사용불능 재고자산이나 기계설비가 증가했음을 의미한다.

(2) 활동성비율의 유형

① 총자산회전율(총자본회전율)
  ㉠ 총자산회전율은 일정기간 동안의 순매출액을 총자산으로 나누어 측정한다. 이는 기업이 자산을 영업활동에 얼마나 효율적으로 이용하고 있는가를 측정한다.

$$총자산회전율 = \frac{매출액}{총자산}$$

Key Point

▶ 자기자본순이익률
- 자기자본의 성과를 나타내는 재무비율로서 순이익을 자기자본으로 나누어 계산된다.
- 자기자본순이익률은 자기자본의 투자성과를 의미하기 때문에 자기자본순이익률이 높다는 것은 자기자본이 효율적으로 운용되고 있음을 의미한다.
- 만일 자기자본순이익률이 주주들의 기대에 미치지 못하는 경우 주주들이 자금을 더 이상 기업에 투자하지 않을 것이기 때문에 기업의 경영활동이 위축되어 주가를 하락시키는 원인으로 작용하게 된다.
- 자기자본순이익률은 경영자는 물론 주주의 입장에서도 수익성을 측정하는 중요한 지표라 할 수 있다.

▶ 활동성비율의 특징
- 자산의 효율적 이용도를 평가하는데 이용되는 재무비율로서 자산관리비율이라고도 한다.
- 수익의 발생원천이 매출액이기 때문에 매출액을 기준으로 자산의 효율적 이용도를 측정할 수 있다.
- 기업이 소유하고 있는 자산들이 얼마나 효율적으로 이용되고 있는가를 추정하는 비율로, 일정기간의 매출액을 각종 주요자산으로 나누어 산출한다.
- 기업의 활동을 대표하는 것은 매출액이며 이를 뒷받침하기 위해 투자된 구체적인 형태의 자산이 외상매출대금, 재고자산, 총자산 등이다.

▶ 총자산회전율
- 매출액을 총자산(자산총계)으로 나누어 측정되는 재무비율이다.
- 기업이 보유하고 있는 총자산의 효율적 이용도를 측정하는 지표이다.

| 독 | 학 | 사 | 3 | 단 | 계 |

Key Point

재고자산회전율
- 매출액을 재고자산으로 나눈 재무비율이다.
- 재고자산회전율이 낮다는 것은 매출에 비해 재고자산을 과다하게 보유하고 있다는 것을 의미하며, 한편 재고자산회전율이 높다는 것은 적은 재고자산으로 생산 및 판매활동을 효율적으로 수행하고 있다는 것을 의미한다.
- 재고자산회전율이 과도하게 높고 그 원인이 적정재고수준을 유지하지 못한 결과라면 재고부족으로 인한 기회비용(재고부족으로 인한 판매기회 및 고객의 상실, 생산계획의 차질 등에 의하여 발생하는 손실)이 문제가 될 수 있다.

재고자산회전율 분석시 유의사항
- 매출액은 시장가치로 계산된 반면, 재고자산은 역사적 원가에 의하여 기록되므로 양쪽의 항목을 원가 또는 시가로 통일시킨다.
- 재무상태표상의 재고자산을 쓰는 것보다 연평균 재고자산을 쓰는 것이 더욱 효과적이다.

매출채권회전율
- 매출액을 매출채권으로 나눈 재무비율로서 매출채권의 현금화속도를 측정하는데 이용되는 지표이다.
- 매출채권이 1년 동안 몇 번 회전되었는가를 나타내기 때문에 매출채권관리의 효율성을 측정하는데 이용된다.

    ⓒ 기업의 총자본(또는 총자산)이 1년에 몇 번이나 회전했는가를 나타내므로 기업이 사용한 총자산의 효율적인 이용도를 종합적으로 표시해 준다.
- 총자산회전율이 높을수록 적은 총자산으로 상대적으로 높은 매출을 실현하고 있음을 의미하기 때문에 총자산이 효율적으로 이용되고 있음을 의미한다.
- 총자산회전율이 낮을수록 자산규모에 비하여 매출액이 상대적으로 낮다는 것을 의미하기 때문에 자산이 비효율적으로 이용되고 있음을 의미한다.

    ⓒ 총자산회전율이 높으면 유동자산·고정(비유동)자산 등이 효율적으로 이용되고 있다는 것을 뜻하며, 이 회전율이 낮으면 과잉투자와 같은 비효율적인 투자를 하고 있다는 것을 의미한다.

② 재고자산회전율
    ⊙ 재고자산회전율의 측정 : 매출액을 재고자산으로 나누어 측정한다.
- 재고자산은 재무상태표에 판매가격이 아닌 취득원가로 기록되므로, 활동의 척도로 매출액 대신 매출원가를 사용하는 것이 보다 적절하다.
- 재고자산회전율은 특정 매출액을 달성하기 위해 보유하고 있는 재고자산 수준에 대한 척도이다.

$$재고자산회전율 = \frac{매출액}{재고자산}$$

    ⓒ 재고자산회전율의 효율성
- 재고자산회전율이 낮다는 것은 매출액에 비하여 과다한 재고를 소유하고 있다는 것이다.
- 재고자산회전율이 높다는 것은 적은 재고자산으로 생산과 판매활동을 효율적으로 수행하고 있다는 것이다.

    ⓒ 재고자산평균회전기간
- 재고자산이 1회전하는데 걸리는 기간, 즉 재고자산 평균회전기간은 365일을 재고자산회전율로 나누어 구한다.
- 재고자산 평균회전기간은 짧을수록 바람직하다.

$$재고자산\ 평균회전기간 = \frac{365}{재고자산회전율}$$

③ 매출채권회전율
    ⊙ 매출채권회전율은 연간 순매출액을 기말의 매출채권잔액으로 나누어 측정한다.

$$매출채권회전율 = \frac{매출액}{매출채권}$$

ⓒ 매출채권회전율이 높을수록 매출채권의 현금화속도가 빠르다는 것을 의미한다.
ⓒ 매출채권의 현금화 속도 : 매출채권평균회수기간에 의해서 측정된다.
- 매출채권 평균회수기간은 회사가 상품을 판매한 후 대금을 회수하기까지 평균적으로 걸리는 기간이다.
- 평균 회수기간이 길수록 매출채권 관리에 문제가 있다는 것을 의미한다.
- 평균회수기간은 연간 순매출액을 365일로 나누어 일평균매출액을 계산한다. 그리고 매출채권을 일평균매출액으로 나누어 아직 대금을 회수하지 못한 매출 일수를 계산한다.

$$매출채권\ 평균회수기간 = \frac{매출채권}{일평균매출액}$$

5. 성장성비율

(1) 성장성비율의 이해

① 성장성을 측정하는 척도 : 자기자본증가율, 주당순이익증가율, 매출액증가율, 총자산증가율 등이 사용된다.
② 기업의 성장률 : 그 기업이 속해 있는 산업의 성장률, 경쟁적 위치 및 경영전략 등의 변수에 따라 영향을 받는다.
③ 성장성비율 : 일정 기간 중에 기업의 경영규모 및 경영성과가 얼마나 증가되었는가를 나타내는 비율이다.
④ 성장률분석의 단계
  ㉠ 분석대상이 되는 변수의 성장률을 측정한다.
  ㉡ 성장의 기초가 되는 원천을 찾아낸다. 이 단계는 성장원천, 즉 기업의 운영 및 재무상의 특성과 조사기간 동안의 외부 환경변수와의 상호 관련성을 분석할 뿐만 아니라, 성장 원천들의 계량적 및 비계량적 요인들까지 분석한다.
  ㉢ 예상 산업성장률 및 장래 투자계획 등의 자료를 분석해 기업의 미래성장률을 예측한다.

(2) 성장성비율의 유형

① 자기자본증가율
  ㉠ 자기자본증가율은 일정 기간 중 내부유보 또는 유상증자 등을 통해 자기자본이 얼마나 증가했는가를 나타낸다.

$$자기자본증가율 = \frac{당기말\ 자기자본 - 전기말\ 자기자본}{전기말\ 자기자본} \times 100$$

  ㉡ 이 비율이 높을수록 기업의 재무적 안정성과 주식가격의 상승 가능성이

> **Key Point**
>
> ➡ 성장성 비율
> - 기업의 경영규모와 영업성과가 얼마나 증대되었는가를 나타내는 재무비율로서 성장률을 측정하는 대표적인 항목으로 총자산, 매출액과 순이익 등이 있다.
> - 성장성 비율을 분석할 때 유의하여야 할 사항은 물가상승 시에는 명목성장률보다 실질성장률이 더 의미가 있으며, 일반적으로 성장성이 높은 기업은 유동성이 부족하므로 성장성과 유동성의 상반관계를 적절하게 고려해야 한다.
>
> ➡ 자기자본증가율 : 일정 기간 중 내부유보 또는 유상증자 등을 통해 자기자본이 얼마나 증가했는가를 나타낸다.

| 독 | 학 | 사 | 3 | 단 | 계 |

높다고 판단하면 된다.
② 매출액증가율
  ㉠ 매출액증가율은 당기의 매출액 증가액을 전기매출액으로 나누어 측정한다.
  ㉡ 매출액증가율은 기업의 시장점유율 성장도를 나타내는 중요한 지표이다.

$$매출액증가율 = \frac{당기\ 매출액 - 전기\ 매출액}{전기\ 매출액} \times 100$$

  ㉢ 기업의 외형적인 신장세를 나타내는 대표적인 지표이다.
③ 총자산증가율
  ㉠ 총자산증가율은 일정 기간 동안의 총자산 증가분을 기초의 총자산으로 나눈 비율이다.

$$총자산증가율 = \frac{기말\ 총자산 - 기초총자산}{기초\ 총자산} \times 100$$

  ㉡ 기업의 외형적 규모의 성장 정도를 측정하는 지표이다.

6. 시장가치비율

(1) 시장가치비율의 이해

① 시장가치비율은 기업의 시장가치를 나타내는 주가와 주당순이익 또는 장부가치 등의 관계를 분석하는 재무비율이다.
② 시장가치비율 : 투자자가 기업의 과거 성과와 미래 전망에 대해 어떻게 생각하고 있는지를 알려주는 지표이다.

(2) 시장가치비율의 유형

① 주가수익비율(주가수익배수)
  ㉠ 주가수익비율(price/earnings ratio : PER)은 주가를 주당이익으로 나눈 것으로서, P/E비율 또는 PER라고 한다.

$$주가수익비율(PER) = \frac{주가}{주당이익}$$

  ㉡ PER는 주가가 주당순이익의 몇 배나 되는가를 나타내는 것이다.
  ㉢ PER가 높아지는 경우
    • 일반적으로 PER은 성장성이 높거나 위험이 낮을수록 높아진다.
    • 회계이익을 가능한 적게 계상하려는 보수적인 회계처리를 하는 기업의 PER이 높게 나타날 수 있다.
② 주가 대 장부가치비율
  ㉠ 주가 대 장부가치 비율(price/book-value ratio : PBR)은 주식가격을

Key Point

매출액증가율
- 일정기간 동안 매출액이 얼마나 증가하였는가를 나타내는 재무비율이다.
- 판매가격의 인상이나 판매량의 증가에 따라 매출액이 증가하기 때문에 증가원인에 대한 분석이 필요하며, 매출액이 증가하여도 순이익이 감소하는 경우가 있으므로 실질적인 성장지표인 순이익증가율에 대한 분석이 병행되어야 한다.

총자산증가율
- 일정기간 동안 총자산이 얼마나 증가하였는가를 나타내는 재무비율이다.
- 총자산증가율이 높다는 것은 투자활동이 적극적으로 이루어짐에 따라 기업규모가 빠른 속도로 증가하고 있다는 것을 의미한다. 그러나 자산재평가가 이루어진 경우에는 새로운 자산의 취득 없이도 자산규모가 증가한다는 사실을 유의하여야 한다.

주가수익비율의 특징
- 현재의 주가를 주당순이익으로 나눈 것이다.
- 주가의 가치를 따지는 대표적 지표로 기업의 현재 주가가 적정한지를 판단하는 기준이 된다.
- 기업의 순이익을 주식 수로 나누면 주당순이익(EPS)이 산정된다.

주당 장부가치로 나눈 비율이다.

$$\text{주가 장부가치비율} = \frac{\text{주가}}{\text{주당 장부가치}}$$

ⓒ 주식가격은 증권시장에서 평가된 가치이므로 주가 대 장부가치 비율을 시장가치 대 장부가치 비율이라고도 한다. 이는 장부상으로 본 소유주 지분과 증권시장에서 평가되는 가치를 비교한 것이다.

ⓒ 기업의 미래 수익전망이 밝고 경영이 효율적일수록 주식의 장부가치와 시장가치 사이의 차이가 커져서 주가 장부가치비율이 높아진다.

③ 토빈의 q비율
　㉠ 토빈의 q비율(Tobin's q)이란 기업이 보유한 자산의 시장가치를 자산의 대체원가로 나눈 비율이다.

$$\text{토빈의 q비율} = \frac{\text{자산의 시장가치}}{\text{추정된 대체원가}}$$

　ⓒ 토빈의 q비율의 크기
　　• 일반적으로 토빈의 q비율이 1보다 큰 경우에는 자본설비의 시장가치가 대체원가보다 큰 가치를 가지므로 기업들이 투자하려는 유인을 갖게 된다.
　　• 토빈의 q비율이 1보다 적은 경우 투자유인이 없다고 할 수 있다.

7. 생산성비율

(1) 생산성비율의 이해

① 생산성비율
　㉠ 기업활동의 성과 및 효율을 측정하여 개별 생산요소의 기여도 및 성과배분의 합리성 여부를 평가하는 지표이다.
　ⓒ 기업활동의 능률을 측정·평가하는 비율들로 기업의 자본·노동·경영 등의 생산요소를 결합하는 방법에 따라 산출량이 어느 정도 달성되었는지를 측정하는 데 이용된다.

② 생산성을 측정하는 지표로는 매출액에 대한 부가가치의 비율을 나타내는 부가가치율과 생산요소별 생산성을 측정하는 노동생산성, 자본생산성 등이 사용된다.

③ 부가가치 산출 방법
　㉠ 가산법

　　부가가치 = 경상이익 + 인건비 + 순금융비용 + 임차료 + 조세공과 + 감가상각비

　ⓒ 기감법

Key Point

▶ 주가 대 장부가치비율(PBR)의 특징
　• 주가를 1주당 순자산(장부가격에 의한 주주 소유분)으로 나눈 것으로 주가가 1주당 순자산의 몇 배로 매매되고 있는가를 표시하며 PER과 같이 주가의 상대적 수준을 나타낸다.
　• 주가는 그 회사의 종합적인 평가이므로 주주 소유분을 초과한 부분은 모두 그 회사의 잠재적인 프리미엄이 되기 때문에 경영의 종합력이 뛰어나면 뛰어날수록 배율이 높아진다고 할 수 있다.

▶ 토빈의 q비율의 특징
　• 기업의 시장가치(수익가치)를 기업자산의 대체비용으로 나눈 비율로 미국 예일대학의 토빈교수는 설비투자와 기대이윤의 관계를 설명하는 지표로 q비율을 제시했다.
　• 토빈의 q비율은 기업의 실제자산 가치로 주가의 상대적인 고저를 판단하는 지표가 된다.

▶ 생산성 : 투입량에 대한 산출량의 정도를 의미하는 것으로 기업의 자본, 노동 및 경영 등의 생산요소를 결합하는 방법에 따라 산출량이 어느 정도 달성되었는지를 측정하는 데 이용된다.

▶ 부가가치의 특징
　• 최종생산자가 중간생산자로부터 구입한 원재료에 자본과 노동 등의 생산요소를 투입하여 새로이 창출한 가치로서 기업이 생산·판매한 총가치에서 생산을 위하여 투입한 외부구입가치를 차감한 순생산액을 의미한다.
　• 부가가치는 기업내부에서 창출한 가치라 할 수 있다.

| 독 | 학 | 사 | 3 | 단 | 계 |

$$\text{부가가치} = \text{매출액} - \text{중간투입액}$$
$$= \text{매출액} - [\text{재료비} + \text{구입품비} + \text{소모품비} + \text{외주가공비} + \text{구입용역비} + \cdots]$$

(2) 생산성측정 지표

① 노동생산성

㉠ 노동생산성은 노동력의 단위당 성과를 나타내는 지표로 종업원 1인당 부가가치를 의미한다.

$$\text{노동생산성} = \frac{\text{부가가치}}{\text{종업원 수}}$$

㉡ 노동생산성이 높다는 것의 의미
- 노동력이 효율적으로 이용되어 부가가치를 보다 많이 창출했다.
- 경영합리화를 통한 생산성향상이 경쟁력 제고에 중요한 역할을 한 것이다.

㉢ 노동생산성의 분해 : 종업원 1인당 보유하는 자본액을 나타내는 자본집약도와 기업에 투자된 총자본이 어느 정도의 부가가치를 창출하였는가를 나타내는 총자본투자효율로 분해될 수 있다.

② 종업원 1인당 매출액 : 노동생산성과 함께 그 기업의 능률을 알아볼 수 있는 수치가 종업원 1인당 매출액이다.

$$\text{1인당 매출액} = \frac{\text{매출액}}{\text{종업원 수}}$$

③ 부가가치율

㉠ 부가가치율은 일정기간 동안 기업이 창출한 부가가치를 매출액으로 나눈 비율이다.

㉡ 부가가치율은 매출액 중에서 생산활동에 투입된 생산요소에 귀속되는 소득의 비율을 나타내기 때문에 흔히 소득률이라고도 한다.

$$\text{부가가치율} = \frac{\text{부가가치}}{\text{매출액}} \times 100$$

④ 자본생산성(총자본투자효율)

㉠ 자본생산성은 기업에 투하된 자본을 운영한 결과로 얻어진 부가가치액이 얼마인가를 나타내는 비율이다.

$$\text{총자본투자효율} = \frac{\text{부가가치}}{\text{총자본}} \times 100$$

㉡ 자본이 부가가치 생산에 어느 정도 이바지했는가를 알 수 있다.

Key Point

가감법의 성격
- 매출액 또는 생산액에서 외부구입가치가 차지하는 비중을 줄임으로써 부가가치를 증가시킬 수 있다는 경영목표에 부합되는 방식이다.
- 목표관리 또는 경영계획에 활용 가능성이 높고, 이론적으로 부가가치의 개념에 접근한 방법이다.

노동생산성 : 단순하게 말하면 노동의 능률로서 투하한 노동량과 그 결과 생산량과의 비율이며, 이 경우 노동량을 생산에 투하된 총노동시간을 잡고 생산량은 중량과 길이 등으로 재는 것이 보통이다.

자본생산성의 특징
- 생산요소의 하나인 자본의 단위당 투자효율을 나타내는 것으로 가장 대표적인 자본생산성 비율은 총자본투자효율이다.
- 총자본투자효율은 기업에 투자된 총자본이 1년 동안 어느 정도의 부가가치를 창출하였는가를 나타내는 비율이다.

비율분석의 유용성과 한계

(1) 비율분석의 유용성

① 기업분석에서 예비분석으로서 가치가 있다.
② 작성된 재무제표를 사용하여 시간과 비용을 절감할 수 있다.
③ 간단하고 이해하는데 어려움이 없기 때문에 경영학 전공자가 아닌 사람도 쉽게 사용할 수 있다.

(2) 비율분석의 한계

① 기업 간의 회계처리는 다를 수 있는데, 이런 서로 다른 회계처리 방법이 적용된 재무제표에서 얻은 재무비율들을 비교하는 것은 올바른 비교가 안된다.
② 재무제표는 한 회계 기간을 기준으로 작성되므로 회기 동안의 계절적인 변화를 나타내지 못하는데, 비율분석은 이러한 재무제표를 중심한다.
③ 표준비율을 설정하는 데 어려움이 있으며 산업평균비율이 어떤 기업의 최적의 비교 기준이라고 말할 수는 없다.
④ 경영 방침이나 기업 고유의 성격으로 인해 동종산업의 기업이라도 재무비율에 차이가 생긴다.
⑤ 급변하는 경제상황과 경영기법으로 인해 비율분석은 과거의 회계 정보에만 의존하기 때문에 미래 예측에 한계가 있다.

비율분석의 보완

1. 추세분석

(1) 추세분석의 의의

① 추세분석
  ㉠ 일정기간 동안의 재무비율의 변화추세를 파악하여 재무상태와 경영성과가 개선되고 있는지 아니면 악화되고 있는지를 분석하는 것이다.
  ㉡ 장기적인 추세를 분석하여 재무상태의 변화를 평가하게 되면 상호비교에서는 얻을 수 없는 정보를 알아낼 수 있다.
  ㉢ 추세분석은 기업 내 분석, 시계열분석, 수평적 분석이라고도 한다.
② 추세분석이 효과적인 경우 : 해당기업의 영업성격이 분석기간 동안 그대로 유지되고 회계처리방법이 일관성을 유지하는 경우에 효과적이다.
③ 추세분석의 해석에 주의를 요하는 경우
  ㉠ 기업이 분석기간 동안 합병이나 경영다각화 등으로 영업성격이 바뀐 경우
  ㉡ 재고자산의 평가, 감가상각비 등의 회계처리빙법을 변경한 경우

Key Point

▶ 비율분석의 유용성
• 비율분석은 재무제표를 이용하여 기업의 이해관계자들이 합리적 의사결정을 내리는데 유용한 정보를 제공한다.
• 재무비율은 이용자의 분석목적에 따라 재무제표상의 두 항목을 선택하여 다양한 종류의 비율구성이 가능하다.
• 분석자료로 이용되는 재무제표는 수집이 용이할 뿐만 아니라 계산방법과 이해가 쉽다.

▶ 추세분석
• 비율의 시간적 변화를 고려하여 기업의 미래 재무상태와 경영성과를 예측하는 방법이다.
• 추세분석은 일정기간의 재무비율의 변화 추세, 즉 변화의 방향과 변화량을 파악하여 재무상태가 어느 정도 개선되고 있는지 혹은 악화되고 있는가를 분석한다.
• 변화의 방향이 정상적이고 개선되는 경우는 바람직하지만 만일 변화하는 방향이 비정상적이거나 악화되는 경우에는 주의 깊은 분석이 필요하다.
• 추세분석의 결과가 유용한 정보가 되기 위해서는 분석대상기업이 분석기간 동안 영업의 기본 성격을 그대로 유지해야 하고 회계처리방법이 일관성이 있어야 한다.

| 독 | 학 | 사 | 3 | 단 | 계 |

Key Point

추세분석의 방법
- 추세분석은 보통 재무비율의 추세분석, 비교재무제표의 이용, 추세지수의 이용, 다기간 공통형 재무제표의 이용 등의 방법을 통하여 행하여진다.
- 추세분석은 기본적으로 시간선상에서의 상대적 비교분석이다.

비교재무제표 : 어느 두 시점 간의 재무상태표, 포괄손익계산서 각 항목의 증감을 표시하여 그 기간에 일어난 재무상태 변화, 성장추세를 나타내고자 하는 것이다.

평점제도의 의의 : 평가목적에 따라 중요한 재무비율을 여러개 선정하여 각 비율을 여러 구간으로 나누고 여기에 각 비율의 중요도에 따른 점수를 배분한다.

(2) 추세분석의 방법

① 재무비율의 추세분석
  ㉠ 추세분석은 시간의 흐름에 따른 각종 재무비율의 움직임을 동태적으로 파악하여 경영성과와 재무상태의 개선 여부를 평가하는 것을 말한다.
  ㉡ 과거 수년 간에 걸친 유동비율, 자기자본순이익률 등의 변화를 관찰하는 재무비율의 추세분석은 나름대로의 직관적인 해석이 가능하기 때문에 유용하다.
② 분석 대상이 되는 기업의 과거추이를 살펴 미래를 예측하는 경우 : 예를 들어 어느 기업의 유동비율이 하락하는 추세에 있다면 미래에도 더욱 하락할 가능성이 클 것이라고 가정하는 방법이다.
③ 비교재무제표
  ㉠ 비교재무제표는 어느 두 시점 간의 재무상태표, 포괄손익계산서 각 항목의 증감을 표시하여 그 기간에 일어난 재무상태의 변화, 성장추세를 나타내고자 하는 것이다.
  ㉡ 비교재무상태표는 어느 두 시점 사이에 있었던 자산운용의 변화나 자본조달 원천별 변화가 큰 항목들을 식별할 수 있게 해준다.
  ㉢ 비교손익계산서는 어느 두 기간에 있어 포괄손익계산서의 각 항목의 증감을 표시한 것인데, 순이익 변동의 원인이 될 정도로 크게 증가 또는 감소한 제반 비용과 수익항목을 식별할 수 있게 해준다.
④ 한 기업의 비율의 변화를 산업전체의 변화상태와 비교하는 경우 : 예를 들어 기업의 자료를 가지고 몇 가지 주요 비율을 선정하여 3년간 변화를 그림으로 나타내어 비교하는 방법이다.

2. 평점제도

(1) 평점제도의 의의

① 기업을 종합적으로 평가할 때 가장 많이 사용되는 방법이다.
② 평가목적에 따라 중요 재무비율을 여러 개 선정하여 각 비율을 여러 구간으로 구분하고 각 비율의 중요도에 따른 점수를 배분한다.
③ 평점제도는 기업의 이미지, 최고경영자의 경영능력 등의 질적 요인도 고려하여 종합적으로 평가한다.

(2) 평점제도의 문제점

① 평가대상 비율에 대해 어떠한 기준으로 구간을 나누어 점수를 배정하느냐 하는 객관적 기준 설정의 문제가 있다.
② 기업을 최우량기업에서 불량기업까지 종합평점을 가지고 구분하는 과정에

자의성 개입의 문제가 있다.
③ 어떻게 객관적으로 중요 비율을 선택하는가의 문제가 있다.
④ 얼마만큼 어느 비율에 비중을 두는가의 문제가 있다.

3. ROI, ROE분석

(1) ROI분석

① ROI기법의 의의
  ㉠ ROI분석의 개발
   - ROI분석은 1930년대 미국의 듀퐁(Du Pont)사에 의하여 개발된 재무통제를 위한 관리시스템으로 흔히 듀퐁시스템(Du Pont System)이라고도 부른다.
   - ROI분석은 기업의 경영성과를 여러 부분의 재무요인으로 분해하여 경영성과의 변동원인을 분석하는 것으로 재무활동을 통제하는 수단으로 이용된다.
  ㉡ ROI분석의 의의
   - 기업은 이익을 얻기 위하여 경영활동을 하며, 경영성과에 따라 기업의 재무적 생존능력은 물론 자금제공자에 대한 유인능력 및 보상능력이 결정된다.
   - 경영성과는 기업의 경영활동을 통하여 창출한 이익으로서 투자자본에 대한 상대적인 크기에 의해 측정될 수 있다.
   - 투자수익률(return on investment : ROI)은 경영성과를 종합적으로 측정하는데 이용되는 가장 대표적인 재무비율이다.
   - ROI는 기업의 목표인 투자수익률을 올릴 수 있는 재무요인을 체계적으로 관찰해서 문제가 발생되는 요인을 중점적으로 통제하는 방법이다.
   - ROI분석은 ROI의 구성요인을 여러 재무요인별로 분해하여 경영성과의 변동원인을 찾아냄으로써 재무통제가 필요한 부문이 어느 부문인가를 파악하는데 이용되고 있다.

② ROI분석의 기본분석체계 : ROI분석의 기본체계는 총자산순이익률(ROA) 및 자기자본순이익률(ROE)을 몇 개의 관련 재무비율의 곱으로 그 인과관계에 따라 분해하여 분석하는 것이다.
  ㉠ ROA분석
   - ROI분석체계는 총자산순이익률(return on asset : ROA)을 수익성지표인 매출액순이익률과 자산이용의 효율성을 나타내는 총자산(총자본)회전율을 곱한 결합으로 나타낼 수 있다.
   - 매출액순이익률과 총자산회전율이 어떻게 구성되어 있는가를 살펴보아

Key Point

▶ ROI(Return on Investment)
- 투자수익률은 가장 널리 사용되는 경영성과 측정기준 중의 하나로 기업의 순이익을 투자액으로 나누어 구한다.
- 투자수익률은 원래 미국의 화학회사 듀퐁사에 의해 사업부의 업적을 평가하고 관리하기 위해 사용되어, 투자수익률 분석이라는 내부통제기법으로 개발되었다.
- 최근에는 기업전체 경영성과의 계획·내부통제, 자원배분 결정, 이익예측, 채권자 및 투자자에 의한 기업 경영성과의 평가 등 여러 가지 목적에 사용되고 있다.

▶ ROI분석법의 기능
- 각 재무비율의 상호연결관계를 인과적 측면에서 분석함으로써, 특정변수가 여타 변수에 미치는 영향과 경로를 파악한다.
- 기업 전체의 입장에서 각 개별 중요변수를 계획하고 관리할 수 있는 수단을 제공한다.
- 기업 전체목표를 달성하기 위한 각 개별부문의 역할을 분명하게 규정할 수 있으며 전체목표와의 연계성을 인식하게 할 수 있는 시스템이다.

▶ ROI(Return on Investment)
- 기업의 경영성과를 종합적으로 나타내는 투자수익률(ROI)을 마진, 활동성 및 레버리지 등의 구성요인별로 나누어 변동원인이나 우열의 원인을 분석하는 기법이다.
- 투자수익률의 일종인 총자본순이익률(ROA) 또는 자기자본순이익률(ROE)을 다양한 재무비율 상호 간의 관계를 이용하여 이들 비율의 변동원인을 체계적으로 분석하는 기법이다.

총자산이익률이 변화하면, 이 두 비율의 구성이 어떻게 변화하여 총자산순이익률의 변동을 가져왔는가를 분석하여 원인과 문제점을 알아보는 것이다.

$$총자산순이익률 = \frac{순이익}{총자산} \times 100$$

$$= \frac{순이익}{매출액} \times \frac{매출액}{총자산}$$

$$= 매출액순이익률 \times 총자산회전율$$

- 윗 식의 우변 첫 번째 항은 매출액순이익률로 수익성지표가 되고 우변의 두 번째 항은 총자본회전율로 자산이용의 효율성을 측정하는 지표이다.
- 이러한 분석체계는 특정기업의 수년간에 걸친 ROI의 변동원인을 밝히는 데에도 그대로 이용되기 때문에 그 기업의 수익성의 악화 혹은 개선의 원인이 어디에 있는지를 알 수 있게 한다.

ⓒ ROE분석
- ROI분석체계를 자기자본순이익률(return on equity : ROE)의 변동원인 분석에도 확장 적용할 수 있다.
- 자기자본순이익률은 분모·분자에 각각 매출액과 총자본을 곱하여 보면 매출액순이익률, 총자본회전율, 그리고 부채레버리지의 곱으로 표시된다.

③ ROI기법의 유용성과 한계
㉠ 유용성
- ROI분석을 통하여 각 재무요인이 ROI에 영향을 미치는 정도와 경로를 파악할 수 있다.
- ROI분석을 통하여 전체적인 경영활동과 부분적인 사업활동의 차원에서 통제가 필요한 재무요인을 효과적으로 파악할 수 있다.
- 기업의 경영성과와 문제점을 기업전체입장에서 종합적으로 평가할 수 있다.
- 각 부서의 업무와 기업목표 사이의 관계를 명확하게 인식하도록 하여 각 부분의 업무와 활동이 기업목표에 공헌하게 한다.
- 명확하게 정의된 자본수익성의 척도인 총자본순이익률이나 자기자본이익률에 기초하여 경영자 및 종업원의 업적평가와 통제를 할 수 있다. 즉, ROI분석에 의해 수익성에 중요한 영향을 미치고 있는 재무항목이 무엇인지 식별할 수 있으므로, 그 재무항목과 밀접한 관련을 맺고 있는 부서의 경영자 및 종업원의 업적을 평가하고 필요한 통제수단을 강구할 수 있다.
- 하나의 그림으로 투자수익률과 재무요인을 표현해주므로 한눈에 쉽게 이해할 수 있다.

Key Point

총자본순이익률(ROA)
- 기업의 당기순이익을 자산총액으로 나누어 얻어지는 수치로 특정 기업이 자산을 얼마나 효율적으로 운용했느냐를 나타내는 지표이다.
- 총자본순이익률(ROA)은 수익성을 나타내는 매출액순이익률과 활동성을 표시하는 총자본회전율로 분해하여 수익성변화와 활동성변화를 분석할 수 있다.

투자수익률(ROI)의 의미
- ROI는 경영관리의 효율성을 나타내는 지표이다. 따라서 ROI는 경영관리의 질을 평가하는 중요한 정보를 제공하기 때문에 중요한 의미를 갖는다.
- ROI는 기업이 추구하는 달성 가능한 기업목표에 대한 지표이다. 장기적인 ROI의 수준은 경영관리의 유효성에 대한 지표로서 중요한 의미를 갖지만, 그 밖에 기업의 장기적인 재무건전성에 대한 정보를 제공하기 때문에 장기 채권자와 주주들에게 특히 중요한 의미를 갖는다.

ROI분석법의 유용성
- 경영성과의 변동원인을 세부적 및 단계별로 분석함으로써 경영전반이나 사업부별로 평가 및 통제를 할 수 있다.
- 경영정책분야에 있어서 ROI의 구성요인과 경영정책변수들을 연관시켜 경영정책의 변화가 미치는 영향을 예측할 수 있다.
- ROI 변동원인분석법을 주당이익(EPS), 주당배당(DPS), 주가·장부가치비율(PBR) 등의 변동원인을 단계적으로 분석하는데 응용할 수 있다.

ⓒ ROI기법의 한계
- ROI의 극대화가 기업목표로서 적합하지 않다 : ROI의 극대화가 곧 기업가치의 극대화를 의미한다고 볼 수 없기 때문이다.
- ROI분석에서는 주로 회계자료에 의존하여 이루어진다.
- ROI는 시장가치가 아닌 장부가치를 기준으로 계산된 수치이므로 오래된 설비를 많이 보유한 기업이 ROI가 높게 평가될 수도 있다. 이는 기업은 설비에 대한 감가상각으로 총자산가치가 감소하여 총자산회전율이 높아져 결과적으로 ROI가 높게 평가된다.
- ROI기법은 타인자본과 자기자본의 합계인 총자본만을 고려하므로 레버리지의 증가에 따른 위험의 증가를 파악할 수 없다.
- 총자본순이익률이나 자기자본순이익률이 변동할 때에 인플레이션으로 인한 화폐가치 변동이나 화폐의 시간가치가 고려되지 못하고 있다.
- 자본수익성의 결정요인을 분석하는데 초점을 맞추고 있기 때문에 기업의 장·단기채무의 지급능력을 고려하고 있지 않다. 따라서 분석을 통해 얻은 결론이 기업의 채무지급능력에 대하여 어떤 영향을 미치고 있는가는 별도로 분석해야 한다. 그리고 분석을 통하여 나타난 재무나 관리적 문제점들이 일시적인 현상인지 또는 지속적인 현상인지 판단하기가 어렵다.
- 기업의 위험도 변화에 대한 분석수단을 제공하여 주지 못한다. 때로는 총자본순이익률이나 자기자본이익률의 증가와 함께 기업의 영업위험이나 재무위험의 증가가 나타날 수도 있으나 이를 포착하지 못한다.
- 똑같은 성과를 올린 기업이라도 회계처리 방법이 다를 경우 ROI가 달라지므로 서로 비교하기가 어렵다.

(2) ROE분석

① ROE분석의 의의
ⓐ 자기자본순이익률(ROE : Return On Equity)
- 자기자본순이익률은 포괄손익계산서상 최종적인 경영성과인 당기순이익을 자기자본으로 나눈 비율이다.
- 수익에서 지급이자 등의 금융비용을 포함한 모든 비용을 제외한 당기순이익은 결국 회사에 자본을 투자한 주주나 출자자에게 돌아가는 몫이 된다.
- 이 비율은 주주들이 회사에 대한 투자자금의 수익력을 측정하는 지표이다.
- 기업의 경영성과를 총체적으로 측정하기 위한 지표이다.

$$ROE비율 = \frac{당기순이익}{자기자본} \times 100$$
$$= \frac{당기순이익}{매출액} \times \frac{매출액}{총자산} \times \frac{총자본}{자기자본}$$
$$= 매출액순이익률 \times 총자산회전율 \times 재무레버리지$$

Key Point

▶ ROI의 한계
- 주로 회계자료에 의존
- 총자본만을 고려하여 위험증가 파악의 어려움
- 화폐가치 변동이나 시간가치가 고려되지 못함
- 기업의 장·단기채무의 지급능력 미고려
- 기업위험도 변화에 대한 분석수단 미제공

▶ 자기자본이익률
- 기업의 자기자본에 대한 기간이익(당기순이익)의 비율이다.
- 경영자가 기업에 투자된 자본을 사용하여 이익을 어느 정도 올리고 있는가를 나타내는 기업의 이익창출능력으로 자기자본순이익률이라고도 한다.
- 산출방식은 기업의 당기순이익을 자기자본으로 나눈 뒤 100을 곱한 수치이다.
- 기간이익으로는 경상이익, 세전순이익, 세후순이익 등이 이용되며, 자기자본은 기초와 기말의 순자산액의 단순평균을 이용하는 경우가 많다.
- 자기자본이익률이 높은 기업은 자본을 효율적으로 사용하여 이익을 많이 내는 기업으로 주가도 높게 형성되는 경향이 있어 투자지표로 활용된다.
- 투자자 입장에서 보면 자기자본이익률이 시중금리보다 높아야 투자자금의 조달비용을 넘어서는 순이익을 낼 수 있으므로 기업투자의 의미가 있다.

ⓒ 자기자본순이익률(ROE)의 분석 : 수익성을 나타내는 매출액순이익률과 활동성을 표시하는 총자본회전율 및 레버리지 비율로 분해하여 수익성변화와 활동성변화 및 레버리지변화를 분석할 수 있다.
- 매출액이 실현해 내는 순이익의 크기를 높인다.
- 자산을 활발하게 사용해야 한다.
- 타인자본을 통한 레버리지 효과를 증대시킨다.

② ROE의 구성요소

㉠ 매출액순이익률
- 매출액에 대한 순이익의 비율이다.
- 기업의 순이익은 매출액에서 제조원가 또는 매입원가와 영업비용을 공제하고 다시 영업외 손익을 가감한 것을 말한다.
- 경영내용을 판단할 때 쓰이는 비율로서 관계비율 중의 동태비율로 분류된다.

$$매출액순이익률 = \frac{당기순이익}{매출액} \times 100$$

- 생산 및 판매활동에 따른 기업의 총체적인 수익성을 나타낸다.
- 의미 : 기업의 가격정책이나 영업환경에 대한 정보를 제공하며, 매출액순이익률과 총자산회전율은 대체로 역의 관계를 가진다.

㉡ 총자산회전율
- 총자본회전율이라고도 하며 매출액을 총자산으로 나눈 것이다. 이 비율은 기업이 소유하고 있는 자산들을 얼마나 효과적으로 이용하고 있는가를 측정하는 활동성비율의 하나로서 기업의 총자산이 1년에 몇 번이나 회전하였는가를 나타낸다. 총자산회전율이 높으면 유동자산·고정자산 등이 효율적으로 이용되고 있다는 것을 뜻하며, 반대로 낮으면 과잉투자와 같은 비효율적인 투자를 하고 있다는 것을 의미한다.

$$총자산회전율 = \frac{매출액}{총자산}$$

- 생산되는 제품의 특성이나 기업의 경영전략에 따라 기업마다 다르다.
- 얼마나 활발하게 각 자산이 매출을 발생시키는데 이용되었는가를 나타내는 척도이다.
- 구체적인 자산의 이용도를 알기 위해서는 유동자산과 고정자산의 회전율을 각각 측정하여야 한다.

㉢ 재무레버리지
- 기업에 타인자본, 즉 부채를 보유함으로써 금융비용을 부담하는 것을 재무레버리지라고 한다.

Key Point

매출액순이익률
- 매출액에 대한 순이익의 비율이다.
- 기업의 순이익은 매출액에서 제조원가 또는 매입원가와 영업비용을 공제하고 다시 영업외 손익을 가감한 것을 말한다.

총자산회전율 : 총자산회전율이 높으면 유동자산·고정자산 등이 효율적으로 이용되고 있다는 것을 뜻하며, 반대로 낮으면 과잉투자와 같은 비효율적인 투자를 하고 있다는 것을 의미한다.

재무레버리지
- 기업이 자본의 수익을 올리고자 할 때, 부채(타인자본)와 자기자본의 비율을 어떻게 하는가에 따라 수익률, 즉 자기자본이익률이 영향을 받는다.
- 부채의 비율이 클수록 영업이익률의 수준에 비하여 자기자본이익률의 수준이 높아지는 반면, 영업이익률의 변동이 확대되어 자기자본이익률의 변동은 그 이상으로 커진다.

- 재무레버리지가 존재하는 경우 고정적 금융비용의 지급으로 영업이익의 변동이 세후순이익의 변동을 확대시키게 되는 것을 재무레버리지 효과라고 한다.
  - ▶ 타인자본 때문에 발생하는 이자가 지렛대의 역할을 함으로써 영업이익의 변화에 대한 순이익의 변화폭이 더욱 커지는 현상을 일컫는다.
  - ▶ 재무레버리지 효과는 부채의 정도와 자본의 조달방법에 따라 달라진다.
  - ▶ 동일 영업이익 수준에는 타인자본 비율이 큰 기업일수록, 동일 자본구조 하에서는 총자본영업이익률과 총자본이자비용률이 근접한 영업이익 수준에서 재무레버리지 효과는 더욱 커지게 된다.

$$재무레버리지 = \frac{총자본(총자산)}{자기자본} = 1 + 부채비율$$

- 재무레버리지를 높이면 ROE가 증대되는 효과가 있는 반면 파산위험도 같이 증대된다.

③ ROE분석의 문제점

㉠ 수익성과 위험
- ROE는 수익성과 위험의 상충관계(trade-off)를 반영하고 있지 않다.
- ROE는 재무위험의 크기를 어느 정도 반영하지만 의사결정에 활용할 만큼 충분한 정보를 제공하지는 못한다.
- ROE는 위험의 요소를 고려하지 않고 수익성만으로 경영성과를 측정하므로 사업계획에 대한 평가 혹은 경영자 능력을 측정하는데 문제가 된다.

㉡ 장부가치와 시장가치
- ROE를 분석할 장부가치를 자기자본으로 이용한다.
- 주가수익률을 장부가치와 시장가치의 차이를 보완하기 위해 사용한다.

  ▶ $주가수익률 = \frac{주당이익}{현재주가}$

  ▶ 주가수익률이 어느 시점의 주가를 사용하느냐에 따라 크게 차이난다.

㉢ ROE와 주가
- 학계 : 주가가 경영성과의 평가척도가 되어야 하며 경영의 목표는 주가를 극대화하는데 두어야 한다고 주장한다.
- 실무계 : 주가를 기업목표로 사용해야 하는 논리적 타당성을 인정하나 실질적 이용가능성에는 회의적이다.

㉣ 단기 효과와 장기 효과
- ROE는 기업의 미래상황에 대한 정보를 현재의 재무자료를 기초로 하기 때문에 충분히 제공하지 못한다.

Key Point

▶ 재무레버리지 효과
- 타인자본 때문에 발생하는 이자가 지렛대의 역할을 하여 영업이익의 변화에 대한 주당이익의 변화폭이 더욱 커지는 현상을 일컫는다.
- 재무레버리지 효과는 부채의 정도와 자본의 조달방법에 따라 달라진다. 또한 동일 영업이익 수준에서는 타인자본비율이 큰 기업일수록, 동일자본구조 아래서는 총자본영업이익률과 총자본이자비용률이 근접한 영업이익수준에서 더욱 커지게 된다.
- 재무레버리지효과가 유리하게 작용하는 경우 기업은 차입이나 우선주를 발행해 자본을 조달하는 방법이 보통주 발행에 비해 큰 주당이익을 가져온다.

▶ ROE분석의 문제
- ROE는 수익성과 위험의 상충관계(trade-off)를 반영하고 있지 않다.
- ROE는 위험의 요소를 고려하지 않고 수익성만으로 경영성과를 측정하므로 사업계획에 대한 평가 혹은 경영자 능력을 측정하는데 문제가 된다.
- ROE를 분석할 장부가치를 자기자본으로 이용한다.
- 주가를 기업목표로 사용해야 하는 논리적 타당성을 인정하나 실질적 이용가능성에는 회의적이다.
- ROE는 기업의 미래상황에 대한 정보를 현재의 재무자료를 기초로 하기 때문에 충분히 제공하지 못한다.

Key Point

지수법의 의의
- 지수법은 여러 재무비율을 동시에 고려하여 기업의 재무상태와 경영성과를 종합적으로 평가하는데 이용되는 분석방법이다.
- 지수법은 1919년에 월(A. Wall)에 의해서 처음 개발된 종합적인 분석기법으로 각 재무비율에 가중치를 부여하여 지수를 산출하기 때문에 가중비율종합법이라고도 한다.

지수법 적용절차
- 중요재무비율의 선정
- 가중치의 부여
- 관계비율의 계산
- 종합지수의 계산과 종합평가

지수법의 종류 : 중요 재무비율의 종류 및 가중치에 따라 월(Wall)지수법 및 트랜트(Trant) 지수법, 뷰리체트(Burichet) 지수법 등이 있다.

지수법의 사용 목적
- 월지수법과 트랜트지수법 : 단기채권자의 입장에서 기업의 단기채무 변제능력을 종합적으로 평가한다.
- 뷰리체트지수법 : 단기채권자(금융기관)와 장기채권자(사채권자)의 입장에서 기업의 채무지급능력을 평가하기 위한 목적으로 사용한다.

- 순현가(NPV)는 자본투자의 경제성에 대한 평가기준으로 이용된다.

4. 지수법

(1) 지수법의 의의

① 지수법(index mothod) : 기업의 재무상태와 경영성과에 대한 종합적 판단을 위해 중요 재무비율에 일정한 가중치를 부여하여 가중평균함으로써 종합평점을 구하는 방법이다.
  ㉠ 전통적인 비율분석이 기업경영을 평가하는데 재무비율을 따로따로 이용하고 있다는 점에서 오는 한계를 극복하기 위해 만들어졌다.
  ㉡ 지수법은 몇 개의 중요한 비율들을 결합하여 종합적인 하나의 판단지표를 제시한다.

② 지수법을 이용하는 절차
  ㉠ 분석목적에 맞는 중요 재무비율들을 선정한다.
  ㉡ 선정된 비율에 대한 가중치를 부여한다. 이때 비율별로 부여한 가중치의 합은 100점이 되도록 한다.
  ㉢ 산업평균비율 등의 표준비율을 이용하여 분석대상기업의 재무비율에 대하여 상대적 관계비율을 구한다.
  ㉣ 관계비율에 가중치를 적용하여 가중평균하여 종합평점을 구한 다음 이를 평가한다.
    - 종합평점이 100점을 초과하면 초과할수록 산업평균 등 표준비율보다 양호한 것으로 평가한다.
    - 100점 이하가 되면 불량한 것으로 평가한다.

(2) 지수법의 제유형

지수법이 경영평가방법으로 최초로 제시된 것은 1919년 월(A. Wall)에 의해서이다. 이후 트랜트(J.B. Trant), 뷰리체트(F.F. Burichett) 등이 새로운 방법을 제시하였다.

① 월(Wall)의 지수법
  ㉠ 월(A. Wall)은 세 가지 정태비율과 네 가지 동태비율을 선정하고 정태비율과 부채비율, 고정비율에 특히 높은 가중치를 부여하고 있다.
  ㉡ 이는 월이 기업 외부의 단기 및 장기채권자의 입장에서 기업의 신용분석을 강조하고 있다는 것을 나타낸다.

② 트랜트지수법 : 매출채권회전율, 재고자산회전율, 고정자산회전율 등 활동성비율에 높은 가중치를 부여하고 있다.

③ 뷰리체트지수법

　　㉠ 주요 재무비율의 선정과 가중치가 분석자와 분석목적에 따라 달라져야 한다고 하여 금융기관과 회사채 투자자로 구별된 지수법을 제시하였다.
　　㉡ 뷰리체트지수법은 5개의 안정성비율과 3개의 활동성비율 및 2개의 수익성 비율들로 구성되어 있다.
　　㉢ 선정된 주요 재무비율은 동일하나 분석자에 따라 가중치가 다르다.
　　　• 금융기관의 경우 : 단기 지급능력을 나타내는 비율(유동비율, 당좌비율, 매출채권회전율)들에 상대적으로 높은 가중치를 부여하고 있다.
　　　• 회사채 투자자의 경우 : 장기적인 채무지급능력을 나타내는 비율(부채비율, 이자보상비율, 총자산회전율)들에 높은 가중치를 부여하고 있다.

(3) 지수법의 유용성과 한계점

① 유용성
　㉠ 지수의 작성 및 평가가 용이하다. 또한 필요한 자료획득이 용이하다.
　㉡ 각국의 금융기관이 여신을 결정할 때 지수법을 골격으로 하는 신용평가모형에 주로 의존한다.
　㉢ 경영성과와 재무상태를 보다 종합적으로 쉽게 평가할 수 있다.
　㉣ 경영자의 자질, 기업 역사, 사업전망 등 질적 요인도 고려할 수 있다.
　㉤ 결과해석이 용이하여 실무에 많이 사용된다.

② 지수법의 한계점
　㉠ 표준비율을 이용하여 관계비율을 구하는데 이때 산업평균비율 등의 표준비율이 지니는 한계점을 그대로 가진다. 아울러 분석목적이나 주체에 따라 표준비율로서 산업평균비율인 경쟁기업비율 또는 우량기업비율 등이 달리 사용될 수 있다.
　㉡ 선정된 중요재무비율 상호간에 연관성을 지닐 경우가 대부분이다. 즉, 중복선정될 가능성이 있다.
　㉢ 중요 재무비율의 선정과 가중치 부여가 임의적이어서 객관적 근거를 제시하기가 어렵다.

참고문헌

- 장영광, 「경영분석」, 무역경영사, 2012
- 임태순, 「경영분석」, 한국학술정보, 2011
- 박정식·신동령, 「경영분석」, 다산출판사, 2010
- 한동협, 「경영분석」, 청목출판사, 2008
- 김종오·이우백·김종선, 「경영분석」, 한국방송통신대학교출판부, 2007
- 강호정, 「경영분석」, 배재대학교출판부, 2006

Key Point

▶ 지수법 유용성
- 지수법은 선정된 비율에 대하여 산업평균비율 등 표준비율과 비교한 관계비율을 구하고 이를 가중평균하여 종합평점을 구함으로써 기업의 종합적인 재무상태를 평가한다.
- 지수법은 재무비율 등을 이용하여 평가대상 기업을 종합적으로 평가할 수 있는 장점으로 인하여 은행 등 금융기관에서 종합평점제도의 형태로 널리 쓰이고 있다.

▶ 지수법의 한계
- 지수법은 지수작성에 이용되는 재무비율과 가중치가 임의로 선택된다.
- 관계비율을 계산할 때 이용하는 표준비율에 대한 명확한 기준을 정하기 곤란하다.
- 중요 비율을 선정할 때에 재무비율 상호간에 존재하는 상관관계가 고려되고 있지 않다.

Bachelor's Degree

2 실전예상문제

객관식

Keypoint & Answer

재무비율에 대한 설명 → ③

1 다음 중 재무비율에 대한 설명으로 바르지 <u>못한</u> 것은?
① 유용한 재무비율이 되기 위해서는 경제적 의미가 분명해야 한다.
② 유용한 재무정보를 전달하는 데에는 몇 가지 재무비율만으로도 충분하다.
③ 여러 항목을 대응시켜 산출된 비율이다.
④ 재무제표에 포함된 경제적 정보를 나타낸다.

▶ 재무비율은 수많은 항목 중에서 특정한 두 항목을 대응시켜 계산된 것이다.

비율분석 방법 → ②

2 다음 중 재무비율을 계산하고, 기업의 재무상태나 경영성과를 평가하는 방식으로 수행되는 분석은 무엇인가?
① 재무상태표
② 비율분석
③ 포괄손익계산서
④ 재무제표분석

▶ 비율분석은 재무제표를 구성하고 있는 두 항목을 대응시켜 재무비율을 계산하고, 표준 비율과 비교하여 기업의 재무상태나 경영성과를 평가하는 방식이다.

재무상태표의 의미 → ④

3 다음 중 일정시점에서의 기업의 재무상태를 나타내는 표는 무엇인가?
① 자본변동표
② 현금흐름표
③ 포괄손익계산서
④ 재무상태표

▶ 재무상태표란 일정시점에서의 기업의 재무상태, 즉 자산, 부채 및 자본의 내용을 수록한 표이다. 여기에는 자본과 부채를 합한 금액과 자산 총액이 일치하도록 작성되며, 자본과 부채는 재무상태표의 오른쪽 대변에 기록되어 자금의 조달 원천을 나타내고 자산은 재무상태표의 왼쪽 차변에 기록되어 조달된 자금의 운용상태를 나타낸다.

일정기간 기업의 경영성과를 나타내는 표 → ③

4 다음 중 일정기간 기업의 경영성과를 나타내는 표는 무엇인가?
① 자본변동표
② 현금흐름표
③ 포괄손익계산서
④ 재무상태표

▶ 포괄손익계산서(income statements)는 일정 기간 기업의 경영 성과를 나타내는 표이다. 재무제표를 작성하는 중요한 목적 중 하나는 기업이 일정 기간에 얼마나 이익을 남겼는지 또는 얼마나 손해를 보았는지를 정확하게 계산하는 데 있으며 포괄손익계산서는 정확한 손익금액을 계산하면서 동시에 그 손익이 경영의 어떤 활동에서 발생했는가를 알아보기 위해 작성된다.

Keypoint & Answer

5 다음 중 토지, 건물, 상품 등의 기업이 소유하는 경제적 가치가 있는 재화를 무엇이라 하는가?

① 자산   ② 부채
③ 자본   ④ 비용

▶ 자산 : 토지, 건물, 상품 등의 기업이 소유하는 경제적 가치가 있는 재화이다.

자산의 개념 ➡ ①

6 다음 중 자본의 크기와 그 변동에 관한 정보를 제공하는 재무보고서는?

① 자본변동표   ② 현금흐름표
③ 포괄손익계산서   ④ 재무상태표

▶ 자본변동표는 재무상태표에 표시된 모든 자본항목의 변동내용에 대한 정보를 제공해 준다.

자본변동표 ➡ ①

7 다음은 재무제표에 대한 설명이다. 그 내용이 <u>잘못된</u> 것은?

① 이월이익잉여금은 포괄손익계산서에 속하는 하나의 계정에 불과하다.
② 기업의 자금조달과 그 운용상태를 하나의 표에 나타낸 것이 재무상태표이다.
③ 포괄손익계산서란 일정 기간의 기업경영 성과를 나타낸 표이다.
④ 재무상태표는 일정 시점에서의 기업의 재무상태를 수록한 표이다.

▶ 이월이익잉여금은 재무상태표에 속하는 계정이다.

재무제표에 대한 설명 ➡ ①

※ 다음의 <보기>에 제시된 자료를 보고 물음에 답하라.(8~10)

보기					
매출액	420억	매출원가	332억	판매비와 관리비	52억
영업외수익	33억	영업외비용	37억	특별이익	7억
특별손실	14억	법인세	3억		

8 위의 <보기>에 제시된 자료에서 매출총이익은 얼마인가?

① 25억   ② 32억
③ 36억   ④ 88억

▶ 매출총이익 = 매출액 − 매출원가 = 420 − 332 = 88(억)

매출총이익의 계산 ➡ ④

9 위의 <보기>에 제시된 자료에서 경상이익은 얼마인가?

① 25억   ② 32억

경상이익의 계산 ➡ ②

| 독 | 학 | 사 | 3 | 단 | 계 |

③ 36억   ④ 88억

▶ 경상이익 = 매출총이익 − 판매비와 관리비 + 영업외수익 − 영업외비용
= 88 − 52 + 33 − 37 = 32(억)

당기순이익의 계산 → ❶

10 앞의 <보기>에 제시된 자료에서 당기순이익은 얼마인가?

① 22억   ② 25억
③ 32억   ④ 36억

▶ 당기순이익 = 경상이익 + 특별이익 − 특별손실 − 법인세비용
= 32 + 7 − 14 − 3 = 22(억)

처분전이익잉여금의 계산 → ❷

11 다음의 <보기>에 제시된 자료에서 처분전이익잉여금을 계산하면 얼마인가?

보기			
전기이월이익잉여금	3억	당기순이익	22억
전기오류수정손실	5억	별도적립금	1억
중간배당액	10억	배당평균적립금	2억

① 8억   ② 10억
③ 18억   ④ 25억

▶ 처분전이익잉여금 = (전기이월이익잉여금 + 당기순이익) − (전기오류수정손실 + 중간배당액) = (3 + 22) − (5 + 10) = 10(억)

현금흐름표의 내용 → ❸

12 일정 기간 동안 기업이 조달한 현금 내역과 조달된 현금의 운용내역을 영업활동, 투자활동 및 재무활동으로 나누어 정리한 것을 무엇이라 하는가?

① 포괄손익계산서   ② 재무상태표
③ 현금흐름표   ④ 제조원가명세서

▶ 현금흐름표는 일정 기간 동안 기업의 현금유입과 지출내역을 제품의 생산과 상품의 구매 및 판매 등과 같은 영업활동, 현금의 차입 및 상환, 주식발행이나 배당금 지급 등과 같은 재무활동, 현금의 대여와 회수, 유가증권, 투자자산, 유형자산의 취득과 처분 등과 같은 투자활동으로 구분하여 나타낸 표이다.

현금흐름표에 나타나는 활동 → ❸

13 다음 중 현금흐름표에 나타나는 활동에 속하지 <u>않는</u> 것은?

① 재무활동   ② 투자활동
③ 생산활동   ④ 영업활동

▶ 문제 12번 해설 참조

14 다음 중 현금흐름표가 제공하는 정보로 거리가 먼 것은?

① 기업의 지급능력 및 재무위험　② 미래현금흐름의 예측
③ 순이익의 질　　　　　　　　　④ 임의적립액에 대한 예측

▶ 현금흐름표가 제공하는 정보는 ①, ②, ③ 외에 다음과 같다.
　• 주된 영업활동을 통하여 조달되거나 사용된 현금흐름
　• 시설 또는 설비와 같은 고정자산의 취득에 사용된 자금의 원천
　• 회사채 발행이나 주식발행을 통하여 조달된 자금의 사용내역
　• 영업손실을 보았음에도 불구하고 일정한 배당금을 계속 지급할 경우, 배당금 지급에 사용된 자금의 원천
　• 부채 및 회사채의 상환에 소요된 자금의 조달내역
　• 생산시설의 확충에 소요된 투자재원의 조달 내역
　• 전기에 비해 당기순이익이 증가하였음에도 불구하고 현금이 감소한 원인

Keypoint & Answer

➡ 현금흐름표가 제공하는 정보 ➡ ❹

15 다음 중 재무제표상의 내용에 대한 설명으로 옳지 않은 것은?

① 우리나라에서 현금흐름표상의 현금의 개념에 취득 당시 만기가 1년 이내인 유가증권도 포함되고 있다.
② 자본변동표는 자본크기와 변동에 관한 정보를 제공한다.
③ 생산이나 판매 등 기업의 고유한 영업활동의 결과로 발생한 손익을 영업손익이라 한다.
④ 재무상태표의 오른쪽 대변은 자금의 조달원천을 나타내고 왼쪽 차변은 조달된 자금의 운용상태를 나타낸다.

▶ 현금 및 현금성 자산에는 현금, 당좌예금, 보통예금, 취득당시 만기가 3개월 이내인 유가증권 및 단기금융상품으로 정의하고 있다.

➡ 재무제표상의 내용에 대한 설명 ➡ ❶

16 다음 중 재무비율의 분류방법으로 거리가 먼 것은?

① 의사결정자의 필요에 따른 분류　② 분석유형에 의한 분류
③ 분석방법에 의한 분류　　　　　　④ 분석자료에 의한 분류

▶ 분석유형에 의한 분류는 재무비율의 분류방법이 아니다.

➡ 재무비율의 분류방법 ➡ ❷

17 다음 중 비율분석에 해당되지 않는 것은?

① 구성비율분석　　　　② 균형분석
③ 관계비율분석　　　　④ 지수분석

▶ 비율분석법의 종류
　• 구성비율분석법　　　　• 지수분석법 : 표준비율법, 지수비율법
　• 관계비율분석법 : 상호관계비율분석법, 발생관계비율분석법, 정태비율분석법, 동태비율분석법

➡ 비율분석법의 종류 ➡ ❷

| 독 | 학 | 사 | 3 | 단 | 계 |

Keypoint & Answer

구성비율분석법의 내용 ➡ ❷

18 다음 중 구성비율분석법의 내용으로 볼 수 없는 것은?

① 재무 혹은 수익과 비용의 구성내용을 파악할 수 있다.
② 동종 타기업과의 상호비교는 못하지만, 자기기업의 기간비교에 의한 비교를 할 수 있다.
③ 각 항목의 비중, 즉 상대적 지위를 파악할 수 있다.
④ 기업전체의 구성상태를 개관할 수 있다.

▶ 구성비율분석법은 동종 타기업과의 상호비교, 자기기업의 기간비교에 의한 비교·검토를 할 수 있다.

구성비율분석 중 백분율재무상태표 ➡ ❸

19 다음의 구성비율분석 중 백분율재무상태표에서는 무슨 항목을 100%로 하는가?

① 비유동부채
② 비유동자산
③ 총자산(총자본)
④ 유동자산

▶ 백분율재무상태표란 재무상태표의 대·차변합계를 각각 100%로 하고 각 구성항목을 백분율로 표시한 재무상태표를 말한다.

관계비율의 개념 ➡ ❷

20 다음 중 재무제표상 두 항목을 대응시켜 측정되는 상대적인 관계를 비율로 나타낸 것은?

① 구성비율
② 관계비율
③ 유동성비율
④ 레버리지비율

▶ 관계비율 : 재무제표상 두 항목을 대응시켜 측정되는 상대적인 관계를 비율로 나타낸 것으로 항목비율이라 한다.

레버리지비율의 내용 ➡ ❸

21 다음 중 타인자본이 기업자본 가운데 차지하는 비율로 자기자본조달의 안정성을 나타내는 것은?

① 수익성비율
② 생산성비율
③ 레버리지비율
④ 성장성비율

▶ 레버리지비율(leverage ratio)
• 레버리지비율은 기업의 장기지급능력을 측정하는 재무비율이다.
• 레버리지비율은 기업의 총자산 중에서 외부의 채권자로부터 차입한 금액과 주주가 출자한 금액의 비율로 측정한다.
• 외부차입금의 비중이 높을수록 기업의 위험은 증가하므로 레버리지비율은 기업의 위험을 재는 척도로도 이용된다.

22 다음 중 동태비율에 해당하는 것은 어느 것인가?

① 부채비율 ② 현금비율
③ 유동비율 ④ 매출액순이익률

▶ 정태비율은 한 시점을 기준으로 만들어지는 재무상태표비율이고, 동태비율은 일정 기간을 중심으로 만들어지는 포괄손익계산서비율을 말한다.

23 다음의 구성비율분석법 중 하나인 백분율손익계산서에서 100%로 표시하는 항목은 무엇인가?

① 영업이익 ② 매출총이익
③ 매출원가 ④ 총매출액

▶ 백분율손익계산서란 총매출액을 100%로 하고 매출원가, 매출총이익, 판매비와 관리비, 영업이익, 영업외이익, 영업외비용 등의 손익계산서 상의 각 항목을 백분율로 표시한 손익계산서이다.

24 다음 중 정태비율에 해당하는 항목으로 옳은 것은?

① 부채비율 ② 재고자산회전율
③ 총자본순이익률 ④ 매출액영업이익률

▶ 재무비율을 구하는 원천이 되는 재무제표가 무엇이냐에 따라서 재무비율은 재무상태표비율·포괄손익계산서비율·혼합비율로 분류된다. 여기서 재무상태표비율을 정태비율이라고도 하며 포괄손익계산서비율을 동태비율이라고도 한다. 재무상태표와 포괄손익계산서의 항목을 모두 이용하여 산출된 비율을 혼합비율이라 한다.

25 단기채무의 상환능력을 측정하는 비율로 지급능력비율이라 하는 것은?

① 성장성비율 ② 활동성비율
③ 레버리지비율 ④ 유동성비율

▶ • 레버리지비율 : 타인자본이 기업자본 중에서 차지하는 비율로 자본조달의 안정성을 나타낸다.
• 활동성비율 : 기업자산 중 특정자산의 효율성 이용을 나타내는 비율이다.
• 성장성비율 : 기업의 규모나 수익의 정도를 나타내는 비율이다.

26 다음 중 투하자본에 대한 경영성과를 나타내는 비율로 자본이용자 입장에서는 이익창출능력에 대한 정보가 포함되는 비율은?

① 수익성비율 ② 성장성비율
③ 시장가치비율 ④ 유동성비율

▶ 수익성비율
• 기업의 이익창출능력을 측정하는 재무비율이다.

Keypoint & Answer

➡ 동태비율에 해당하는 것 ➡ ④

➡ 백분율손익계산서에서 총매출액의 표시 ➡ ④

➡ 정태비율에 해당하는 항목 ➡ ①

➡ 단기채무의 상환능력을 측정하는 비율 ➡ ④

➡ 수익성비율의 내용 ➡ ①

| 독 | 학 | 사 | 3 | 단 | 계 |

Keypoint & Answer

- 기업의 궁극적인 목적은 이익창출이므로 수익성 비율은 기업의 경영활동 성과를 평가하는데 있어서 가장 중요한 지표의 하나이다.
- 자본시장의 투자자들은 투자의사결정의 중요한 지침으로 기업의 수익성을 중시하는 경향이 크다.

성장성비율의 개념 → ❹

27 다음 중 기업의 규모나 수익의 증가 정도를 나타내는 비율을 무엇이라 하는가?

① 구성비율   ② 생산성비율
③ 활동성비율 ④ 성장성비율

▶ 성장성비율
- 기업의 성장성을 측정하는 재무비율로서 매출액증가율, 이익증가율, 자산증가율 등이 있다. 기업가치의 많은 부분은 기업의 성장가능성에 의존한다. 따라서 투자자들은 기업의 성장성에 지대한 관심을 갖는다.
- 기업의 성장률은 그 기업이 속하는 해당 산업의 예상성장률, 자사의 경쟁적 위치 및 경영전략 등에 의해 영향을 받는다.

기업이 비율분석에서 표준비율로
삼는 유형 → ❷

28 다음 중 기업이 비율분석에서 표준비율로 삼는 유형으로 볼 수 없는 것은?

① 계량적으로 산출한 비율
② 모든 산업분야의 선도기업
③ 비율분석의 대상이 되는 기업의 과거비율
④ 산업평균비율

▶ 비율분석에서 표준으로 삼는 비율
- 비율분석의 대상이 되는 기업의 과거 비율
- 그 기업과 동일한 산업에 속해 있는 많은 기업들의 평균비율 즉, 산업평균비율
- 기업이 당면하고 있는 여러 가지 환경요인, 재무요인, 경제요인 등을 분석하고, 그 기업이 처해 있는 상황에서 최적의 비율을 계량적으로 산출한 비율
- 동일산업분야의 선도기업   • 경험적으로 체득한 이상적 재무비율

표준비율의 내용 → ❶

29 다음 중 기업의 재무상태와 경영성과를 평가할 때 비교·평가의 기준이 되는 재무비율을 무엇이라 하는가?

① 표준비율   ② 경쟁비율
③ 영업비율   ④ 유동비율

▶ 재무비율을 이용하여 기업의 재무상태와 경영성과를 평가할 때 비교·평가의 기준이 되는 재무비율을 표준비율이라 한다.

산업평균비율의 내용 → ❷

30 다음 중 일정기준에 따라 산업을 분류하여 그 산업에 속해 있는 모든 기업의 재무비율을 평균한 값은?

① 과거평균비율   ② 산업평균비율

126 경영분석

③ 경쟁기업 재무비율　　　④ 경험적 재무비율

▶ 다양한 업종의 사업부를 운영하고 있는 기업의 재무비율을 분석할 때는 특정 산업의 평균비율을 표준비율로 이용하는 데 어려움이 있다. 이와 같은 경우에는 산업평균비율보다 영업활동의 특성 또는 규모면에서 유사한 경쟁업체의 재무비율을 표준비율로 이용하는 것이 바람직할 것이다.

31 다음 중 오랜 기간에 걸쳐 체험적으로 터득된 이상적인 재무비율을 의미하는 것은?

① 과거평균비율　　　　② 산업평균비율
③ 경쟁기업 재무비율　　④ 경험적 재무비율

▶ 경험적 재무비율
- 경험적 재무비율은 오랜 기간에 걸쳐 체험적으로 터득된 이상적인 재무비율을 의미한다.
- 경험적 비율은 특정 국가의 정치・경제적 특성, 사회・문화적 특성, 금융환경, 그 국가의 특정 기업이 속해 있는 산업과 기업규모 등에 따라 영향을 받을 수 있다.

32 다음 중 자산을 현금화시킬 수 있는 능력을 가리키는 말은 무엇인가?

① 유동성　　　　② 수익성
③ 당좌성　　　　④ 현금성

▶ 유동성을 가리킨다.

33 다음 중 유동비율에 대한 설명으로 올바른 것은?

① 자산구조의 안전성을 나타낸다.　② 자본배분의 안전성을 나타낸다.
③ 자본구조의 안전성을 나타낸다.　④ 지급능력의 안전성을 나타낸다.

▶ 유동비율 = $\frac{유동자산}{유동부채} \times 100$ 으로 계산되며 기업의 단기 지급능력을 표시하는 비율이다.

34 다음 중 당좌자산 100만원, 재고자산 150만원, 기타 유동자산 50만원 그리고 유동부채 150만원일 때 유동비율은?

① 100%　　　　② 150%
③ 200%　　　　④ 300%

▶ 유동비율 = $\frac{유동자산}{유동부채} \times 100 = \frac{100만원 + 150만원 + 50만원}{150만원} \times 100 = 200\%$

Keypoint & Answer
단기에 만기가 되는 채무를 이행할 수 있는 기업의 능력을 측정하는 비율 ➡ ④

35 단기에 만기가 되는 채무를 이행할 수 있는 기업의 능력을 측정하는 비율은 무엇인가?

① 활동성 비율　　② 생산성 비율
③ 수익성 비율　　④ 유동성 비율

▶ 유동비율은 유동자산과 유동부채와의 관계를 표시해 주는 비율, 즉 유동부채 100%에 대해서 유동자산이 몇 %나 되는가를 나타내는 비율로서 기업의 지불능력을 표시하는 비율이다. 이 비율이 높으면 높을수록 운전자금이 윤택하며 유동성 혹은 지급능력이 양호한 상태를 표시하는데, 이는 유동자산은 1년 이내에 현금화할 수 있고 지급에 대처할 수 있는 자산이므로, 금융기관에서 대출판단에 널리 쓰이며 은행가비율(banker's ratio)이라고도 한다. 지급능력의 측정 수단으로 중요한 비율이다.

유동성비율이 내용 ➡ ①

36 다음 중 외상매입금, 미지급금 등 단기부채의 지급능력을 측정하는 척도로 알맞은 것은?

① 유동성비율　　② 생산성비율
③ 활동성비율　　④ 레버리지비율

▶ 유동성비율(liquidity ratio)
• 외상매입금, 미지급금, 지급어음 등과 같은 단기부채의 지급능력을 측정하는 척도이다.
• 일반적으로 현금, 유가증권, 외상매출금, 재고자산 등 1년 이내에 현금화하기 용이한 유동자산을 1년 이내에 만기가 도래하는 유동부채로 나누어 측정한다.

유동성비율을 이용하여 단기채무지급능력을 측정할 때 고려사항 ➡ ④

37 다음 중 유동성비율을 이용하여 단기채무지급능력을 측정할 때 고려사항이 아닌 것은?

① 유동자산을 구성하는 각 항목에 따라 유동성 정도가 다르다.
② 기업유동성은 유동자산의 이용효율성과 관련이 있다.
③ 매입채무 결제속도, 매출채권 현금회수속도 등이 이용효율성과 직접 관련된다.
④ 유동성이 높으면 단기채무지급능력이 반드시 높다.

▶ 유동성이 높다고 해서 반드시 단기채무지급능력이 높다는 것을 의미하지 않는다.

유동성을 나타내는 비율만을 포함하고 있는 항목 ➡ ②

38 다음 비율 중에서 유동성을 나타내는 비율만을 포함하고 있는 항목끼리 묶인 것은?

① 당좌비율・부채비율　　② 유동비율・당좌비율
③ 부채비율・자기자본수익률　　④ 자기자본수익률・고정비율

▶ 유동성을 나타내는 비율로는 유동비율, 당좌비율, 순운전자본구성비율이 있다.

39 다음은 재무비율에 대한 설명이다. 그 내용이 <u>잘못된</u> 것은?

① 높은 토빈의 q비율을 갖는 기업은 앞으로 성장 가능한 기업임을 의미한다.
② 비유동비율이 낮을수록 기업의 장기적 재무안정성이 좋은 것으로 평가된다.
③ 채권자입장에서는 부채비율이 낮을수록 좋다.
④ 유동비율은 낮으나 당좌비율이 높다는 것은 재고자산이 너무 많다는 것을 의미한다.

▶ 유동비율은 높으나 당좌비율이 낮다는 것은 재고자산이 너무 많다는 것을 의미한다. 반대의 경우에는 재고자산이 부족하게 된다.

재무비율에 대한 설명 ➡ ④

40 일반적으로 당좌비율보다 동일기업의 유동비율은 어떠한가?

① 같다. ② 비슷하다.
③ 작다. ④ 크다.

▶ 유동비율 = $\dfrac{\text{유동자산}}{\text{유동부채}} \times 100$

당좌비율 = $\dfrac{\text{유동자산} - \text{재고자산}}{\text{유동부채}} \times 100$

동일기업에서는 유동비율이 당좌비율보다 크다.

유동비율과 당좌비율 ➡ ④

41 다음 중 회사의 즉각적인 지급능력의 측정을 위한 분석방법으로 가장 엄격한 기준은?

① 유동비율 ② 수취계정회전율
③ 총자산회전율 ④ 산성시험비율

▶ 좀더 엄격한 의미에서 기업의 단기지급능력을 나타내는 비율은 산성시험비율(=당좌비율)이다.

회사의 즉각적인 지급능력의 측정을 위한 분석방법 ➡ ④

42 다음 중 재고자산을 처분하지 않고서도 단기부채를 갚을 수 있는 능력을 나타내는 비율은?

① 고정비율 ② 부채비율
③ 당좌비율 ④ 유동비율

▶ 당좌비율은 산성시험비율이라고도 하는 것으로, 유동자산 중에서 재고자산을 뺀 부분을 유동부채로 나눈 것으로 다음과 같이 나타낼 수 있다.

당좌비율 = $\dfrac{\text{유동자산} - \text{재고자산}}{\text{유동부채}} \times 100$

당좌비율의 내용 ➡ ③

43 다음 중 어떤 회사의 유동비율은 양호한데 당좌비율이 좋지 않다면 이는 무엇을 의미하는지 다음 중 가장 잘 서술한 것은?

| 독 | 학 | 사 | 3 | 단 | 계 |

Keypoint & Answer

유동비율과 당좌비율의 관계 ➡ ❷

① 이 회사는 당좌비율이 좋지 않으므로 수익성은 반대로 좋을 것이다.
② 이 회사는 재고자산의 과다보유로 인하여 단기적 지급능력이 좋지 않을 수 있다.
③ 이 회사는 당좌자산이 유동자산에서 차지하는 비중이 크다.
④ 유동비율이 양호하므로 크게 염려할 것은 아니다.

▶ • 유동비율 : 유동자산과 유동부채와의 관계를 표시해주는 비율, 즉 유동부채 100%에 대하여 유동자산이 몇 %나 되는가를 나타내는 비율로서 기업의 지불능력을 표시하는 비율이다.
• 당좌비율 : 유동자산에서 재고자산과 기타 유동자산을 공제한 당좌자산과 유동부채와의 비율로서 기업의 실질적 지불능력을 파악할 수 있다.

순운전자본구성비율의 내용 ➡ ❷

44 다음 중 단기유동성을 측정할 수 있으며, 주로 기업의 파산예측에서 많이 이용되고 있는 재무비율은 무엇인가?

① 당좌비율　　　　　　　　② 순운전자본구성비율
③ 부채비율　　　　　　　　④ 자기자본비율

▶ 순운전자본(net working capital)
• 유동자산에서 유동부채를 차감한 금액으로 추정된다.
• 순운전자본이 양(+)의 값을 보인다는 것은 유동자산으로 유동부채를 상환한 후에도 여유가 있다는 것을 의미한다.

부채비율로 판단할 수 있는 내용 ➡ ❸

45 다음 중 부채비율로 판단할 수 없는 내용은 무엇인가?

① 지불능력　　　　　　　　② 자본의 구성상태
③ 수익성　　　　　　　　　④ 재무구조의 안전상태

▶ 부채비율은 자본의 구성상태를 표시하는 비율로서 재무구조의 안전성을 평가하는 데 매우 중요하다. 이 비율은 재무안전성의 관점에서는 일반적으로 높을수록 좋지 않으나 지나치게 낮은 경우에도 기업경영의 수익성이라는 문제의 여지가 있다. 따라서 이 비율의 값을 가지고 수익성을 평가하기에는 무리가 있다고 할 수 있다.

부채비율에 대한 설명 ➡ ❹

46 다음은 부채비율에 대한 설명이다. 그 내용이 바르지 못한 것은?

① 이 비율이 낮을 경우 기업경영의 수익성면에서 문제의 여지가 있을 수 있다.
② 이 비율의 적정한 수준은 기업의 업종규모투자수익률 및 타인자본이익률 등을 종합적으로 고려하여야 한다.
③ 재무구조의 안전성을 평가하는 데 사용되는 관계비율이다.
④ '(자본금+잉여금)/(유동부채+비유동부채)'로 나타낼 수 있다.

▶ 부채비율은 자본의 구성상태를 표시하는 비율로서 자본부채비율이라고도 하며, 다음과 같이 나타낸다.

$$부채비율 = \frac{타인자본(유동부채 + 비유동부채)}{자기자본(자본금 + 잉여금)} \times 100$$

47 레버리지비율에 속하지 <u>않는</u> 것은 어느 것인가?

① 주가수익비율　　② 비유동비율
③ 이자보상비율　　④ 부채비율

▶ 레버리지비율은 부채성비율이라고도 하며, 기업이 타인자본에 의존하고 있는 정도를 나타낸다. 특히 장기부채의 상환능력을 측정하는데 이용된다. 이의 예로서 부채비율, 자기자본비율, 비유동비율과 비유동장기적합률, 이자보상비율 등이 있다.

Keypoint & Answer

▶ 레버리지비율에 속하지 않는 것 ➡ ❶

48 다음 중 기업이 장기채무의 원금과 이자를 원만하게 상환할 수 있는지 여부를 평가하는 잣대가 되는 비율은?

① 레버리지비율　　② 유동성비율
③ 수익성비율　　　④ 활동성비율

▶ 레버리지비율은 기업의 장기채무의 원금과 이자를 원만하게 상환할 수 있는지 여부를 평가하는 잣대가 되므로 안전성비율이라고도 한다.

▶ 레버리지비율의 개념 ➡ ❶

49 다음 중 부채와 자본의 상대적 비중을 말하며, 기업의 재무구조 건전성을 측정하는 중요 지표가 되는 것은?

① 활동성비율　　② 부채비율
③ 수익성비율　　④ 시장성비율

▶ 자산의 취득에 사용된 자금의 조달원천, 즉 부채와 자본의 상대적 비중을 부채비율(debt to equity ratio) 또는 자본구조(capital structure)라고 한다. 부채비율은 기업의 재무구조의 건전성을 측정하는 중요한 지표이다.

▶ 부채비율의 의미 ➡ ❷

50 다음 중 자본구성의 안전성을 검토하는 비율은 무엇인가?

① 비유동비율　　② 부채비율
③ 유동비율　　　④ 당좌예금비율

▶ 자본구성의 안전성을 검토하는 비율은 레버리지비율인데 이 중에 대표적인 비율이 부채비율이다.

▶ 자본구성의 안전성을 검토하는 비율 ➡ ❷

51 장기차입금이 1,000만원, 단기차입금이 500만원, 자기자본이 1,500만원일 경우 부채비율은?

① 10%　　② 50%
③ 100%　　④ 400%

▶ 부채비율의 계산 ➡ ❸

| 독 | 학 | 사 | 3 | 단 | 계 |

Keypoint & Answer

▶ 부채비율 = $\dfrac{타인자본(유동부채 + 비유동부채)}{자기자본(자본금 + 잉여금)} \times 100 = \dfrac{500만원 + 1,000만원}{1,500만원} \times 100 = 100\%$

비유동비율의 내용 ➡ ❷

52 자기자본을 가지고 고정자산을 어느 수준으로 조달하고 있는지를 판단하는 비율은?

① 비유동장기적합률 ② 비유동비율
③ 부채비율 ④ 총자본안전률

▶ 비유동비율은 자기자본의 고정도, 즉 자기자본을 가지고 비유동자산을 조달하고 있는가를 판단하는 것으로, 자본의 배분관계에 관한 중요한 비율이다.

비유동비율 = $\dfrac{비유동자산}{자기자본} \times 100$

비유동비율의 계산 ➡ ❸

53 다음의 <보기>에 제시된 자료를 이용하여 비유동비율을 구할 경우 옳은 것은?

보기	자기자본 : 600만원	타인자본 : 750만원
	유동자산 : 450만원	비유동자산 : 670만원

① 약 49.6% ② 약 82.9%
③ 약 111.7% ④ 약 128.9%

▶ $\dfrac{670}{600} \times 100 = 1.117 \times 100\% = 111.7\%$

비유동비율과 비유동장기적합률에 대한 설명 ➡ ❶

54 다음 중 비유동비율과 비유동장기적합률에 대한 설명으로 잘못된 것은?

① 같은 기업(회사)에서는 비유동비율이 비유동장기적합률보다 낮다.
② 장기자본은 자기자본과 장기부채를 합친 것이다.
③ 비유동장기적합률은 비유동자산과 장기자본과의 관계이다.
④ 비유동비율은 비유동자산과 자기자본과의 관계이다.

▶ 같은 기업의 경우 비유동비율이 비유동장기적합률보다 크다.

비유동비율의 관계식 ➡ ❶

55 다음 중 비유동비율의 관계식으로 알맞은 것은?

① $\dfrac{비유동자산}{자기자본} \times 100$ ② $\dfrac{자기자본}{비유동자산} \times 100$
③ $\dfrac{총자본}{자기자본} \times 100$ ④ $\dfrac{타인자본}{총자본} \times 100$

▶ 문제 52번 해설 참조

56 다음 중 비유동장기적합률로써 재무구조를 판단하기 좋은 기업이 <u>아닌</u> 것은?

① 항공산업　　② 도・소매업
③ 운수사업　　④ 전력사업

▶ 비유동자산에 대한 투자는 자기자본의 범위 내에서 실행되어야 하나 비유동자산에의 투자가 필수적인 기업, 즉 전력, 운수, 통신, 항공 등의 기업에서는 비유동장기적합률로써 재무구조를 판단한다.

57 다음 중 비유동장기적합률에 대한 설명으로 올바른 것은?

① 운전자본구성의 안전성을 나타낸다.
② 자본구조의 안전성을 나타낸다.
③ 자본배분의 안전성(적합)을 나타낸다.
④ 지급능력의 안전성을 나타낸다.

▶ 비유동장기적합률이란 비유동자산에 장기자본 즉 자기자본과 장기부채가 투하된 정도를 가리킨다.

58 자기자본이 600만원, 비유동자산이 670만원, 비유동부채가 300만원일 경우 비유동장기적합률은?

① 23.6%　　② 61.8%
③ 74.4%　　④ 134%

▶ 비유동장기적합률 = $\dfrac{670만원}{600만원 + 300만원} \times 100 = 74.4\%$

59 다음의 <보기>에서 빈 칸에 들어갈 말로 적합한 것은?

> 보기 　( )(이)가 100%를 밑돈다면, 영업활동을 통해 벌어들인 돈으로는 이자도 충당하지 못했다는 의미이다.

① 자기자본비율　　② 이자보상비율
③ 토빈의 q비율　　④ 부채비율

▶ 이자보상비율은 타인자본의 사용으로 발생하는 금융비용, 즉 이자가 기업에 어느 정도의 압박을 가져오는가를 보기 위한 것으로 다음과 같이 나타낼 수 있다.

이자보상비율 = $\dfrac{영업이익(EBIT)}{이자비용} \times 100$

따라서 이자보상비율이 100%를 밑돈다면, 영업활동을 통해 벌어들인 돈으로는 이자도 충당하지 못했다는 의미를 가지고 있다.

Keypoint & Answer

▶ 비유동장기적합률로써 재무구조를 판단하기 좋은 기업　➡ ❷

▶ 비유동장기적합률에 대한 특징　➡ ❸

▶ 비유동장기적합률의 계산　➡ ❸

▶ 이자보상비율　➡ ❷

Keypoint & Answer	
활동성비율의 내용	➡ ❸

60 다음 중 경영활동의 수행과정에서 특정 자산이 얼마나 효율적으로 사용되었는가를 측정하는 것은?

① 레버리지비율 ② 유동성비율
③ 활동성비율 ④ 수익성비율

▶ 활동성비율(효율성비율, 회전율비율)
- 경영활동의 수행과정에서 특정 자산이 얼마나 효율적으로 사용되었나를 측정한다.
- 활동성비율은 매출액을 특정 자산으로 나누어 매출액을 달성하는데 특정 자산이 몇 회나 회전했나, 즉 회전율로 측정한다.
- 자산회전율이 높을수록 자산이 경영활동에 효율적으로 사용되었다고 할 수 있다.

재고자산회전율의 내용	➡ ❷

61 다음 중 특정매출액을 달성하기 위해 보유하고 있는 재고자산 수준에 대한 척도는?

① 매출채권회전율 ② 재고자산회전율
③ 총자본회전율 ④ 자기자본순이익률

▶ 재고자산회전율
- 재고자산회전율은 매출액을 재고자산으로 나누어 측정한다.
- 재고자산은 재무상태표에 판매가격이 아닌 취득원가로 기록되므로, 활동의 척도로 매출액 대신 매출원가를 사용하는 것이 보다 적절하다.
- 재고자산회전율은 특정 매출액을 달성하기 위해 보유하고 있는 재고자산 수준에 대한 척도이다.

재고자산회전율이 높다는 것의 의미	➡ ❶

62 재고자산회전율이 높다는 것은 무엇을 의미하는가?

① 생산 및 판매활동을 효율적으로 수행하고 있다.
② 재고자산이 많다.
③ 수요가 부족하여 구매력이 약하다.
④ 경기가 침체되어 있다.

▶ 재고자산회전율은 재고자산이 일정 기간 몇 번이나 당좌자산으로 전환할 수 있는가를 측정하는 것이며, 회전율이 높으면 적은 재고자산으로 생산 및 판매활동을 효율적으로 수행하고 있음을 보여준다.

매출채권회전율의 계산	➡ ❸

63 다음의 <보기>에 제시된 자료에서 매출채권회전율을 구할 경우 옳은 것은?

> 보기 매출액 ₩1,000,000   매입원가 ₩800,000
> 매출채권 평균액 ₩2,000,000(받을어음과 외상매출임)

① 0.15 ② 0.2
③ 0.5 ④ 0.9

▶ 1,000,000 ÷ 2,000,000 = 0.5(매출액 ÷ 매출채권 평균액)

Keypoint & Answer

64 다음 중 활동성비율에 속하는 것은 어느 것인가?

① 고정장기적합율　② 총자산회전율
③ 노동생산성　④ 매출액증가율

▶ 활동성비율이란 기업이 소유하고 있는 자산들을 얼마나 효과적으로 이용하고 있는가를 측정하는 비율로서 보통 매출액에 대한 각 중요 자산의 회전율로 표시되고 있으며, 이에는 재고자산회전율·매출채권회전율·총자산회전율(총자본회전율)이 있다.

➡ 활동성비율의 종류　➡ ❷

65 다음의 〈보기〉에서 빈칸에 공통적으로 들어가야 할 항목은?

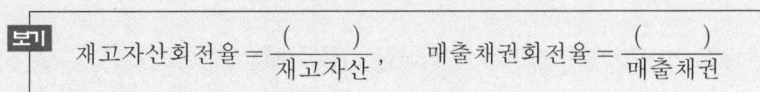

① 영업이익　② 매출액
③ 당좌자산　④ 재고자산

▶ 회전율을 나타내는 공식의 분자에 들어가는 공통항목은 매출액이다.

➡ 재고자산회전율과 매출채권회전율　➡ ❷

66 다음 중 총자산회전율에 대한 설명으로 옳지 않은 것은?

① 일정기간 동안의 순매출액을 총자산으로 나누어 측정한다.
② 기업이 자산을 영업활동에 얼마나 효율적으로 이용하고 있는가를 측정한다.
③ 기업의 총자산이 1년에 몇 번이나 회전했는가를 나타낸다.
④ 총자산회전율이 낮을수록 매출액이 높다는 것을 의미한다.

▶ 총자산회전율
- 총자산회전율이 높을수록 적은 총자산으로 상대적으로 높은 매출을 실현하고 있음을 의미하기 때문에 총자산이 효율적으로 이용되고 있음을 의미한다.
- 총자산회전율이 낮을수록 자산규모에 비하여 매출액이 상대적으로 낮다는 것을 의미하기 때문에 자산이 비효율적으로 이용되고 있음을 의미한다.

➡ 총자산회전율에 대한 설명　➡ ❹

※ 다음 제시된 정보를 이용하여 물음에 답하라.(67~70)

재무항목	금액(억원)	비율	비율값
총 자 산	500	매출액순이익률	㉠
자기자본	250	총자산회전율	㉡
매 출 액	600	재무레버리지	㉢
당기순이익	60	ROE	㉣

67 위의 〈자료〉에서 빈칸 ㉠에 들어갈 비율은 얼마인가?

① 5%　② 10%
③ 15%　④ 28%

➡ 매출액순이익률의 계산　➡ ❷

Keypoint & Answer	
총자산회전율 → ②	
재무레버리지의 계산 → ②	
ROE의 계산 → ③	
수익성비율의 종류 → ③	
매출액증가율의 내용 → ④	

▶ 매출액순이익률 = $\frac{순이익}{매출액} \times 100 = \frac{60}{600} \times 100 = 10\%$

68 위의 〈자료〉에서 빈칸 ⓒ에 들어갈 비율에 해당하는 것은?

① 1회 ② 1.2회
③ 2.4회 ④ 3회

▶ 총자산회전율 = $\frac{매출액}{총자산} = \frac{600}{500} = 1.2회$

69 위의 〈자료〉에서 빈칸 ⓒ에 들어갈 비율에 해당하는 것은?

① 1 ② 2
③ 3 ④ 4

▶ 재무레버리지 = $\frac{총자본}{자기자본} = \frac{500}{250} = 2$

70 위의 〈자료〉에서 빈칸 ⓔ에 들어갈 비율에 해당하는 것은?

① 16.3% ② 20%
③ 24% ④ 30%

▶ ROE = $\frac{당기순이익}{자기자본} \times 100 = \frac{60}{250} \times 100 = 24\%$

71 다음 중 수익성비율에 해당되지 않는 것은?

① 총자산순이익률 ② 매출액이익률
③ 총자산증가율 ④ 자기자본순이익률

▶ 수익성비율 : 총자산순이익률, 매출액이익률, 자기자본순이익률

72 다음 중 기업의 외형적인 신장세, 기업의 시장점유율, 성장도를 나타내는 중요 지표는 무엇인가?

① 시장가치비율 ② 자기자본순이익률
③ 자기자본증가율 ④ 매출액증가율

▶ 매출액증가율
 • 당기의 매출액 증가액을 전기매출액으로 나누어 측정한다.
 • 매출액증가율은 기업의 시장점유율 성장도를 나타내는 중요한 지표이다.

73 다음 중 당기순이익을 자기자본으로 나눈 백분율로 자기자본을 경영자가 얼마나 효율적으로 운영했나를 측정하는 것은?

① 자기자본순이익률　　② 자기자본증가율
③ 시장가치비율　　　　④ 활동성비율

▶ 자기자본순이익률(ROE)
  • 주주들은 자신의 투자자금에 대한 수익성에 관심을 갖는데 이러한 관점에서 측정하는 수익성 척도가 자기자본수익률이다.
  • 일반적으로 ROE가 시중금리보다 높으면 경영자의 경영능력이 뛰어나다고 볼 수 있다.
  • 자기자본수익률은 매출액이익률의 증가, 총자산회전율의 증가 또는 부채의 이용 등에 따라 개선될 수 있으므로 근본적인 자기자본수익률의 변화요인을 살펴보는 것이 중요하다.

Keypoint & Answer

▶ 자기자본순이익률 → ❶

74 다음 중 성장성비율에 속하는 것은 어느 것인가?

① 고정장기적합율　　② 총자산회전율
③ 노동생산성　　　　④ 매출액증가율

▶ 성장성비율은 일정 기간 중에 기업의 경영규모 및 경영성과가 얼마나 증대되었는가를 나타내는 비율로서, 일반적으로 일정 기간동안 나타난 재무제표 각 항목의 증가율로 측정한다. 이러한 성장성비율의 종류로는 매출액증가율, 총자산증가율, 자기자본증가율이 있다.

▶ 성장성비율에 속하는 것 → ❹

75 다음 중 생산성 측정지표로 거리가 먼 것은?

① 노동생산성　　　② 부가가치율
③ 전기말 자기자본　④ 자본생산성

▶ 생산성측정지표 : 노동생산성, 부가가치율, 자본생산성

▶ 생산성 측정지표 → ❸

76 다음 중 부가가치분석은 어느 비율분석에 속하는 것인가?

① 활동성 분석　　② leverage 분석
③ 생산성 분석　　④ 유동성 분석

▶ 생산성 분석은 크게 생산성 지표분석과 부가가치분석으로 대별할 수 있다.

▶ 부가가치분석 → ❸

77 다음 중 부가가치에 관한 설명으로 그 내용이 올바른 것은?

① 기업이 생산활동을 한 결과 생산물의 가치 중 새로이 부가된 가치를 말한다.
② 부가가치의 계산에는 부품, 용역, 이자, 소득세, 법인세 등이 포함된다.

▶ 부가가치에 관한 설명 → ❶

| 독 | 학 | 사 | 3 | 단 | 계 |

Keypoint & Answer

③ 생산품의 가치를 구성하는 모든 가치 중에서 기업이 외부로부터 도입한 기존가치인 재료, 구입부품, 구입용역 등의 가치를 말한다.
④ 기업이 판매활동을 한 결과 판매한 제품의 가치 중 제품이 소유한 고유의 가치를 말한다.

▶ 부가가치란 자기기업에서 산출한 총성과 가치에서 생산활동을 위해서 외부에서 구입한 생산요소 가치를 차감한 부분, 즉 새로이 부가된 가치를 말한다.

부가가치의 개념 ➡ ❹

78 다음의 부가가치의 개념에 대한 설명으로 옳은 것은?

① 자기기업에서 산출한 총성과가치에서 그 생산을 위해서 자기기업에서 구입한 생산물의 소비액과의 차액이다.
② 자기기업에서 생산하는 총성과가치에서 자기기업에서 소비한 금액을 차감한 금액이다.
③ 자기기업에서 생산하는 총가치에서 종업원의 봉급을 차감한 부분을 말한다.
④ 자기기업에서 산출한 총성과가치에서 생산활동을 위해서 외부에서 구입한 생산요소가치를 차감한 부분을 말한다.

▶ 문제 77번 해설 참조

부가가치에 속하는 것 ➡ ❸

79 다음에서 부가가치에 속하지 <u>않는</u> 것은?

① 당기이익   ② 사채이자
③ 후생비   ④ 노무비

▶ 부가가치에는 노무비, 금융비용(이자), 임차료, 조세공과, 당기이익이 포함된다.

부가가치를 산출하는 방법 ➡ ❶

80 부가가치를 산출하는 방법 중 감산법에 의할 경우 매출액 혹은 생산액에서 무엇을 차감하는가?

① 외부구입 급부가치   ② 임차료
③ 금융비용   ④ 인건비

▶ 부가가치를 산출하는 방법
• 감산법 : 매출액 혹은 생산액에서 외부구입 급부가치를 차감한 잔액을 부가가치로 하는 방법
  부가가치 = 매출액 혹은 (생산액) − (재료비 + 외주가공비 + 구입품비 + 구입용역비 + 소모품비 + ⋯)
  구입품비 = 전력료, 가스매입비, 수도료, 소모품비, 감가상각비
  구입용역비 = 여비, 교통비, 통신비, 운임비, 보험료, 보관료, 수선비 등
• 가산법 : 인건비, 금융비용, 조세공과, 당기이익 등 부가가치를 구성하는 제요소를 가산하여 부가가치를 구하는 방법
  부가가치 = 인건비 + 금융비용 + 임차료 + 조세공과 + 경상이익 + 감가상각비

81 다음 중 시장가치비율에 속하는 것은 어느 것인가?

① 시장생산성　　② 회수기간
③ ROI　　　　　④ EPS

▶ 시장가치비율 : 주당이익(EPS), 주당이익성장률, 주가수익비율, 주가 대 장부가치 비율, 배당성향, 배당수익률, 토빈의 q비율 등

시장가치비율에 속하는 것 ➡ ④

82 다음은 시장가치비율을 표시한 것이다. 바르지 <u>못한</u> 것은?

① 주가수익비율은 보통주의 시장가격을 주당이익으로 나눈 것이다.
② 희석된 주당이익은 주당이익보다 작다.
③ 주당이익성장률이란 당기 중의 주당이익증가액을 전기주당이익으로 나눈 것이다.
④ 주당이익은 세후순이익을 총주식수로 나눈 것이다.

▶ 주당이익은 세후순이익을 총주식수가 아닌 발행주식수로 나눈 것이다.

시장가치비율의 표시 ➡ ④

83 다음 중 주가수익비율을 나타내는 것은 어느 것인가?

① NPV　　② EPS
③ PER　　④ ROI

▶ 주당이익(Earnings Per Share)은 기업성과지표, 주가수익비율(Price Earnings Ratio : PER)

주가수익비율을 나타내는 것 ➡ ③

84 당기순이익이 ₩59,698,000, 우선주 배당금이 ₩27,000, 평균 발행주식수가 27,000일 때 EPS는 얼마인가?

① 1,000원　　② 2,210원
③ 3,000원　　④ 4,522원

▶ 주당이익(EPS) = $\dfrac{순이익}{평균발행주식수} = \dfrac{59{,}698{,}000 - 27{,}000}{27{,}000} = 2{,}210$

여기에서 분자는 세후순이익에서 우선주배당을 공제한 이익으로 정의되며, 분모는 발행주식수가 된다. 발행주식수는 우선주를 제외한 보통주 발행주식수를 의미한다.

주당이익의 계산 ➡ ②

85 다음의 <보기>에 제시된 자료에서 PER를 계산한 것은?

보기	현재주가 ₩29,100	주당이익 ₩2,211
	배당금 ₩16,200	당기순이익 ₩59,698

① 2.9배　　② 13.2%

PER의 계산 ➡ ③

③ 13.2배   ④ 20%

▶ PER는 보통주의 시장가격의 주당이익에 대한 비율이므로
$$PER = \frac{현재주가}{주당이익} = \frac{29,100}{2,211} = 13.2배$$

Tobin's q비율의 내용 → ❷

86 기업이 보유하는 부채와 지분의 시장가치를 기업이 보유하는 자산의 대체원가로 나눈 비율은?

① 주가수익비율   ② 토빈의 q비율
③ 유보율   ④ 배당성향

▶ 토빈의 q비율은 1을 초과할 때 투자에 대한 유인이 존재한다.

Tobin's q비율을 구하는 공식 → ❸

87 다음의 〈보기〉에 제시된 자료에서 빈칸에 들어가야 할 적당한 비율은?

보기 $(\quad) = \frac{부채 \cdot 지분의 시장가치}{추정된 대체원가}$

① 주가수익비율(PER)   ② 유보율
③ Tobin's q비율   ④ 배당성향

▶ q비율(Tobin's q)이란 기업이 보유하는 부채와 지분의 시장가치를 기업이 보유하는 자산의 대체원가로 나눈 비율이다.

q비율(Tobin's q)에 대한 설명 → ❷

88 다음 중 q비율(Tobin's q)에 대한 설명으로 옳은 것은?

① 기업은 q비율이 1을 초과할 때 투자를 중단한다고 토빈은 주장한 바 있다.
② 기업의 부채와 지분의 시장가치를 추정된 자산의 대체원가로 나눈 비율
③ 낮은 q비율을 갖는 기업은 성장가능한 기업을 의미한다.
④ 강력한 경쟁우위를 가지는 기업은 q비율이 낮다.

▶ $q비율 = \frac{부채 \cdot 지분의 시장가치}{추정된 대체원가}$
- q비율의 분자 : 보통주는 물론이고 기업의 모든 부채 및 지분증권을 포함한다.
- q비율의 분모 : 당좌자산, 재고자산, 토지, 기계설비, 건물 등 기업이 보유하는 모든 자산을 포함한다.
높은 q비율을 갖는 기업은 앞으로 성장가능한 기업을 의미하고, 낮은 q비율을 갖는 기업은 경쟁이 심한 산업이나 사양산업에 속하는 경우가 많다.

비율분석이 사용되는 이유 → ❸

89 다음 중 비율분석이 사용되는 이유와 거리가 먼 것은?

① 복잡한 경영분석의 예비적 기능을 갖는다.

② 시간과 경비가 절약된다.
③ 정확한 재무예측이 가능하다.
④ 간단하고 이해하기가 쉽다.

▶ 비율분석을 사용하는 이유
- 비율분석은 간단하며 이해가 쉬워 경영학이나 재무관리를 공부하지 않은 사람도 쉽게 사용할 수 있다.
- 의사결정을 위한 자료수집이 거의 필요없다. 단순히 연말이나 회기말에 이미 작성된 재무제표를 사용함으로써 많은 시간과 경비를 절약할 수 있다.
- 구체적이고 복잡한 기업분석을 하기 이전의 예비분석으로 비율분석이 많이 쓰이고 있다. 경영분석의 기초단계에서 비율분석으로 재무상의 문제점을 쉽게 발견할 수 있으며, 그 문제점을 분석·평가하는 데는 좀더 고차적인 분석방법을 적용함으로써 시간적·경제적 절약을 할 수 있다.

90 다음 중 비율분석의 한계에 속하지 <u>않는</u> 것은?

① 현실의 정보에 의존한다.
② 계수화가 곤란한 질적 요인의 분석은 다루지 못한다.
③ 기업의 성격이나 경영방침에 따라 재무비율에는 커다란 차이가 생긴다.
④ 회기동안의 계절적인 변화를 나타내지 못한다.

▶ 경영분석의 근본목적은 기업의 미래상태를 예측하기 위한 것인데 비율분석은 과거의 회계정보에 의존하는 것이다.

→ 비율분석의 한계 ➡ ❶

91 재무비율에 의한 비율분석의 단점을 보완하기 위해 비율의 시간적 변화를 고려함으로써 기업의 미래 재무상태와 경영성과를 예측하는 방법은?

① 재무상태표분석 ② 관계비율분석
③ 구성비율분석   ④ 추세분석

▶ 추세분석의 개념에 대한 문제이다.

→ 추세분석의 개념 ➡ ❹

92 다음 중 추세분석에 대한 설명으로 옳지 <u>않은</u> 것은?

① 재무상태와 경영성과가 개선 혹은 악화되고 있는지를 분석한다.
② 장기적인 추세를 분석하여 재무상태의 변화를 평가하게 되면 상호비교에서는 얻을 수 없는 정보를 알아낼 수 있다.
③ 추세분석은 기업내 분석, 시계열분석, 수평적 분석이라고도 한다.
④ 재무비율의 추세분석은 직관적인 해석이 불가능하다.

▶ 과거 수년 간에 걸친 유동비율, 자기자본순이익률 등의 변화를 관찰하는 재무비율의 추세분석은 오랜 기간을 살펴보지 않아도 나름대로의 직관적인 해석이 가능하기 때문에 유용하다.

→ 추세분석에 대한 설명 ➡ ❹

| 독 | 학 | 사 | 3 | 단 | 계 |

Keypoint & Answer

비교재무제표 ➡ ❷

93 다음 중 어느 두 시점 간의 재무상태표, 포괄손익계산서의 각 항목의 증감을 표시하여 그 기간에 일어난 재무상태의 변화, 성장추세를 나타내고자 하는 것은?

① 비교순재산표 ② 비교재무제표
③ 비교흐름표 ④ 비교재무상태표

▶ 비교재무제표는 어느 두 시점 간의 재무상태표, 포괄손익계산서의 각 항목의 증감을 표시하여 그 기간에 일어난 재무상태의 변화, 성장추세를 나타내고자 한다.

평점제도에 대한 설명 ➡ ❹

94 다음 중 평점제도에 대한 설명으로 바르지 못한 것은?

① 평가대상 재무비율의 크기에 따라 어떻게 점수를 주느냐에 대한 객관적인 기준의 설정이 어렵다는 문제점이 있다.
② 단순히 주요비율만을 선택하여 평가하는 것이 아니라, 기업의 이미지(image), 최고경영자의 경영능력 등 질적 요인도 고려하여 종합적인 평가를 하는 것이 보통이다.
③ 평가목적에 따라 중요한 재무비율들을 여러 개 선정하여, 각 비율을 여러 구간으로 나누고 여기에 각 비율의 중요도에 따른 점수를 배분한다.
④ 평점제도는 여러 개의 재무비율을 동시에 고려하여 기업의 경영성과와 재무상태를 종합적으로 평가할 수 있는 분석기법으로서 1919년에 월(A. Wall)에 의해 제안된 것이다.

▶ 여러 개의 재무비율을 동시에 고려하여 기업의 경영성과와 재무상태를 종합적으로 평가할 수 있는 분석기법으로서 1919년 월(A. Wall)에 의해 제안된 방법은 지수법이다.

ROI(Retrun On Investment)에 대한 설명 ➡ ❶

95 다음 중 ROI(Retrun On Investment)에 대한 설명으로 잘못된 것은?

① 총이익을 투자액으로 나누어 구할 수 있다.
② 재무통제기능뿐만이 아니라 조정기능과 계획기능도 수행한다.
③ 매출액순이익률과 총자본회전율을 곱하여 구할 수 있다.
④ 목표이익에 영향을 주는 재무요인을 검토하는 방법이다.

▶ 투자수익률(Return On Investment)은 순이익을 투자액으로 나누어 구할 수 있다.

ROI에 대한 설명 ➡ ❹

96 다음 중 ROI에 대한 설명으로 옳지 않은 것은?

① ROI분석은 듀퐁시스템이라고도 한다.
② ROI분석은 기업의 경영성과를 여러 부분의 재무요인으로 분해하여 경영성과의 변동원인을 분석하는 것으로 재무활동을 통제하는 수단으로 이용된다.
③ ROI분석은 ROI의 구성요인을 여러 재무요인별로 분해하여 경영성과의 변동원인을 찾아냄으로써 재무통제가 필요한 부문이 어느 부문인가를 파악하는 데 이용되고 있다.

④ ROI분석의 기본체제는 ROA와 ROG로 구분되어 분석된다.

▶ ROI분석의 기본체계는 총자본순이익률(ROA) 및 자기자본순이익률(ROE)을 몇 개의 관련 재무비율의 곱으로 그 인과관계에 따라 분해하여 분석하는 것이다.

97 다음 중 ROI분석에 대한 설명으로 바르지 못한 것은?

① 듀퐁의 재무분석시스템은 매출액순이익률과 총자산회전율로 분해될 수 있다는 데 기초를 둔다.
② 외부통제방법으로 개발되었다.
③ 궁극적으로는 회사의 경영성과를 계획·통제하는 것을 목적으로 한다.
④ 이익예측에 활용하는 가장 널리 이용되고 있는 경영성과의 측정방법이다.

▶ ROI분석은 미국의 화학회사인 듀퐁사에 의해 사업부의 업적을 평가하고 관리하기 위한 내부통제방법으로 개발된 것이다.

ROI분석에 대한 설명 ➡ ❷

98 다음 중 ROI의 공식과 관련하여 옳게 나타낸 것은?

① 총자본 × 매출액
② 매출액순이익률 × 총자산회전율
③ $\dfrac{순이익}{매출액}$
④ $\dfrac{매출액}{총자본}$

▶ ROI(투자수익률)는 가장 널리 이용되고 있는 경영성과의 측정방법으로 순이익을 투자액으로 나누어 구할 수 있다.

$$ROI = \dfrac{순이익}{매출액} \times \dfrac{매출액}{총자산} = 매출액순이익률 \times 총자산회전율이 된다.$$

ROI의 공식 ➡ ❷

99 매출액순이익률이 15%인 경우 투자수익률을 45%로 하기 위한 총자본회전율은 얼마인가?

① 3회
② 5회
③ 30회
④ 50회

▶ ROI = 매출액순이익률 × 총자본회전율(총자산회전율)
0.45 = 0.15x   x = 0.45 / 0.15   ∴ x = 3

자본회전율의 계산 ➡ ❸

100 다음 중 ROI기법의 유용성으로 볼 수 없는 것은?

① 이해하기 어려운 재무제표의 각 항목간의 관계를 시각화하여 쉽게 파악할 수 있다.
② 각 부서의 경영자, 종업원에서 부서의 업무와 기업의 목표의 관계를 명확히 인식시킬 수 있다.

ROI기법의 유용성 ➡ ❸

③ 기업의 경영자나 종업원에 대한 평가에는 유용하지 못하다.
④ 기업활동을 활동성과 수익성의 양측면에서 분석할 수 있다.

▶ ROI는 기업의 총투자에 대한 성과를 나타내는 비율이므로 기업의 경영자나 종업원의 업적을 평가하거나 통제하는데 다른 의미로 정의한 수익률의 개념보다 타당성이 있다.

Keypoint & Answer

ROI기법의 한계점 ➡ ❸

101 다음 중 ROI기법의 한계점으로 거리가 먼 것은?
① ROI기법으로는 레버리지의 증가에 따른 위험의 증가를 파악할 수 없다.
② ROI는 경영자의 경영능력 외에도 많은 요인들에 영향을 받는다.
③ ROI는 시장가치가 아닌 장부가치를 기준으로 계산을 한 수치이므로 오래된 설비를 많이 보유하고 있는 기업은 ROI가 작게 평가된다.
④ 기업의 ROI는 그 기업이 사용하고 있는 회계처리방법에 의해 영향을 받는다.

▶ ROI는 시장가치가 아닌 장부가치를 기준으로 계산한 수치이므로 오래된 설비를 많이 보유한 기업은 ROI가 높게 평가된다.

ROI기법의 한계점 ➡ ❷

102 다음 중 ROI기법의 한계점으로 옳지 않은 것은?
① ROI분석에서는 주로 회계자료에 의존하여 이루어진다. ROI는 회계처리방법에 따라 영향을 받을 뿐만 아니라 경영자의 능력, 조직구성, 기술수준 등 질적 요인에 따라 영향을 받는다. 그러나 ROI분석에서 이와 같은 질적 요인에 대한 고려를 할 수 없다.
② 분석을 통해 나타난 재무나 관리적 문제점들이 일시적 현상인지를 파악하게 한다.
③ 총자본순이익률이나 자기자본순이익률이 변동할 때에 인플레이션으로 인한 화폐가치 변동이나 화폐의 시간가치가 고려되지 못하고 있다.
④ 기업이 위험도의 변화에 대한 분석수단을 제공하여 주지 못한다. 때로는 총자본순이익률이나 자기자본이익률의 증가와 함께 기업의 영업위험이나 재무위험의 증가가 나타날 수도 있으나 이를 포착하지 못한다.

▶ 분석을 통하여 나타난 재무나 관리적 문제점들이 일시적인 현상인지 또는 지속적인 현상인지 판단하기가 어렵다. 따라서 4~5년의 장기에 걸친 분석을 통하여 판단의 오류를 방지할 필요가 있다.

자기자본순이익률의 내용 ➡ ❶

103 다음 중 포괄손익계산서상 최종적인 경영성과인 당기순이익을 자기자본으로 나눈 비율은 무엇인가?
① 자기자본순이익률
② 생산성비율
③ 성장성비율
④ 매출액총이익률

144 경영분석

▶ 자기자본순이익률은 포괄손익계산서상 최종적인 경영성과인 당기순이익을 자기자본으로 나눈 비율이다. 즉 수익에서 지급이자 등의 금융비용을 포함한 모든 비용을 제외한 당기순이익은 결국 회사에 자본을 투자한 주주나 출자자에게 돌아가는 몫이 된다. 따라서 이 비율은 주주들이 회사에 대한 투자자금의 수익력을 측정하는 지표이다.

104 다음 중 자기자본순이익률(ROE)에 대한 내용으로 그 설명이 <u>잘못된</u> 것은?

① 재무분석가는 ROE분석을 통하여 경영자의 의사결정에 대한 총체적인 진단을 할 수 있다.
② ROE = $\dfrac{당기순이익}{자기자본}$ = 매출액순이익률 × 총자산회전율이다.
③ ROE는 기업의 경영성과를 측정하는 지표이며 경영자의 능력을 평가하는 척도로도 사용된다.
④ 주주들이 투자한 자본 1원이 당해 연도에 벌어들인 가치의 증식분을 의미한다.

▶ ROE = 매출액순이익률 × 총자산회전율 × 재무레버리지

105 다음 중 ROE를 구성하는 세 가지 요소에 속하지 <u>않는</u> 것은?

① 재무레버리지　　　　② 자기자본증가율
③ 총자산회전율　　　　④ 매출액순이익률

▶ ROE를 결정하는 요소는 매출액순이익률, 총자산회전율, 재무레버리지로 구성되어 있다.

106 다음 ROE의 구성요소 중 경영내용을 판단할 때 쓰이는 비율로서 동태비율로 분류되는 것은?

① 경험적 재무비율　　　② 과거 경험비율
③ 매출액순이익률　　　④ 생산성비율

▶ 동태비율은 포괄손익계산서 항목들을 이용하여 산출한 비율이다. 매출액순이익률은 매출액에 대한 순이익의 비율이다. 기업의 순이익은 매출액에서 제조원가 또는 매입원가와 영업비용을 공제하고 다시 영업외 손익을 가감한 것을 말한다. 경영내용을 판단할 때 쓰이는 비율로서 관계비율 중의 동태비율로 분류된다.

107 다음 중 ROE의 구성요소인 매출액순이익률에 대한 설명으로 <u>잘못된</u> 것은?

① 첨단기술을 이용한 고가의 의료장비나 부가가치가 큰 보석가공제품의 경우 매출액순이익률이 높다.
② 매출액순이익률과 총자산회전율은 대체로 정의 관계에 있다.
③ 매출액순이익률은 산업마다 서로 크게 다르다.

Keypoint & Answer

자기자본순이익률(ROE)에 대한 내용　➡ ②

ROE를 구성하는 세 가지 요소　➡ ②

매출액순이익률의 내용　➡ ③

ROE의 구성요소인 매출액순이익률에 대한 설명　➡ ②

| 독 | 학 | 사 | 3 | 단 | 계 |

Keypoint & Answer

④ 매출액순이익률은 기업의 가격정책이나 영업환경에 대한 정보를 제공한다.

▶ 매출액순이익률과 총자산회전율은 대체로 역의 관계가 있다.

총자산회전율의 내용 ➡ ❶

108 다음 중 매출액을 총자산으로 나눈 것으로 기업이 소유하고 있는 자산들을 얼마나 효과적으로 이용하고 있는가를 측정하는 비율은 무엇인가?

① 총자산회전율 ② 과거상태비율
③ 성장성비율 ④ 효율성비율

▶ 총자산회전율 : 매출액을 총자산으로 나눈 것으로 기업이 소유하고 있는 자산들을 얼마나 효과적으로 이용하고 있는가를 측정하는 비율이다.

자산회전율에 대한 설명 ➡ ❶

109 다음 중 자산회전율에 대한 설명으로 잘못된 것은?

① 업종과 무관하게 비유동자산회전율이 높을수록 좋은 것이다.
② 비유동자산회전율이 낮다는 것은 비유동자산을 과다하게 보유하고 있다는 의미도 된다.
③ ROE를 결정하는 요소 중 하나이다.
④ 자산회전율은 생산되는 제품의 특징이나 기업의 경쟁전략에 따라 기업마다 다르다.

▶ 도소매업은 큰 비유동자산 없이 박리다매 형태의 영업을 하므로 비유동자산회전율이 높지만, 제조기업은 기계설비 등의 비유동자산에 대한 투자가 많으므로 비유동자산회전율이 낮은 것이 일반적이다.

재무레버리지의 내용 ➡ ❸

110 다음 중 기업이 타인자본, 즉 부채를 보유함으로써 금융비용을 부담하는 것을 무엇이라 하는가?

① 가중치산정 ② 재고자산회전율
③ 재무레버리지 ④ 은행조정비

▶ 기업이 타인자본, 즉 부채를 보유함으로써 금융비용을 부담하는 것을 재무 레버리지라고 한다. 재무 레버리지가 존재하는 경우 고정적 금융비용의 지급으로 영업이익의 변동이 세후순이익의 변동을 확대시키게 되는데, 이를 재무레버리지 효과라고 한다.

재무레버리지에 대한 설명 ➡ ❹

111 다음 중 재무레버리지에 대한 설명으로 그 내용이 바르지 못한 것은?

① 재무레버리지를 높이면 ROE가 증대되는 효과가 있지만 반면에 위험이 증대된다는 부정적인 측면도 같이 존재한다.
② 미래가 불투명하거나 현금흐름이 매우 큰 폭으로 변동하는 기업의 경우에는 지급불능의 위험 때문에 부채를 적게 사용한다.

③ 일반적으로 기업의 미래상태에 대한 예측이 비교적 수월하고 현금흐름이 안정적으로 발생하는 기업은 상대적으로 많은 부채를 사용할 수 있다.
④ 재무레버리지는 총자산(총자본)을 자기자본으로 나눈 값으로서 기업이 타인자본을 많이 사용할수록 재무레버리지는 감소한다.

▶ 재무레버리지는 총자산(총자본)을 자기자본으로 나눈 값으로서 기업이 타인자본을 많이 사용할수록 재무레버리지는 증가하게 된다.

112 다음 중 ROE분석에 대한 내용으로 그 설명이 올바른 것은?

① ROE는 자본투자의 경제성에 대한 평가기준으로 이용된다.
② ROE는 현재의 재무자료를 이용하여 계산되므로 기업의 미래상황에 대한 정보를 충분히 제공하지 못한다.
③ 어떤 기업의 ROE가 전년보다 증가하였다면 그 기업의 가치는 증가된 것이다.
④ ROE가 높은 기업은 기업의 경영성과나 경영자의 관리능력이 다른 기업보다 우수하다는 것을 의미한다.

▶ ① : 자본투자의 경제성에 대한 평가기준으로 순현가(NPV)가 이용된다.
③ : ROE의 증가로 반드시 그 기업의 가치가 증대되었다고 해석할 수도 없다.
④ : ROE가 높다고 하여 다른 기업보다 우수하다고 단정할 수 없다.

113 다음 중 ROE분석의 문제점으로 볼 수 없는 것은?

① ROE는 경영자의 의사결정이 어떠한 경로를 통하여 영향을 미치는지 구체적으로 알 수 없다.
② 현재 시점에서 경영성과를 판단하는 의사결정을 내리는데 도움을 받기 위해서는 자기자본을 현시점의 시장가치로 계산해야 한다.
③ ROE는 수익성과 위험의 상충관계를 무시하고 있다.
④ ROE는 미래에 장기간에 걸쳐 효과가 나타나는 자본투자의 평가에 사용해서 안된다.

▶ 주가는 경영자의 의사결정에 대한 경로·영향을 구체적으로 알 수 없지만 ROE의 값은 각 요소별 영향도를 측정할 수 있다.

114 다음 중 기업재무상태와 경영성과에 대한 종합적 판단을 위해 중요 재무비율에 일정한 가중치를 부여하여 가중평균함으로써 종합평점을 구하는 방법은 무엇인가?

① 지수법   ② 정산법
③ 추세법   ④ 비율법

| 독 | 학 | 사 | 3 | 단 | 계 |

Keypoint & Answer

지수법에 대한 설명 → ①

▶ 지수법은 기업재무상태와 경영성과에 대한 종합적 판단을 위해 중요 재무비율에 일정한 가중치를 부여하여 가중평균함으로써 종합평점을 구하는 것이다.

115 다음 중 지수법에 대한 설명으로 옳은 것은?

① 기업의 성과와 재무상태를 종합적으로 평가할 수 있다.
② 기업의 재무상태만을 평가할 수 있다.
③ 기업의 성과만을 분석할 수 있다.
④ 여러 개의 재무비율 중에서 두 개의 항목간의 비율을 산출하여 분석한다.

▶ 지수법은 여러 개의 재무비율을 동시에 고려하여 기업의 경영성과와 재무상태를 종합적으로 평가할 수 있는 분석기법이다.

지수법의 유형 → ②

116 다음 중 지수법의 유형으로 거리가 먼 것은?

① 뷰리체트의 지수법　② 케인스의 지수법
③ 트랜트의 지수법　　④ 월의 지수법

▶ 지수법의 유형에는 월지수법, 트랜트지수법, 뷰리체트지수법 등이 있다.

지수법을 적용하는 데 있어서 가장 우선적인 절차 → ④

117 지수법을 적용하는 데 있어서 가장 우선적인 절차에 해당하는 것은?

① 중요비율별 평점 계산　② 관계비율의 계산
③ 가중치의 부여　　　　④ 중요재무비율의 선정

▶ 지수법을 적용하는 절차 : 중요재무비율의 선정 → 가중치의 부여 → 관계비율의 계산 → 중요비율별 평점의 계산 → 종합지수의 계산과 종합평가

지수법에 대한 설명 → ③

118 다음은 지수법에 대한 설명이다. 그 내용이 올바른 것은?

① 지수법은 비율분석을 객관적으로 평가하는 방법이다.
② 관계비율은 항상 (기업비율)÷(표준비율)로 계산한다.
③ 산업평균비율의 지수값은 그 합이 100이다.
④ 지수의 합이 작을수록 우량한 기업이다.

▶ 지수비율법은 표준비율로서 산출한 각종 비율의 중요도에 따라 미리 점수를 주고 그 총점수가 100이 되도록 정한 것이다. 레버리지비율의 경우 (표준비율÷기업비율)의 형태로 관계비율을 산출한다.

월지수법의 내용 → ①

119 다음 중 세 가지 정태비율과 네 가지 동태비율을 선정하고 유동비율과 부채비율 등에 높은 가중치를 부여하고 있는 지수법은 무엇인가?

① 월지수법　　　　　　② 뷰리체트지수법

148 경영분석

③ 트랜트지수법   ④ 한계지수법

▶ 월(A. Wall)은 세 가지 정태비율과 네 가지 동태비율을 선정하고 정태비율과 부채비율, 비유동비율에 특히 높은 가중치를 부여하고 있다. 이는 월이 기업 외부의 단기 및 장기채권자의 입장에서 기업의 신용분석을 강조하고 있다는 것을 나타낸다.

120 다음 중 트랜트지수법에서 높은 가중치를 부여하고 있는 비율이 <u>아닌</u> 것은?
① 매출채권회전율   ② 비유동자산회전율
③ 부채비율   ④ 매입채무회전율

▶ 트랜트지수법은 매출채권회전율, 비유동자산회전율, 매입채무회전율에 높은 가중치를 부여하고 있다.

121 다음 중 주요 재무비율의 선정과 가중치가 분석자와 분석목적에 따라 달라져야 한다고 주장하며 금융기관과 회사채 투자자로 구별된 지수법을 제시한 사람은 누구인가?
① 월(Wall)   ② 트랜트(Trant)
③ 뷰리체트(Burichett)   ④ 고든(Gordon)

▶ 뷰리체트는 주요 재무비율의 선정과 가중치가 분석자와 분석목적에 따라 달라져야 한다고 주장하며 금융기관과 회사채 투자자로 구별된 지수법을 제시했다.

122 다음 중 뷰리체트에 따르면 분석자에 따라 가중치가 다른데 금융기관의 경우 상대적으로 높은 가중치를 부여하고 있는 비율은 무엇인가?
① 부채비율   ② 이자보장비율
③ 총자산회전율   ④ 당좌비율

▶ 금융기관의 경우 단기지급능력을 나타내는 유동비율, 당좌비율, 매출채권회전율 등에 상대적으로 높은 가중치를 부여하고 있다.

123 다음 중 지수법의 문제점으로 볼 수 <u>없는</u> 것은?
① 중요비율선정시 재무비율 상호간에 존재하는 상관관계가 고려되지 않는다.
② 기업의 정태적 실태를 파악할 수 없다.
③ 가중치의 선정에 주관적 요소가 개입된다.
④ 비율선정이 주관적이다.

▶ 지수법의 문제점
• 중요비율선정시 재무비율 상호간에 존재하는 상관관계가 고려되지 않는다.
• 가중치의 선정에 주관적 요소가 개입된다.
• 비율선정이 주관적이다.

Keypoint & Answer

➡ 트랜트지수법에서 높은 가중치를 부여하고 있는 비율 ➡ ❸

➡ 뷰리체트지수법 ➡ ❸

➡ 당좌비율의 내용 ➡ ❹

➡ 지수법의 문제점 ➡ ❷

Keypoint & Answer	
지수법의 유용성 → ①	

124 다음 중 지수법의 유용성으로 거리가 먼 것은?

① 중요 재무비율의 선정이 임의적이다.
② 지수의 작성 및 평가가 용이하다.
③ 경영성과와 재무상태를 보다 종합적으로 쉽게 평가할 수 있다.
④ 결과를 해석하기가 쉽기 때문에 실무에 많이 사용된다.

▶ 지수법의 유용성
 • 지수의 작성 및 평가가 용이하다.
 • 경영성과와 재무상태를 보다 종합적으로 쉽게 평가할 수 있다.
 • 결과를 해석하기가 쉽기 때문에 실무에 많이 사용된다.
 • 경영자의 자질, 사업전망 등 질적 요인도 고려할 수 있다.

주관식

관계비율

1 재무제표상 두 항목을 대응시켜 측정되는 상대적인 관계를 비율로 나타낸 것은?

▶ 관계비율 : 재무제표상 두 항목을 대응시켜 측정되는 상대적인 관계를 비율로 나타낸 것으로 항목비율이라 한다.

유동성비율

2 단기채무의 상환능력을 측정하는 비율로 지급능력비율이라고 하는 것은?

▶ 유동성비율은 단기채무의 상환능력을 측정하는 비율로 지급능력비율이라고도 한다.

산업평균비율

3 일정기준에 따라 산업을 분류하여 그 산업에 속해 있는 모든 기업의 재무비율을 평균한 값은?

▶ 다양한 업종의 사업부를 운영하고 있는 기업의 재무비율을 분석할 때는 특정 산업의 평균비율을 표준비율로 이용하는 데 어려움이 있다. 이와 같은 경우에는 산업평균비율보다 영업활동의 특성 또는 규모면에서 유사한 경쟁업체의 재무비율을 표준비율로 이용하는 것이 바람직할 것이다.

74.4%

4 자기자본이 600만원, 고정자산이 670만원, 고정부채가 300만원일 경우 고정장기적합률은?

▶ 고정장기적합률 = $\dfrac{670만원}{600만원 + 300만원} \times 100 = 74.4\%$

2,210원

5 당기순이익이 ₩59,698,000, 우선주 배당금이 ₩27,000, 평균 발행주식수가 27,000일 때 EPS는 얼마인가?

▶ • 주당이익(EPS) = $\frac{당기순이익}{평균발행주식수}$ = $\frac{59,698,000 - 27,000}{27,000}$ = 2,210

• 주당이익(EPS) 계산시 우선주에 대한 배당금은 당기순이익에서 차감하고, 평균발행주식수는 보통주 발행주식수만을 대상으로 한다.

6 기업의 재무상태와 경영성과를 평가할 때 비교·평가의 기준이 되는 재무비율은?

▶ 재무비율을 이용하여 기업의 재무상태와 경영성과를 평가할 때 비교·평가의 기준이 되는 재무비율을 표준비율이라 한다.

7 ROE를 구성하는 세가지 요소는?

▶ ROE를 결정하는 요소는 매출액순이익률, 총자산회전율, 재무레버리지로 구성되어 있다.

8 주가가 3만원이고, 이 회사의 1주당순이익[EPS]이 2,000원이다. 이 회사 주식의 주가수익비율[PER]을 계산하면?

▶ PER = 주가 / EPS = 30,000/2,000 = 15

9 재무상태표에 대해 간략히 설명하시오.

10 현금흐름표에 대해 간략히 설명하시오.

Answer

9 재무상태표란 일정시점에서의 기업의 재무상태, 즉 자산, 부채 및 자본의 내용을 수록한 표이다. 여기에는 자본과 부채를 합한 금액과 자산 총액이 일치하도록 작성되며, 자본과 부채는 재무상태표의 오른쪽 대변에 기록되어 자금의 조달 원천을 나타내고 자산은 재무상태표의 왼쪽 차변에 기록되어 조달된 자금의 운용상태를 나타낸다.

10 현금흐름표는 일정 기간 동안 기업의 현금유입과 지출내역을 제품의 생산과 상품의 구매 및 판매 등과 같은 영업활동, 현금의 차입 및 상환, 주식발행이나 배당금 지급 등과 같은 재무활동, 현금의 대여와 회수, 유가증권, 투자자산, 유형자산의 취득과 처분 등과 같은 투자활동으로 구분하여 나타낸 표이다.

Keypoint & Answer

➡ 표준비율

➡ 총자산회전율, 재무레버리지, 매출액순이익률

➡ 15

➡ 포괄손익계산서(income statements)
• 일정 기간의 기업경영 성과를 나타내는 표이다.
• 재무제표를 작성하는 중요한 목적 중 하나는 기업이 일정 기간에 얼마나 이익을 남겼는지 또는 얼마나 손해를 보았는지를 정확하게 계산하는 데 있으며 포괄손익계산서는 정확한 손익금액을 계산하면서 동시에 그 손익이 경영의 어떤 활동에서 발생했는가를 알아보기 위해 작성된다.

Key Point

자본 변동표의 유용성
- 자본의 변동 내용에 대한 포괄적인 정보 제공
- 재무제표 간 연계성 제고 및 재무제표의 이해 가능성 증진
- 포괄적인 경영 성과에 대한 정보 제공

레버리지비율(leverage ratio)
- 레버리지비율은 기업의 장기지급능력을 측정하는 재무비율이다.
- 레버리지비율은 기업의 총자산 중에서 외부의 채권자로부터 차입한 금액과 주주가 출자한 금액의 비율로 측정한다.
- 외부차입금의 비중이 높을수록 기업의 위험은 증가하므로 레버리지비율은 기업의 위험을 재는 척도로도 이용된다.

11 순운전자본에 대해 간략히 설명하시오.

12 부채비율에 대해 간략히 설명하시오.

13 Tobin's q비율에 대해 간략히 설명하시오.

14 자본변동표에 대해 설명하시오.

15 성장성비율에 대해 간략히 설명하시오.

Answer

11
- 유동자산에서 유동부채를 차감한 금액으로 산출된다.
- 순운전자본이 양(+)의 값을 보인다는 것은 유동자산으로 유동부채를 상환한 후에도 여유가 있다는 것을 의미한다.

12 자산의 취득에 사용된 자금의 조달원천, 즉 부채와 자본의 상대적 비중을 부채비율(debt to equity ratio) 또는 자본구조(capital structure)라고 한다. 부채비율은 기업의 재무구조의 건전성을 측정하는 중요한 지표이다.

13 q비율(Tobin's q)이란 기업이 보유하는 부채와 지분의 시장가치를 기업이 보유하는 자산의 대체원가로 나눈 비율이다.

14 자본 변동표는 한 회계 기간에 발생한 자본의 변동을 표시하는 재무 보고서이다. 주요 내용은 자본금과 적립금 등의 변동 내용에 대한 정보를 제공한다. 자본 변동표는 자본금과 적립금 등 자본의 각 구성 요소별로 기초 시점과 기말 시점에서 장부 금액의 변동에 대한 정보를 표시한다. 자본의 구성 요소는 납입 자본, 기타 포괄 손익의 누계액과 이익 잉여금의 누계액 등을 포함한다.

15
- 기업의 성장성을 측정하는 재무비율로서 매출액증가율, 이익증가율, 자산증가율 등이 있다. 기업가치의 많은 부분은 기업의 성장가능성에 의존한다. 따라서 투자자들은 기업의 성장성에 지대한 관심을 갖는다.
- 기업의 성장률은 그 기업이 속하는 해당 산업의 예상성장률, 자사의 경쟁적 위치 및 경영전략 등에 의해 영향을 받는다.

16 활동성비율에 대해 간략히 설명하시오.

17 추세분석에 대해 간략히 설명하시오.

18 재무레버리지에 대해 간략히 설명하시오.

19 영업 레버리지도가 높다는 것의 의미를 설명하시오.

20 매출액순이익률의 의미를 설명하시오.

> **Key Point**
>
> ➡ 재무레버리지
> - 매출액의 증감과 직접적인 관계 없이 고정적으로 지출되는 이자비용 등의 고정비에 따라 매출액의 변동폭보다 손익의 변동폭이 확대되는 것을 말하며, 기업이 자산을 취득하기 위하여 조달한 자금 중 타인자본이 차지하는 비율을 말한다.
> - 타인자본을 사용할 경우 이자부담이 발생하여 주주에게 돌아가는 순이익은 영업이익이 변할 때 영업이익의 변동률 보다 확대되어 변화하게 되는데 이를 재무레버리지 효과라 한다.

Answer

16
- 경영활동의 수행과정에서 특정 자산이 얼마나 효율적으로 사용되었나를 측정한다.
- 활동성비율은 매출액을 특정 자산으로 나누어 매출액을 달성하는데 특정 자산이 몇 회나 회전했나, 즉 회전율로 측정한다.
- 자산회전율이 높을수록 자산이 경영활동에 효율적으로 사용되었다고 할 수 있다.

17 일정기간 동안의 재무비율의 변화 추세를 파악하여 재무상태와 경영성과가 개선되고 있는지 아니면 악화되고 있는지를 분석하는 것이다.

18 기업이 타인자본, 즉 부채를 보유함으로써 금융비용을 부담하는 것을 재무 레버리지라고 한다. 재무 레버리지가 존재하는 경우 고정적 금융비용의 지급으로 영업이익의 변동이 세후순이익의 변동을 확대시키게 되는데, 이를 재무 레버리지 효과라고 한다.

19
- 영업고정비가 많다.
- 영업이익의 변동성이 크다.
- 영업위험이 크다.

20 순이익을 매출액으로 나눈 것으로 매출액 1원당 얼마의 순이익을 올렸는가를 나타낸다. 이 비율은 기업 영업활동의 성과를 총괄적으로 파악하는 비율이라 할 수 있으며, 경쟁기업의 매출액순이익률과 비교·분석함으로써 그 기업의 경영 합리화에서 무엇이 문제가 되는지를 검토하고 발견하는 데 이용된다.

➡ 매출액순이익률
- 매출액에 대한 순이익의 비율이다.
- 기업의 순이익은 매출액에서 제조원가 또는 매입원가와 영업비용을 공제하고 다시 영업외 손익을 가감한 것을 말한다.
- 경영내용을 판단할 때 쓰이는 비율로서 관계비율 중의 동태비율로 분류된다.

| 독 | 학 | 사 | 3 | 단 | 계 |

Key Point

자기자본이익률(ROE)
- 경영자가 주주의 자본을 사용해 어느 정도 이익을 올리고 있는지를 나타내는 것으로, 주주지분에 대한 운용효율을 나타내는 지표이다.
- 기간이익으로는 흔히 경상이익, 세전순이익, 세후순이익 등이 이용되며, 자기자본은 기초와 기말의 순자산액의 단순평균을 사용하는 경우가 많다.
- 주식시장에서는 자기자본이익률이 높을수록 주가도 높게 형성되는 경향이 있어 투자지표로도 사용되고, 자산수익률과 더불어 경영효율을 보는 대표적인 재무비율이다.

부가가치의 성격
- 개개의 기업 또는 산업이 생산과정에서 새로이 부가한 가치이다.
- 어떤 기업의 연간생산액은 그 전부를 기업이 만들어낸 것이 아니라 생산에 소요된 원재료·연료, 하청기업이 납품한 부품 등 다른 기업의 생산물이 포함되어 있으므로 이것을 공제한 나머지 부분이 부가가치가 된다.

총자산증가율
- 총자산증가율은 일정 기간 동안의 총자산 증가분을 기초의 총자산으로 나눈 비율이다.
- 기업의 외형적 규모의 신장을 나타낸다.

21 자기자본순이익률의 의미를 설명하시오.

22 부가가치의 의미를 설명하시오.

23 매출액증가율에 대해 간략히 설명하시오.

24 총자산증가율의 의미를 설명하시오.

Answer

21 순이익을 자기자본으로 나눈 것으로, 1원의 자기자본으로 순이익을 얼마만큼 발생시켰는가를 나타낸다. 주주들이 요구하는 투자수익률이 바로 이 자기자본순이익률이다. 자기자본순이익률이 높다는 것은 자기자본이 매우 효율적으로 운용되고 있음을 의미한다.

22 부가가치는 최종 생산자와 중간 생산자로부터 구입한 원재료에 자본과 노동 등 생산요소를 투입하여 새로이 창출한 가치로, 기업이 생산·판매한 총가치에 생산을 위해 투입한 외부 구입 가치를 차감한 순생산액을 의미한다.

23 당기 매출액 증가분을 전기 매출액으로 나눈 비율로서, 기업의 외형적인 신장세를 나타내는 대표적인 지표이다. 매출액이 증가하는 것은 판매단가를 인상했기 때문일 수도 있고, 판매량이 늘어났기 때문일 수도 있다. 매출액증가율이 경쟁기업보다 높다면 결국 시장점유율이 증가했다는 의미이므로, 경쟁력의 변화를 가늠하는 한 방법이 된다.

24 일정 기간 동안의 총자산 증가분을 기초의 총자산으로 나눈 비율로서, 기업의 외형적 규모의 신장을 나타낸다. 이는 일정 시점을 기준으로 작성된 재무상태표를 이용한 것이고, 자산재평가 실시 여부와 시기에 따라서 장부상의 자산가액이 실제보다 과소계상되는 경향이 있다.

25 비율분석의 유용성에 대해 간략히 설명하시오.

26 포괄손익계산서의 의미를 간략히 설명하시오.

27 정태비율의 의미를 간략히 설명하시오.

28 레버리지 비율의 의미를 설명하시오.

Key Point

▶ 비율분석의 유용성
- 기업분석에서 예비분석으로서 가치가 있다.
- 작성된 재무제표를 사용해 시간과 비용을 절감할 수 있다.
- 간단하고 이해하는데 어려움이 없기 때문에 경영학 전공자가 아닌 사람도 쉽게 사용할 수 있다.

▶ 포괄손익계산서
- 기업의 경영성과를 밝히기 위하여 일정기간 내에 발생한 모든 수익과 비용을 대비시켜 당해 기간의 순이익을 계산·확정하는 보고서이다.
- 포괄손익계산서에서는 수익과 비용의 과목을 대응·비교시켜 손익을 표시하므로, 그 기능은 순손익액을 명백히 할 뿐만 아니라 손익발생의 과정을 분석적으로 추적할 수 있도록 하여 영업의 수행과정까지 알려준다.

Answer

25 간단하며 이해하기 쉬워 경영학이나 재무관리를 공부하지 않은 사람도 쉽게 사용할 수 있으며, 이미 작성된 재무제표를 사용함으로써 시간과 비용을 절약할 수 있다. 그리고 구체적이고 복잡한 기업분석에 들어가기 전 예비분석으로의 가치가 있다.

26 포괄손익계산서는 일정기간 동안 발생한 수익과 비용을 기재해 기업의 경영성과를 명시하는 계산서로, 일정기간중에 발생한 모든 수익과 이익을 얻기 위해 소요된 비용 및 손실을 대비함으로써 그 기간의 순손익을 확정하는 동시에 그 순손익이 발생한 원인 및 과정을 명확하게 보여주는 것이다.

27 일정시점에서 기업의 재무상태를 나타내는 정태적 재무보고서인 재무상태표상의 두 항목을 대응시켜 계산되는 재무비율로서 재무상태표비율이라고도 한다.

28 레버리지 비율은 타인자본이 기업자본 중에서 차지하는 비율로 자본조달의 안정성을 나타내며, 기업의 장기지급능력을 측정하는 재무비율이다. 레버리지비율은 기업의 총자산 중에서 외부의 채권자로부터 차입한 금액과 주주가 출자한 금액의 비율로 측정하며 외부차입금의 비중이 높을수록 기업의 위험은 증가하므로 기업의 위험을 측정하는 척도로도 이용된다.

| 독 | 학 | 사 | 3 | 단 | 계 |

Key Point

레버리지비율
- 타인자본이 기업자본 중에서 차지하는 비율로 자본조달의 안정성을 나타낸다.
- 레버리지비율은 기업의 장기지급능력을 측정하는 재무비율이다.
- 레버리지비율은 기업의 총자산 중에서 외부의 채권자로부터 차입한 금액과 주주가 출자한 금액의 비율로 측정한다.
- 외부차입금의 비중이 높을수록 기업의 위험은 증가하므로 레버리지비율은 기업의 위험을 재는 척도로도 이용된다.
- 외부로부터 차입한 부채는 지렛대와 같은 역할을 하는데, 즉 동일한 영업활동에 대해 부채비율이 높을수록 그 성과가 확대되어 나타난다.

유동성 비율
- 단기채무를 상환할 수 있는 능력을 측정하는 재무비율로서 흔히 단기채무지급능력비율이라고도 한다.
- 유동성은 단기간에 자산을 현금화시킬 수 있는 정도를 의미한다.
- 단기란 기업의 정상적인 영업주기로서 통상 1년 동안의 기간을 의미한다.

이자보상비율
- 기업이 부채에 대한 이자지급 의무를 이행할 수 있는 능력을 보기 위한 지표이다.
- 영업이익을 지급이자비용으로 나누어 산출한다.
- 이자보상비율이 100% 미만일 때는 갚아야 할 이자비용보다 기업이 벌어들인 영업이익이 더 적었다는 뜻이다. 즉, 지급이자비용이 영업이익을 넘는 것을 뜻하므로 이자지급 능력에 문제가 있다고 판단할 수 있다.

29 유동성 비율의 의미를 간략히 설명하시오.

30 이자보상비율의 의미를 설명하시오.

31 주가수익비율의 의미를 간략히 설명하시오.

32 생산성비율의 의미를 설명하시오.

Answer

29 유동성 비율은 외상매입금, 미지급금, 지급어음 등과 같은 단기부채의 지급능력을 측정하는 척도로, 일반적으로 현금, 유가증권, 외상매출금, 재고자산 등 1년 이내에 현금화하기 용이한 유동자산을 1년 이내에 만기가 도래하는 유동부채로 나눠 측정한다.

30 이자보상비율은 이자 및 세금 차감 전 이익을 이자비용으로 나누어 측정한다.

$$이자보상비율 = \frac{이자 \; 및 \; 세금차감 \; 전 \; 이익 \; 혹은 \; 영업이익(EBIT)}{이자비용} \times 100$$

이자보상비율은 이자지급에 필요한 수익을 창출할 수 있는 능력을 측정하기 위한 지표로서 기업의 이자부담능력을 판단하는데 유용하게 이용되는 재무비율이다.

31 주가수익비율(price/earnings ratio : PER)은 주가를 주당이익으로 나눈 것으로서, P/E비율 또는 PER라고 하며, 주가가 주당순이익의 몇 배나 되는가를 나타내는 것이다.

$$주가수익비율(PER) = \frac{주가}{주당이익}$$

32 기업활동의 성과 및 효율을 측정하여 개별 생산요소의 기여도 및 성과배분의 합리성 여부를 평가하는 지표로 기업의 자본·노동·경영 등의 생산요소를 결합하는 방법에 따라 산출량이 어느 정도 달성되었는지를 측정하는 데 이용된다.

33 평점제도에 대하여 간략하게 설명하시오.

34 ROI기법의 의미에 대하여 설명하시오.

35 ROI기법의 장점에 대하여 설명하시오.

> **Key Point**
>
> ➡ 주가수익비율의 특징
> - 현재의 주가를 주당순이익으로 나눈 것이다.
> - 주가의 가치를 따지는 대표적 지표로 기업의 현재 주가가 적정한지를 판단하는 기준이 된다.
> - 기업의 순이익을 주식 수로 나누면 주당순이익(EPS)이 산정된다. 이 EPS를 현재 주가로 나눈 수치가 주가수익비율이다.

Answer

33
- 기업을 종합적으로 평가하는 방법으로서 가장 많이 사용하는 것이 평점제도(scoring system)이다.
- 평점제도의 기본원리는 평가목적에 따라 중요한 재무비율을 여러 개 선정하여, 각 비율을 여러 구간으로 나누고 여기에 각 비율의 중요도에 따른 점수를 배분하는 것이다.
- 어떤 회사를 평가할 때에는 그 회사의 재무비율이 속한 구간에 따라 점수를 산정하고, 이 점수를 모두 합하여 기업의 평가지표로 사용한다.

34 ROI기법은 투자수익률과 관계된 재무요인을 중심으로 기업의 경영성과와 그 효율을 체계적으로 분석·통제하는 것이다. 따라서 재무비율들을 기업전체적 입장에서 유기적으로 파악하는 종합적인 비율분석의 하나이다.

35
- 총자산회전율과 매출액순이익률에 관련된 여러 재무요인들을 분석함으로써 기업의 경영성과와 문제점을 기업 전체 입장에서 종합적으로 평가할 수 있다.
- 기업의 경영자나 종업원의 업적을 평가하거나 통제하는 데 있어서 다른 의미로 정의한 수익률의 개념보다 타당성이 있다.
- 각 부서에 종사하는 경영자나 종업원들에게 그들 부서의 업무와 ROI의 극대화라는 기업 목표와의 관계를 명확하게 인식시킴으로써 각 부문 활동이 기업의 목표와 직결되도록 한다.

> ➡ 평점제도
> - 기업을 종합적으로 평가하는 가장 많이 사용되는 방법이다.
> - 평가목적에 따라 중요 재무비율을 여러 개 선정하여 각 비율을 여러 구간으로 구분하고 각 비율의 중요도에 따른 점수를 배분한다.
> - 평점제도는 기업의 이미지, 최고경영자의 경영능력 등의 질적 요인도 고려하여 종합적으로 평가한다.

Key Point

투자수익률(return on investment : ROI)
- 경영성과를 종합적으로 측정하는 데 이용되는 가장 대표적인 재무비율이다.
- ROI는 기업의 목표인 투자수익률을 올릴 수 있는 재무요인을 체계적으로 관찰해서 문제가 발생되는 요인을 중점적으로 통제하는 방법이다.
- ROI분석은 ROI의 구성요인을 여러 재무요인별로 분해하여 경영성과의 변동원인을 찾아냄으로써 재무통제가 필요한 부문이 어느 부문인가를 파악하는데 이용되고 있다.

자기자본순이익률(ROE : Return On Equity)
- 자기자본순이익률은 포괄손익계산서상 최종적인 경영성과인 당기순이익을 자기자본으로 나눈 비율이다.
- 수익에서 지급이자 등의 금융비용을 포함한 모든 비용을 제외한 당기순이익은 결국 회사에 자본을 투자한 주주나 출자자에게 돌아가는 몫이 된다.

지수법의 의의
- 재무비율에 기초하여 기업의 재무상태나 경영성과를 평가하는 경우에 문제가 되는 것은 각 재무비율의 평가결과가 상이한 경우 종합적으로 평가하기가 곤란하다. 따라서 하나의 단일지표로서 평가근거가 되는 종합지수가 필요하게 된다.
- 지수법은 여러 재무비율을 동시에 고려하여 기업의 재무상태와 경영성과를 종합적으로 평가하는 데 이용되는 분석방법이다.
- 지수법은 1919년에 월(A. Wall)에 의해서 처음 개발된 종합적인 분석기법으로 각 재무비율에 가중치를 부여하여 지수를 산출하기 때문에 가중비율종합법이라고도 한다.

36 ROE분석의 문제점에 대하여 설명하시오.

37 총자산회전율의 의미에 대해 설명하시오.

38 지수법의 유용성에 대해 2가지 이상 열거하시오.

Answer

36 ROE는 현재의 재무자료를 이용해서 계산되므로 기업의 미래 상황에 대한 정보는 충분히 제공하지 못하며 수익성과 위험이 서로 상충관계에 있다. 그리고 ROE를 계산할 때, 재무상태표에 표시된 장부가치를 자기자본으로 이용한다. 그러나 장부상의 자기자본액은 주주지분의 현재 가치를 제대로 반영하지 못하는 역사적 금액이다. 한편 경영성과를 평가하는 척도로서 ROE와 주가 중에서 무엇이 좋은가에 대하여는 학계와 실무계의 의견이 갈리고 있다.

37 총자본회전율이라고도 하며 매출액을 총자산으로 나눈 것이다. 이 비율은 기업이 소유하고 있는 자산들을 얼마나 효과적으로 이용하고 있는가를 측정하는 활동성비율의 하나로서 기업의 총자산이 1년에 몇 번이나 회전하였는가를 나타내며 총자산회전율이 높으면 유동자산·비유동자산 등이 효율적으로 이용되고 있다는 것을 뜻하며, 반대로 낮으면 과잉투자와 같은 비효율적인 투자를 하고 있다는 것을 의미한다.

38
- 지수의 작성 및 평가가 용이하다. 또한 필요한 자료획득이 용이하다.
- 각국의 금융기관이 여신을 결정할 때 지수법을 골격으로 하는 신용평가모형에 주로 의존한다.
- 경영성과와 재무상태를 보다 종합적으로 쉽게 평가할 수 있다.
- 경영자의 자질, 기업 역사, 사업전망 등 질적 요인도 고려할 수 있다.
- 결과해석이 용이하여 실무에 많이 사용된다.

독|학|사|3|단|계

03

기업손익 분석

단원개요

손익분기분석은 생산비, 판매량, 판매가격이 변할 때 이익이 어떻게 변하는가를 분석하는 것이다. 한편 기업이 자본을 투자하여 제품을 생산하고 판매하면 비용이 발생한다. 여기에서 발생하는 총비용은 영업비용과 재무비용으로 나누어진다. 따라서 총비용 중에서 고정영업비용과 고정재무비용이 차지하는 비중에 따라서 영업이익 및 세후순이익의 크기와 질이 달라지게 된다. 이와 같이 고정비가 수익력의 크기와 질에 미치는 영향을 분석하는 방법이 바로 레버리지 분석이다.

출제경향 및 수험대책

이 단원에서는 해마다 출제비율이 약간씩 달라지기는 하지만 평균 5~6문제 정도는 출제되고 있는 편이다. 그 출제 내용을 살펴보면 손익분기분석의 개요, 수익과 영업비용의 분류, 비용의 분류방법, 손익분기점의 산출방법, 손익분기점 분석의 활용과 확장, 손익분기점의 한계, 레버리지 분석의 의의 및 유형, 기업위험과 레버리지, 영업레버리지의 의의 및 분석, 재무레버리지의 의의 및 분석 등에 대해서 묻는 문제들이 출제되고 있는 바, 자세하고 철저한 학습이 요구된다.

Bachelor's Degree

03 기업손익 분석

> **1 핵심 중요내용 및 핵심요약**
>
> 손익분기분석의 개요, 수익과 영업비용의 분류, 비용의 분류방법, 손익분기점의 산출방법, 손익분기점 분석의 활용과 확장, 손익분기점의 한계, 레버리지 분석의 의의 및 유형, 기업위험과 레버리지, 영업레버리지의 의의 및 분석, 재무레버리지의 의의 및 분석

- 손익분기분석의 개요
- 수익과 영업비용의 분류
- 레버리지 분석의 의의 및 유형
- 영업레버리지의 의의
- 재무레버리지도

손익분기분석(손익분기점 분석)

(1) 손익분기분석의 개요

① 손익분기분석의 의의 : 손익분기분석은 생산비, 판매량, 판매가격이 변할 때 이익이 어떻게 변하는가를 분석하는 것으로 비용·매출량(매출액)·이익(cost-volume-profit : CVP)분석이라고도 한다.

② 손익분기점(break-even point : BEP)
  ㉠ 일정기간의 매출액과 영업비용이 일치하여 손실 또는 이익이 없을 때의 조업도 수준이다.
  ㉡ 기업이 생산능력의 범위 내에서 영업비용을 회수하는데 필요한 최소한의 조업도(판매량 또는 매출액)를 의미한다.
  ㉢ 영업이익이 0원이 되는 판매량이나 매출액을 의미한다.

③ 손익분기점 분석 : 원가, 매출액, 이익의 상호관계를 분석하는 것이다.

(2) 수익과 영업비용의 분류

① 수익 : 수익이란 기업이 상품과 서비스를 판매하여 벌어들인 총수입을 말한다.

$$TR = P \times Q$$
[TR : 총수익　　P : 판매단가　　Q : 판매수량]

② 영업비용
  ㉠ 고정영업비용(fixed operating cost)
    - 생산능력의 범위 내에서 조업도(생산량 또는 판매량)의 변화와 관계없이 일정하게 발생하는 영업비용을 말한다. **예** 감가상각비, 재산세, 임차료, 사무직원의 급료 및 광고비 등
    - 생산능력을 증대시키기 위하여 기업이 추가로 시설투자를 하는 경우 고정영업비용이 증가하게 된다.
  ㉡ 변동영업비용(variable operating cost)
    - 조업도의 변화에 따라 비례적으로 변동하는 영업비용을 의미한다. **예**

Key Point

손익분기점
- 한 기간의 매출액이 당해기간의 총비용과 일치하는 점이다.
- 매출액이 그 이하로 감소하면 손실이 나며, 그 이상으로 증대하면 이익을 가져오는 기점을 가리킨다.

고정영업비용의 특성
- 고정영업비용은 판매량의 변화와 관계없이 일정하지만, 단위당 고정영업비용은 판매량이 증가함에 따라 감소하는 특성을 보인다.
- 영업비용 중에서 고정영업비용의 비중이 높을수록 판매량이 증가하는 경우에는 영업이익이 그보다 높은 비율로 증가하지만, 판매량이 감소하는 경우에는 영업이익이 그보다 높은 비율로 줄어들게 된다.
- 고정영업비용의 비중이 높을수록 영업이익의 변동폭(영업위험)이 커지게 된다.

직접재료비, 직접노무비, 판매수수료, 판매원의 성과급 등이 변동영업비에 속한다.
- 생산이나 판매수준과 밀접한 관련을 가지고 변하는 비용으로, 생산이나 판매수준과 직접적인 관계로 비례적으로 변동한다.

> 변동영업비용 $VC = V \cdot Q$
> [V : 단위당 변동비, Q : 매출량]
>
> 총비용 $TC = FC + VC = FC + V \cdot Q$
> 총수익 $TR = P \cdot Q$
> [P : 단위당 제품가격, FC : 고정영업비용]

ⓒ 준고정영업비 또는 준변동영업비 : 고정영업비와 변동영업비를 분류함에 있어 고정영업비적인 성격과 변동영업비적인 성격을 공유하고 있는 비용이다.

(3) 비용의 분류방법

① 최소자승법
  ㉠ 비용의 분류를 수학적으로 분류하는 방법이다.
  ㉡ 산포도법에 의한 산포도점과 비용의 추세선상의 점과의 거리(오차)의 자승의 합계가 최소가 되었을 때의 절편과 기울기를 추정하는 방법이다.

② 산포도(scatter graph)법
  ㉠ 과거 여러 기간의 매출액과 비용의 관계를 점으로 표시하고, 이 점들을 대표할 수 있는 선을 그어 비용을 분해하는 방법이다.
  ㉡ 장·단점 : 과거의 많은 자료를 이용하여 분석하기 때문에 총비용법보다는 정교할 수 있으나, 그 선이 추세선이므로 정확하다고는 보기 어렵다.

③ 총비용법(공식법)
  ㉠ 두 기간의 매출액과 총비용을 비교하여 수학적으로 비용을 분류하는 방법으로 총액법 또는 수학적 방법이라고도 한다.
  ㉡ 조업도의 증가에 따라 변하는 것은 변동비이고 고정비는 불변하는 것이기 때문에, 비용이 증가한 만큼의 비율이 곧 변동비율을 의미하게 된다고 본다.

④ 개별비용법 : 비용의 각 항목을 조업도와 연계시켜 개별적으로 관찰하여 고정비와 변동비로 분류하는 방법으로 계정과목법이라고도 한다.

(4) 손익분기점의 산출방법

① 손익분기점의 가정
  ㉠ 기업은 단일제품을 생산하여 판매한다.
  ㉡ 기초와 기말의 재고량은 동일하다. 따라서 생산량과 매출량은 동일하다.

Key Point

▶ 변동영업비용의 특성
- 단위당 변동영업비용은 판매량의 변화와 관계없이 일정하지만 변동영업비용은 판매량의 변화에 따라 비례적으로 변동하는 특성을 보인다.
- 변동영업비용의 비중이 높다는 것은 고정영업비용의 비중이 낮다는 것을 의미하기 때문에 영업비용 중에서 변동영업비용의 비중이 높을수록 판매량의 변동에 따라 영업이익의 변동 폭이 줄어들게 된다. 그러므로 고정영업비용의 비중을 낮춤으로써 영업위험을 개선시키는 효과를 얻을 수 있다.

▶ 개별비용법의 장·단점
- 장점 : 이해하기 쉽고 각 기업의 실정에 맞게 응용될 수 있다.
- 단점 : 개인적인 감정이 개입될 수 있으며, 구분해야 할 계정과목이 너무 많다.

▶ 손익분기도표(break-even chart)의 특징
- 손익분기도표란 매출액, 비용 및 손익의 관계를 표시해 주는 도표이다.
- 손익분기도표의 가장 대표적인 형태는 단일품종기업에 있어서의 선형적 손익분기도표이다.

ⓒ 고정비는 일정한 조업도의 범위 내에서는 변하지 않는다.
ⓓ 생산량이나 매출량에 관계없이 단위당 판매가격과 단위당 변동비가 일정하다.
ⓔ 모든 비용은 조업도와 관련이 되어 발생하며, 발생된 비용은 고정비와 변동비로 구분할 수 있다.

② 손익분기점에서의 매출량과 매출액

㉠ 매출량의 손익분기점 계산

$$P \cdot Q^* = FC + V \cdot Q^* \qquad Q^* : 손익분기점의\ 매출량$$
$$Q^* = \frac{FC}{P-V} \qquad P-V : 공헌이익$$

- 단위당 공헌이익은 제품을 1단위 판매할 때 고정영업비용을 회수하거나 영업이익에 기여하는 크기를 의미한다.
- 손익분기점 판매량 내에서는 공헌이익이 고정영업비용을 회수하는 역할을 하며, 그 이상에서는 영업이익에 기여하는 역할을 하게 된다.

【예제1】

☞ 볼펜을 판매하는 A사는 볼펜 1개당 800원에 사서 1,000원에 판매하며 고정비가 월 10만이 든다. 재고가 전혀 없다고 할 때 한 달에 몇 개를 팔아야 영업손실을 면할 수 있는가?

【예제에 대한 풀이】

$$Q^* = \frac{FC}{P-V} = \frac{100,000}{1,000-800} = 500(개)$$

즉, 손익분기점의 매출량은 500개이다. 이 이상을 팔면 영업이익이 발생하고 이 이하로 팔면 영업손실이 발생한다.

㉡ 매출액의 손익분기점 계산

$$TR^* = FC + VC^*$$
$$VC^* = \frac{VC^*}{TR^*} \cdot TR^* = \frac{VC}{TR} \cdot TR^*$$
$$\therefore TR^* = \frac{FC}{1-\frac{VC}{TR}} = \frac{FC}{1-\frac{V \cdot Q}{P \cdot Q}} = \frac{FC}{1-\frac{V}{P}}$$

【예제2】

☞ A사의 올해 매출액은 1,000만원이고 고정영업비용은 500만원, 변동영업비용은 600만원이다. 이 회사가 영업손실을 면하기 위해서는 얼마의 매출액을 올려야 하겠는가?

손익분기점 판매량
- 영업비용을 고정영업비용과 변동영업비용으로 구분할 수 있다면, 매출액(수익)과 영업비용이 일치하는 손익분기점판매량을 추정할 수 있다.
- 손익분기점판매량은 이익계획 수립에서 중요한 정보로 이용된다.
- 손익분기점분석과 레버리지분석을 병행함으로써 투자정책과 자본조달정책이 기업의 수익력, 영업위험과 재무위험에 미치는 영향을 평가할 수 있다.

손익분기점 매출액
- 손익분기점 매출액을 구하기 위하여 단위당 판매가격(p)을 곱하여 정리하면 다음과 같다.

$$TR^* = \frac{FC}{1-\frac{v}{p}}$$

- $1-\frac{v}{p}$ 는 공헌이익률로서 매출액이 1원 증가할 때 고정영업비용을 회수하거나 영업이익에 기여하는 크기를 의미한다.

손익분기점의 특징
- 기업은 단일제품을 생산하여 판매한다.
- 모든 비용은 조업도와 관련이 되어 발생하며, 발생된 비용은 고정비와 변동비로 구분할 수 있다.

【예제에 대한 풀이】

$$TR^* = \frac{FC}{1-\frac{VC}{TR}} = \frac{5,000,000}{1-\frac{6,000,000}{10,000,000}} = 12,500,000(원)$$

즉, 12,500,000원의 매출액을 달성하여야 영업손실을 면할 수 있다.

(5) 손익분기점 분석의 활용과 확장

① 수익력의 안전도 측정

㉠ 손익분기점을 알게 되면 손익분기점의 분석과정에서 비용과 조업도(매출·판매) 및 영업이익간의 관계를 규명할 수가 있고, 실제 매출액이 손익분기점상의 매출을 얼마만큼 초과(또는 부족)한지를 알게 됨으로써 경영목표설정과 전략구상에 중요 정보를 얻게 된다.

㉡ 수익력의 안전도는 영업이익이 실현되는 확실성의 정도를 의미하며 안전율을 계산하여 측정한다.

$$안전율 = \frac{예상매출액 - 손익분기점\ 매출액}{예상매출액} \times 100$$

> **Key Point**
>
> ➡ 수익력의 안전도 측정
> - 수익력의 안전도는 영업이익이 실현되는 확실성의 정도를 의미한다.
> - 예상매출액이 손익분기점 매출액보다 높을수록 수익력의 안전도가 높다고 말할 수 있다.
> - 수익력의 안전도는 안전율을 계산함으로써 측정할 수 있다.

【예제3】

☞ A사의 손익분기점의 매출액은 3,000만원이다. 내년도 예상매출액이 5,400만원이라면 이 회사의 안전율은 얼마인가?

【예제에 대한 풀이】

$$안전율(\%) = \frac{5,400만원 - 3,000만원}{5,400만원} \times 100 = 약\ 44.45\%$$

즉, A사의 내년도 매출액이 예상보다 56% 이상 감소한다면 영업손실이 발생할 것임을 알 수 있다.

> ➡ 안전율 : 예상매출액과 손익분기점 매출액의 차이를 예상매출액으로 나누어 계산된다.

② 목표영업이익을 실현하기 위한 판매량의 추정

㉠ 손익분기분석은 영업이익이 0이 되는 매출량과 매출액을 구할 수 있을 뿐만 아니라, 손익분기분석을 이용하여 이익계획(profit planning)의 일환으로 목표이익(target profit)을 달성하는 데 필요한 매출량과 매출액을 구하는 데 활용할 수 있다.

㉡ 목표영업이익을 달성할 수 있는 매출액은 총영업비용에 목표영업이익을 더한 것과 같다.

$$목표영업이익의\ 매출량(Q^{**}) = \frac{고정비용 + 목표영업이익}{공헌이익} = \frac{FC + \pi}{P - V}$$

$$목표영업이익의\ 매출액(TR^{**}) = \frac{고정비용 + 목표영업이익}{공헌이익률} = \frac{FC + \pi}{1 - \frac{V}{P}}$$

> ➡ 손익분기분석의 활용 : 손익분기분석은 영업이익이 0이 되는 매출량과 매출액을 구할 수 있을 뿐만 아니라, 손익분기분석을 이용하여 이익계획(profit planning)의 일환으로 목표이익(target profit)을 달성하는 데 필요한 매출량과 매출액을 구하는 데 활용할 수 있다.

| 독 | 학 | 사 | 3 | 단 | 계 |

Key Point

다품종 기업의 손익분기점분석
- 손익분기점분석에서는 기업이 하나의 제품만을 생산·판매한다고 가정하고 있다. 그러나 하나의 제품만을 생산하는 기업은 거의 없으며, 여러 제품을 생산·판매하는 경우가 대부분이다.
- 기업이 여러 제품을 생산·판매하는 경우 영업비용을 제품별로 변동영업비용과 고정영업비용으로 분류하여 손익분기점 판매량을 측정하여야 한다.
- 다품종 생산기업의 손익분기점분석으로는 가중평균공헌이익률법, 기준법과 평균법 등이 있다.

개별법·평균법·기준법
- 개별법 : 개별법은 각 제품별로 공헌이익과 공헌이익률을 구하고, 순차적으로 누계합산해 가면서 그것이 고정비와 같게 되는 점, 즉 손익분기점을 구하는 방법이다.
- 평균법 : 평균법은 각 제품을 하나의 큰 제품으로 가정하고 각 제품의 구성비율이 언제나 동일하다는 전제하에 공헌이익의 합계를 제품별 매출액 합계로 나누어 가중평균 공헌이익률을 구하고 이 평균 공헌이익률을 기초로 하여 손익분기점을 구한다.
- 기준법 : 기준법은 기업의 제품 중에서 주력제품을 정하고 이 제품을 기준으로 하여 손익분기점을 구하는 방법이다.

【예제4】

☞ 앞의 〔예제 1〕에 나온 A사가 최소한 12만원의 영업이익을 목표로 삼고 있다면 볼펜의 매출량과 매출액은 얼마가 되어야 하는가?

【예제에 대한 풀이】

$$Q^* = \frac{FC + \pi}{P - V} = \frac{100,000 + 120,000}{1,000 - 800} = 1,100(개)$$

$$Q^{**} = \frac{FC + \pi}{1 - \frac{V}{P}} = \frac{100,000 + 120,000}{0.2} = 1,100,000(원)$$

③ 다종품목의 손익분기점

㉠ 여러 가지 제품을 생산하는 경우 각 제품의 공헌이익률은 서로 상이하기 때문에 지금까지의 손익분기분석 방법으로는 한계가 있기 때문에 좀 더 발전된 손익분기분석이 활용되고 있다.

㉡ 다품종기업의 손익분기분석에서 가장 어려운 문제 : 각 제품별로 변동비와 고정비를 산출해 내는 것이다.

㉢ 고정비를 각 제품별로 배분하지 않고 직접 기업의 손익분기점을 계산할 때 이용되는 방법 : 평균법, 개별법, 기준법의 세 가지가 있다.

㉣ 평균법 : 가중평균 공헌이익률법에서는 각 제품의 매출액 구성비율이 시간의 경과와 관계없이 일정하며, 변동영업비용을 제품별로 정확하게 할당시킬 수 있다는 가정에서 다음을 거쳐 손익분기점 매출액을 산출한다.
  - 각 제품의 공헌이익률을 구한다.
  - 각 제품의 공헌이익률에 매출액 구성비율을 곱한 후 이를 합산하여 가중평균 공헌이익률을 계산한다.
  - 기업 전체의 손익분기점 매출액을 매출액 구성비율에 따라 각 제품에 배분하여 제품별 손익분기점 매출액을 구한다.

$$TR^* = \frac{FC}{WC} \quad [WC : 가중평균\ 공헌이익률]$$

【예제5】

☞ A, B, C의 세 가지 제품을 제조·판매하는 A사의 총고정비용은 80만원이며 총매출액에서 차지하는 각 제품의 매출액 구성비율이 변하지 않는다고 가정할 때, 손익분기점에서의 매출액을 구하라.

제 품	판매단가(원)	단위당 변동비(원)	매출액 구성비율(%)
A	500	200	20
B	1,000	800	40
C	2,000	1,400	40

【예제에 대한 풀이】

먼저 각 제품의 공헌이익률을 계산하면 다음과 같다.

$$A : 1 - \frac{200}{500} = 0.6 \qquad B : 1 - \frac{800}{1,000} = 0.2$$

$$C : 1 - \frac{1,400}{2,000} = 0.3$$

$$TR^* = \frac{FC}{WC} = \frac{800,000}{(0.6 \times 0.2) + (0.2 \times 0.4) + (0.3 \times 0.4)} = 2,500,000(원)$$

이 회사의 손익분기점은 250만원이며, 이때 각 제품의 매출액은 총매출액에서 차지하는 각각의 매출액 비율에 의해 A제품이 50만원, B제품이 100만원 그리고 C제품이 100만원이 된다. 그리고 A, B, C 제품의 매출량은 각 제품의 매출액을 판매단가로 나누어 각각 1,000개, 1,000개, 500개로 계산된다.

(6) 손익분기점의 한계

① 손익분기점 모형에서는 모든 영업비용을 고정영업비용과 변동영업비용으로 구분할 수 있다고 가정하고 있으나 현실적으로 모든 영업비용을 고정영업비용과 변동영업비용으로 분류하기는 매우 어렵다. 왜냐하면 일부 항목의 영업비용이 고정비적 성격과 변동비적 성격을 동시에 지니기 때문이다.

② 단위당 판매가격과 단위당 변동영업비용이 일정하다고 가정하고 있으나 실제로 판매량이 변동함에 따라 단위당 판매가격이나 단위당 변동영업비용이 변동한다.

③ 손익분기점 모형에서는 일정한 경영환경을 가정하고 있으나 시간의 경과에 따라 경영환경이 달라지며, 경영환경의 변화에 따라 영업비용의 구조가 변화하기 때문에 손익분기점 판매량이 변화하게 된다.

④ 모든 기업이 단일제품만을 생산한다고 가정하고 있으나 현실적으로 단일제품만을 생산하는 기업은 거의 없고 대부분의 기업에서 여러 제품을 생산하고 있다.

레버리지 분석

1. 레버리지 분석의 의의 및 유형

(1) 레버리지의 의의

① 레버리지(leverage) : 차입금·사채 등의 고정적 지출과 기계·설비 등의 고정비용이 기업경영에서 지렛대(lever)와 같은 중심적 작용을 하는 일이다.
  ㉠ 고정영업비용이 차지하는 비중을 높게 조정함으로서 판매량의 변화에 따라 그보다 높은 비율로 영업이익이 변화하는 효과를 얻을 수 있다.
  ㉡ 고정채무비용의 비중을 높게 조정함으로써 영업이익의 변화에 따라 순이익이 그보다 높은 율로 변화하는 효과를 얻을 수 있다.

Key Point

▶ 가중평균 공헌이익률법
- 제품별로 공헌이익률을 계산하여 각 제품의 매출액구성비율에 따라 가중 평균하여 가중평균공헌이익률을 구해야 한다.
- 제품별 매출액구성비율에 따라 할당하여 제품별 손익분기점 매출액을 구한다.

▶ 손익분기점 분석의 가정과 문제점
- 매출량·매출액에 관계없이 단위당 판매가격이 일정하며 단위당 변동비도 일정하다고 가정하지만 매출량은 매출가격에 영향을 주며 매출량의 증가에 따라 단위당 변동비도 변한다.
- 비용을 고정영업비용과 변동영업비용으로 구분하지만 실제로 비용의 구분이 쉽지 않다.
- 고정비는 매출량에 관계없이 일정하다고 가정하지만 장기적으로 볼 때 타당하지 않다.
- 여러 가지 상품을 생산하는 기업도 적용한다고 가정하지만 여러 제품 생산에 공동으로 쓰이는 모든 비용을 각 상품별로 배분하는 데 문제가 있다.
- 분석을 위한 비용·매출가격·생산량의 관계를 측정하는데 과거의 자료가 이용된다고 가정하지만 생산원가나 매출가격 등은 시간의 경과에 따라 변하게 되므로 비용·매출가격·생산량의 관계도 달라진다.

▶ 레버리지
- 레버리지는 '지렛대'라는 의미로 금융계에서는 차입을 뜻한다.
- 빚을 지렛대로 투자 수익률을 극대화하는 레버리지는 경기가 호황일 때 효과적인 투자법이다. 이는 상대적으로 낮은 비용(금리)으로 자금을 끌어와 수익성 높은 곳에 투자하면 조달비용을 갚고도 수익을 남길 수 있기 때문이다.

| 독 | 학 | 사 | 3 | 단 | 계 |

Key Point

레버리지효과
- 고정영업비용과 고정재무비용이 지렛대 작용을 하기 때문에 판매량이 적은 비율로 변동하더라도 영업이익이나 순이익이 그보다 높은 비율로 변동하는 현상을 레버리지효과라고 한다.
- 타인으로부터 빌린 차입금을 지렛대로 삼아 자기자본이익률을 높이는 것으로 지렛대효과라고도 한다.
- 타인 자본을 사용하는데 드는 금리비용보다 높은 수익률이 기대되는 경우에는 타인자본을 적극적으로 활용하는 것이 유리하지만 타인 자본을 과도하게 도입하면 경기가 어려울 때 금리부담으로 인한 도산 위험이 높아진다.

레버리지 유형
- 영업레버리지 : 총비용 중에서 고정영업비용이 차지하는 비중으로 측정되며, 고정영업비용이 발생되는 고정(비유동)자산을 이용하는 것을 의미한다.
- 재무레버리지 : 총비용 중에서 고정재무비용이 차지하는 비중으로 측정되며, 고정재무비용이 발생되는 부채를 이용하는 것을 의미한다.

② 레버리지효과
  ㉠ 시설확장이나 신제품을 생산하기 위하여 기계설비를 구입하거나 공장을 건설하고자 할 때 기업은 신규투자에 따라 추가적인 고정영업비용을 부담해야 하며, 그 밖에 부채발행에 따른 고정재무비용을 부담해야 한다.
  ㉡ 신규투자와 자본조달정책을 수립할 때 이들 정책수립이 비용구조에 어떤 영향을 미치는가를 검토해야 하는데, 고정비부담이 증가할수록 판매량이나 매출액의 변동에 따라 영업이익과 순이익의 변동성이 확대되는 현상을 레버리지효과라고 한다.

(2) 레버리지의 유형

① 영업레버리지
  ㉠ 고정(비유동)자산 등을 보유함으로써 고정영업비용을 부담하는 것을 영업레버리지라고 한다.
  ㉡ 영업레버리지는 영업이익의 실현과정에서 고정적인 영업비용이 발생하기 때문에 생긴다.
    - 여기서 고정영업비용은 기업의 매출액 수준과 관계없이 발생하는 영업비용으로 감가상각비, 임대료, 경영진의 보수 등을 들 수 있다.
    - 이때 고정비가 지렛대 역할을 해 매출액이 증가할 때 영업이익의 증가폭이 확대되고 매출액이 감소할 때 영업이익의 감소폭이 확대되는데 이를 영업레버리지 효과라 한다.

② 재무레버리지
  ㉠ 기업이 타인자본, 즉 부채를 보유함으로써 금융비용을 부담하는 것을 재무레버리지라고 한다.
  ㉡ 재무레버리지가 존재하는 경우 고정적인 금융비용의 지급으로 영업이익의 변동이 세후순이익의 변동을 확대시키는 것을 재무레버리지 효과라고 한다.
    - 타인자본 때문에 발생하는 이자가 지렛대의 역할을 함으로써 영업이익의 변화에 대한 이익의 변화폭이 더욱 커지는 현상을 일컫는다.
    - 재무레버리지 효과는 부채의 정도와 자본의 조달방법에 따라 달라진다. 또한 동일 영업이익 수준에는 타인자본 비율이 큰 기업일수록, 동일 자본구조 하에서는 총자본영업이익률과 총자본이자비용률이 근접한 영업이익 수준에서 더욱 커지게 된다.

(3) 기업위험과 레버리지

① 영업위험(operating risk)
  ㉠ 영업위험은 경제환경변화에 따라 예상 밖으로 영업이익이 줄어들 수 있는

가능성을 의미한다. 영업위험은 영업이익의 변동성에 의하여 측정된다.
ⓒ 영업위험을 결정하는 가장 중요한 요인은 고정영업비용이 차지하는 비중이다. 고정영업비용의 비중을 높일수록 판매량의 변화에 따라 영업이익의 변동성이 커지기 때문이다.
ⓒ 자동차, 철강 등의 장치산업은 고정(비유동)자산의 비중이 높기 때문에 영업위험이 높다.
② 재무위험(financial risk)
㉠ 자본조달정책 결정과정에서 고정재무비용을 발생시키는 부채를 이용할 때 나타나는 위험이다.
ⓒ 재무위험은 부채를 많이 사용하는 기업일수록 높다.

2. 영업레버리지 분석

(1) 영업레버리지의 의의

① 영업레버리지는 총영업비용 중에서 고정영업비용이 차지하는 비중이다.
② 영업레버리지효과 : 총자산 중 고정(비유동)자산이 차지하는 비중이 높아질수록 고정영업비용의 부담이 증가하므로 매출액 변화가 영업이익의 크기와 질에 영향을 미치는 효과이다.

(2) 영업레버리지도

① 영업레버리지도의 의의
㉠ 영업레버리지란 고정비의 존재로 인하여 매출액이 변동할 때에 그 증감률보다 영업이익의 증감률이 크게 변동하는 현상으로서 영업레버리지의 크기를 영업레버리지도라고 한다.
ⓒ 매출액 또는 판매량이 변동할 때 영업이익이 어느 정도 변동할 것인가를 측정하는데 영업레버리지도(degree of operating leverage : DOL)가 이용된다.

$$DOL = \frac{\text{영업이익변화율}}{\text{판매량변화율}} = \frac{\frac{\Delta EBIT}{EBIT}}{\frac{\Delta Q}{Q}}$$

[EBIT : 현재 영업이익   ΔEBIT : 영업이익변화액
  Q : 현재판매량   ΔQ : 판매량의 변화량]

$EBIT = Q(P-V) - FC$
[P : 단위당 판매가격 V : 단위당 변동영업비용]

$\Delta EBIT = \Delta Q(P-V)$

Key Point

▶ 레버리지효과와 기업위험
• 기업이 실물자산에 투자하는 목적은 수익력을 개선시키는 데 있다. 그러나 수익력을 높이고자 할 때는 반드시 그에 상응하는 위험을 감수하여야 한다.
• 기업은 자체 역량으로 부담할 수 있는 적절한 위험수준을 미리 설정하여 그 범위 내에서 수익력을 높일 수 있는 정책결정을 해야 한다.

▶ 영업레버리지
• 고정(비유동)자산 등을 보유함으로써 고정영업비용을 부담하는 것을 영업레버리지라고 한다.
• 영업레버리지는 영업이익의 실현과정에서 고정적인 영업비용이 발생하기 때문에 생긴다.
• 고정영업비용은 기업의 매출액 수준과 관계없이 발생하는 영업비용으로 감가상각비, 임대료, 경영진의 보수 등을 들 수 있다. 이때 고정비가 지렛대 역할을 해 매출액이 증가할 때 영업이익의 증가폭이 확대되고 매출액이 감소할 때 영업이익의 감소폭이 확대되는데 이를 영업레버리지효과라 한다.

▶ 영업레버리지도
• 매출액 또는 판매량이 변동할 때 영업이익이 어느 정도 변동할 것인가를 측정하는데 영업레버리지도가 이용된다.
• 영업레버리지도는 판매량 변화율에 대한 영업이익 변화율의 비율이다.

$$\therefore DOL = \frac{\frac{\Delta Q(P-V)}{Q(P-V)-FC}}{\frac{\Delta Q}{Q}} = \frac{Q(P-V)}{Q(P-V)-FC} = \frac{CM}{EBIT}$$

[CM : 공헌이익]

② 영업레버리지도가 높다는 의미
 ㉠ 영업비용 중에서 고정영업비용이 많은 기업은 적은 기업보다 영업레버리지도가 클 것이다. 이 경우 기업의 수익력은 개선되지만 영업위험이 커진다.
 ㉡ 영업레버리지도가 높다는 것은 그 기업의 영업이익이 많다거나 기업이 잘 운영된다는 의미가 아니다. 매출액의 증감에 따라 영업이익의 증감하는 속도를 나타낸다.

3. 재무레버리지 분석

(1) 재무레버리지의 의의

① 재무레버리지는 총비용 중에서 고정재무비용이 차지하는 비중, 또는 총자본 중에서 부채가 차지하는 비중이다.
② 부채의존도가 높을수록 고정재무비용의 부담이 증가하기 때문에 영업이익이 변화할 때 주당순이익이 그보다 높은 비율로 변화하는 재무레버리지효과가 나타난다.

(2) 재무레버리지도(degree of financial leverage:DFL)

① 재무레버리지도의 의미 : 재무레버리지 효과를 측정하는 척도인 재무레버리지도는 영업이익변화율에 대한 주당순이익변화율의 상대적인 비율이다.
② 재무레버리지도 산출

$$DFL = \frac{주당이익변화율}{영업이익변화율} = \frac{\frac{\Delta EPS}{EPS}}{\frac{\Delta EBIT}{EBIT}} = \frac{Q(p-v)-FC}{Q(p-v)-FC-I} = \frac{EBIT}{EBT}$$

$\begin{bmatrix} \text{EPS : 현재 주당순이익} & \Delta \text{EPS : 주당순이익변화액} \\ \text{EBIT : 현재 영업이익} & \Delta \text{EBIT : 영업이익변화액} \\ \text{EBT : 법인세비용 차감전순이익} & \end{bmatrix}$

(3) 자본조달분기점분석(자본분기점분석)

① 자본조달분기점은 투자소요자금의 조달방법에 관계없이 동일한 주당순이익을 얻을 수 있는 영업이익을 의미한다.
② 자본조달분기점을 분석함으로써 투자소요자금을 부채와 보통주 중 어느 원천으로부터 조달해야 하는가를 판단할 수 있다.

Key Point

영업레버리지도와 영업위험
- 영업비용 중에서 고정영업비용의 비중이 높을수록 기업의 수익력은 개선될 수 있지만 영업위험이 증가되는 결과를 가져오기 때문에 적정 위험수준에서 수익력을 높일 수 있는 영업비용의 구조를 결정해야 한다.
- 영업위험은 판매량의 변동에 따른 영업이익의 질(변동성)을 검토함으로써 측정할 수 있으며, 영업비용의 구조에 따라 영업이익의 질이 달라진다.
- 영업위험은 판매량의 변동성과 영업레버리지도에 따라 좌우된다.

재무레버리지
- 기업에 타인자본, 즉 부채를 보유함으로써 금융비용을 부담하는 것을 재무레버리지라고 한다.
- 재무레버리지가 존재하는 경우 고정적인 금융비용의 지급으로 영업이익의 변동이 세후순이익의 변동을 확대시키게 되는데, 이를 재무레버리지효과라고 한다. 즉, 타인 자본 때문에 발생하는 이자가 지렛대의 역할을 함으로써 영업이익의 변화에 대한 이익의 변화폭이 더욱 커지는 현상을 일컫는다.

③ 재무레버리지의 변화
  ㉠ 재무위험은 영업이익의 변화에 따른 주당순이익의 변동성에 의하여 측정되며, 그것은 기업의 부채의존도에 의해 영향을 받는다. 부채의존도가 높을수록 영업이익이 감소함에 따라 이자를 지급할 수 없는 가능성이 높아진다. 반면에 영업이익이 증가함에 따라 주당순이익이 더 높은 비율로 증가하게 된다.
  ㉡ 영업위험이 주어질 때 재무레버리지도가 높을수록 재무위험이 증가한다.

【예제6】
☞ 의류를 제조·판매하는 A사는 의류를 자체판매하기 위해 점포를 마련하는데 8천만원의 자금이 필요하다고 한다. 이 경우 전보다 고정영업비용이 1억 2천만원으로 증가하는 한편 한 벌당 변동영업비용은 10,000원으로 감소한다. 판매가격은 벌당 2만원이고, 현재의 판매량은 연간 10만벌이다. 8천만원의 투자소요자금을 연리 10%의 이자율로 차입하려고 한다. 이와 같은 자금조달정책에 의한 재무레버리지 효과를 측정하라.

【예제에 대한 풀이】
재무레버리지도를 계산하면 다음과 같다.

$$\begin{aligned} \text{DFL} &= \frac{Q(p-v)-FC}{Q(p-v)-FC-I} \\ &= \frac{100,000(20,000-10,000)-120,000,000}{100,000(20,000-10,000)-120,000,000-8,000,000} \\ &= 1.009 \end{aligned}$$

> **Key Point**
>
> ➡ 재무레버리지효과와 재무레버리지도
> - 재무레버리지효과를 측정하려면 투자정책에 따른 영업레버리지효과를 통제해야 한다.
> - 투자정책이 일정하다고 가정하는 경우 영업이익의 변화율도 일정하기 때문에 영업이익이 변동할 때 주당순이익이 어느 정도 변동하는가를 검토함으로써 재무레버리지효과를 측정할 수 있다.
> - 재무레버리지효과를 측정하는 척도인 재무레버리지도는 영업이익 변화율에 대한 주당순이익 변화율의 상대적 비율을 의미한다.
>
> ➡ 재무레버리지도의 의미 : 재무레버리지 효과를 측정하는 척도인 재무레버리지도는 영업이익변화율에 대한 주당순이익변화율의 상대적인 비율이다.

참고문헌

- 장영광, 「경영분석」, 무역경영사, 2012
- 임태순, 「경영분석」, 한국학술정보, 2011
- 박정식·신동령, 「경영분석」, 다산출판사, 2010
- 한동협, 「경영분석」, 청목출판사, 2008
- 김종오·이우백·김종선, 「경영분석」, 한국방송통신대학교출판부, 2007
- 강호정, 「경영분석」, 배재대학교출판부, 2006

실전예상문제

객관식

1 다음 중 기업이 생산능력의 범위 내에서 영업비용을 회수하는데 필요한 최소한의 조업도를 의미하는 것은?

① 레버리지
② 손익분기점
③ 안전도
④ 자본분기점

▶ 손익분기점은 기업이 생산능력의 범위 내에서 영업비용을 회수하는데 필요한 최소한의 조업도를 나타내는 것이다.

2 다음 중 영업이익이 0원이 되는 판매량이나 매출액을 의미하는 것은 무엇인가?

① 레버리지
② 손익분기점
③ 안전도
④ 자본분기점

▶ 손익분기점은 영업이익이 0원이 되는 판매량이나 매출액을 의미한다.

3 다음 중 손익분기점에 대한 설명으로 바르지 못한 것은?

① CVP분석이라고도 한다.
② 손익분기점은 매출액·매출량 두 가지로 나타낼 수 있다.
③ 손익분기점에서의 영업이익은 1이다.
④ 총수익과 총영업비용이 일치하는 점이다.

▶ 손익분기점은 총수익과 총영업비용이 일치하는 점으로서 이때 기업의 영업이익은 0이 된다. 또한 손익분기점은 기업이 경영활동을 수행하는 데 있어서 근본적으로 발생하는 원가, 매출액(매출량), 이익의 상호관계를 분석하기 때문에 이것을 CVP분석이라고도 한다.

4 다음 중 손익분기점에 대한 설명으로 올바른 것은?

① ROI분석이라고도 한다.
② 총수익과 총영업비용이 일치하는 점이다.
③ 매출액과 매출량을 곱한 것이다.
④ 고정비와 변동비를 합한 것이다.

▶ 손익분기점은 매출액과 비용이 동일하게 되는 매출액, 즉 매출액과 균형을 이루는 채산점이다.

Keypoint & Answer

손익분기점의 의미 → ②

손익분기점의 의미 → ②

손익분기점에 대한 설명 → ③

손익분기점에 대한 설명 → ②

5 다음 중 생산능력의 범위 내에서 조업도의 변화와 관계없이 일정하게 발생하는 영업비용을 무엇이라 하는가?

① 고정영업비용 ② 변동영업비용
③ 수입이자 ④ 법인세비용

▶ 고정영업비용
- 생산능력의 범위 내에서 조업도의 변화와 관계없이 일정하게 발생하는 영업비용이다.
- 재산세, 감가상각비, 임차료, 급료 및 광고비 등이 해당된다.

Keypoint & Answer

고정영업비용의 내용 ➡ ❶

6 다음 중 고정영업비용에 속하지 <u>않는</u> 것은?

① 감가상각비 ② 재산세
③ 직접노무비 ④ 임차료

▶ 문제 5번 해설 참조

고정영업비용의 종류 ➡ ❸

7 다음 중 조업도의 변화에 따라 비례적으로 변동하는 영업비용을 무엇이라 하는가?

① 고정영업비용 ② 변동영업비용
③ 수입이자 ④ 법인세비용

▶ 변동영업비용
- 조업도의 변화에 따라 비례적으로 변동하는 영업비용을 말한다.
- 직접노무비, 직접재료비, 판매수수료, 판매원의 성과급 등이 해당된다.

변동영업비용의 의미 ➡ ❷

8 다음 중 변동영업비용에 해당되지 <u>않는</u> 것은?

① 판매수수료 ② 직접재료비
③ 판매원성과급 ④ 임차료

▶ 문제 7번 해설 참조

변동영업비용의 종류 ➡ ❹

9 다음 중 비용을 고정영업비와 변동영업비로 분류하는 방법에 해당되지 <u>않는</u> 것은?

① 개별비용법 ② 총비용법
③ 산포도법 ④ 최대자승법

▶ 비용을 고정영업비와 변동영업비로 분류하는 방법 : 개별비용법, 총비용법, 산포도법, 최소자승법 등이 대표적으로 활용되고 있다.

비용을 고정영업비와 변동영업비로 분류하는 방법 ➡ ❹

Keypoint & Answer	
산포도법의 특징	➡ ❸

10 과거 여러 기간의 매출액과 비용의 관계를 점으로 표시하고, 이 점들을 대표할 수 있는 선을 그어 비용을 분해하는 방법을 무엇이라 하는가?

① 개별비용법　　　　　② 총비용법
③ 산포도법　　　　　　④ 최소자승법

▶ 산포도(scatter graph)법 : 과거 여러 기간의 매출액과 비용의 관계를 점으로 표시하고, 이 점들을 대표할 수 있는 선을 그어 비용을 분해하는 방법이다.

손익분기분석의 가정에 대한 내용	➡ ❹

11 다음 중 손익분기분석의 가정에 대한 설명으로 틀린 것은?

① 모든 비용은 조업도와 관련이 되어 발생하며, 발생된 비용은 고정비와 변동비로 구분할 수 있다.
② 생산량이나 매출량에 관계없이 단위당 판매가격과 단위당 변동비가 일정하다.
③ 고정비는 일정한 조업도의 범위 내에서는 변하지 않는다.
④ 기업은 복합제품을 생산하여 판매한다.

▶ 손익분기분석의 가정
 • 기업은 단일제품을 생산하여 판매한다.
 • 기초와 기말의 재고량은 동일하다. 따라서 생산량과 매출량은 동일하다.
 • 고정비는 일정한 조업도의 범위 내에서는 변하지 않는다.
 • 생산량이나 매출량에 관계없이 단위당 판매가격과 단위당 변동비가 일정하다.
 • 모든 비용은 조업도와 관련이 되어 발생하며, 발생된 비용은 고정비와 변동비로 구분할 수 있다.

손익분기점분석에서 고려하지 않아도 되는 것	➡ ❷

12 다음 중 손익분기점분석에서 고려하지 <u>않아도</u> 되는 것은?

① 변동비　　　　　② 총자산
③ 매출액　　　　　④ 고정비

▶ 손익분기점은 매출액이 변동비와 고정비의 합계, 즉 총원가와 일치할 때의 조업도이다. 그러므로 손익분기점분석에서 고려되어야 하는 것은 ①, ③, ④이다.

손익분기점에 해당하는 판매량 수준	➡ ❷

13 다음의 〈보기〉에 제시된 자료를 이용하여 손익분기점에 해당하는 판매량 수준을 구할 경우 옳은 것은?

보기	단위당가격 : 200	판매량 : 56,000
	고정비 : 4,120,000	변동비 : 6,180,000

① 약 54,870개　　　　　② 약 45,960개
③ 약 32,572개　　　　　④ 약 27,523개

▶ 손익분기점(판매량) = $\dfrac{고정비}{가격 - \dfrac{변동비}{판매량}} = \dfrac{4,120,000}{200 - \dfrac{6,180,000}{56,000}} ≒ 45,960$

14 다음 중 손익분기점공식으로 옳은 것은?(단, Q^* : 손익분기점 매출수량, FC : 고정비, P : 단위당 가격, V : 단위당 변동비)

① $Q^* = \dfrac{FC - VC}{P}$ ② $Q^* = \dfrac{FC}{P - V}$

③ $Q^* = \dfrac{VC}{P - FC}$ ④ $Q^* = \dfrac{P - V}{FC}$

▶ 손익분기점 = $\dfrac{고정비}{가격 - \dfrac{변동비}{판매량}}$ = $\dfrac{고정비}{가격 - 단위당\ 변동비}$

→ 손익분기점공식 → ❷

15 다음 중 한계이익(공헌이익)의 공식으로 올바른 것은?

① 매출액 - 총비용 ② 변동비/고정비
③ 매출액 - 고정비 ④ 매출액 - 변동비

▶ 한계이익이란 매출액으로부터 변동비 총액을 공제한 것이다.

→ 한계이익(공헌이익)의 공식 → ❹

16 다음의 〈보기〉에 제시된 자료를 이용하여 손익분기점(매출액)을 구할 경우 옳은 것은?

보기 매출액 : 11,200,000원   변동비 : 6,180,000원
      고정비 : 4,120,000원

① 약 6,192,032원 ② 약 7,192,032원
③ 약 8,192,032원 ④ 약 9,192,032원

▶ 손익분기점(매출액) = $\dfrac{고정비}{\dfrac{매출액 - 변동비}{매출액}}$ 이다.

∴ 손익분기점(매출액) = $\dfrac{4,120,000}{\dfrac{11,200,000 - 6,180,000}{11,200,000}}$ ≒ 9,192,032

→ 손익분기점(매출액)의 계산 → ❹

17 다음 중 어떤 기업의 손익분기점이 500만원, 변동비가 500만원, 매출액이 1,000만원일 경우 이 기업의 고정비 발생액으로 옳은 것은?

① 100만원 ② 150만원
③ 250만원 ④ 550만원

▶ 500만원 = $\dfrac{x}{1 - \dfrac{500만원}{1,000만원}}$, x = 500만원×0.5 = 250만원

→ 고정비 발생액의 계산 → ❸

Keypoint & Answer	
공헌이익률의 계산	➡ ③

18 다음의 〈보기〉에서 공헌이익률은 얼마인가?

> **보기** 손익분기점에서 매출액 1,000만원, 고정비는 520만원이고 변동비는 480만원이다.

① 0.32　　　　　　　　② 0.46
③ 0.52　　　　　　　　④ 0.68

▶ 공헌이익 = 매출액 − 변동비 = 1,000만원 − 480만원 = 520만원
∴ 공헌이익률 = $\dfrac{공헌이익}{매출액}$ = $\dfrac{520만원}{1,000만원}$ = 0.52

기업의 이익구조를 표시하는 비율	➡ ③

19 다음 중 기업의 이익구조를 표시하는 비율에 해당하는 것은?

① EOQ비율　　　　　② ZD비율
③ MS비율　　　　　　④ q비율

▶ MS비율이란 안전율에서 온 뜻이다.

공헌이익률의 계산	➡ ②

20 다음의 〈보기〉에 제시된 자료를 이용하여 공헌이익률을 구할 경우 옳은 것은?

> **보기** 매출액 : 11,200,000원　　고정비 : 4,120,000원
> 변동비 : 6,180,000원　　고정적 자본 : 1,000,000원

① 30%　　　　　　　　② 45%
③ 50%　　　　　　　　④ 65%

▶ 공헌이익률 = $\dfrac{공헌이익}{매출액}$ = $\dfrac{매출액 - 변동비}{매출액} \times 100$
　　　　　= $\dfrac{11,200,000 - 6,180,000}{11,200,000} \times 100 ≒ 45\%$

손익분기점분석의 가정	➡ ③

21 다음 중 손익분기점분석의 가정이 <u>아닌</u> 것은?

① 매출량·매출액에 관계없이 단위당 판매가격이 일정하다.
② 고정비는 매출량에 관계없이 일정하다.
③ 여러 가지 상품을 생산하는 기업에는 적용되지 않는다.
④ 분석을 위한 비용·매출가격, 생산량의 관계를 측정하는데 과거자료가 이용된다.

▶ 손익분기점분석의 가정
　• 매출량·매출액에 관계없이 단위당 판매가격이 일정하다.
　• 고정비는 매출량에 관계없이 일정하다.

- 분석을 위한 비용·매출가격, 생산량의 관계를 측정하는데 과거의 자료가 이용된다.
- 여러 상품을 생산하는 기업도 적용한다.
- 손익분기점 분석은 정태적 분석이다.

22 다음 중 손익분기점분석의 문제점이 <u>아닌</u> 것은?

① 고정영업비용과 변동영업비용의 분류가 언제나 가능하다.
② 손익분기점모형에서는 일정한 경영환경을 가정하고 있으나 시간의 경과에 따라 경영환경이 달라지며, 경영환경의 변화에 따라 영업비용의 구조가 변화하기 때문에 손익분기점 판매량이 변화하게 된다.
③ 모든 기업이 단일제품만을 생산한다고 가정하고 있으나 현실적으로 단일제품만을 생산하는 기업이 거의 없다. 대부분의 기업에서 여러 제품을 생산하고 있다.
④ 단위당 판매가격과 단위당 변동영업비용이 일정하다고 가정하고 있으나 실제로 판매량이 변동함에 따라 단위당 판매가격이나 단위당 변동영업비용이 변동한다.

▶ 손익분기점모형에서는 모든 영업비용을 고정영업비용과 변동영업비용으로 구분할 수 있다고 가정하고 있으나 현실적으로 고정영업비용과 변동영업비용으로 분류하기는 매우 어렵다. 왜냐하면 일부 항목의 영업비용이 고정비적 성격과 변동비적 성격을 동시에 지니기 때문이다.

23 다음의 〈보기〉에 제시된 식은 무엇을 나타내는가?

보기
$$\frac{예상\ 매출액 - 손익분기점\ 매출액}{예상\ 매출액} \times 100$$

① 한계이익률 ② 안전율
③ 자본도 ④ B.E.P.분석

▶ 안전율은 손익분기점 매출액에 대한 실제매출액과의 관계이다.
안전율 = $\frac{예상\ 매출액 - 손익분기점\ 매출액}{예상\ 매출액} \times 100$

24 다음의 〈보기〉에 제시된 자료에서 태평기업의 MS비율은 얼마인가?

보기 태평기업의 매출액은 1,500만원이다. 그리고 비용은 1,200만원으로 이익 300만원을 예상하고 있다. 태평기업의 내용으로는 고정비가 500만원, 변동비가 700만원이다.

① 35% ② 37%

| 독 | 학 | 사 | 3 | 단 | 계 |

③ 43% ④ 50%

▶ • 안전율 = $\dfrac{\text{예상 매출액} - \text{손익분기점 매출액}}{\text{예상 매출액}} \times 100$

$= \dfrac{1{,}500\text{만원} - \left(\dfrac{500\text{만}}{1 - \dfrac{700\text{만}}{1{,}500\text{만}}}\right)}{1{,}500\text{만}} \times 100$

$= \dfrac{1{,}500\text{만} - 9{,}433{,}962}{1{,}500\text{만}} \times 100 = 37\%$

• 손익분기점률 = $\dfrac{9{,}433{,}962}{1{,}500\text{만}} \times 100 = 63\%$

• MS비율 = 100% − 손익분기점률 = 37%

손익분기점에 영향을 주는 요인 → ❶

25 다음 중 손익분기점에 영향을 주는 요인으로 거리가 먼 것은?

① 이익이 변화할 때 ② 변동비율이 변화할 때
③ 고정비가 변화할 때 ④ 판매가격이 변화할 때

▶ 손익분기점은 판매가격, 고정비, 변동비가 변화할 때 영향을 받는다.

※ 다음의 〈보기〉는 태평기업의 10월 약식 포괄손익계산서이다. 이들 자료를 보고 물음에 답하시오.(26~28)

보기	[태평기업의 6월 포괄손익계산서]		(단위 : 만원)
• 매출액(수량 1,000개)		1,000	
• 비용			800
매출원가(변동비)		600	
판매비	90		
관리비	70		
영업외 비용	40		
고정비 계		200	
• 순이익			200

손익분기점의 매출액 → ❷

26 위의 〈보기〉에서 태평기업의 판매가격이 10% 상승하였을 때 손익분기점의 매출액은 얼마인가?

① 325만원 ② 435만원
③ 527만원 ④ 626만원

▶ $\dfrac{200}{1 - \dfrac{600}{1{,}000 + 100}} ≒ 434.8 ≒ 435$만원

27 위의 〈보기〉에서 태평기업의 변동비가 10% 상승하였을 때 손익분기점의 매출액은 얼마인가?

① 372만원　　② 435만원
③ 588만원　　④ 627만원

▶ $\dfrac{200}{1-\dfrac{600+60}{1,000}} ≒ 588.24 ≒ 588$만원

28 앞의 <보기>에서 태평기업의 고정비가 100만원 증가하였을 때 손익분기점의 매출액은 얼마인가?

① 525만원　　② 576만원
③ 658만원　　④ 750만원

▶ $\dfrac{200+100}{1-\dfrac{600}{1,000}} = 750$

29 다음의 <보기>에 제시된 자료에서 태평기업의 손익분기점은 대략 얼마나 되는가?

> **보기** 태평기업의 매출액이 1,000만원, 변동비가 600만원, 고정비가 200만원일 때 판매가격이 10% 상승하였다.

① 250만원　　② 320만원
③ 440만원　　④ 520만원

▶ 판매가격이 변화했을 때 손익분기점분석은 다음과 같다.

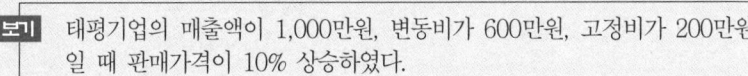

$$\therefore \dfrac{200}{1-\dfrac{600}{1,000(1+0.1)}} ≒ 440만원$$

30 다음 중 고정비 6,630, 매출총이익 12,170, 변동비 34,850, 매출액 45,970일 때의 손익분기점에 해당하는 것은?

① 26,175　　② 27,408
③ 28,162　　④ 28,807

▶ $\dfrac{고정비}{1-\dfrac{변동비}{매출액}}$ = 손익분기점(매출액)　　$\dfrac{6,630}{1-\dfrac{34,850}{45,970}} = 27,408$

Keypoint & Answer

→ 손익분기점의 매출액　➡ ③

→ 손익분기점의 매출액　➡ ④

→ 손익분기점의 계산　➡ ③

→ 손익분기점의 계산　➡ ②

| 독 | 학 | 사 | 3 | 단 | 계 |

Keypoint & Answer

목표이익을 실현하기 위한 매출액의 계산 → ④

31 다음의 <보기>에 제시된 자료에서 목표이익을 실현하기 위한 매출액을 구할 경우 옳은 것은?

> **보기** 고정비 : 4,120,000   목표이익 : 900,000
> 매출액 : 11,200,000   변동비 : 6,180,000

① 약 7,453,987   ② 약 8,354,678
③ 약 9,111,132   ④ 약 11,200,000

▶ 공헌이익 = 11,200,000 − 6,180,000 = 5,020,000
• 공헌이익률 = $\dfrac{5,020,000}{11,200,000}$ ≒ 0.4482
• 목표이익을 실현하기 위한 매출액 = $\dfrac{4,120,000 + 900,000}{0.4482}$ ≒ 11,200,000

차기의 필요매출액 계산 → ④

32 다음의 <보기>에 제시된 자료에서 차기의 필요매출액은 얼마인가?

> **보기** 차기 목표이익은 160억원, 고정비는 350억원이며 공헌이익률은 당기와 동일하게 25%이다.

① 840억원   ② 1,400억원
③ 1,850억원   ④ 2,040억원

▶ 목표영업이익의 매출액(TR**) = $\dfrac{\text{고정비용} + \text{목표영업이익}}{\text{공헌이익률}}$
 = $\dfrac{350억 + 160억}{0.25}$ = 2,040억

개별법에 대한 내용 → ①

33 ( )은 각 제품별로 공헌이익과 공헌이익률을 구하고, 순차적으로 누계합산해가면서 그것이 고정비와 같게 되는 점, 즉 손익분기점을 구하는 방법이다. 에서 ( ) 안에 알맞은 것은?

① 개별법   ② 평균법
③ 기준법   ④ 공식법

▶ 개별법에 대한 물음이다.

레버리지효과의 개념 → ①

34 다음 중 고정비부담이 증가할수록 판매량이나 매출액의 변동에 따라 영업이익과 순이익의 변동성이 확대되는 현상이 일어나는 것을 무엇이라 하는가?

① 레버리지효과   ② 손익분기효과
③ 안전도효과   ④ 변동성효과

▶ 레버리지효과는 고정비부담이 증가할수록 판매량이나 매출액의 변동에 따라 영업이익과 순이익의 변동성이 확대되는 현상이 일어나는 것을 말한다.

35 다음 중 고정(비유동)자산 등을 보유함으로써 고정영업비용을 부담하는 것을 무엇이라 하는가?

① 재무레버리지 ② 영업레버리지
③ 결합레버리지 ④ 수익률레버리지

▶ 영업레버리지는 고정영업비용을 부담하는 것으로서 영업이익의 실현과정에서 고정적인 영업비용이 발생하기 때문에 생긴다.

Keypoint & Answer

▶ 영업레버리지의 내용 ➡ ❷

36 다음의 〈보기〉에서 (   )안에 들어갈 용어가 순서대로 연결된 것은?

보기 레버리지분석이란 고정(비유동)자산 등의 사용으로 인한 (   )이나, 타인자본의 사용으로 인한 (   )이 기업의 영업이익이나 주주의 이익에 미치는 영향을 분석하는 것을 말한다.

① 변동금융비용 - 고정영업비용 ② 고정영업비용 - 고정재무비용
③ 변동영업비용 - 변동금융비용 ④ 고정금융비용 - 변동영업비용

▶ 손익계산서상에서 레버리지를 정의한다면 "고정비용을 수반하는 자산이나 자금의 사용"을 의미한다고 할 수 있다. 따라서 레버리지분석이란 고정(비유동)자산 등의 사용으로 인한 고정영업비용이나, 타인자본의 사용으로 인한 고정금융비용이 기업의 영업이익이나 기업소유주(주주)의 이익에 미치는 영향을 분석하는 것을 말한다.

▶ 고정영업비용과 고정재무비용의 내용 ➡ ❷

37 타인자본을 사용함으로써 고정재무비용을 부담하는 레버리지는 어느 것인가?

① 결합레버리지 ② 통합레버리지
③ 영업레버리지 ④ 재무레버리지

▶ 레버리지의 종류
• 영업레버리지 : 고정(비유동)자산 등을 보유함으로써 고정영업비용을 부담하는 것
• 재무레버리지 : 타인자본을 사용함으로써 고정재무비용을 부담하는 것
• 결합레버리지 : 고정영업비용과 고정재무비용을 동시에 부담하는 것

▶ 재무레버리지의 개념 ➡ ❹

38 다음 중 타인자본 때문에 발생하는 이자가 지렛대의 역할을 함으로써 영업이익의 변화에 대한 순이익의 변화폭이 더욱 커지는 현상을 무엇이라 하는가?

① 영업레버리지효과 ② 재무레버리지효과
③ 결합레버리지효과 ④ 손익분기효과

▶ 재무레버리지효과는 재무레버리지가 존재하는 경우 고정적인 금융비용의 지급으로 영업이익의 변동이 세후순이익의 변동을 확대시키게 되는 것이다.

▶ 재무레버리지효과의 내용 ➡ ❷

39 다음 중 재무위험에 대한 설명으로 그 내용이 올바른 것은?

Keypoint & Answer	
재무위험에 대한 설명	➡ ❷

① 경영위험이라고도 한다.
② 자금조달방법의 차이에 의하여 발생하는 위험이다.
③ 기업이 속해 있는 업종과 일반경제동향에 의해 발생하는 위험이다.
④ 영업이익의 변동으로 나타난다.

▶ 일반적으로 기업이 직면하는 위험은 경영위험과 재무위험으로 분류할 수 있다.

영업위험에 대한 설명	➡ ❹

40 다음 중 영업위험에 대한 설명으로 옳지 <u>않은</u> 것은?

① 영업위험은 경제환경변화에 따라 예상 밖으로 영업이익이 줄어들 수 있는 가능성을 의미한다.
② 영업위험을 결정하는 중요한 요인은 영업 이익변동성에 영향을 주는 고정영업비용이 차지하는 비중이다.
③ 자동차, 철강 등 장치산업은 고정(비유동)자산의 비중이 높기 때문에 영업위험이 높다.
④ 영업위험은 부채를 많이 사용하는 기업일수록 높다.

▶ 영업위험
 • 영업위험은 경제환경변화에 따라 예상 밖으로 영업이익이 줄어들 수 있는 가능성을 의미한다.
 • 영업위험을 결정하는 중요한 요인은 영업 이익변동성에 영향을 주는 고정영업비용이 차지하는 비중이다.
 • 자동차, 철강 등 장치산업은 고정(비유동)자산의 비중이 높기 때문에 영업위험이 높다.

재무레버리지효과의 내용	➡ ❶

41 다음 중 재무레버리지효과(financial leverage effect)에 대한 설명으로 올바른 것은?

① 기업이 타인자본을 사용함으로써 나타나는 효과이다.
② 이 효과가 크면 클수록 기업의 위험이 작아지고 안전성이 증대된다.
③ 매출액의 변동에 따라 영업이익률의 증감폭이 확대되어 나타나는 효과를 말한다.
④ 이 효과의 정도를 측정한 것이 업무레버리지도(DOL)이다.

▶ 문제 38번 해설 참조

영업레버리지분석의 내용	➡ ❷

42 다음 중 고정적인 영업비용이 존재할 때 매출액의 변화율에 따른 영업이익의 변화율을 분석하는 것은 무엇인가?

① 결합레버리지분석   ② 영업레버리지분석
③ 재무레버리지분석   ③ 손익분기점분석

▶ 영업레버리지분석은 매출액의 변화가 영업이익에 미치는 영향을 분석하는 것으로서, 분석의 초점은 매출액과 영업이익의 관계에 커다란 영향을 미치는 고정적인 영업비용, 즉 고정비의 역할에 있다.

43 다음 중 영업레버리지효과와 관련이 있는 것은 어느 것인가?

① 법인세 ② 원재료비
③ 판매수수료 ④ 감가상각비

▶ 고정적인 영업비용에는 감가상각비, 임차료, 경영진의 보수 등이 있다.

44 다음 중 매출액의 변화가 영업이익의 크기와 질에 미치는 영향을 분석하는 방법은 무엇인가?

① 증가분 이익 분석 ② 결합레버리지 분석
③ 재무레버리지 분석 ④ 영업레버리지 분석

▶ 매출액 또는 판매량이 변동할 때 영업이익이 어느 정도 변동할 것인가를 측정하는 데 영업레버리지도가 이용된다.

※ 태평주식회사는 계산기를 취급하는 유통회사이다. 다음 내용을 읽고 물음에 답하라.(45~48)

> 보기 태평주식회사는 개당 8,000원씩에 구입하여 1,000원의 판매수수료를 지급하는 조건으로 전량 백화점에 납품하고 있다. 백화점 판매가는 개당 1만원이고 고정영업비용은 없으며 연간 판매량은 10만개이다.
> 현재 점포를 개설하여 종업원을 고용하는 방안을 고려하고 있는데 이때 연간 고정영업비용이 1억 7,500만원으로 예상되고 있다.

45 위의 〈보기〉에서 백화점 위탁판매정책을 유지할 경우 손익분기점 판매량으로 옳은 것은?

① 0개 ② 100개
③ 1,000개 ④ 100,000개

▶ $Q^* = \dfrac{0}{10,000-(8,000+1,000)} = 0$

46 위의 〈보기〉에서 자체판매정책으로 변경하는 경우 손익분기점의 판매량은 얼마인가?

① 43,750개 ② 87,500개
③ 97,500개 ④ 100,875개

Keypoint & Answer

▶ 영업레버리지효과와 관련이 있는 것 ➡ ❹

▶ 영업레버리지 분석의 내용 ➡ ❹

▶ 손익분기점 판매량계산 ➡ ❶

▶ 손익분기점의 판매량계산 ➡ ❷

| 영업레버리지도의 계산 → ❶

▶ $\dfrac{175,000,000}{10,000-8,000} = 87,500(개)$

47 앞의 <보기>에서 백화점 위탁판매정책의 영업레버리지도는 얼마인가?

① 1.0　　　　　② 1.5
③ 2.0　　　　　④ 3.0

▶ $DOL = \dfrac{100,000(10,000-9,000)}{100,000(10,000-9,000)-0} = 1.0$

| 자체판매정책의 영업레버리지도 → ❸

48 앞의 <보기>에서 자체판매정책의 영업레버리지도는 얼마인가?

① 3　　　　　② 6
③ 8　　　　　④ 10

▶ $DOL = \dfrac{100,000(1,000-8,000)}{100,000(10,000-8,000)-175,000,000} = 8$

※ 다음의 <보기>에 제시된 자료를 읽고 물음에 답하시오.(49~52)

> <보기> '박정남'씨는 '포장마차'를 창업하여 호두과자를 개당 10원에 팔고 있다. 재료비(변동비)는 판매액의 20%이며, 이에 대한 기계비용 등 고정비는 20만원이다. 올해 매출액은 50만원이고, 영업이익은 20만원이다.

| 손익분기점에서의 판매량계산 → ❹

49 위의 <보기>에서 이 포장마차의 손익분기점에서의 호두과자 판매량은 얼마인가?

① 10,000개　　　　　② 15,000개
③ 20,000개　　　　　④ 25,000개

▶ $Q^* = \dfrac{FC}{P-V} = \dfrac{200,000}{10-2} = 25,000개$

| 공헌이익률의 계산 → ❹

50 위의 <보기>에서 매출액 1원 중에서 기업의 이익으로 귀속되는 부분을 나타내는 포장마차의 공헌이익률은 얼마인가?

① 10%　　　　　② 30%
③ 50%　　　　　④ 80%

▶ 단위당 공헌이익률 $= \dfrac{10-2}{10} \times 100 = 80\%$

51 위의 <보기>에서 포장마차가 다음 해의 목표이익을 28만원으로 계획한다면 얼마의 매출액을 달성해야 하는가?

① 30만원   ② 50만원
③ 60만원   ④ 80만원

▶ $Q^* = \dfrac{FC + \pi}{1 - \dfrac{V}{P}} = \dfrac{200,000 + 280,000}{0.8} = 600,000$원

Keypoint & Answer

▶ 매출액의 달성   ➡ ③

52 위의 보기에서 포장마차가 장사가 잘 되어 호두과자 기계를 하나 더 사려고 한다. 즉 고정비가 20만원 증가했을 때 영업 손실을 보지 않기 위해서는 최소한 호두과자를 몇 개 팔아야 하는가?

① 30,000개   ② 40,000개
③ 50,000개   ④ 70,000개

▶ $Q^* = \dfrac{FC}{P - V} = \dfrac{400,000}{10 - 2} = 50,000$개

▶ 매출액의 계산   ➡ ③

53 다음의 〈보기〉에서 빈칸에 들어갈 적합한 말은?

> **보기**   영업레버리지도(DOL)가 8이라는 것은 판매량이 1% 변화할 때 ( )이 8% 변화한다는 것을 의미한다.

① 당기순이익   ② 경상이익
③ 영업이익   ④ 매출총이익

▶ 매출액 또는 판매량이 변동할 때 영업이익이 어느 정도 변동할 것인가를 측정하는 데 영업레버리지도(DOL)가 이용된다. 그러므로 괄호에 영업이익이 들어가게 된다.

▶ 영업레버리지도   ➡ ③

54 다음 중 레버리지에 대한 설명으로 바르지 못한 것은?

① 결합레버리지효과는 고정비용이 지렛대작용을 하기 때문이다.
② 무차입경영을 하는 회사는 재무레버리지도가 낮다.
③ 자본집약적 산업은 대체로 영업레버리지도가 높다.
④ 영업레버리지도가 높다는 것은 기업이 잘 운영되고 있다는 증거다.

▶ 영업레버리지도가 높다는 것은 그 기업의 영업이익이 많다거나 기업이 잘 운영된다는 의미가 아니다. 매출액의 증감에 따라 영업이익의 증감하는 속도를 나타낸다.

▶ 레버리지에 대한 설명   ➡ ④

55 다음 중 총비용 중에서 고정재무비용이 차지하는 비중, 또는 총자본 중에서 부채가 차지하는 비중을 무엇이라 하는가?

① 영업레버리지   ② 재무레버리지
③ 결합레버리지   ④ 자본조달분석

▶ 재무레버리지의 개념   ➡ ②

| Keypoint & Answer |

▶ 재무레버리지
- 총비용 중에서 고정재무비용이 차지하는 비중, 또는 총자본 중에서 부채가 차지하는 비중을 의미한다.
- 부채의존도가 높을수록 고정재무비용의 부담이 증가하기 때문에 영업이익이 변화할 때 주당순이익이 그보다 높은 비율로 변화하는 재무레버리지효과가 나타난다.

자본조달분기점의 내용 → ❶

56 다음 중 투자소요자금의 조달방법에 관계없이 동일한 주당순이익을 얻을 수 있는 영업이익을 무엇이라 하는가?

① 자본조달분기점 ② 재무레버리지도
③ 생산량조업점   ④ 영업레버리지도

▶ 자본조달분기점
- 투자소요자금의 조달방법에 관계없이 동일한 주당순이익을 얻을 수 있는 영업이익을 의미한다.
- 자본조달분기점을 분석함으로써 투자소요자금을 부채와 보통주 중 어느 원천으로부터 조달해야 하는가를 판단할 수 있다.

재무레버리지에 대한 내용 → ❸

57 다음 중 재무레버리지에 대한 내용으로 옳지 않은 것은?

① 기업이 부채를 이용하여 자산을 구입할 때 발생한다.
② 영업이익 중 고정적인 재무비용이 차지하는 범위를 말한다.
③ 자기자본으로만 자본을 조달하여 고정적 재무비용이 발생하지 않으면 재무레버리지 효과는 극대화된다.
④ 자기자본에 대한 부채의 비율이 증가함에 따라 재무레버리지도 증가한다.

▶ 고정적 재무비용이 발생하지 않으면 재무레버리지 효과는 발생하지 않는다.

재무레버리지 분석방법 → ❸

58 태평기업이 재무비용을 고정적으로 부담하고 있다. 영업이익 변화에 대한 세후순이익 또는 주당 순이익의 변화를 분석하는 방법은?

① 증가분 이익 분석 ② 결합레버리지 분석
③ 재무레버리지 분석 ④ 영업레버리지 분석

▶ 재무레버리지도는 총비용 중에서 고정재무비용이 차지하는 비중, 또는 총자본 중에서 부채가 차지하는 비중이다.

$$재무레버리지도(DFL) = \frac{주당이익변화율}{영업이익변화율}$$

재무레버리지도의 변화 → ❸

59 다음 중 재무레버리지도의 변화로 알맞은 것은?

① 유상증자를 많이 할수록 재무레버리지도는 높아진다.
② 고정비가 많을수록 재무레버리지도는 낮아진다.

184 경영분석

③ 이자발생부채가 많을수록 재무레버리지도가 높아진다.
④ 직접재료비가 많을수록 재무레버리지도는 높아진다.

▶ 재무위험은 영업이익 변화에 따른 주당순이익의 변동성에 의해 측정되며 그것은 기업의 부채의존도에 영향받는다. 영업위험이 주어질 때 재무레버리지도가 높을수록 재무위험이 증가한다.

60 다음의 <보기>에 제시된 자료에서 재무레버리지도는 얼마인가?

> 보기 위탁판매를 하는 A회사가 점포 및 종업원 채용으로 고정영업비용을 1억 5천만원으로 산정하고 있다. 이 회사의 변동영업비용은 장난감 단위당 7,000원으로 감소하고 판매가격은 10,000원이며 연간 판매량은 12만개 이다. 1억원의 투자소요자금을 연리 10%의 이자율로 차입하려고 한다.

① 0.05 ② 1.00
③ 1.05 ④ 1.20

▶ $DFL = \dfrac{Q(p-v)-FC}{Q(p-v)-FC-I} = \dfrac{120,000(10,000-7,000)-150,000,000}{120,000(10,000-7,000)-150,000,000-10,000,000}$
$= 1.05$

➡ 재무레버리지도의 계산 ➡ ③

주관식

1 영업이익이 0원이 되는 판매량이나 매출액을 의미하는 것은?

▶ 손익분기점은 영업이익이 0원이 되는 판매량이나 매출액을 의미한다.

➡ 손익분기점

2 한계이익(공헌이익)의 공식으로 올바른 것은?

▶ 한계이익이란 매출액으로부터 변동비 총액을 공제한 것이다.

➡ 매출액 − 변동비

3 손익분기점에서 매출액 1,000만원 고정비는 520만원이고 변동비는 480만원일 때 공헌이익률은?

▶ 공헌이익 = 매출액 − 변동비 = 1,000만원 − 480만원 = 520만원
∴ 공헌이익률 $= \dfrac{공헌이익}{매출액} = \dfrac{520만원}{1,000만원} = 0.52$

➡ 0.52

4 고정비 6,630, 매출총이익 12,170, 변동비 34,850, 매출액 45,970일 때의 손익분기점은?

➡ 27,408

| 독 | 학 | 사 | 3 | 단 | 계 |

Answer

$$\frac{고정비}{1-\frac{변동비}{매출액}} = 손익분기점(매출액) \qquad \frac{6,630}{1-\frac{34,850}{45,970}} = 27,408$$

5 고정(비유동)자산 등을 보유함으로써 고정영업비용을 부담하는 것을 무엇이라 하는가?

← 영업레버리지

▶ 영업레버리지는 고정영업비용을 부담하는 것으로서 영업이익의 실현과정에서 고정적인 영업비용이 발생하기 때문에 생긴다.

6 타인자본을 사용함으로써 고정재무비용을 부담하는 레버리지는?

← 재무레버리지

▶ · 영업레버리지 : 고정(비유동)자산 등을 보유함으로써 고정영업비용을 부담하는 것
· 재무레버리지 : 타인자본을 사용함으로써 고정재무비용을 부담하는 것
· 결합레버리지 : 고정영업비용과 고정재무비용을 동시에 부담하는 것

7 타인자본 때문에 발생하는 이자가 지렛대의 역할을 함으로써 영업이익의 변화에 대한 이익의 변화폭이 더욱 커지는 현상을 무엇이라 하는가?

← 재무레버리지효과

▶ 재무레버리지효과는 재무레버리지가 존재하는 경우 고정적인 금융비용의 지급으로 영업이익의 변동이 세후순이익의 변동을 확대시키게 되는 것이다.

8 A사가 금년에 2,000만원의 영업이익이 발생했는데 다음해에 매출량이 25% 증가함에 의하여 영업이익이 3,000만원이 될 것으로 기대하는 경우 영업레버리지도는?

← 2.0

$$\blacktriangleright DOL = \frac{영업이익변화율}{판매량변화율} = \frac{\frac{3,000-2,000}{2,000}}{0.25} = \frac{0.5}{0.25} = 2.0$$

9 A는 아이스크림을 개당 100원에 팔고 있다. 재료비(변동비)는 판매액의 20%이며, 이에 대한 기계비용 등 고정비는 200만원이다. 올해 매출액은 500만원이고, 영업이익은 200만원이다. A의 손익분기점에서의 아이스크림 판매량과 매출액은 얼마인가, 그리고 한계이익률(공헌이익률)은 얼마인가?

← 판매량 25,000개, 매출액 2,500,000, 공헌이익률 0.8

▶ $P = 100원, \quad V = 20원$

· $Q^* = \frac{FC}{P-V} = \frac{2,000,000}{100-20} = 25,000(개)$
  $TR = 25,000 \times 100 = 2,500,000(원)$

· 공헌이익률 $= \frac{P-V}{P} = \frac{100-20}{100} = 0.8$

10 손익분기점의 의미를 간략히 설명하시오.

11 변동영업비용에 대해 간략히 설명하시오.

12 영업레버리지 분석의 의미를 간략히 설명하시오.

13 고정영업비용에 대해 설명하시오.

Key Point

▶ 영업레버리지
- 고정(비유동)자산 등을 보유함으로써 고정영업비용을 부담하는 것을 영업레버리지라고 한다.
- 영업레버리지는 영업이익의 실현과정에서 고정적인 영업비용이 발생하기 때문에 생긴다.
- 고정영업비용은 기업의 매출액 수준과 관계없이 발생하는 영업비용으로 감가상각비, 임대료, 경영진의 보수 등을 들 수 있다. 이때 고정비가 지렛대 역할을 해 매출액이 증가할 때 영업이익의 증가폭이 확대되고 매출액이 감소할 때 영업이익의 감소폭이 확대되는데 이를 영업레버리지효과라 한다.

▶ 고정영업비용
- 영업비용 중에서 고정영업비용의 비중이 높을수록 판매량이 증가하는 경우에는 영업이익이 그보다 높은 비율로 증가하지만, 판매량이 감소하는 경우에는 영업이익이 그보다 높은 비율로 줄어들게 된다.
- 고정영업비용의 비중이 높을수록 영업이익의 변동폭(영업위험)이 커지게 된다.

Answer

10 손익분기점은 기업이 생산능력의 범위 내에서 영업비용을 회수하는데 필요한 최소한의 조업도를 나타내는 것이다.

11
- 조업도의 변화에 따라 비례적으로 변동하는 영업비용을 말한다.
- 직접노무비, 직접재료비, 판매수수료, 판매원의 성과급 등이 해당된다.

12 영업레버리지분석은 매출액의 변화가 영업이익에 미치는 영향을 분석하는 것으로서, 분석의 초점은 매출액과 영업이익의 관계에 커다란 영향을 미치는 고정적인 영업비용, 즉 고정비의 역할에 있다.

13 생산능력의 범위 내에서 조업도(생산량 또는 판매량)의 변화와 관계없이 일정하게 발생하는 영업비용을 말한다. 감가상각비, 재산세, 임차료, 사무직원의 급료 및 광고비 등이 고정영업비용에 속한다. 생산능력을 증대시키기 위하여 기업이 추가로 시설투자를 하는 경우 고정영업비용이 증가하게 된다.

| 독 | 학 | 사 | 3 | 단 | 계 |

Key Point

손익분기점의 특징
- 매출액이 그 이하로 감소하면 손실이 나며, 그 이상으로 증대하면 이익을 가져오는 기점을 가리킨다.
- 손익분기점 분석에서는 보통 비용을 고정비와 변동비로 분해하여 매출액과의 관계를 검토한다. 매출액은 매출수량과 매출단가의 관계로 대치되므로 판매계획의 입안에 있어서 이 분석방법은 중요한 실마리가 된다.

손익분기점 분석의 문제
- 단위당 판매가격과 단위당 변동영업비용이 일정하다고 가정하고 있으나 실제로 판매량이 변동함에 따라 단위당 판매가격이나 단위당 변동영업비용이 변동한다.
- 손익분기점모형에서는 일정한 경영환경을 가정하고 있으나 시간의 경과에 따라 경영환경이 달라지며, 경영환경의 변화에 따라 영업비용의 구조가 변화하기 때문에 손익분기점 판매량이 변화하게 된다.
- 모든 기업이 단일제품만을 생산한다고 가정하고 있으나 현실적으로 단일제품만을 생산하는 기업이 거의 없고 대부분의 기업에서 여러 제품을 생산하고 있다.

14 손익분기점의 의미를 설명하시오.

15 손익분기점 분석의 문제점에 대해 설명하시오.

16 재무레버리지의 효과에 대해 설명하시오.

Answer

14 손익분기점은 기업의 생산 및 판매 활동에서 총수입과 총비용이 같아져서 순이익이 0이 되는 점을 말하는 경우가 일반적이다. 그러나 영업레버리지 분석에서는 매출액과 영업비용이 같아져서 영업이익이 0이 되는 점을 손익분기점이라고 설명한다.

15
- 손익분기점 분석에서 매출량이나 매출액에 관계없이 단위당 판매가격이 일정하며 단위당 변동비도 일정하다는 가정을 하는데 실제 기업의 매출활동을 보면 매출량은 매출가격에 영향을 주며, 매출량의 증가에 따라 단위당 변동비도 변할 수밖에 없다.
- 손익분기점 분석에서는 비용을 고정영업비용과 변동영업비용으로 구분해야 하는데, 실제로 그것을 구분하는 것은 쉬운 일이 아니다.
- 한 기업에서 여러 가지 상품을 생산하는 경우에 문제점이 발생한다.
- 손익분기점 분석을 하기 위해서는 비용·매출가격·생산량의 관계를 측정해야 하는데, 여기에는 과거의 자료가 이용된다. 그러나 생산원가나 매출가격 같은 것은 시간이 경과함에 따라 변하게 되므로 비용·매출가격·생산량의 관계도 달라진다.

16 재무 레버리지가 존재하는 경우 고정적인 금융비용의 지급으로 영업이익의 변동이 세후순이익의 변동을 확대시키게 되는데, 이를 재무 레버리지 효과라고 한다. 즉 타인 자본 때문에 발생하는 이자가 지렛대의 역할을 함으로써 영업이익의 변화에 대한 이익의 변화폭이 더욱 커지는 현상을 일컫는다. 이런 재무 레버리지 효과는 부채의 정도와 자본의 조달방법에 따라 달라진다. 또한 동일 영업이익 수준에는 타인자본 비율이 큰 기업일수록, 동일 자본구조 하에서는 총자본영업이익률과 총자본이자비용률이 근접한 영업이익 수준에서 더욱 커지게 된다.

17 재무레버리지에 대해 설명하시오.

Key Point

→ 재무레버리지효과와 재무레버리지도
- 재무레버리지효과를 측정하려면 투자정책에 따른 영업레버리지효과를 통제해야 한다.
- 투자정책이 일정하다고 가정하는 경우 영업이익의 변화율도 일정하기 때문에 영업이익이 변동할 때 주당순이익이 어느 정도 변동하는가를 검토함으로써 재무레버리지효과를 측정할 수 있다.

18 영업레버리지 효과의 의미를 설명하시오.

→ 재무레버리지
- 기업이 타인자본, 즉 부채를 보유함으로써 금융비용을 부담하는 것을 재무레버리지라고 한다.
- 재무레버리지가 존재하는 경우 고정적인 금융비용의 지급으로 영업이익의 변동이 세후순이익의 변동을 확대시키게 되는데, 이를 재무레버리지효과라 한다.

Answer

17 재무레버리지는 총비용 중에서 고정재무비용이 차지하는 비중, 또는 총자본 중에서 부채가 차지하는 비중을 의미한다. 부채의존도가 높을수록 고정재무비용의 부담이 증가하기 때문에 영업이익이 변화할 때 주당순이익이 그보다 높은 비율로 변화하는 재무레버리지효과가 나타난다.

18 영업레버리지의 효과란 총영업비에서 고정적인 영업비가 존재하기 때문에 매출량의 변동보다 영업이익의 변동이 크게 나타나는 현상을 말하며 투자정책이나 영업정책을 결정하면서 고정자산에 많이 투자하여 고정영업비의 비중이 클수록 판매량의 변화에 따른 영업이익의 변동이 커진다.

→ 영업레버리지효과 : 총자산 중 고정자산이 차지하는 비중이 높아질수록 고정영업비용의 부담이 증가하므로 매출액 변화가 영업이익의 크기와 질에 영향을 미치는 효과이다.

04 부실기업 분석

단원개요

IMF 위기를 계기로 우리나라 기업들의 심각한 부실 상황이 만천하에 드러났고, 특히 대기업의 부실은 수많은 이해관계자들뿐만 아니라 국민경제 전체에도 엄청난 후유증을 남겼다. 기업부실에는 그 원인 및 징후가 있게 마련이다. 그러므로 사전에 예측함으로써 기업의 부실로 오는 막대한 피해를 줄일 수 있다. 그리고 기업부실이 드러났을 때 어떻게 처리하느냐에 따라 계속기업으로서의 존재가치가 결정된다.
이 단원에서는 기업부실의 개념과 과정에 대해 올바로 이해하고 부실기업을 정리하는 방법과 기업부실을 예측하는 방법에 대해 익혀 보자.

출제경향 및 수험대책

이 단원에서는 해마다 출제비율이 약간씩 달라지기는 하지만 평균 5~6문제 정도는 출제되고 있는 편이다. 그 출제 내용을 살펴보면 기업부실의 의의 및 과정, 사업구조조정과 재무구조조정, 사적 정리와 법적 정리, 기업개선작업, 회사정리제도, 은행관리제도, 파산, 강제화의제도, 화의제도, 부도유예협약, 현금흐름분석, 재무제표분석, 경영전략분석, 시장정보분석, 단일변량분석에 의한 기업부실의 예측, 다변량분석에 의한 기업부실의 예측 등에 대해서 묻는 문제들이 출제되고 있는 바, 자세하고 철저한 학습이 요구된다.

04 부실기업 분석

- 기업부실의 의의 및 과정
- 우리나라의 부실기업 정리제도
- 전통적 기업부실 예측방법
- 계량적 기업부실 예측방법

1 핵심 중요내용 및 핵심요약

기업부실의 의의 및 과정, 사업구조조정과 재무구조조정, 사적 정리와 법적 정리, 기업개선작업, 회사정리제도, 은행관리제도, 파산, 강제화의제도, 화의제도, 부도유예협약, 현금흐름분석, 재무제표분석, 경영전략분석, 시장정보분석, 단일변량분석에 의한 기업부실의 예측, 다변량분석에 의한 기업부실의 예측

기업부실의 개요

1. 기업부실의 의의

① 기업부실 : 기업이 재무적 의무를 다하지 못하고 있는 상태를 의미한다. 따라서 기업부실화가 악화되면 궁극적으로 기업이 파산할 수도 있다.
② 기업부실과 관련된 용어 : 경제적 부실, 지급불능, 파산 등이 있다. 이들 용어는 경우에 따라 상호 중복적으로 사용되고 있으며 엄격히 구분되는 것은 아니다.
  ㉠ 경제적 부실 : 기업의 수익성이 감소함에 따라 나타나는 부실화의 현상을 의미한다. 기업이 부실화된다는 것은 구체적으로 수익이 비용보다 적거나 또는 투자수익률이 자본비용보다 낮은 상태가 유지되고 있음을 의미한다.
  ㉡ 지급불능 : 기술적 지급불능과 파산상태의 지급불능으로 구분된다.
    • 기술적 지급불능 : 일시적인 유동성 부족으로 인하여 만기가 된 채무를 상환하지 못하는 상태를 의미한다.
    • 파산적 지급불능(실질적 지급불능) : 유동성 부족의 현상이 지속되는 경우에는 파산의 직접적 원인으로 작용할 수 있으며, 이로 인해 채무를 상환하지 못하는 상태를 의미한다.
  ㉢ 파산 : 파산상태의 지급불능 또는 법원에 의해서 공식적으로 선고된 파산상태를 의미한다.

2. 기업부실의 과정

① 제1단계
  ㉠ 투자수익률이 자본비용에 미달하고 총비용이 총수익보다 많아 수익성이 저하되는 단계
  ㉡ 기업의 내부유보축소 및 비업무용 자산처분으로 지급능력을 유지하고자 한다.

Key Point

기업부실의 다양한 의미
- 경제적 부실 : 경제적 부실(경영부실)은 주로 기업의 수익성 저하가 원인이 되어 나타나는 경제적 문제를 말한다.
- 지급불능 : 지급불능이란 만기가 된 채무를 상환하지 못하는 기술적 지급불능과 기업의 총부채가치가 총자산가치를 넘어 실질순자산가치가 마이너스가 되는 실질적 지급불능(파산적 지급불능)으로 구분한다.
- 파산 : 파산이란 실질적 지급불능에 이르렀을 때 채권자의 신청에 의해 법원이 파산선고를 내린 경우를 뜻한다.

기업부실 : 기업이 재무적 의무를 다하지 못하고 있는 상태를 의미한다.

② 제2단계
- ㉠ 수익성이 계속 저하되어 내부유보자산, 매각할 자산이 바닥나서 정상적 경영이 어려워지고 지급능력이 극도로 악화되는 단계
- ㉡ 은행권의 금융지원이나 채권자의 도움이 기업존속의 관건이 된다.

③ 제3단계
- ㉠ 실질적 지급불능상태가 지속되고 영업활동이 정지되어 부도나 법정관리에 들어감으로써 파산상태에 들어가는 단계
- ㉡ 파산신청에 의한 청산단계, 회사갱생을 위한 법정관리 또는 은행관리가 진행된다.

3. 부실기업에 대한 조정과 정리

(1) 사업구조조정과 재무구조조정

① 부실기업처리의 대표적인 방법
- ㉠ 사업구조조정
  - 자본적 지출과 R&D비용의 감축
  - 다른 기업과의 합병
  - 주요자산의 매각
- ㉡ 재무구조조정
  - 파산신청
  - 부채의 자기 자본으로의 출자전환
  - 채권자와의 협상을 통한 채무 상환의 시기·방법 조정
  - 새로운 증권 발행을 통한 자금 조달

② 부실기업 회생 처리방안
- ㉠ 기업의 사업구조조정 : 사업구조 자체를 변경시키거나 새로 바꾼다.
- ㉡ 기업의 재무구조조정 : 자금의 조달로 지급능력을 향상시키거나 채무 상환시기·방법조정, 부채의 출자전환 등으로 재무구조를 개선한다.

(2) 사적 정리와 법적 정리

① 사적 정리 : 경영자와 주주가 채권자와 협의하여 구조조정을 추진하는 것 예 기업개선작업(workout)

② 법적 정리 : 파산법이나 화의법, 회사법 등의 법률에 의해 이뤄지는 것 예 은행관리, 회사정리, 파산

우리나라의 부실기업 정리제도

(1) 기업개선작업

Key Point

▶ 부실기업처리의 대표적인 방법 : 주요자산의 매각, 다른 기업과의 합병, 자본적 지출과 R&D비용의 감축, 새로운 증권 발행을 통한 자금 조달, 채권자와의 협상을 통한 채무 상환의 시기·방법 조정, 부채의 자기 자본으로의 출자전환, 파산신청

▶ 구조조정
- 기업의 기존 사업구조나 조직구조를 보다 효과적으로 그 기능 또는 효율을 높이고자 실시하는 구조 개혁작업이다.
- 기업에서의 개혁작업을 '사업구조조정', '기업구조조정'이라 하며, 이 같은 사업조정을 추진하는 경영 절차기법을 '비즈니스 리스트럭처링(business restructuring)'이라 한다.
- 사업구조조정이란, 부실기업이나 비능률적인 조직을 미래지향적인 사업구조로 개편하는데 주목적이 있다.

▶ 법정관리와 워크아웃의 차이점
- 워크아웃에서는 금융기관의 채권만 동결되는 반면, 법정관리에서는 금융기관의 채권은 물론 진성어음까지도 동결되는 포괄적 채권 감면을 받을 수 있다.
- 워크아웃 중인 기업이 신규자금을 지원받지 못할 경우 법정관리를 신청하는 경우가 많다.

| 독 | 학 | 사 | 3 | 단 | 계 |

Key Point

기업개선작업(워크아웃) : 파산보다는 회생이 낫다고 판단될 때 파산이나 회사정리 등 도산절차에 들어가지 않고 경영자와 주주, 채권 금융 기관들이 협의하여 기업채무 구성과 채무 상환일정을 재조정하는 방식으로 부실기업의 회생을 꾀하는 것을 말한다.

회사정리제도 : 회생가능한 기업이 채무 지급불능상태에 들어가 파산 위기에 빠져 있는 경우, 법원의 감독 아래 각 이해관계자들의 이해를 조정하여 사업을 계속하면서 기업을 회생시키는 제도를 말한다.

은행관리 : 은행이 금융기관 여신업무 취급지침에 따라 기업체를 관리하거나 채권보전의 필요상 기업체에 직원을 상주파견하는 것을 은행관리라고 한다.

① 기업개선작업(워크아웃)의 정의 : 기업의 재무구조 개선작업으로 원래는 계약 불이행이 발생하였을 때 도산 등을 피하기 위해 채무자와 채권자가 해결 방법을 모색하는 행위를 말한다.
② 기업개선작업의 목적을 달성하기 위한 방법 : 우선 해당 기업이 금융기관의 빚을 갚는 노력을 하여야 한다. 그러나 대부분의 경우 기업 자력(自力)만으로는 이것이 불가능하기 때문에 부채 상환을 유예하고 빚을 탕감해 주며, 필요에 따라서는 신규 자금도 지원해야 하는 등 금융기관의 손실 분담이 필요하게 된다.
③ 기업의 경영자와 주주의 입장 : 기업개선작업 동안 도산이 유예되기에 그 사이에 자구 노력을 통해 회생을 도모할 수 있다.
④ 채권자의 입장 : 기업개선작업 동안 권리행사가 유보되고 담보권의 일부 혹은 전부를 잃을 수도 있다.
⑤ 목적달성을 위한 문제점 보완
   ㉠ 미비한 법률과 제도의 보완
   ㉡ 채권단과 기업간의 손실부담 원칙의 준수
   ㉢ 명확한 워크아웃 계획과 자구계획의 수립 및 집행

(2) 회사정리제도

① 회사정리제도의 정의 : 재정적 궁핍으로 파탄에 직면하였으나 갱생(更生)의 가망이 있는 주식회사에 관하여 채권자·주주 그 밖의 이해관계인의 이익을 조정하며 그 사업의 정리·재건을 꾀하는 제도이다.
② 법정관리
   ㉠ 지급불능상태에 있는 기업을 법원의 감독 아래 채권자와 주주들의 이해관계를 조정하여 기업을 회생시키는 제도를 말한다.
   ㉡ 법정관리에 들어가면 진성어음을 포함한 모든 채무가 동결되기 때문에 회생가능성이 높아진다.

(3) 은행관리제도

① 은행관리제도의 정의 : 기업이 경영난 및 자금 문제에 직면했을 때 기업의 자발적인 요청이나 주거래 은행의 판단에 따라 은행 직원이 파견되어 경영과 자금 관리에 부분적으로 참여하거나 대리 경영하는 제도이다. 즉, 은행이 담보, 자금 등의 채권보존 목적으로 기업의 경영에 일부 참여하는 것을 말한다.
② 법원의 결정에 따라 집행되는 법정관리와 달리 은행관리는 금융기관과 기업 간의 합의나 계약에 의해 이루어진다.

(4) 파산

① 파산의 정의 : 채무자가 경제적으로 파탄상태에 빠졌을 때 그 총재산으로 전체 채권자에게 공평하게 배분해주는 재판상 절차를 법으로 규정한 것이 파산법이다.
② 파산선고는 채권자가 신청하는 것이 보통이지만, 채무자도 신청할 수 있다.
③ 파산선고신청이 있을 때에는 파산사건의 관할법원은 원칙적으로 민사소송법에 준하여 심리하고, 파산원인이 없다고 인정하면 그 신청을 기각하되, 파산원인이 있다고 인정하면 파산선고의 결정을 한다.

(5) 강제화의제도

① 강제화의제도의 정의 : 파산자가 제의한 채무 변제계획을 채권자가 승인함으로써 파산절차에 의하지 아니하고 파산을 종결하는 제도이다.
② 파산채권자는 회수불능채권의 일부를 면제 또는 기한유예의 조치를 취함으로써 파산자가 기업을 계속 영업하도록 하여 경제적 재기의 가능성을 높여준다.

(6) 화의제도

① 화의제도의 정의 : 근대법에서 지급불능 채무자의 채권자들이 즉시 지불받기 위하여 자신의 채권액보다 적은 액수를 변제받기로 하는 합의제도이다.
② 강제화의와 다른 점 : 파산선고를 전제로 하지 않는다.
③ 회사정리제도나 부도유예협약과 유사한 점 : 기업의 도산을 막는다.

(7) 부도유예협약

① 부도유예협약의 정의 : 1997년 4월 21일 부실기업의 연쇄적 부도사태를 막기 위해 정부가 주도하여 만든 금융기관 협약으로 원래 이름은 '부실징후기업의 정상화 촉진과 부실채권의 효율적 정리를 위한 금융기관 협약'이다. 처음에는 부도방지협약으로 줄여 불렀으나 최근에는 취지와 기능을 감안하여 부도유예협약으로 부른다.
② 부도유예협약의 목적 : 부실 채권의 대형화를 예방하고 금융 자산의 건전성을 제고하기 위해서이다.
③ 핵심내용 : 적용대상기업의 어음이 교환될 경우 이를 부도처리하되 해당 기업에는 제재조치를 취하지 않고 정상적인 영업활동을 할 수 있게 한다.

기업부실의 예측방법

기업부실의 가능성을 예측하는 방법은 매우 다양하다. 그 이유는 부실화를 초래하는 원인이 매우 다양하기 때문이다. 예컨대 재무제표를 분석하거나 경영전략

> **Key Point**
>
> ▶ 파산 : 채무자가 경제적 변제능력을 상실하여 채권자에 대한 채무를 이행할 수 없게 되었을 때 또는 그러한 상태에 대처하기 위해 법률적 수단으로 채무자의 전재산을 관리하여 채권자에게 채권비율에 따라 금전적으로 공평하게 배분해주는 것을 목적으로 하는 재판상의 절차를 말한다.
>
> ▶ 강제화의 : 파산 채권자가 파산자와의 협정에 의해 파산을 종결시키는 제도이다.
>
> ▶ 화의제도 : 화의법에 의해 규정된 제도로 채무자는 파산선고를 피하기 위해, 채권자는 유리한 변제를 받을 목적으로 법원의 감독하에 합의를 체결하게 된다.
>
> ▶ 부도유예협약 : 대기업들의 연쇄 부도를 막기 위해 1997년 4월 18일에 은행 주도로 도입되었던 협약이다.

을 분석하거나 현금흐름을 분석함으로써 부실의 가능성을 예측할 수 있으며, 통계적인 분석방법을 통해서도 부실의 가능성을 예측할 수 있다.

1. 전통적 기업부실 예측방법

(1) 현금흐름분석

① 현금흐름 : 기업활동을 통해 나타나는 현금의 유입과 유출을 말하며, 물건을 만들고 파는 기업활동의 이면에는 현금의 유입과 유출이 나타나는데, 영업활동에 의한 현금흐름, 투자활동에 의한 현금흐름, 재무활동에 의한 현금흐름 등이 있다.
② 현금흐름분석은 재무제표가 일반적으로 발생주의에 입각하기 때문에 현금흐름을 충실히 반영하지 못하는 단점을 보완하는데 유용하다.
③ 기업부실은 유동성 부족에 의한 지급불능으로 나타나기 때문에 현금흐름분석이 중요하다.

(2) 재무제표분석

① 재무제표나 기타 재무에 관련된 자료를 통해 기업의 재무상태와 경영성적을 분석·판단하는 방법을 말한다.
② 초기에는 은행이 대출 제공 시 여신자로서 거래선의 신용능력을 알기 위해 재무상태표 차변 측의 유동자산과 대변 측의 유동부채와의 상호관계에서 지급능력을 판정하는 것이었으나 오늘날에 이르러서는 내부분석 또는 경영자분석의 일환으로서 경영관리에 도움을 주기 위한 방법으로서 자금운용 등의 분야에까지 내용을 확대하고 있다.
③ 일정한 회계기준에 의해 작성되기에 객관성이 높으나 질적 정보를 나타내지 못한다.

(3) 경영전략분석

① 경영전략 : 변동하는 기업환경 아래서 기업의 존속과 성장을 도모하기 위해 환경의 변화에 대하여 기업활동을 전체적·계획적으로 적응시켜 나가는 전략을 말한다.
② 기업 경영의 기본적 요인들을 분석하여 부실가능성을 예측하기 위해 경영전략분석을 실시한다.

(4) 시장정보분석

① 기업부실화의 예측 : 기업의 가치를 나타내는 증권시장 지표 변화를 분석하면 예측할 수 있다.

Key Point

재무제표분석 : 가장 기본이 되는 분석 방법으로 기업의 재무제표가 그 기업의 경영성과와 재무상태를 정확히 반영한다는 가정하에 기업의 수익성, 유동성, 장단기지급능력, 재무구조 등에 관한 각종 재무비율을 분석함으로써 건전기업과 부실기업을 판별한다.

재무적 부실징후
- 재무상태표 : 현금·예금 절대부족, 매출채권, 재고자산 급증, 고정자산 과대투자, 단기차입금 등 유동부채 증가, 차입조건이나 금리면에서 불리한 신규차입금 증가, 타인자본 의존도 심화, 자본잠식의 심화
- 포괄손익계산서 : 매출액의 지속적 감소, 매출원가, 판매비와 관리비 급증·과다한 금융비용, 이익률의 현저한 감소, 결손의 누적
- 현금흐름표 : 영업활동으로 인한 현금흐름의 부족, 단기차입금에 의한 장기부채상환, 과다한 배당금 지급

경영전략의 개념
- A. 챈들러는 경영전략을 "기업의 장기적 목적 및 목표의 결정, 이들 목표를 실행하기 위하여 필요한 활동방향과 자원배분의 결정"이라고 정의하여, 경영목적과 경영전략을 구분하지 않았다.
- H. 안소프는 "경영전략은 주로 기업의 외부적 문제로서, 외부환경의 변화에 기업을 전체로서 적응시키기 위한 제품과 시장구조의 결정이다"라고 하여, 경영전략의 개념에 경영목적을 포함시키지 않고 있다.

② 시장정보는 재무제표에 비해 훨씬 빨리 기업부실 정도를 반영하므로 보완의 역할을 하기도 한다.

2. 계량적 기업부실 예측방법

(1) 단일변량분석에 의한 기업부실의 예측

단일변량분석은 여러 개의 재무변수를 하나씩 비교 분석하여 그 결과에 따라 부실화의 가능성을 예측하는 방법이다.

① 단일변량분석에 의한 부실화의 예측 : 다음과 같은 두 가지 기본적인 가정에서 이루어진다.
  ㉠ 재무비율의 분포가 부실기업과 정상기업에서 체계적으로 다르다.
  ㉡ 체계적 분포의 차이를 이용하여 부실화의 가능성을 예측할 수 있다.
② 기업부실예측과정 : 기업부실예측에 적합한 재무비율 선정 → 선정된 재무비율 분석 → 부실기업과 건전기업을 판정하는 구분점 분석
③ 분석기법의 종류
  ㉠ 이원분류법 : 이원분류법은 분석하고자 하는 기업을 부실기업과 정상기업으로 분류할 때 발생되는 예측오류를 최소화하는 최적판별점을 정하여 그 기준에 따라 부실화의 가능성을 예측하는 데 이용되는 방법이다. 이원분류법을 적용하는 절차는 다음과 같다.
    • 표본기업들의 재무비율을 크기에 따라 배열한다.
    • 순서대로 배열된 재무비율 사이의 중간점을 산출하여 각 중간점에 대한 예측오류를 계산한다.
    • 예측오류가 최소인 중간점을 최적 판별점으로 선정한다.
  ㉡ 프로필분석
    • 부실기업과 대응기업 표본에 대한 재무비율의 평균을 계산하여 두 표본 사이에 차이가 있는지를 분석한다. 이를 위해서 일정한 기간 동안 부실기업과 대응기업 표본의 평균 재무비율이 시간의 경과에 따라 변화하는 추세를 도표로 작성하여 분석하는 프로필분석을 이용할 수 있다.
    • 프로필분석을 통하여 두 표본집단 사이에 현저한 차이를 나타내는 재무비율을 찾아내고, 이와 같은 재무비율들이 시간의 경과에 따라 어떻게 변화하는지를 관찰함으로써 부실화의 가능성을 예측할 수 있다.
  ㉢ 집단간 재무비율 평균의 차이 분석 : 부실기업과 건전기업을 두 집단의 체계적인 차이를 나타내는 재무변수를 찾아내어 부실예측에 이용하는 방법이며 통계적 검증방법(t-test)을 사용하여 유의성을 검증한다.

(2) 다변량분석에 의한 기업부실의 예측

단일변량분석은 하나의 재무비율에만 의존하여 부실화의 가능성을 예측하기 때

Key Point

▶ 기업부실을 예측하기 위한 방법
  • 계량적 방법 : 재무적 변수를 이용하여 통계적 방법으로 기업부실을 예측하는 방법이다.
  • 비계량적 방법 : 질적 자료들을 이용하여 부실 요인을 분석하고 부실가능성을 예측하는 방법이다.

▶ 단일변량분석 : 기업부실 예측에 가장 적합한 재무변수 하나만 이용하여 기업부실을 예측하는 방법이다.

▶ 예측오류
  • 제1종 오류 : 실제는 부실기업인데 건전기업으로 예측하는 오류이다.
  • 제2종 오류 : 실제는 건전기업인데 부실기업으로 예측하는 오류이다.
  • 제1종류와 제2종오류 사이에 큰 차이가 있을 경우 각 오류의 예상손실액을 감안하여 총예상손실액을 최소화하는 방향으로 절사점을 선택한다.

▶ 프로필분석 : 기업의 부실을 판별 예측할 수 있는 재무비율을 발견하기 위해 부실화 과정의 진전에 따라 부실기업과 정상기업의 재무비율이 어떻게 변화하는지를 그래프를 통해 분석하는 방법이다.

문에 어느 재무비율을 선정하느냐에 따라 예측결과가 달라진다는 문제점이 있다. 이 같은 문제점을 해결하기 위해 여러 개의 재무비율을 선정하여 종합적으로 분석하여 부실화의 가능성을 예측하는 방법이 다변량분석방법이다.

① 판별분석의 의의 : 다변량분석방법 중에서 가장 대표적인 방법으로, 여러 재무변수들이 다변량정규분포를 보이며, 집단별 재무변수의 확률분포가 동일하다는 가정에서 여러 재무비율에 따라 대상기업을 부실기업과 정상기업으로 분류하는 데 이용되는 통계적인 분석방법이다.

② 판별분석을 시행하기 위한 절차
 ㉠ 표본기업들의 자료 수집
 ㉡ 종속변수와 독립변수 선정
 ㉢ 오류를 최소화하는 판별함수 추정
 ㉣ 판별함수를 통해 부실기업과 건전기업의 기준 절사점 구함
 ㉤ 실제자료를 바탕으로 판별함수식을 통해 예측력 평가

③ 판별분석의 유용성
 ㉠ 단일변량분석과 달리 판별분석은 여러 개의 재무변수를 동시에 고려하는 종합분석기법이다.
 ㉡ 판별분석은 동일기준으로 여러 기업을 동시에 평가하기 때문에 평가의 일관성을 유지할 수 있다. 분석가가 임의로 기준을 변경하거나 달리 적용함으로써 특정기업을 편파적으로 평가할 가능성을 제거할 수 있다.
 ㉢ 판별분석에 의하면 기업부실을 저렴한 비용으로 신속하게 예측할 수 있다. 판별분석은 경제적·시간적으로 유용한 정보를 재무의사결정자에게 제공한다.

④ 판별분석에 의한 기업부실 예측에 관한 연구
 ㉠ 알트만의 Z-score 모형
  • 알트만(E.I. Altman)은 1946~1965년 사이에 미국의 제조업 중 파산을 신청한 33개의 부실기업과 짝짓기 표본추출에 의해 추출된 33개의 정상기업을 표본으로 선정하여 판별분석을 실시하였다.
  • 선정된 5개 변수 : 유동성, 수익성, 레버리지, 지급능력과 효율성 등을 대표하는 재무비율이다.

$$Z = 1.2X_1 + 1.4X_2 + 3.3X_3 + 0.6X_4 + 1.0X_5$$

Z : 판별점수
X_1 : 운전자본/총자산
X_2 : 이익잉여금/총자산
X_3 : 영업이익(EBIT)/총자산
X_4 : 자기자본의 시장가치/총부채의 장부가치
X_5 : 매출액/총자산

Key Point

프로필 분석을 시행하는 절차
- 부실기업과 건전기업의 도산 1년 전에서 몇 년 전 사이의 재무제표 자료를 입수한다.
- 기업의 부실예측에 유용하다고 여겨지는 재무비율을 계산한다.
- 재무비율의 연도별 변화 추이를 비교한다.
- 뚜렷한 차이를 나타내는 비율을 선정한다.

판별분석
- 계량적 방법으로 판단기준, 즉 판별함수를 만들어 평가대상이 어떤 상태인가를 식별하는 분석방법을 가리킨다.
- 예컨대, 국별위험평가에 있어서 채권국을 두 가지 종류, 즉 채무지급을 연기한 국가와 그렇지 않은 국가로 구분하여 관찰한 후 이를 기초로 하여 판별함수를 작성한다.
- 뉴욕 FRB의 Krishan Saini와 Philip Bates가 1960~1977년 간의 지급연기국가 12개국을 포함하여 25개국을 대상으로 추정한 함수식이 있다.

판별분석의 한계점
- 판별분석은 과거의 재무자료에 기초하여 이루어지기 때문에 기업환경이 급격하게 변하는 경우 그 예측력에 한계가 있다.
- 판별분석에 사용되는 재무변수의 선정시 주관적인 판단이 개입될 여지가 많다. 재무변수의 선정에 대한 객관적인 기준을 마련하기가 어렵기 때문이다.
- 판별분석은 질적 자료를 반영하지 못하며, 기업간 서로 다른 회계처리방법의 사용에 따라 그 예측력이 감소될 수 있다.

- Z-score 모형의 최적판별법은 Z = 2.675로 추정
  - ▶ Z > 2.99 : 정상기업
  - ▶ Z < 1.81 : 부실기업
  - ▶ 1.81 ≤ Z ≤ 2.99 : 판정유보
ⓒ ZETA 모형
- 알트만, 핼더만, 나라야만이 Z-score 모형을 개선하여 개발하였다.
- 주요 독립변수는 7가지 재무비율(수익성, 이익안정성, 채무이행능력, 누적적 수익성, 유동성, 시장에서의 자본화 정도, 기업규모)을 이용하고 있다.
- 예측능력이 기존의 Z-score 모형보다 뛰어나다.

ⓒ 알트만의 K-score 모형 : 알트만은 1996년 우리나라 기업의 부실예측을 위해 K-score 모형을 제시했다.

> **Key Point**
>
> ▶ ZETA모형
> - 알트만(E.I. Altman) 등은 재무 및 영업환경의 변화를 반영하여 기존 Z-점수모형을 개선한 ZETA모형을 개발하였다.
> - 이는 미국의 ZETA서비스사(ZETA Services, Inc.)가 상품화하여 유료로 제공하는 ZETA신용위험(ZETA CREDIT RISK) 보고서의 기초가 되었다.
> - ZETA모형은 제조업 및 소매업 중에서 53개의 파산기업과 대응되는 58개의 정상기업을 표본으로 선정하였다.
> - ZETA모형은 ZETA서비스사에 의해서 상품화되었기 때문에 이 모형의 구체적인 판별계수는 대외적으로 공개되지 않고 있다. 그러나 ZETA모형의 예측력이 기존의 Z-점수모형보다 더 뛰어난 것으로 알려져 있다.

참고문헌

- 장영광, 「경영분석」, 무역경영사, 2012
- 임태순, 「경영분석」, 한국학술정보, 2011
- 박정식·신동령, 「경영분석」, 다산출판사, 2010
- 한동협, 「경영분석」, 청목출판사, 2008
- 김종오·이우백·김종선, 「경영분석」, 한국방송통신대학교출판부, 2007
- 강호정, 「경영분석」, 배재대학교출판부, 2006

■2 실전예상문제

객관식

1 다음 중 기업 부실의 과정에서 제1단계에 해당하지 <u>않는</u> 것은?

① 총비용이 총수익보다 많다.
② 투자수익률이 자본비용을 초과한다.
③ 수익성이 저하된다.
④ 지급 능력을 유지하고자 노력한다.

▶ 기업부실의 과정 중 제1단계
- 투자수익률(ROI)이 자본비용에 미달하고 총비용이 총수익보다 많아 수익성이 저하되는 단계
- 기업의 내부유보축소 및 비업무용 자산처분으로 지급능력을 유지하고자 한다.

Keypoint & Answer
기업 부실의 과정에서 제1단계 ➡ ❷

2 기업이 재무적 의무를 다하지 못하고 있는 상태를 무엇이라 하는가?

① 경제적 부실
② 기업부실
③ 지급불능
④ 파산

▶ 기업부실화는 기업이 재무적 의무를 다하지 못하고 있는 상태를 의미한다. 따라서 기업부실화가 악화되면 궁극적으로 기업이 파산할 수도 있다. 기업부실화와 관련된 용어로 경제적 부실, 지급불능, 파산 등이 있다. 이들 용어는 경우에 따라 상호 중복적으로 사용되고 있으며 엄격히 구분되는 것은 아니다.

기업이 재무적 의무를 다하지 못하고 있는 상태 ➡ ❷

3 다음 중 기업부실의 의미로서 거리가 <u>먼</u> 것은?

① 경제적 부실
② 지급불능
③ 파산
④ 흡수합병

▶ 기업부실은 경제적 부실, 지급불능, 파산을 포함하는 개념으로 사용되고 있다.

기업부실의 의미 ➡ ❹

4 실질적 지급불능에 이르렀을 때 채권자의 신청에 의해 법원이 파산선고를 내린 경우를 의미하는 것은?

① 경제적 부실
② 지급불능
③ 파산
④ 법정화의

▶ 기업부실의 다양한 의미
- 지급불능 : 지급불능이란 만기가 된 채무를 상환하지 못하는 기술적 지급불능과 기업의 총부채가치가 총자산가치를 넘어 실질순자산가치가 마이너스가 되는 실질적 지급불능(파산적 지급불능)으로 구분한다.
- 파산 : 파산이란 실질적 지급불능에 이르렀을 때 채권자의 신청에 의해 법원이 파산선고를 내린 경우를 뜻한다.

기업부실의 다양한 의미 ➡ ❸

- 경제적 부실 : 경제적 부실(경영부실)은 기업의 총수익이 총비용에 미달하여 적자를 보는 경우나 기업의 투자수익률이 자본비용보다 낮은 경우, 기업의 실현수익률이 업종평균의 투자수익률에 미치지 못하는 경우 등 주로 기업의 수익성 저하가 원인이 되어 나타나는 경제적 문제를 말한다.

5 다음 중 기업부실 과정의 2단계에 해당되는 것은?

① 총수익이 총비용보다 적고 투자수익률이 자본비용에 미달하여 수익성이 저하되는 단계이다.
② 수익성이 계속 저하되어 내부유보자산, 매각할 자산이 바닥나서 정상적 경영이 어려워지고 지급능력이 극도로 악화되는 단계이다.
③ 실질적 지급불능상태가 지속되고 영업활동이 정지되어 부도를 내거나 법정관리 등을 신청함으로써 파산상태에 들어가는 단계이다.
④ 기업의 내부유보축소 및 비업무용 자산처분으로 지급능력을 유지하고자 하는 단계이다.

▶ 기업부실 과정
- 제1단계 : 총수익이 총비용보다 적고 투자수익률이 자본비용에 미달하여 수익성이 저하되는 단계
- 제2단계 : 수익성이 계속 저하되어 내부유보자산, 매각할 자산이 바닥나서 정상적 경영이 어려워지고 지급능력이 극도로 악화되는 단계
- 제3단계 : 실질적 지급불능상태가 지속되고 영업활동이 정지되어 부도를 내거나 법정관리 등을 신청함으로써 파산상태에 들어가는 단계

6 다음 중 부실기업을 회생하기 위한 기업의 사업구조조정에 해당하지 <u>않는</u> 것은?

① 주요 자산의 매각   ② 다른 기업과의 합병
③ 자본적 지출과 R&D 비용 감축   ④ 부채의 자기자본으로의 출자전환

▶ ④는 기업의 재무 구조조정의 방법이다.

7 다음 중 기업의 재무 구조조정에 해당하지 <u>않는</u> 것은 어느 것인가?

① 파산신청
② 부채의 자기자본으로의 출자전환
③ 새로운 증권발행을 통한 자금조달
④ 채권자와의 협상을 통한 채무상환의 시기·방법 조정

▶ 파산신청은 부실기업을 회생시키려는 방안에 해당되지 않는다.

8 다음 중 사업구조조정에 해당되지 <u>않는</u> 것은?

Keypoint & Answer

➡ 기업부실 과정의 2단계 ➡ ❷

➡ 부실기업을 회생하기 위한 기업의 사업구조조정 ➡ ❹

➡ 기업의 재무 구조조정 ➡ ❶

Keypoint & Answer	
사업구조조정	➡ ❹

① 주요자산의 매각 ② 다른 기업과의 합병
③ 자본적 지출과 R&D비용의 감축 ④ 새로운 증권 발행을 통한 자금 조달

▶ 부실기업처리의 대표적인 방법
• 사업구조조정 : 주요자산의 매각, 다른 기업과의 합병, 자본적 지출과 R&D비용의 감축
• 재무구조조정 : 새로운 증권 발행을 통한 자금 조달, 채권자와의 협상을 통한 채무 상환의 시기·방법 조정, 부채의 자기 자본으로의 출자전환, 파산신청

| 사적 정리의 특징 | ➡ ❷ |

9 다음 중 경영자와 주주가 채권자와 협의하여 구조조정을 추진하는 것을 무엇이라고 하는가?

① 경제적 부실 ② 사적 정리
③ 법적 정리 ④ 파산

▶ 사적 정리는 채권자와 채무자 즉 관계당사자를 중심으로 이루어진다.

| 회사정리제도 | ➡ ❸ |

10 재정적 궁핍으로 파탄에 직면하였으나 갱생(更生)의 가망이 있는 주식회사에 관하여 채권자·주주 그 밖의 이해관계인의 이익을 조정하며 그 사업의 정리·재건을 꾀하는 제도를 무엇이라 하는가?

① 은행관리제도 ② 기업개선작업
③ 회사정리제도 ④ 파산

▶ 회사정리제도 : 회생가능한 기업이 채무 지급불능상태에 들어가 파산위기에 빠져 있는 경우, 법원의 감독 아래 각 이해관계자들의 이해를 조정하여 사업을 계속하면서 기업을 회생시키는 제도를 말한다.

| 은행관리제도 | ➡ ❶ |

11 기업이 경영난 및 자금 문제에 직면했을 때 기업의 자발적인 요청이나 주거래 은행의 판단에 따라 은행 직원이 파견되어 경영과 자금 관리에 부분적으로 참여하거나 대리 경영하는 제도를 무엇이라 하는가?

① 은행관리제도 ② 기업개선작업
③ 회사정리제도 ④ 파산

▶ 은행관리제도의 정의 : 기업이 경영난 및 자금 문제에 직면했을 때 기업의 자발적인 요청이나 주거래 은행의 판단에 따라 은행 직원이 파견되어 경영과 자금 관리에 부분적으로 참여하거나 대리 경영하는 제도이다. 즉, 은행이 담보, 자금 등의 채권보존 목적으로 기업의 경영에 일부 참여하는 것을 말한다. 법원의 결정에 따라 집행되는 법정관리와 달리 은행관리는 금융기관과 기업 간의 합의나 계약에 의해 이루어진다.

| 파산법이나 화의법, 회사법 등의 법률에 의해 이뤄지는 것 | ➡ ❸ |

12 파산법이나 화의법, 회사법 등의 법률에 의해 이뤄지는 것을 무엇이라 하는가?

① 경제적 부실 ② 사적 정리

③ 법적 정리 ④ 워크아웃

▶ 법적 정리는 법원을 중심으로 하며 재판형식으로 추진된다.

13 다음 중 기업의 구조조정에서 법적 정리에 해당되지 않는 것은?
① 파산 ② 워크아웃
③ 은행관리 ④ 화의

▶ 사적 정리는 경영자와 주주가 채권자와 협의하여 구조조정을 추진하는 것(예 기업개선작업(workout) 등)이고, 법적 정리는 파산법이나 화의법, 회사법 등의 법률에 의해 이루어지는 것(예 회사정리, 은행관리, 파산 등)이다.

14 다음 중 부실기업에 대해 경영자와 주주, 채권금융기관들이 협의하여 기업의 채무구성과 채무상환일정을 재조정하는 방식으로 기업의 회생을 꾀하는 제도는?
① 법정관리 ② 워크아웃
③ 은행관리 ④ 화의

▶ 문제 13번 해설 참조

15 파산자가 제의한 채무 변제계획을 채권자가 승인함으로써 파산절차에 의하지 아니하고 파산을 종결하는 제도를 무엇이라 하는가?
① 은행관리제도 ② 강제화의제도
③ 기업개선작업 ④ 회사정리제도

▶ 강제화의 : 파산 채권자가 파산자와의 협정에 의해 파산을 종결시키는 제도이다. 파산채권자는 회수불능채권의 일부를 면제 또는 기한유예의 조치를 취함으로써 파산자가 기업을 계속 영업하도록 하여 경제적 재기의 가능성을 높여준다.

16 다음 중 기업개선작업으로 초래되는 현상으로 볼 수 없는 것은?
① 대출금의 출자 전환 ② 이자 감면
③ 채무조기상환 ④ 신규자금지원

▶ 채무조기상환보다 대출원리금의 상환유예가 이루어진다.

17 다음의 〈보기〉와 관련이 깊은 것은 어느 것인가?

보기 회생가능한 기업이 채무지급불능상태에 들어가 파산위기에 처할 경우, 법원의 감독 아래 각 이해 관계인들의 이해를 조정하여 사업을 계속하면서 기업을 회생시키는 제도이다.

Keypoint & Answer

➡ 기업의 구조조정에서 법적 정리 ➡ ②

➡ 기업의 회생을 꾀하는 제도 ➡ ②

➡ 강제화의제도 ➡ ②

➡ 기업개선작업으로 초래되는 현상 ➡ ③

➡ 회사정리제도의 특징 ➡ ②

Keypoint & Answer	
은행관리제도에 대한 내용 → ❸	
법정관리의 내용 및 특성 → ❶	
파산채권자가 파산자와의 협정에 의해 파산을 종결시키는 제도 → ❹	
화의제도의 내용 및 특징 → ❷	

① 기업개선작업　　　　② 회사정리제도
③ 은행관리제도　　　　④ 부도유예협약

▶ 회사정리제도에 대한 설명으로 실무에서는 법정관리라고 한다. 법정관리에 들어가면 모든 채무와 채권이 동결되기 때문에 회생가능성이 높아진다.

18 다음은 은행관리제도에 대한 설명이다. 그 내용이 <u>잘못된</u> 것은?

① 은행이 기업을 대신해서 경영에 참여한다.
② 채권을 보존하기 위한 제도이다.
③ 모든 채권과 채무가 동결된다.
④ 부실기업의 주거래은행이 은행감독원의 승인을 받아 이사회 결정으로 이루어진다.

▶ 회사 정리와는 달리 채권과 채무의 동결조치는 이루어지지 않는다.

19 다음 중 회생가능한 기업이 채무지급불능 상태에 들어가 파산 위기에 빠져 있는 경우, 법원의 감독 아래 각 이해관계인들의 이해를 조정하여 사업을 계속하면서 기업의 회생시키는 제도는?

① 법정관리　　　　② 워크아웃
③ 은행관리　　　　④ 화의

▶ 법정관리는 일체의 채무가 동결되고 부정수표관리법에 따른 기업주의 형사처벌까지 면제되기에 회생가능성이 높다.

20 파산채권자가 파산자와의 협정에 의해 파산을 종결시키는 제도는 무엇인가?

① 워크아웃　　　　② 은행관리제도
③ 파산　　　　　　④ 강제화의제도

▶ 강제화의제도 : 파산을 종결시키는 방법 중의 하나로 채권자측에서 사실상 회수할 가망이 없는 채권을 면제해 주거나 분할지급을 받거나 기한을 유예해주고 파산자가 영업을 계속할 수 있도록 한다.

21 근대법에서 지급불능 채무자의 채권자들이 즉시 지불받기 위하여 자신의 채권액보다 적은 액수를 변제받기로 하는 합의제도를 무엇이라 하는가?

① 기업개선작업　　　　② 화의제도
③ 부도유예협약　　　　④ 은행관리제도

▶ 우리나라 부실기업 정리제도

204 경영분석

- 화의제도 : 화의법에 의해 규정된 제도로 채무자는 파산선고를 피해하기 위해, 채권자는 유리한 변제를 받을 목적으로 법원의 감독하에 합의를 체결하게 된다.
- 강제화의제도 : 강제화의는 파산 채권자가 파산자와의 협정에 의해 파산을 종결시키는 제도이다.
- 파산 : 채무자가 경제적 변제능력을 상실하여 법률적 수단으로 채무자의 전재산을 관리하여 채권자에게 채권비율에 따라 금전적으로 공평하게 배분해주는 것을 목적으로 하는 재판상의 절차를 말한다.
- 은행관리제도 : 부실 기업의 주거래 은행이 은행 감독원의 승인을 받아 이사회 결정으로 기업을 대신하여 경영에 참여하여 기업을 존속시키고 자신들의 채권을 보호하는 제도이다.
- 회사정리제도 : 법원의 감독 아래 각 이해관계자들의 이해를 조정하여 사업을 계속하면서 기업을 회생시키는 제도를 말한다.
- 기업개선작업 : 경영자와 주주, 채권 금융 기관들이 협의하여 기업채무 구성과 채무 상환일정을 재조정하는 방식으로 부실기업의 회생을 꾀하는 것을 말한다.

22 다음 중 전통적 기업부실 예측방법으로 볼 수 없는 것은?

① 재무제표분석 ② 현금흐름분석
③ 단일변량분석 ④ 시장정보분석

▶ ③은 계량적 기업부실 예측방법이다. 전통적 기업부실 예측방법에는 ①, ②, ④ 외에 경영전략분석 등이 있다.

→ 전통적 기업부실 예측방법 → ③

23 재무제표나 기타 재무에 관련된 자료를 통해 기업의 재무상태와 경영성적을 분석·판단하는 방법을 무엇이라 하는가?

① 현금흐름분석 ② 재무제표분석
③ 시장정보분석 ④ 경영전략분석

▶ 재무제표분석 : 가장 기본이 되는 분석 방법으로 기업의 재무제표가 그 기업의 경영성과와 재무상태를 정확히 반영한다는 가정하에 기업의 수익성, 유동성, 장단기지급능력, 재무구조 등에 관한 각종 재무비율을 분석함으로써 건전기업과 부실기업을 판별한다.

→ 재무제표분석 → ②

24 다음 중 재무제표분석의 단점으로 올바른 것은?

① 객관성이 낮다. ② 질적 정보를 나타내지 못한다.
③ 회계기준이 모호하다. ④ 실질주의에 입각한다.

▶ 재무제표는 객관성이 높으나 질적 정보를 나타내지 못한다.

→ 재무제표분석의 단점 → ②

25 다음 중 전통적 기업부실 예측방법 중에서 유동성 부족에 의한 지급불능을 알기 위해 행하는 방법은 무엇인가?

Keypoint & Answer

유동성 부족에 의한 지급불능을 알기 위해 행하는 방법 → ❷

기업의 부실가능성을 예측하기 위해 실시하는 분석 → ❹

단일변량분석 → ❷

재무변수 하나만을 이용하여 기업부실을 예측하는 단일변량분석방법 → ❶

판별분석에 의한 기업부실 예측모형 → ❹

① 재무제표분석　　　　② 현금흐름분석
③ 시장정보분석　　　　④ 경영전략분석

▶ 기업의 부실은 유동성 부족에 의한 지급불능에 의해 나타나므로 현금흐름의 분석이 중요하다.

26 다음 중 기업의 환경변화에 대한 부실가능성을 예측하기 위해 실시하는 분석은?

① 재무제표분석　　　　② 현금흐름분석
③ 시장정보분석　　　　④ 경영전략분석

▶ 경영전략분석은 국내·외 경제환경의 변화, 산업경쟁구조의 변화, 경쟁업체의 동향, 기업의 비용구조, 경영자의 자질이나 경험 등과 같은 경영의 기본적 요인들을 분석하여 환경변화에 대한 부실가능성을 예측한다.

27 여러 개의 재무변수를 하나씩 비교 분석하여 그 결과에 따라 부실화의 가능성을 예측하는 방법을 무엇이라 하는가?

① 다량변량분석　　　　② 단일변량분석
③ 경영전략분석　　　　④ 시장정보분석

▶ 단일변량분석은 여러 개의 재무변수를 하나씩 비교 분석하여 그 결과에 따라 부실화의 가능성을 예측하는 방법이다. 단일변량분석에 의한 부실화의 예측은 다음과 같은 두 가지 기본적인 가정에서 이루어진다.
 • 재무비율의 분포가 부실기업과 정상기업에서 체계적으로 다르다.
 • 체계적 분포의 차이를 이용하여 부실화의 가능성을 예측할 수 있다.

28 다음 중 재무변수 하나만을 이용하여 기업부실을 예측하는 단일변량분석방법으로 거리가 먼 것은?

① 판별분석　　　　　　② 이원분류법
③ 집단간 재무비율차이분석　　④ 프로필분석

▶ 단일변수분석에서의 기법은 재무비율 평균의 차이분석, 프로필분석, 이원분류법 등이 있다.

29 다음 중 판별분석에 의한 기업부실 예측모형으로 볼 수 없는 것은?

① 알트만의 K-Score　　② ZETA모형
③ 알트만의 Z-Score　　④ 프로필분석

▶ 계량적 기업부실 예측방법
 • 단일변량분석 : 집단간 재무비율 평균의 차이분석, 프로필 분석, 이원분류법
 • 다변량분석 : 알트만의 Z-score 모형, ZETA 모형, 알트만의 K-score 모형

30 다음의 <보기>에 제시된 절차는 무슨 분석에 관한 것인가?

> 보기
> ㉠ 부실기업과 건전기업의 도산 1년전에서 몇 년 전 사이의 재무제표 자료를 입수한다.
> ㉡ 기업 부실예측에 유용하다고 여겨지는 재무비율을 계산한다.
> ㉢ 각 재무비율의 평균을 연도별로 변화추이를 비교한다.
> ㉣ 뚜렷한 차이를 나타내는 비율들을 선정한다.

① 프로필분석
② 이원분류법
③ 판별분석
④ 집단간 재무비율평균의 차이분석

▶ 프로필분석은 부실화 과정의 진전에 따른 부실기업과 정상기업의 재무비율이 어떻게 변화하는지를 그래프를 통해서 조사·분석하는 방법이다.

Keypoint & Answer

➡ 프로필분석의 특징 ➡ ❶

31 기업의 부실을 판별 예측할 수 있는 재무비율을 발견하기 위해 부실화 과정의 진전에 따라 부실기업과 정상기업의 재무비율이 어떻게 변화하는지를 그래프를 통해 분석하는 방법을 무엇이라 하는가?

① 프로필분석
② 이원분류법
③ 재무비율평균의 차이분석
④ 판별분석

▶ 부실기업과 대응기업 표본에 대한 재무비율의 평균을 계산하여 두 표본사이에 차이가 있는지를 분석한다. 이를 위해서 일정한 기간 동안 부실기업과 대응기업 표본의 평균 재무비율이 시간의 경과에 따라 변화하는 추세를 도표로 작성하여 분석하는 프로필분석을 이용할 수 있다.

➡ 프로필분석의 내용 ➡ ❶

32 다음 중 부실기업과 건전기업을 구분하는 절사점을 정하는 데 이용하는 방법으로 옳은 것은?

① 재무비율 평균의 차이분석
② 프로필분석
③ 이원분류법
④ 다변량분석

▶ 이원분류법은 재무비율을 사용하여 기업부실을 예측하는 경우 부실화 여부를 판단할 수 있는 일정한 기준인 절사점을 정하는데 이용하는 방법이다.

➡ 부실기업과 건전기업을 구분하는 절사점을 정하는 데 이용하는 방법 ➡ ❸

33 다음 중 다변량 분석에 대한 설명으로 그 내용이 바르지 못한 것은?

① 집단별 재무변수의 확률분포가 동일하다는 가정하에 이뤄진다.
② 오류를 최대화하는 판별함수를 추정한다.
③ 부실기업과 건전기업의 기준절사점이 필요하다.
④ 실제자료를 바탕으로 판별함수식을 통해 예측력을 평가한다.

▶ 다변량분석에서는 연구목적에 적합하고 분류 오류를 최소화하는 판별함수를 추정한다.

➡ 다변량 분석에 대한 내용 ➡ ❷

Keypoint & Answer

다변량 분석에서 대표적인 방법 ➡ ❷

34 다음 중 다변량 분석에서 대표적인 방법에 해당되는 것은?
① 프로필분석 ② 판별분석
③ 이원분류법 ④ 재무비율 평균의 차이분석

▶ 판별분석은 여러 개의 변수를 사용하여 집단을 분류하는 통계적 분석기법 중에서 대표적인 분석이다.

판별분석의 내용 및 특징 ➡ ❸

35 여러 재무변수들이 다변량정규분포를 보이며, 집단별 재무변수의 확률분포가 동일하다는 가정에서 여러 재무비율에 따라 대상기업을 부실기업과 정상기업으로 분류하는 데 이용되는 통계적인 분석방법은 무엇인가?
① 프로필분석 ② 이원분류법
③ 판별분석   ④ 재무비율 평균의 차이분석

▶ 판별분석의 의의 : 다변량분석방법 중에서 가장 대표적인 방법으로, 여러 재무변수들이 다변량정규분포를 보이며, 집단별 재무변수의 확률분포가 동일하다는 가정에서 여러 재무비율에 따라 대상기업을 부실기업과 정상기업으로 분류하는 데 이용되는 통계적인 분석방법이다.

주관식

회사정리제도 ⬅

1 회생가능한 기업이 채무지급불능상태에 들어가 파산위기에 처할 경우, 법원의 감독 아래 각 이해 관계인들의 이해를 조정하여 사업을 계속하면서 기업을 회생시키는 제도는?

▶ 회사정리제도에 대한 설명으로 실무에서는 법정관리라고 한다. 법정관리에 들어가면 모든 채무와 채권이 동결되기 때문에 회생가능성이 높아진다.

강제화의제도 ⬅

2 파산채권자가 파산자와의 협정에 의해 파산을 종결시키는 제도는?

▶ 강제화의제도 : 파산을 종결시키는 방법 중의 하나로 채권자측에서 사실상 회수할 가망이 없는 채권을 면제해 주거나 분할지급을 받거나 기한을 유예해주고 파산자가 영업을 계속할 수 있도록 한다.

경영전략분석 ⬅

3 기업의 환경변화에 대한 부실가능성을 예측하기 위해 실시하는 분석은?

▶ 경영전략분석은 국내·외 경제환경의 변화, 산업경쟁구조의 변화, 경쟁업체의 동향, 기업의 비용구조, 경영자의 자질이나 경험 등과 같은 경영의 기본적 요인들을 분석하여 환경변화에 대한 부실가능성을 예측한다.

4 부실기업에 대해 경영자와 주주, 채권금융기관들이 협의하여 기업의 채무구성과 채무상환일정을 재조정하는 방식으로 기업의 회생을 꾀하는 제도는 무엇인가?

▶ 사적 정리는 경영자와 주주가 채권자와 협의하여 구조조정을 추진하는 것(예 기업개선작업(workout) 등)이고, 법적 정리는 파산법이나 화의법, 회사법 등의 법률에 의해 이루어지는 것(예 회사정리, 은행관리, 파산 등)이다.

5 경제적 부실의 의미를 설명하시오.

6 파산의 의미를 간략히 설명하시오.

7 기업부실화의 의미를 간략히 설명하시오.

8 회사정리제도의 의미를 간략히 설명하시오.

Keypoint & Answer

▶ 사적 정리

▶ 기업부실의 영향
- 채권자와 주주의 부(富)를 감소시킨다.
- 기업부실화가 지속되는 경우 기업은 조업을 중단할 수밖에 없으며, 조업중단에 따라 종업원들이 일자리를 잃게 되어 실업증가에 따른 사회적 불안을 야기시키는 요인이 된다.
- 조업중단에 따라 생산량이 감소하면서 경제발전을 둔화시키는 결과를 가져오게 된다.
- 기업파산이 빈번하게 발생될 경우 신용거래의 위축 등으로 인하여 경제활동이 위축될 수 있다.

Answer

5 경제적 부실(경영부실)은 기업의 총수익이 총비용에 미달하여 적자를 보는 경우나 기업의 투자수익율이 자본비용보다 낮은 경우, 기업의 실현수익률이 업종평균의 투자수익률에 미치지 못하는 경우 등 주로 기업의 수익성 저하가 원인이 되어 나타나는 경제적 문제를 말한다.

6 파산이란 실질적 지급불능에 이르렀을 때 채권자의 신청에 의해 법원이 파산선고를 내린 경우를 뜻한다.

7 기업부실화는 기업이 재무적 의무를 다하지 못하고 있는 상태를 의미하며, 기업부실화가 악화되면 궁극적으로 기업이 파산할 수도 있다. 기업부실화와 관련된 용어로 경제적 부실, 지급불능, 파산 등이 있다. 이들 용어는 경우에 따라 상호 중복적으로 사용되며 엄격히 구분되는 것은 아니다.

8 회사정리제도는 재정적 궁핍으로 파탄에 직면하였으나 갱생(更生)의 가망이 있는 주식회사에 관하여 채권자·주주 그 밖의 이해관계인의 이익을 조정하며 그 사업의 정리·재건을 꾀하는 절차이다. 회생가능한 기업이 채무 지급불능상태에 들어가 파산위기에 빠져 있는 경우, 법원의 감독 아래 각 이해관계자들의 이해를 조정하여 사업을 계속하면서 기업을 회생시키는 제도를 말한다.

▶ 기업개선작업 : 워크 아웃(Work Out)이라고도 하며, 이것은 기업가치 회생작업을 가리키는 말로 회생시킬 가치가 있는 기업을 살려내는 작업을 말한다. 워크 아웃을 기업경영에 처음 도입한 것은 80년대 후반 미국 제너럴 일렉트릭(GE)사로 GE는 실제로 워크 아웃에 성공해 세계 최우량기업이 되었다. 이후 워크 아웃이라는 용어가 기업, 금융, 공동부문의 구조조정에 널리 사용되고 있다.

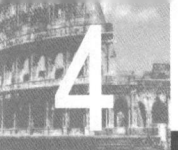

| 독 | 학 | 사 | 3 | 단 | 계 |

Key Point

우리나라 부실기업 정리제도
- 화의제도 : 화의법에 의해 규정된 제도로 채무자는 파산선고를 피해기 위해, 채권자는 유리한 변제를 받을 목적으로 법원의 감독하에 합의를 체결하게 된다.
- 강제화의제도 : 강제화의는 파산채권자가 파산자와의 협정에 의해 파산을 종결시키는 제도이다.
- 파산 : 채무자가 경제적 변제능력을 상실하여 법률적 수단으로 채무자의 전재산을 관리하여 채권자에게 채권비율에 따라 금전적으로 공평하게 배분해주는 것을 목적으로 하는 재판상의 절차를 말한다.
- 은행관리제도 : 부실 기업의 주 거래 은행이 은행 감독원의 승인을 받아 이사회 결정으로 기업을 대신하여 경영에 참여하여 기업을 존속시키고 자신들의 채권을 보호하는 제도이다.
- 회사정리제도 : 법원의 감독 아래 각 이해관계자들의 이해를 조정하여 사업을 계속하면서 기업을 회생시키는 제도를 말한다.
- 기업개선작업 : 경영자와 주주, 채권 금융 기관들이 협의하여 기업채무 구성과 채무 상환일정을 재조정하는 방식으로 부실기업의 회생을 꾀하는 것을 말한다.

9 강제화의에 대해 간략히 설명하시오.

10 재무제표분석에 대해 간략히 설명하시오.

11 부실기업의 재무 구조조정과 사업 구조조정에 대해 설명하시오.

Answer

9 파산 채권자가 파산자와의 협정에 의해 파산을 종결시키는 제도이다. 파산채권자는 회수불능채권의 일부를 면제 또는 기한유예의 조치를 취함으로써 파산자가 기업을 계속 영업하도록 하여 경제적 재기의 가능성을 높여준다.

10 가장 기본이 되는 분석 방법으로 기업의 재무제표가 그 기업의 경영성과와 재무상태를 정확히 반영한다는 가정하에 기업의 수익성, 유동성, 장단기 지급능력, 재무구조 등에 관한 각종 재무비율을 분석함으로써 건전기업과 부실기업을 판별한다.

11 부실기업을 회생시키기 위한 처리 방안으로는 기업의 재무 구조조정과 기업의 사업 구조조정을 들 수 있다. 재무 구조조정은 주식이나 채권의 신규 발행을 통해 자금을 새로 조달하여 지급능력을 향상시키거나 채권자와의 협상을 통해 채무 상환의 시기와 방법을 재조정하고 부채의 출자전환을 통해 재무구조를 개선하는 것이다. 기업의 사업 구조조정의 방법에는 주요 자산의 매각, 다른 기업과의 합병, 자본지출과 R&D 비용의 감축 등으로 사업구조 자체를 변경시키거나 새로 바꾸는 것이다.

12 우리나라 부실기업정리제도에 대해 3가지 이상 설명하시오.

13 전통적 기업부실 예측방법에 대해 설명하시오.

Key Point

기업부실 예측방법
- 전통적 기업부실 예측방법 : 재무제표분석, 현금흐름분석, 시장정보분석, 경영전략분석
- 계량적 기업부실 예측방법 : 단일변량분석(집단간 재무비율 평균의 차이분석, 프로필 분석, 이원분류법), 다변량분석

Answer

12 ① 부도유예협약 : 부도유예협약은 대기업들의 연쇄부도를 막기 위해 1997년 4월 18일에 은행 주도로 도입되었던 협약이다.
② 화의제도 : 화의제도는 화의법에 의해 규정된 제도로 채무자는 파산선고를 피하기 위해 채권자는 유리한 변제를 받을 목적으로 법원의 감독하에 합의를 체결하게 된다.
③ 강제화의제도 : 강제화의는 파산 채권자가 파산자와의 협정에 의해 파산을 종결시키는 제도이다.
④ 파산 : 파산이란 채무자가 경제적 변제능력을 상실하여 채권자에 대한 채무를 이행할 수 없게 되었을 때 또는 그러한 상태에 대처하기 위해 법률적 수단으로 채무자의 전재산을 관리하여 채권자에게 채권비율에 따라 금전적으로 공평하게 배분해주는 것을 목적으로 하는 재판상의 절차를 말한다.
⑤ 은행관리제도 : 은행관리제도는 부실 기업의 주거래 은행이 은행 감독원의 승인을 받아 이사회 결정으로 기업을 대신하여 경영에 참여하여 기업을 존속시키고 자신들의 채권을 보호하는 제도이다.
⑥ 회사정리제도 : 회사정리제도는 회생가능한 기업이 채무 지급불능상태에 들어가 파산위기에 빠져 있는 경우, 법원의 감독 아래 각 이해관계자들의 이해를 조정하여 사업을 계속하면서 기업을 회생시키는 제도를 말한다.
⑦ 기업개선작업 : 기업개선작업(워크아웃)은 파산보다는 회생이 낫다고 판단될 때 파산이나 회사정리 등 도산절차에 들어가지 않고 경영자와 주주, 채권 금융 기관들이 협의하여 기업채무 구성과 채무 상환일정을 재조정하는 방식으로 부실기업의 회생을 꾀하는 것을 말한다.

13 ① 경영전략분석 : 기업부실의 원인은 기업의 환경 변화에 대한 장단기 전략이 부적절했기 때문이기도 하기에 기업 경영의 기본적 요인들을 분석하여 부실가능성을 예측하기 위해 경영전략분석을 실시한다.
② 시장정보분석 : 기업의 가치를 나타내는 증권시장 지표 변화를 분석하면 기업부실화의 예측이 가능해진다. 이러한 시장정보는 재무제표에 비해 훨씬 빨리 기업부실 정도를 반영하므로 보완의 역할을 하기도 한다.
③ 현금흐름분석 : 기업부실은 유동성 부족에 의한 지급불능으로 나타나기에 현금흐름분석이 중요하다.
④ 재무제표분석 : 가장 기본이 되는 분석 방법으로 기업의 재무제표가 그 기업의 경영성과와 재무상태를 정확히 반영한다는 가정하에 기업의 수익성, 유동성, 장단기 지급능력, 재무구조 등에 관한 각종 재무비율을 분석함으로써 건전기업과 부실기업을 판별한다.

파산 : 채무자가 채무를 완전히 변제할 수 없게 되었을 때 채무자의 총재산에서 총채권자에게 공평히 변제하기 위한 절차로서 파산법(1962)에 의한다. 채무자에게 파산 원인이 있을 때 채권자나 채무자의 신청 또는 법원의 직권으로 개시한다. 법원은 파산원인 등을 조사하여 파산선고를 하고, 파산관재인을 선임한다. 파산채권의 신고·조사가 행해지고, 파산재산(파산재단)이 관리·환가되어 각 채권자의 순위 및 채권액에 따라 안분비례에 의해 배당·변제된다. 또한 파산자는 변제할 수 없게 된 채무의 면제(면책)를 법원에 신청할 수 있다. 지급불능·채무가 파산원인이다. 파산재단의 관리·환가·배당을 행하는 자를 파산관재인이라 하며, 보통 변호사가 선임된다.

독|학|사|3|단|계

05
신용평가

단원개요

은행이 기업에 대출해 주기로 결정하거나 투자자들이 기업이 발행한 채권에 투자할 때는 기업의 재무적·영업적 특성과 관련된 각종 정보를 수집·분석하여 신용위험, 즉 채무 불이행 위험을 평가하는 작업이 선행된다. 신용평가는 신용분석과 채권등급평가로 구분된다.
신용분석은 금융기관이 대출 결정을 내릴 때 대출에 따른 위험 정도와 기업의 상환능력을 평가하는 것을 말한다. 그리고, 투자자들의 채권에 대한 의사결정에 도움을 주는 역할을 담당하는 것이 신용평가기관의 역할이다.

출제경향 및 수험대책

이 단원에서는 해마다 출제비율이 약간씩 달라지기는 하지만 평균 4~5문제 정도는 출제되고 있는 편이다. 그 출제 내용을 살펴보면 신용분석의 의의 및 목적, 신용분석의 기능, 신용분석의 5C, 신용평점제도, 포스터(G. Foster)의 대출결정과정, 채권등급평가의 의의, 신용평가기관, 등급평가과정 등에 대해서 묻는 문제들이 출제되고 있는 바, 자세하고 철저한 학습이 요구된다.

05 신용평가

- 신용분석의 의의 및 체계
- 신용분석의 기능
- 신용분석의 5C
- 신용평점제도
- 채권등급평가의 의의
- 신용평가기관
- 등급평가과정

중요내용 및 핵심요약

신용분석의 의의 및 목적, 신용분석의 기능, 신용분석의 5C, 신용평점제도, 포스터(G. Foster)의 대출결정과정, 채권등급평가의 의의, 신용평가기관, 등급평가과정

신용분석의 의의 및 체계

1. 신용분석의 의의

(1) 신용분석의 의의 및 목적

① 신용분석(credit analysis)의 정의 : 금융기관에서 여신결정을 할 때 차입자의 원리금상환능력을 평가하는 것이다. 즉, 차입자의 유동성, 수익성, 활동성, 생산성, 레버리지 등 계량적인 측면과 경영자의 자질 등 질적인 측면을 종합적으로 평가하여 기업의 위험도를 결정하고 이에 따라 기업의 신용도를 결정하는 것을 말한다.

② 신용분석의 목적 : 대출 결정이 이뤄지는 단계에서 대출자의 신용도를 평가하기 위해서 신용분석한다.

③ 신용분석의 중요성
  ㉠ 신용분석을 통하여 원리금의 회수에 따른 불확실성을 줄일 수 있다. 불확실성을 최소화하는 노력은 금융기관의 수익성을 개선시키는 한편 금융시장의 건전한 발전에 기여한다.
  ㉡ 신용분석에 근거하는 합리적인 여신결정을 통하여 금융기관의 수익성을 개선시킬 수 있다.
  ㉢ 자금을 효율적으로 배분할 수 있다. 자금의 효율적 배분은 과학적인 신용분석을 통한 합리적인 여신결정이 일반화됨으로써 가능하다.
  ㉣ 기업의 자금수요를 충족시켜 준다.
  ㉤ 원만한 거래관계를 유지함으로써 영업환경을 개선시킬 수 있다.
  ㉥ 총자산 중 대출금이 차지하는 비중이 크다.

(2) 신용분석의 기능

① 신용평가는 금융기관의 대출위험에 관한 정확하고 객관적인 정보를 제공함으로써 원리금회수의 불확실성을 극소화시키고, 부실채권을 감소시켜 최적 여신결정을 유도한다.

Key Point

신용분석의 의의와 목적
- 의의 : 신용분석은 대출에 따른 기업의 원리금상환능력 또는 신용위험을 평가하는 것을 말한다.
- 목적 : 기업의 신용위험을 평가함으로써 대출 여부 또는 대출조건을 결정하는데 필요한 정보를 얻는데 있다.

여신결정에서 범할 수 있는 오류
- 원리금상환능력이 없는 고객에게 자금을 대출함으로써 손실을 감수해야 하는 경우 : 손실로는 대출금의 회수를 위하여 지불해야 하는 관리 및 법률비용, 원리금의 회수불능과 관련된 대손비용 등이 포함된다.
- 원리금상환능력이 있는 고객에게 자금을 대출해주지 않음으로써 추가적인 수익을 포기하는 경우 : 손실로는 채무를 상환할 수 있는 고객에게 대출해주지 않음으로써 포기해야 하는 수익으로서 기회비용 등이 있다.

② 신용분석자료는 각 기업에 고유한 대출조건을 결정하게 해준다. 즉, 신용분석을 통하여 도출된 결과를 기초로 각 기업의 원리금상환위험을 평가하고, 이를 대출조건에 반영한다는 것이다.
③ 신용분석은 신용도가 좋은 기업이 금융자원의 이용을 용이하게 하고, 그렇지 못한 기업들에 대해서는 금융자원의 이용을 곤란하게 함으로써 국민 경제 전체적으로 한정된 자원의 효율적 배분에 기여하며 각각의 기업들이 재무구조 개선 등 효율적 경영을 하도록 유도하는 기능을 한다.
④ 신용분석은 금융기관의 건전경영을 유도하는 기준이 될 수 있다.
⑤ 우량기업일수록 자본조달비용을 줄일 수 있다.
⑥ 증권회사 등의 인수기관에는 발행이자율 등 발행 조건을 쉽게 정할 수 있고 증권판매를 촉진하는 수단이 된다.
⑦ 투자자에게 정보를 제공한다.
⑧ 신용도에 따라 대출을 달리하는 것은 한정된 금융자원의 효율적 배분이고 기업의 효율적 경영 유도이다.

2. 신용분석의 체계

(1) 신용분석의 5C

일반적으로 신용분석에서는 다음과 같은 다섯 가지의 요인을 고려하여 기업의 신용위험을 평가하고 있는데, 이를 신용분석의 5C라고 한다.
① 경제상황(condition)
  ㉠ 경제상황은 불황이나 금융긴축에 대한 대출자의 취약성의 정도를 의미한다.
  ㉡ 경제상황은 대출자의 의지에 의하여 통제할 수 없으면서도 부채상환능력에 크게 영향을 미치는 요인이다.
② 담보력(collateral)
  ㉠ 담보는 차입자가 차입금을 상환하지 못할 경우 채권을 확보하기 위한 수단으로서 차입자의 상환불능위험을 부분적으로 보완해 주는 역할을 담당한다.
  ㉡ 기업이 채무 불이행시 확보할 수 있는 담보자산의 보유 정도를 의미한다.
  ㉢ 담보능력 여부는 전통적으로 우리나라 금융기관에서 매우 중요시하는 평가요인으로 경험적으로 유용한 지표가 되어 왔다.
  ㉣ 담보능력은 차입자가 담보로 제공하는 자산의 규모와 질에 의해 평가할 수 있다.
③ 자본력(capital) : 자본력은 자기자본 또는 순자산으로 평가한 기업의 능력을 의미한다. 즉, 자기자본이 부채에 대한 완충장치의 역할을 하기 때문에 대출자가 상환능력을 상실했을 때, 대출자의 자산을 차압하여 원리금을 보전할

Key Point

▶ 신용분석의 역할
• 신용분석은 부실채권을 극소화하고 은행경영의 수지와 재무적 건전성을 극대화하며, 국제경쟁력을 강화시키는 중요한 역할을 수행한다.
• 신용분석을 통하여 적절한 업체에 자금이 공급되고 건전하지 못한 기업에의 자금흐름을 차단하여 국가의 경쟁력 강화에도 중요한 역할을 하게 된다.

▶ 신용분석의 절차
• 경영 및 영업활동에 대한 전반적인 검토를 수행한다.
• 재무비율분석을 수행한다.
• 현금흐름분석을 수행한다. 전통적으로 비율분석이 강조되어 왔으나 최근 현금흐름분석의 중요성이 강조되고 있다.
• 재무추정을 수행한다. 재무추정은 추정재무제표를 작성하여 미래의 성과를 추정하는 과정이다.

▶ 신용분석의 5C
• 경영자의 인격(character) : 대출에 따른 원리금 상환에 대한 기업의 의지를 평가하는 중요한 요소로 이용된다.
• 상환능력(capacity) : 기업의 현금동원능력을 평가하는데 이용되는 중요한 요소이다.
• 담보력(collateral) : 기업이 채무를 이행하지 못하는 경우에 확보할 수 있는 담보자산의 보유정도를 의미한다.
• 자본력(capital) : 총자산에서 총부채를 공제한 순자산을 통하여 측정할 수 있다.
• 경제상황(condition) : 일반적인 경제상황 또는 기업의 채무상환능력에 영향을 미칠 수 있는 특별한 상황변화를 의미한다.

수도 있다.
④ 상환능력(capacity)
  ㉠ 만기시에 채무자가 부채를 상환할 수 있는 능력에 대한 객관적인 평가이다.
  ㉡ 상환의지가 있더라도 지급능력이 없는 경우에는 상환이 불가능하다.
  ㉢ 단기대출에 대한 상환능력을 평가하는 항목 : 자금의 회전기간, 현금수지상황, 유동성 등이다.
  ㉣ 장기대출에 대한 상환능력을 평가하는 항목 : 투자의 수익성, 현재의 부채상태 등이다.
  ㉤ 기업의 현금 동원 능력은 재무제표의 분석과 미래의 기대현금흐름을 추정함으로써 얻을 수 있다.
⑤ 인격(character)
  ㉠ 경영자의 인격은 차입금을 적극적으로 갚으려고 하는 차입자의 의지를 의미한다.
  ㉡ 신용도를 평가하는데 있어서 대출계약을 성실히 이행하려는 기업의 의지와 책임감이 가장 중요하다.
  ㉢ 약속이행의 책임의식은 채무자의 정직성, 성실성 및 직업윤리 등에 의해 결정된다.
  ㉣ 경영자의 인격 평가시 고려해야 할 항목 : 차입자의 사회적 평판, 과거 차입자의 신용기록, 차입자와의 면담을 통한 대출 심사역의 판단 등이다.

(2) 신용평점제도

① 신용평점제도(credit scoring system)의 정의 : 계량적인 신용평가의 한 방법으로서 여러 가지 평가항목을 선정하여 기업의 원리금상환능력을 종합적으로 평가한 신용평점에 따라 기업의 신용도를 평가하는 방법이다.
② 신용평점을 결정하는 일반적인 과정
  ㉠ 산업 내 경쟁업체와 상호 비교하여 신용도 평가에 중요하다고 보는 주요 평가요소를 선정한다.
  ㉡ 선정된 평가요소 각각의 중요도에 따라 가중치(weight)를 부여한다. 가중치 부여는 통계적 방법이나 경험에 입각한 주관적 판단에 의존할 수도 있다.
  ㉢ 개별 평가요소 하나하나에 대하여 심사대상기업의 강점과 약점을 산업 내 타기업과 비교하여 등급을 매긴다. 이때, 등급도 각 금융기관, 신용평가기관마다 약간의 차이를 갖고 있다.
  ㉣ 각 평가요소별 배점을 합하여 종합신용평점을 구한다. 이 종합신용평점은 심사대상기업의 신용도를 종합적으로 평가한 것이 되므로 여신결정의 기준으로 삼는다.

Key Point

신용평점제도의 네 단계
- 신용평가에 중요하다고 판단되는 주요 평가요소를 선정한다.
- 선정된 각 중요소에 가중치를 부여한다.
- 평가요소별로 분석하여 기업의 강약점을 분석하고 이를 산업내 타기업과 비교해 등급을 매긴후 가중치를 고려하여 점수를 산정한다.
- 평가요소별로 산정된 점수를 모두 합하여 신용평점을 구한다.

신용평점제도의 의의
- 신용평점제도(credit scoring system) : 은행에서의 대출신용도를 평가하기 위하여 가장 널리 사용되는 재무분석수단이다. 즉, 대출관련기업이 지니는 원리금 지급능력을 여러 평가항목에 걸쳐 평가하여 종합적인 신용도를 종합점수나 간략한 기호로 표시하는 제도를 말한다.
- 신용평점모형 : 여러 가지 재무비율이나 자료를 동시에 적용하는 다변량비율분석으로서 불량대출과 우량대출을 사전에 예측하고 또한 대출조건결정을 위한 기초자료로 사용된다.
- 지수법 : 신용평점제도의 가장 단순한 형태로, 지수법은 기업의 재무비율을 선정하고 각각의 재무비율에 가중치를 부여하여 산업평균비율 대비 평점을 계산한 평점합계를 지수로 삼아 의사결정을 하는 방법이다.

③ 주요 평가요소
  ㉠ 질적 평가요소
    • 생산 요소 : 공장 자동화, 품질관리, 기술 개발, 원자재 조달, 생산시설, 영업 레버리지, 규모의 경제, 계열화 정도 등
    • 마케팅 요소 : 판매조직, 광고활동, 시장점유율, 제품 종류, 제품의 질, 제품 가격, 소비자 금융 등
    • 인적 자원 요소 : 직원 채용 및 배치의 합리성, 근로 조건 및 복지시설, 경영자의 능력, 노사 관계, 기업 공개 여부 등
    • 재무 요소 : 대금융기관 관계, 자금 동원능력, 거래신뢰도, 지배구조, 환위험 등
    • 전략 요소 : 경영전략 방향, 최고경영진의 구성, 연구개발 투자, 대정부 관계 등
  ㉡ 양적 평가요소(주요 재무비율)
    • 유동성비율 : 단기채무 지급능력 **예** 당좌비율, 유동비율
    • 레버리지비율 : 장기채무 지급능력 **예** 이자보상비율, 부채비율, 고정비율
    • 활동성비율 : 자산의 효율적 이용도 **예** 매출채권회전율, 재고자산회전율, 유형자산회전율, 총자산회전율
    • 수익성비율 : 경영의 총괄적 효율성 **예** 총자산순이익률, 자기자본순이익률, 매출액순이익률
    • 성장성비율 : 경영 규모 및 성과의 증가 정도 **예** 매출액증가율, 총자산증가율, 자기자본증가율
    • 생산성비율 : 인적·물적 자원의 성과 **예** 노동생산성, 부가가치율, 자본생산성
    • 시장가치비율 : 시장에서의 상대적 평가 **예** 주가장부가치비율, 주가수익비율, 토빈의 q(Tobin's q)비율
④ 장점 : 하나의 값으로 종합적인 판단기준을 제공한다.
⑤ 단점 : 각각의 평가요소에 가중치를 부여하는 과정에서 주관성이 개입하고 평가요소의 선정 자체에도 주관성이 개입할 가능성이 있다.
⑥ 대책 : 주관적 판단을 줄이는 제도적 장치가 마련되어야 한다.

(3) 포스터(G. Foster)의 대출결정과정

① 대출승인단계 : 기업이 대출을 요청하면 금융기관이 기업의 자금 대출 여부를 결정하는 단계이다.
  ㉠ 대출 승인 기준
    • 산업·경제에 대한 전망   • 신용위험
    • 경영진의 질   • 전략적 요소

Key Point

▶ 우리나라의 신용평점제도
  • 우리나라 시중은행에서는 한국은행이 개발한 '기업체 종합평가표'와 '중소기업 신용평가표', 또 각 은행별로 작성하여 사용하는 '기업 신용평가표' 등을 이용하여 평점을 매기고 있다.
  • 한국은행의 기업체 종합평가표는 상업어음 재할인 적격업체의 선정을 위하여 제정한 것으로 금융기관들은 상업어음 재할인 적격업체 선정 이외에도 여신결정을 위한 신용조사를 할 때 대출적격성을 판단하는 기준으로 활용하고 있다.

▶ 신용평점제도의 유용성
  • 신용위험의 계량화를 가능하게 하며 종합평점에 의해 의사결정을 함으로써 객관적이고 일관성 있는 분석을 할 수 있다.
  • 최종판정을 내리기 위한 예비적 분석방법으로 애용할 수 있다.
  • 종합평점을 기존 대출업체의 사후관리에 이용할 수 있다.
  • 신용평점제도를 이용함으로써 우량대출과 불량대출을 예측함에 있어 중요하게 고려되어야 할 변수들의 영향을 충분하게 반영할 수 있다.
  • 여신결정자의 시간과 노력을 절약할 수 있다.

▶ 신용평점제도의 한계
  • 신용평점모형에서 사용되는 평가항목의 선정과 가중치의 배정, 구간의 설정 등에 있어서 객관적이며 합리적인 기준의 설정이 어렵다.
  • 일반적으로 금융기관에서 신용평점제도를 설계할 때에 주로 기존의 대출기업의 척도를 이용한다.
  • 과거 일정시점의 회계자료를 이용하는 평가로서 미래 상황의 예측이나 분석에 한계가 있다.

- 재무제표관련기준
- 고객관계가치
- 기타 요소 : 대출 신청 사항의 법률적·정책적 측면에서의 계약조건검토

ⓒ 대출승인 : 대출액 결정, 이자율 결정, 담보, 제반 조건, 기타

② 대출관리단계

㉠ 변수 : 이자율 및 원금상환 시기, 담보자산의 가치, 제한조건의 이행 여부

ⓒ 대출유형 분류 : 기업의 채무상환능력, 담보력 등을 고려하여 대출유형을 정상대출, 요주의대출, 문제대출, 회의적 대출, 회수불능대출 등으로 분류한 후 사후 대책을 강구한다.

③ 대출회수단계 : 대출 유형에 따라 회계처리 방식을 결정하고 기존 고객과의 관계를 결정한다.

㉠ 대출금회수 : 완전회수, 원리금의 일부 또는 전부

ⓒ 고객과의 관계 : 관계 계속·재대출, 관계 중단

채권등급평가

(1) 채권등급평가의 의의

① 채권등급평가(bond rating)의 정의 : 신용평가기관이 채권을 발행한 기관의 원리금 상환능력을 평가하여 이를 이해하기 쉬운 기호나 문장으로 등급화하여 투자자에게 전달하는 제도를 말한다.

② 채권등급평가의 목적 : 특정 채권의 채무불이행 위험에 관한 정보를 투자자에게 전달하는 데 있다.

(2) 신용평가기관

채권등급의 평가절차는 채권발행기관이 신용평가기관에 등급평가를 요청함으로써 시작된다. 등급평가의 요청을 받은 신용평가기관은 재무제표 등 공개적으로 이용 가능한 자료와 그 밖의 모든 관련정보를 수집·분석하여 채권등급을 결정한다.

① 우리나라의 신용평가기관

㉠ 신용평가제도의 도입 시기 : 한국산업은행의 출자로 한국기업평가(주)가 설립된 1983년부터이다.

ⓒ 신용평가제도의 본격적인 도입 시기 : 1985년 2월 투자금융회사를 중심으로 한 제2금융권의 출자로 설립된 한국신용평가(주)가 설립되면서 시작되었다.

② 세계적 신용평가기관

㉠ 세계적으로 가장 권위 있는 신용평가기관은 미국의 S&P(Standard and Poor's Ratings Services)와 Moody's(Moody's Investors Service)이다.

Key Point

기업의 채무상환능력, 담보력 등을 고려한 대출유형의 분류
- 정상대출 : 채무를 약관대로 모두 준수하는 대출
- 요주의대출 : 재무상태가 취약 혹은 원리금 상환이 불확실해지는 증거가 보이는 대출
- 문제대출 : 재무적, 관리적, 정치적 또는 경제적 상황이 매우 불리하게 전개되는 경우 즉각적인 시정이 요구되는 대출
- 회의적 대출 : 대출금의 완전 상환이 의문시되고 대손 가능성이 매우 큰 대출
- 회수불능대출 : 대출금의 회수가 불가능한 것으로 판정된 대출

채권등급평가 : 신용평가기관이 특정 채권의 원리금이 약정된 날짜에 약정된 금액만큼 상환될 수 있을지를 판정하여 이를 등급으로 매겨 투자자에게 전달하는 것을 말한다. 그러므로 투자자에게 위험에 대한 정확한 정보를 제공하여 투자자를 보호할 수 있다.

채권등급평가의 기능
- 채권발행기관(기업, 정부, 지방자치단체 등)의 원리금 상환능력에 대한 우월한 정보를 제공한다.
- 채권발행기관에 대한 신용정보를 투자자에게 저렴한 비용으로 제공한다.
- 투자신탁회사 등과 같은 기관투자자에게 '법적 보험' 기능을 제공하는 한편 기관투자자의 투기적인 활동을 제한하는 역할을 한다.
- 채권발행기관이 제공하는 재무적 또는 비재무적 정보를 확인해주는 역할을 한다.
- 경영자의 행동을 감시하는 역할을 한다.

ⓒ S&P와 Moody's의 평가기준, 평가방식, 평가결과는 거의 비슷하지만 신용등급의 부호에 다소 차이가 있다.

(3) 등급평가과정

S&P에서 신용등급을 매길 때 고려할 사항은 다음과 같다.
① 재무위험(financial risk) : 재무 및 회계정책, 수익성, 자본구조, 재무적 특성성, 현금흐름 및 상환능력, 재무탄력성
② 사업위험(business risk) : 경영자 및 경영능력, 산업적 특성, 경쟁력(마케팅, 기술, 효율)

> **Key Point**
>
> ▶ 신용평가기관 : 채권발행기업, 자치단체 또는 국가신용도를 평가하는 것을 주된 업무로 행하는 기관으로서, 부도의 가능성과 부도 발생시 얼마만큼의 원리금을 보전할 수 있는지에 대한 정보를 제공하는 것이다.
>
> ▶ S&P와 Moody's의 CP등급의 분류와 그 의미
> - A1(S&P)/Prime-1(Moody's) : 최상위등급으로 채무불이행위험이 거의 없음
> - A2(S&P)/Prime-2(Moody's) : 상위등급으로 경제상황에 따라 약간 영향을 받을 수 있음
> - A3(S&P)/Prime-3(Moody's) : 중간 등급으로 경제상황에 따라 영향을 받기 쉬움
> - B, C, D/Not Prime : 하위등급으로 투자부적격으로 분류되며, 채무불이행 위험이 높음

참고문헌

- 장영광, 「경영분석」, 무역경영사, 2012
- 임태순, 「경영분석」, 한국학술정보, 2011
- 박정식 · 신동령, 「경영분석」, 다산출판사, 2010
- 한동협, 「경영분석」, 청목출판사, 2008
- 김종오 · 이우백 · 김종선, 「경영분석」, 한국방송통신대학교출판부, 2007
- 강호성, 「경영분석」, 배제대학교출판부, 2006

05

Bachelor's Degree

■2 실전예상문제

객관식

Keypoint & Answer

대출에 따른 위험도와 원리금 상환 능력 평가 → ❷

1. 다음 중 금융기관에서 대출 결정을 내릴 때 대출에 따른 위험도와 원리금 상환능력을 평가하는 것을 가리키는 말은?

   ① 재무분석 ② 신용분석
   ③ 기업부실분석 ④ 증권분석

   ▶ 신용분석이란 금융기관에서 대출 결정을 내릴 때 대출에 따른 위험도와 원리금 상환 능력을 평가하는 것을 말한다.

신용분석의 정의 → ❶

2. 다음 〈보기〉와 관계가 깊은 것은?

   > **보기** 차입자의 유동성, 수익성, 활동성, 생산성, 레버리지 등 계량적인 측면과 경영자의 자질 등 질적인 측면을 종합적으로 평가하여 기업의 위험도를 결정하고 이에 따라 기업의 신용도를 결정하는 것을 말한다.

   ① 신용분석 ② 재무분석
   ③ 증권분석 ④ 기업분석

   ▶ 신용분석(credit analysis)의 정의 : 금융기관에서 여신결정을 할 때 차입자의 원리금상환능력을 평가하는 것이다. 즉, 차입자의 유동성, 수익성, 활동성, 생산성, 레버리지 등 계량적인 측면과 경영자의 자질 등 질적인 측면을 종합적으로 평가하여 기업의 위험도를 결정하고 이에 따라 기업의 신용도를 결정하는 것을 말한다.

신용분석의 중요성 → ❹

3. 다음 중 신용분석의 중요성에 대한 설명으로 바르지 못한 것은?

   ① 총자산 중 대출금이 차지하는 비중이 크다.
   ② 원만한 거래관계를 유지함으로써 영업환경을 개선시킬 수 있다.
   ③ 기업의 자금수요를 충족시켜준다는 점에서 금융기관이 사회적 책임을 완수한다.
   ④ 금융기관은 이자소득을 올릴 수 있다.

   ▶ 금융기관의 경영측면에서의 신용분석의 중요성
   • 총자산 중 대출금이 차지하는 비중이 크다. : 금융기관은 수익률과 대손위험을 적절히 고려하여 신중하게 대출 결정을 해야 한다.
   • 원만한 거래관계를 유지함으로써 영업환경을 개선시킬 수 있다. : 대출을 통한 거래관계로 안정된 수익과 예금을 확보해야 한다.
   • 기업의 자금수요를 충족시켜 준다. : 금융기관이 사회적 책임을 완수한다는 의미를 가진다.

4 다음 중 신용분석의 기능으로 볼 수 없는 것은?

① 대출위험을 극소화시킨다.
② 투자자에게 정보를 제공한다.
③ 우량기업일수록 자본조달비용을 줄일 수 있다.
④ 금융기관의 경영 투명화를 저해시킨다.

▶ 신용분석의 기능에는 ①, ②, ③ 외에 금융기관의 효율적인 대출 포트폴리오 구성, 기업의 효율적인 경영유도, 증권판매촉진, 금융기관의 건전경영유도의 기준 등을 들 수 있다.

Keypoint & Answer

▶ 신용분석의 기능 ➡ ❹

5 다음 중 신용분석의 중요성에 대한 설명으로 틀린 것은?

① 총자산 중 대출금이 차지하는 비중이 크다.
② 원만한 거래관계를 유지함으로써 영업환경을 개선시킬 수 있다.
③ 신용분석을 통하여 원리금의 회수에 따른 불확실성을 늘릴 수 있다.
④ 신용분석에 근거하는 합리적인 여신결정을 통하여 금융기관의 수익성을 개선시킬 수 있다.

▶ 신용분석을 통하여 원리금의 회수에 따른 불확실성을 줄일 수 있다. 불확실성을 최소화하는 노력은 금융기관의 수익성을 개선시키는 한편 금융시장의 건전한 발전에 기여한다.

▶ 신용분석의 중요성 ➡ ❸

6 다음 중 신용분석의 기능에 해당되지 않는 것은?

① 금융기관의 수익성을 개선
② 한정된 금융자원의 효율적 배분
③ 정보제공, 증권판매촉진
④ 금융기관에게 정보 제공

▶ 신용분석의 기능 : 금융기관의 수익성을 개선, 대출 포트폴리오 구성, 한정된 금융자원의 효율적 배분과 기업의 효율적 경영 유도, 정보제공, 증권판매촉진, 자본조달비용 절약, 건전경영 유도

▶ 신용분석의 기능 ➡ ❹

7 다음 중 신용분석에 대한 설명으로 그 내용이 바르지 못한 것은?

① 대출 결정이 이루어지는 단계에서 대출자의 신용도를 평가하기 위해서 신용분석을 행한다.
② 신용분석은 영업환경을 개선시킨다.
③ 기업은 자금을 공급하는 역할을 한다.
④ 신용분석은 투자자에게 정보를 제공한다.

▶ 기업은 자금을 수요하는 입장이다.

▶ 신용분석에 대한 내용 ➡ ❸

| 독 | 학 | 사 | 3 | 단 | 계 |

Keypoint & Answer

대출결정과정에 대한 설명 ➡ ❷

8 대출 후 부실가능성을 지속적으로 감시감독하고 만기시 대출금회수나 신용도에 따라 재연장을 결정하는 연속적인 과정을 의미하는 것은?

① 신용분석   ② 대출결정과정
③ 증권분석   ④ 재무분석

▶ 대출결정과정에 대한 설명으로 금융기관이 대출을 승인하는 것으로 대출의사결정과정이 종료되는 것이 아니다.

포스터에 의한 대출결정과정의 순서 ➡ ❶

9 다음 중 포스터에 의한 대출결정과정이 순서대로 바르게 연결된 것은?

① 승인 - 관리 - 회수   ② 관리 - 회수 - 승인
③ 회수 - 승인 - 관리   ④ 승인 - 회수 - 관리

▶ 대출승인단계 - 대출관리단계 - 대출회수단계 순서로 대출이 결정된다.

대출 승인 기준 ➡ ❸

10 다음 중 대출 승인 기준이 <u>아닌</u> 것은 어느 것인가?

① 고객관계가치   ② 신용위험
③ 친분도   ④ 경영진의 질

▶ 대출 승인 기준
- 산업·경제에 대한 전망 : 원리금 상환능력에 영향을 줄 수 있는 산업·경제적 요인
- 신용위험 : 원리금 상환능력에 영향을 주는 질적 요소
- 경영진의 질 : 경영진의 경영능력
- 전략적 요소 : 당해 금융기관 전체 여신 포트폴리오, 경영전략과 연관된 대출 중요성
- 재무제표관련기준 : 수익성, 유동성, 안전성, 현금흐름, 자산가치 등
- 고객관계가치 : 기존 고객의 가치, 새로운 고객관계로서의 가능성과 가치평가
- 기타요소 : 대출 신청 사항의 법률적·정책적 측면에서의 계약조건검토

대출승인기준설정의 내용 ➡ ❹

11 다음 중 대출승인기준설정의 내용으로 그 연결이 바르지 <u>못한</u> 것은?

① 고객관계가치 - 기존 고객의 가치
② 전략적 요소 - 경영전략과 연관
③ 경영진의 질 - 경영진의 경영능력
④ 신용위험 - 수익성, 유동성, 안전성, 현금흐름

▶ ④는 재무제표관련기준이다. 신용위험은 원리금 상환능력에 영향을 주는 질적요소와 관련된다.

대출유형 ➡ ❹

12 다음 중 대출유형으로 거리가 <u>먼</u> 것은?

① 정상대출   ② 문제대출
③ 회수불능대출   ④ 부주의대출

▶ ④는 요주의 대출로 바꾸어야 한다. 대출유형에는 정상대출, 요주의대출, 문제대출, 회의적 대출, 회수불능대출로 분류된다.

13 다음 중 대출금의 완전상환이 의문시되고 대손가능성이 매우 큰 대출은?

① 정상대출 ② 문제대출
③ 회의적 대출 ④ 회수불능대출

▶ 회의적 대출은 대출금의 완전 상환이 의문시된다.

Keypoint & Answer
대출금의 완전상환이 의문시되고 대손가능성이 매우 큰 대출 ➡ ❸

14 재무상태가 취약 혹은 원리금 상환이 불확실해지는 증거가 보이는 대출 유형은?

① 요주의대출 ② 문제대출
③ 회의적 대출 ④ 회수불능대출

▶ 대출유형
 • 정상대출 : 채무를 약관대로 모두 준수하는 대출
 • 요주의대출 : 재무상태가 취약 혹은 원리금 상환이 불확실해지는 증거가 보이는 대출
 • 문제대출 : 재무적, 관리적, 정치적 또는 경제적 상황이 매우 불리하게 전개되는 경우 즉각적인 시정이 요구되는 대출
 • 회의적 대출 : 대출금의 완전 상환이 의문시되고 대손 가능성이 매우 큰 대출
 • 회수불능대출 : 대출금의 회수가 불가능한 것으로 판정된 대출

요주의대출의 내용 ➡ ❶

15 다음 중 대출회수단계에서 결정하는 것은 어느 것인가?

① 기존 고객과의 관계를 유지할 것인지 중단할 것인지를 결정한다.
② 기업의 자금 대출 여부를 결정한다.
③ 사후대책을 강구한다.
④ 부실가능성을 예측한다.

▶ 대출회수단계에서는 대출 유형에 따라 회계처리방식을 결정하고 기존 고객과의 관계를 유지할지 중단할지를 결정한다.

대출회수단계에서 결정하는 것 ➡ ❶

16 다음 중 신용분석의 5C에 해당하지 <u>않는</u> 것은 어느 것인가?

① 대출 ② 자본력
③ 경제상황 ④ 인격

▶ 전통적으로 금융기관은 5C로 불리는 다섯 가지 요인을 분석하여 기업의 신용도를 평가한다. 신용분석의 5C는 인격(character), 상환능력(capacity), 자본력(capital), 담보력(collateral), 경제상황(condition)으로 구성되어 있다.

신용분석의 5C ➡ ❶

| 독 | 학 | 사 | 3 | 단 | 계 |

Keypoint & Answer

신용분석 5C에서 기업의 현금 동원 능력 ➡ ❷

17 다음 중 신용분석 5C에서 기업의 현금 동원 능력을 의미하는 것은 어느 것인가?

① 인격
② 상환능력
③ 자본력
④ 담보력

▶ 상환분석의 5C
- 경영자의 인격(character) : 대출에 따른 원리금 상환에 대한 기업의 의지를 평가하는 중요한 요소로 이용된다.
- 상환능력(capacity) : 기업의 현금동원능력을 평가하는데 이용되는 중요한 요소이다.
- 담보력(collateral) : 기업이 채무를 이행하지 못하는 경우에 확보할 수 있는 담보자산의 보유 정도를 의미한다.
- 자본력(capital) : 총자산에서 총부채를 공제한 순자산을 통하여 측정할 수 있다.
- 경제상황(condition) : 일반적인 경제상황 또는 기업의 채무상환능력에 영향을 미칠 수 있는 특별한 상황변화를 의미한다.

대출금 상환에 대한 기업의 의지를 의미하는 것 ➡ ❶

18 신용분석 5C 중 대출금 상환에 대한 기업의 의지를 의미하는 것은 어느 것인가?

① 인격
② 상환능력
③ 자본력
④ 담보력

▶ 문제 17번 해설 참조

총자산에서 총부채를 차감한 순자산을 의미하는 것 ➡ ❸

19 신용분석의 요인 중 총자산에서 총부채를 차감한 순자산을 의미하는 것은 어느 것인가?

① 인격
② 상환능력
③ 자본력
④ 담보력

▶ 문제 17번 해설 참조

상환능력의 내용 ➡ ❸

20 기업의 현금 동원 능력을 평가하는 데 중요한 요소로서 부채를 상환할 수 있는 능력에 대한 객관적인 신용분석 요소는?

① 자본력
② 담보력
③ 상환능력
④ 경제상황

▶ 상환능력(capacity)
- 만기시에 채무자가 부채를 상환할 수 있는 능력에 대한 객관적 평가이다.
- 상환의지가 있더라도 지급능력이 없는 경우에는 상환이 불가능하다.
- 단기대출에 대한 상환능력을 평가하는 항목 : 자금의 회전기간, 현금수지상황, 유동성 등이다.
- 장기대출에 대한 상환능력을 평가하는 항목 : 투자의 수익성, 현재의 부채상태 등이다.

21 다음 중 신용평점제도의 4단계에 해당되지 <u>않는</u> 것은?

① 주요 평가요소를 선정한다.
② 가중치를 부여한다.
③ 산정된 점수를 합해 신용평점을 구한다.
④ 중요요소를 이동평균한다.

▶ ① 평가요소선정 – ② 가중치부여 – ③ 등급 및 점수 산정 – ④ 신용평점 산출

22 신용평점을 결정하는 일반적인 과정 중 가장 먼저 해야 할 것은?

① 각 평가요소별 배점을 합하여 종합신용평점을 구한다.
② 선정된 평가요소 각각의 중요도에 따라 가중치(weight)를 부여한다.
③ 개별 평가요소 하나하나에 대하여 심사대상기업의 강점과 약점을 산업 내 타기업과 비교하여 등급을 매긴다.
④ 산업 내 경쟁업체와 상호 비교하여 신용도 평가에 중요하다고 보는 주요 평가요소를 선정한다.

▶ 신용평점제도의 네 단계
 • 제1단계 : 신용평가에 중요하다고 판단되는 주요 평가요소를 선정한다.
 • 제2단계 : 선정된 각 중요요소에 가중치를 부여한다.
 • 제3단계 : 평가요소별로 분석하여 기업의 강약점을 분석하고 이를 산업내 타기업과 비교해 등급을 매긴 후 가중치를 고려하여 점수를 산정한다.
 • 제4단계 : 평가요소별로 산정된 점수를 모두 합하여 신용평점을 구한다.

23 다음 중 질적 평가요소에 속하지 <u>않는</u> 것은?

① 생산요소   ② 마케팅요소
③ 인적자원요소   ④ 재무비율

▶ 신용평점의 질적 평가요소
 • 전략 요소 : 경영전략 방향, 최고경영진의 구성, 연구개발 투자, 대정부 관계 등
 • 재무 요소 : 대금융기관 관계, 자금 동원능력, 거래신뢰도, 지배구조, 환위험 등
 • 인적 자원 요소 : 직원 채용 및 배치의 합리성, 근로 조건 및 복지시설, 경영자의 능력, 노사 관계, 기업 공개 여부 등
 • 마케팅 요소 : 판매조직, 광고활동, 시장점유율, 제품 종류, 제품의 질, 제품 가격, 소비자 금융 등
 • 생산 요소 : 공장 자동화, 품질관리, 기술 개발, 원자재 조달, 생산시설, 영업 레버리지, 규모의 경제, 계열화 정도 등

24 신용평점의 양적 평가요소에 해당되지 <u>않는</u> 것은?

① 유동성비율   ② 활동성비율
③ 성장성비율   ④ 마케팅요소

Keypoint & Answer

➡ 신용평점제도의 4단계 ➡ ④

➡ 신용평점을 결정하는 일반적인 과정 ➡ ④

➡ 신용평점의 질적 평가요소 ➡ ④

➡ 신용평점의 양적 평가요소 ➡ ④

▶ 신용평점의 양적 평가요소(주요 재무비율)
- 시장가치비율 : 시장에서의 상대적 평가 예 주가장부가치비율, 주가수익비율, Tobin's q비율
- 생산성비율 : 인적·물적 자원의 성과 예 노동생산성, 부가가치율, 자본생산성
- 성장성비율 : 경영 규모 및 성과의 증가 정도 예 매출액증가율, 총자산증가율, 자기자본증가율
- 수익성비율 : 경영의 총괄적 효율성 예 총자산순이익률, 자기자본순이익률, 매출액순이익률
- 활동성비율 : 자산의 효율적 이용도 예 매출채권회전율, 재고자산회전율, 유형자산회전율, 총자산회전율
- 레버리지비율 : 장기채무 지급능력 예 이자보상비율, 부채비율, 고정비율
- 유동성비율 : 단기채무 지급능력 예 당좌비율, 유동비율

채권등급평가에 대한 내용 → ❷

25 다음 중 채권등급평가에 대한 설명으로 **틀린** 것은?

① 신용평가기관이 채권을 발행한 기관의 원리금상환능력을 평가하여 이를 이해하기 쉬운 기호나 문장으로 등급화하여 투자자에게 전달하는 제도를 말한다.
② 채권등급평가의 목적은 특정 채권의 채무불이행위험에 관한 정보를 금융기관에 전달하는 데 있다.
③ 등급평가의 요청을 받은 신용평가기관은 재무제표 등 공개적으로 이용 가능한 자료와 그 밖의 모든 관련정보를 수집·분석하여 채권등급을 결정한다.
④ 채권등급의 평가절차는 채권발행기관이 신용평가기관에 등급평가를 요청함으로써 시작된다.

▶ 채권등급평가(bond rating)는 신용평가기관이 채권을 발행한 기관의 원리금상환능력을 평가하여 이를 이해하기 쉬운 기호나 문장으로 등급화하여 투자자에게 전달하는 제도를 말한다. 채권등급평가의 목적은 특정 채권의 채무불이행위험에 관한 정보를 투자자에게 전달하는 데 있다.

정크본드(junk bond)의 등급구분 → ❸

26 정크본드(junk bond)의 등급구분으로 올바른 것은 어느 것인가?

① S&P의 CCC 이하 또는 Moody's의 Caa 이하 등급의 채권
② S&P의 B+ 이하 또는 Moody's의 B1 이하 등급의 채권
③ S&P의 BB+ 이하 또는 Moody's의 Ba1 이하 등급의 채권
④ S&P의 BBB+ 이하 또는 Moody's의 Baa1 이하 등급의 채권

▶ S&P의 BB+ 이하 또는 무디스의 Ba1 이하 등급의 채권은 투기등급이라 하여 채무불이행 가능성이 높은 채권으로 분류한다. 투기등급의 채권은 정크본드라 불리며 상대적으로 높은 수익률이 보장되지만 그만큼 위험도 크다.

주관식

1 금융기관에서 대출 결정을 내릴 때 대출에 따른 위험도와 원리금 상환능력을 평가하는 것은?

▶ 신용분석은 금융기관에서 대출 결정을 내릴 때 대출에 따른 위험도와 원리금 상환능력을 평가하는 것이다.

Answer
→ 신용분석

2 신용분석 5C에서 기업의 현금 동원 능력을 의미하는 것은?

▶ 상환능력(capacity)은 기업의 현금 동원 능력을 의미하며 기업의 이익창출능력과 부채의존도 등에 따라 영향을 받는다.

→ 상환능력

3 대출금의 완전 상환이 의문시되고 대손 가능성이 매우 큰 대출은 무엇인가?

▶ 대출유형
- 정상대출 : 채무를 약관대로 모두 준수하는 대출
- 요주의대출 : 재무상태가 취약 혹은 원리금 상환이 불확실해지는 증거가 보이는 대출
- 문제대출 : 재무적, 관리적, 정치적 또는 경제적 상황이 매우 불리하게 전개되는 경우 즉각적인 시정이 요구되는 대출
- 회의적 대출 : 대출금의 완전 상환이 의문시되고 대손 가능성이 매우 큰 대출
- 회수불능대출 : 대출금의 회수가 불가능한 것으로 판정된 대출

→ 회의적 대출

4 신용평가기관이 채권을 발행한 기관의 원리금상환능력을 평가하여 이를 이해하기 쉬운 기호나 문장으로 등급화하여 투자자에게 전달하는 제도를 무엇이라 하는가?

▶ 채권등급평가(bond rating)는 신용평가기관이 채권을 발행한 기관의 원리금상환능력을 평가하여 이를 이해하기 쉬운 기호나 문장으로 등급화하여 투자자에게 전달하는 제도를 말한다. 채권등급평가의 목적은 특정 채권의 채무불이행위험에 관한 정보를 투자자에게 전달하는 데 있다.

→ 채권등급평가

5 신용평점제도의 장·단점을 쓰시오.

Answer

5 신용평점제도는 평가요소에 양적 요소는 물론 질적 요소까지도 포함시킬 수 있다는 장점이 있다. 그러나 평가요소의 선정, 가중치부여, 등급에 따른 점수산출 등에서 주관적 판단이 개입될 수 있다는 문제점이 있다. 따라서 신용평점제도의 신뢰성을 높이기 위해서는 가능한 주관적 판단을 줄이는 제도적인 장치가 필요하다.

|독|학|사|3|단|계|

Key Point

현재의 신용분석 : 미국의 스탠다드 앤드 푸어스, 무디스, 우리나라의 한국신용평가주식회사 등과 같은 신용분석만을 전문적으로 수행하는 기업들이 이러한 업무를 전문적으로 수행하며 그 권위를 인정받고 있다.

신용분석에서 중요한 정보
- 신용분석대상자 또는 대출신청기업이 제공하는 정보 : 과거의 재무제표, 주요재무항목에 대한 예측치, 담보로 제공될 자산, 세부사업계획서 등이 있다.
- 누적된 신용정보 : 대출신청기업이 그 은행의 고객일 경우 은행이 가지고 있는 과거의 신용거래기록 및 영업실적 등을 이용할 수 있다.
- 전문적 신용조사기관의 정보 : 신용분석 대상기업의 회사채등급 및 신용평가전문기관의 대상기업에 대한 신용도 평가치도 신용분석이나 대출의사결정에 매우 유용하다.
- 거래자로부터의 신용정보 : 대출신청기업에 대한 유용한 정보를 대출신청기업과 거래하는 공급자 또는 고객들로부터 얻을 수 있다.
- 자본시장정보 : 자본시장분석을 통한 산업별 또는 경제전반에 관한 미래예측정보는 매우 유용하다.

6 신용평점의 질적 평가요소에 대해 쓰시오.

7 신용분석의 의의에 대해 설명하시오.

8 신용분석의 방법에 대해 설명하시오.

Answer

6
- 전략 요소 : 경영전략 방향, 최고경영진의 구성, 연구개발 투자, 대정부 관계 등
- 재무 요소 : 대금융기관 관계, 자금 동원능력, 거래신뢰도, 지배구조, 환위험 등
- 인적 자원 요소 : 직원 채용 및 배치의 합리성, 근로 조건 및 복지시설, 경영자의 능력, 노사 관계, 기업 공개 여부 등
- 마케팅 요소 : 판매조직, 광고활동, 시장점유율, 제품 종류, 제품의 질, 제품 가격, 소비자 금융 등
- 생산 요소 : 공장 자동화, 품질관리, 기술 개발, 원자재 조달, 생산시설, 영업 레버리지, 규모의 경제, 계열화 정도 등

7 신용분석은 금융기관에서 대출 결정을 내릴 때 대출에 따른 위험도와 원리금 상환능력을 평가하는 것을 말한다. 그간 우리나라에서는 금융기관이 안게 되는 부실채권이 급증하여 금융기관의 수익성이 악화되었고, 자금흐름의 왜곡 현상이 오랫동안 지속되었다.

8 신용분석의 방법으로는 재무상태표·포괄손익계산서와 같은 재무제표를 이용하여 비율법·지수법·추세법(趨勢法) 등으로 분석한다. 비율법은 제항목간의 관계를 분석하는 것으로, 자본구성비율·자산구성비율·자본 대 자산비율·각종 이익률·각종 회전율을 산출하며, 일정한 기준에 의하여 적부를 판단하게 된다. 신용분석에서 가장 중시되는 비율은 자본 대 자산비율 중의 유동비율(유동자산을 유동부채로 나눈 것)로 200% 이상이 바람직하다. 지수법은 각 비율에 대하여 실제비율과 표준비율을 비교하며, 추세법은 재무상태의 추이를 추적하는 방법이다.

9 금융기관의 대출 결정과정에 대해 약술하시오.

10 신용분석의 5C에 대해 설명하시오.

11 채권등급평가의 개념에 대해 설명하시오.

12 우리나라 신용평점제도에 대해 설명하시오.

Key Point

▶ 채권등급평가의 특징
- 상법, 자본시장법 등 관련법규에서도 증권업자에 대한 규제 및 채권발행자에 대한 공시요구를 통해 포괄적으로 투자자를 보호하고 있으나, 채권등급평가가 목적으로 하는 투자자보호는 채권별, 발행자별로 개별적인 위험정보만을 전달함으로써 기존의 법률이 보호하는 것을 보완하는 것이다. 따라서 채권등급평가는 개별 채권의 위험정도를 투자자에게 전달하는 것이지 투자대상 유가증권을 추천하거나 채권의 가격을 평가하는 것은 아니라는 점을 유념해야 한다.
- 일반적으로 채권의 매매가 수요와 공급의 시장원리에 의해 이루어지는 채권시장에서는 위험이 낮은 채권은 높은 가격(낮은 채권수익률)으로, 위험이 높은 채권은 낮은 가격(높은 채권수익률)으로 거래가 이루어진다. 따라서 채권등급평가는 채권시장에 있어서 투자자가 위험과 기대수익을 대응시켜 포트폴리오를 구성하는데 이용할 수 있는 위험에 관한 정보라 할 수 있다.

Answer

9 대출 의사결정은 대출 후 부실채권이 될 가능성이 없는지를 지속적으로 감시 감독하고, 만기시 대출금을 회수하거나 신용등급에 따라 다시 연장 또는 재대출을 결정하는 일련의 동적이고 연속적인 과정이다.
① 대출승인단계 : 기업이 대출을 요청하면 금융기관이 기업에 자금을 대출해 줄지의 여부를 결정하는 단계이다.
② 대출관리단계 : 기업의 채무 상환능력, 담보력 및 채무 이행에 대한 의미 등을 고려하여 대출유형을 분류한 후 사후 대책을 강구한다.
③ 대출회수단계 : 대출회수단계에서는 대출 유형에 따라 회계처리를 어떠한 방식으로 할지를 결정하고, 기존 고객과의 관계를 계속 유지할 것인지 아니면 중단할 것인지를 결정해야 한다.

10 ① 인격(character) : 대출금 상환에 대한 기업의 의지를 의미한다.
② 상환능력(capacity) : 기업의 현금 동원능력을 의미한다.
③ 자본력(capital) : 총자산에서 총부채를 공제한 순자산을 의미한다.
④ 담보력(collateral) : 기업이 채무를 이행하지 못하는 경우에 확보할 수 있는 담보자산의 보유 정도를 의미한다.
⑤ 경제상황(condition) : 일반적인 경제상황 또는 기업의 채무 상환능력에 영향을 줄 수 있는 특별한 상황의 변화를 의미한다.

11 채권등급평가란 신용평가기관이 특정 채권의 원리금이 약정된 날짜에 약정된 금액만큼 상환될 수 있을지를 판정하여 이를 등급으로 매겨 투자자에게 전달하는 것을 말한다. 그러므로 투자자에게 위험에 대한 정확한 정보를 제공하여 투자자를 보호할 수 있다.

12 우리나라에서는 은행, 단기금융회사 및 신용보증기금 등에서 독자적인 신용평점제도를 구축하여 그에 따라 여신결정을 하고 있다. 예컨대 한국은행에서는 어음 재할인을 위한 적격업체를 선정하기 위하여, 시중은행에서는 여신결정을 위한 업체를 선정하기 위하여, 단기금융회사에서는 기업어음의 할인을 위한 적격업체를 선정하기 위하여, 그리고 신용보증기금에서는 회사채, 여신 또는 어음보증을 위한 적격업체를 선정하기 위하여 신용평점제도를 각각 운용하고 있다. 그러나 외환위기 이후 신용평점제도에 큰 변화가 있었다. 외환위기 이전에는 은행들이 전국은행연합회와 공동으로 마련한 신용평점제도에 주로 의존하였으나, 외환위기 이후부터는 각각 독자적인 신용평점제도를 구축하여 운용하고 있다.

▶ 신용평점제도의 단계
- 신용평가에서 중요하다고 판단되는 주요 평가요소를 선정한다.
- 채무상환능력에 영향을 미치는 정도를 고려하여 선정된 각 평가요소의 중요도에 따라 가중치를 부여한다.
- 각각의 평가요소별로 기업의 강·약점을 파악한 다음 이를 산업 내의 타기업과 비교하여 등급을 매긴 다음, 각 평가요소에 대한 가중치를 고려하여 점수를 산정한다.
- 각 평가요소별로 산정된 점수를 모두 합하여 신용평점을 구한다.

독|학|사|3|단|계

06 기업가치평가

단원개요

현대 재무학에서 기업가치의 평가는 매우 중요한 부분을 차지한다. 증권시장에 상장된 기업의 경우에는 시장에서 형성된 주가가 기업가치를 반영하고 있다.
투자자는 기업의 진정한 가치가 얼마인가를 파악하여 현재 시장에서 형성된 주가가 과대평가되었는지 과소평가되었는지를 판단한다. 또한 기업을 인수 합병하고자 할 경우에도 기업가치가 얼마인가를 객관적으로 파악할 수 있어야만 거래가 성사된다. 신규사업에 투자하고자 할 경우에 신규사업의 가치가 얼마인가를 파악하는 일 역시 일종의 기업가치평가라고 할 수 있다.

출제경향 및 수험대책

이 단원에서는 해마다 출제비율이 약간씩 달라지기는 하지만 평균 4~5문제 정도는 출제되고 있는 편이다. 그 출제 내용을 살펴보면 기업가치의 의의, 기업가치평가의 절차, 상대가치평가법, 현금흐름할인법, 조건부청구권가치평가법, EVA모형의 의의, EVA모형의 기본식, EVA의 유용성과 한계 등에 대해서 묻는 문제들이 출제되고 있는 바, 자세하고 철저한 학습이 요구된다.

06 기업가치평가

- 기업가치평가의 의의 및 절차
- 기업가치평가의 기본방법
- EVA : 경제적 부가가치 모형
- EVA의 유용성과 한계

1 핵심 중요내용 및 핵심요약

기업가치의 의의, 기업가치평가의 절차, 상대가치평가법, 현금흐름할인법, 조건부청구권의 내용 및 특성, 조건부청구권가치평가법, EVA모형의 의의, EVA모형의 용도, EVA모형의 기본식, EVA의 유용성과 한계, 기업가치평가의 내용

기업가치평가의 의의 및 절차

(1) 기업가치의 의의

① 기업가치의 정의 : 미래에 예상되는 기대현금흐름을 자본비용으로 할인한 현재가치를 의미한다. 그러나 미래의 기대현금은 물론 자본비용을 추정하는 일이 쉽지 않기 때문에 기업가치의 평가는 현실적으로 어려운 일이다.

② 기업가치는 투자결정과 자본조달결정 등에 따라 영향을 받는다. 고정자산에 대한 투자를 늘릴수록 영업현금흐름이 증가하는 한편 영업위험이 증가하며, 부채의존도를 높일수록 재무위험이 증가하기 때문이다.

③ 기업가치를 평가하는 데 이용되는 대표적 모형 : 할인현금흐름모형(entity discounted cash flow model : DCF 모형)과 경제적 부가가치모형(economic value added model : EVA 모형)이 있다.

④ 재무제표 상의 수치가 기업가치를 직접적으로 반영하지 못하는 이유
  ㉠ 재무제표가 과거 활동에 대한 재무정보를 제공해 주는 반면, 기업가치는 미래에 창출된 현금흐름과 관련되어 있다.
  ㉡ 재무제표는 기업가치를 평가하기 위해서가 아니라 기업의 재무상태와 회계기간 동안의 성과를 객관적으로 공시하기 위해 작성된 자료이다.

(2) 기업가치평가의 절차

① 기업의 경제적 수명 측정 : 기업의 경제적 수명을 예측하는 일은 가장 선행되어야 할 절차이지만 가장 어려운 작업이므로 조정이 필요하다.
② 현금흐름의 추정
  ㉠ 기업의 미래기대현금흐름 추정은 기업가치평가에서 가장 핵심적인 작업이다.
  ㉡ 포괄손익계산서상의 영업손익은 미래 현금흐름의 예측지표로 이용된다.
  ㉢ 포괄손익계산서 상의 당기순이익은 미래현금흐름을 예측하는 지표로서 부적당하다.

Key Point

자산가치 : 자산을 보유함으로써 실현되는 미래의 현금흐름의 크기와 위험도(불확실성)에 의해 결정된다. 자산가치는 그 자산으로부터 얻을 수 있는 미래의 기대현금흐름을 실현시기와 위험도를 고려한 위험조정할인율로 할인한 현재가치를 의미하기 때문이다.

주요 재무제표 : 재무제표는 재무상태표, 포괄손익계산서, 현금흐름표, 자본변동표로 구성되어 있다.
- **재무상태표** : 차변의 자산 항목, 대변의 부채·자본 항목으로 구성되어 있는데 현재 기업의 재무상태를 반영한다.
- **포괄손익계산서** : 발생된 수익의 원천을 보여주며, 포괄손익계산서 상의 당기순이익 처분 내역은 자본변동표에 표시된다.
- **현금흐름표** : 발생주의에 따라 작성된 포괄손익계산서를 보완해 주기 위해 현금주의에 입각해서 작성된다.
- **자본변동표** : 자본크기와 변동에 관한 정보를 제공한다.

③ 자본비용의 추정
  ㉠ 기업의 자본비용은 현재 시점의 기업가치평가에 이용되는 미래 현금흐름을 할인율로 할인시 가장 적절한 할인율이다.
  ㉡ 자본금에 대한 자본비용을 자기자본비용, 부채에 대한 자본비용을 타인자본비용이라고 한다.
  ㉢ 주주의 입장에서 미래 기대현금흐름이 추정되었다면 자기자본비용으로 현금흐름을 할인해야 한다.
  ㉣ 기업전체 관점에서 미래 기대현금흐름이 추정되었다면 자본비용으로 가중평균자본비용을 이용해야 한다.
④ 기업가치의 평가 : 필요한 자료를 결정하면 기업가치평가는 마무리된다.

기업가치평가의 기본방법

(1) 상대가치평가법

① 상대가치평가법의 정의 : 자산의 가치가 순이익, 현금흐름, 장부가격, 매출액 등에 의해 결정된다고 보고 이를 다른 경쟁기업이나 산업평균, 혹은 기업이 정상적으로 달성할 수 있는 변수의 수준을 구하고 그것과 비교하여 각 기업의 상대적 가치를 평가하는 방법이다.
② 기업가치를 평가하는데 사용하는 비율 : 주가 대 장부가치비율(PBR), 평균주가수익률(PER), 주가 대 매출액 비율(PSR) 등이 가장 많이 사용된다.
③ 배수를 이용하는 방법
  ㉠ 비교기업을 이용하는 방법 : 유사한 비교기업의 배수를 추정하여 이용하는 방법이다.
  ㉡ 재무특성을 이용하는 방법 : 기업의 배당성향, 순이익과 현금흐름의 성장률, 위험 등을 비교하여 기업의 가치를 평가하는 방법이다.
④ 배수를 이용한 가치평가방법의 장·단점
  ㉠ 장점 : 비교자산을 단순히 비교·평가하므로 이용하는데 매우 간단하고 연관성을 가지며, 기업 가치를 신속하게 평가하는데 이용될 수 있다.
  ㉡ 단점
    • 비교대상을 선정하여 그 가치를 평가함에 있어서 상호간의 비교 가능성이 낮은 경우에는 이를 통한 가치의 평가가 왜곡될 수 있고 평가자의 의도로 인하여 조작될 가능성도 있다.
    • 비교대상의 가치가 제대로 평가되어 있지 않을 경우 평가되는 기업의 가치 역시 왜곡되는 경우가 발생할 수 있다.

(2) 현금흐름할인법

Key Point

▶ 기업가치를 평가하는데 사용하는 비율 : 평균주가수익률(PER), 주가 대 장부가치비율(PBR), 주가 대 매출액 비율(PSR) 등이 가장 많이 사용한다.

▶ 상대가치평가법의 유용성과 한계점 : 주로 회계적인 수치에 근거하여 가치를 평가하므로 시장가치를 정확하게 평가하는 방법이라 보기 어렵고, 상대가치를 평가하기 위한 비교대상의 결정이 주관적이며, 비교대상의 가치 자체가 과소 또는 과대평가되어 있는 경우에는 구하고자 하는 기업의 가치도 이러한 시장의 오류를 그대로 반영할 수밖에 없다는 면에서 한계가 있다.

▶ 가치평가의 기본 방법
  • 현금흐름할인법 : 자산의 가치를 그 자산으로부터 기대되는 미래 현금흐름의 현재가치로 평가하는 방법이다.
  • 상대가치평가법 : 순이익, 현금흐름, 장부가격, 매출액 등의 공통변수를 기준으로 비교자산의 가치를 살펴봄으로써 자산의 가치를 평가하는 방법이다.
  • 조건부청구권 가치평가법 : 옵션의 가격결정모형을 이용하여 옵션과 유사한 특성을 갖고 있는 자산의 가치를 평가하는 방법이다.

① 현금흐름할인법(Discounted Cash Flow ; DCF)의 의의
  ㉠ 현금흐름에 할인율을 적용한 개념이다. 이는 미래의 가치에 할인률을 적용함으로써 미래에 대한 불확실성을 반영시킨 것이다.
  ㉡ 기업이 영업활동의 결과로 미래에 얻을 수 있는 미래 순현금흐름의 기대치를 해당 현금흐름이 갖고 있는 위험수준을 반영하는 할인율로 현가한 순현재가치를 총발행주식 수로 나누어 1주당 장래 기대이익으로 기업이 가질 수 있는 장래 수익률을 산정하는 방법이다.

$$기업가치 = \sum_{t=1}^{t} \frac{CF_t}{(1+r)^t}$$

[CF_t : t기간의 현금흐름, r : 할인율]

  ㉢ 할인율은 추정된 현금흐름에 내포된 위험에 비례한다.
  ㉣ 현금흐름할인법은 순현재가치 또는 내부수익률을 계산하는 데 사용되고 또 자본투자분석 및 증권투자분석의 요소로 사용된다.

② 자기자본과 기업의 가치
  ㉠ 현금흐름을 할인하여 가치를 평가하는 방법
    • 기업에 투자된 자기자본의 가치만을 평가하는 방법
    • 다른 청구권자들의 자본을 포함한 기업 전체의 가치를 평가하는 방법
  ㉡ 자기자본의 가치 : 주주에게 기대되는 미래의 현금흐름을 자기자본으로 할인하여 구한다.

$$자기자본의 가치 = \sum_{t=1}^{\infty} \frac{SCF_t}{(1+ke)^t}$$

[SCF_t : t 기간동안 주주에게 기대되는 현금흐름, ke : 자기자본비용]

  ㉢ 기업가치

$$기업가치 = \sum_{t=1}^{\infty} \frac{FCF_t}{(1+WACC)^t}$$

[FCF_t : t기간의 현금흐름, $WACC$: 가중평균자본비용]

  ㉣ 대표적인 자기자본 가치모형 : 배당할인모형이 있다.

③ 현금흐름할인모형을 수정해야 할 필요성이 있는 경우
  ㉠ 사기업 : 사기업의 가치 평가시 할인율을 결정하는데 이용할 위험 측정에 가장 큰 문제점이 있다.
  ㉡ 인수대상기업 : 인수대상기업이 현금흐름할인법을 이용할 경우 경영자의 교체가 현금흐름과 위험에 미치는 효과와 합병으로 인한 시너지효과의 발생여부와 그 정확한 크기 측정을 고려해야 한다.
  ㉢ 구조조정 과정에 있는 기업 : 구조조정 과정에 있는 기업의 가치 추정

Key Point

현금흐름할인법의 정의
• 기업가치는 미래 순현금흐름의 기대치를 해당 현금흐름이 갖고 있는 위험수준을 반영하는 할인율로 현가한 값으로 평가한다.
• 미래 순현금흐름은 기업에 투자한 주주와 채권자들에게 배분 가능한 현금흐름을 의미한다.
• 전략적 차원의 M&A거래 등에 매우 광범위하게 국제적으로 사용되는 방법이다.
• 현금흐름할인법을 이용한 기업가치평가를 위하여 거시경제변수 및 수요산업 및 원가에 대한 체계적 분석을 바탕으로 향후 5년간 또는 10년간의 순 현금흐름을 추정하고, 추정년도 말의 잔존가치를 구하여 기업의 가치를 평가한다.

현금흐름할인법의 특징
• 화폐의 시간적 가치와 회사의 수익성을 고려한 평가방법이다.
• 회사에 대한 재무적인 결과를 바탕으로 한 평가방법이다.
• 계속기업을 전제로 한 평가방법이다.
• 기업의 위험이 반영된 평가방법이다.

시 과거 자료를 그대로 이용해서는 안된다.
 ㉣ 특허권이나 제품옵션을 가진 기업 : 현금흐름을 창출하지 않는 특허권이나 제품 옵션을 보유하는 기업은 실제 내재가치보다 낮게 평가된다.
 ㉤ 비활용자산을 가진 기업 : 기업이 비활용 자산을 소유한다면 그 자산의 가치는 미래의 현금흐름을 할인해서 구한 가치에 반영되어 있지 않다.
 ㉥ 경기순환기업 : 경제상황에 따라 경기순환기업의 순이익과 현금흐름은 달라지는 경향이 있다.
 ㉦ 재무적 곤경에 처해 있는 기업 : 부실기업은 현재 음(−)의 순이익과 현금흐름을 갖고 있으며 많은 손실이 예상된다.

(3) 조건부청구권 가치평가법

① 조건부청구권 가치평가법의 정의 : 옵션의 가격결정모형을 이용하여 옵션과 유사한 특성을 갖고 있는 자산의 가치를 평가하는 방법이다.
② 풋옵션과 콜옵션
 ㉠ 풋옵션(put option) : 풋옵션은 미래 특정시점(만기일)에 약정된 가격(행사가격)으로 기초자산을 매도할 수 있는 권리이며, 기초자산의 가치가 미리 약정된 행사가격보다 작을 때 가치를 갖는다.
 ㉡ 콜옵션(call option) : 콜옵션은 미래 특정시점(만기일)에 약정된 가격(행사가격)으로 기초자산을 매입할 수 있는 권리이며, 기초자산의 가치가 약정한 행사가격보다 클 때 가치를 갖는다.
③ 옵션의 평가 : 옵션은 행사가격과 옵션 만기까지의 기간, 기초자산의 현재가치와 그 수익률의 분산, 무위험이자율 등의 함수로 평가될 수 있다.
④ 옵션의 유용성 : 전환사채, 신주인수권부사채 등의 자산은 옵션의 성격을 갖고 있다.
⑤ 옵션의 한계점 : 장기옵션을 가치평가하는데 옵션가격결정모형을 사용하는 것에는 한계가 있다.

EVA : 경제적 부가가치모형

(1) EVA모형의 의의

① EVA의 개념 : 경제학자인 마셜(Alfred Marshall)에 의해서 처음으로 사용된 경제적 이익(economic profit : EP)과 같은 개념이다.
② EVA모형 : 기업가치평가모형의 일종으로서 경제적 부가가치(Economic Value Added)를 말한다.
③ 경제적 부가가치 : 기업이 영업활동을 통하여 얻은 이익에서 자본비용을 차감한 것과 같다.

Key Point

▶ 현금흐름할인법의 한계상황 : 재무적 곤경에 처해 있는 기업, 경기순환기업, 비활용자산을 가진 기업, 특허권이나 제품옵션을 가진 기업, 구조조정 과정에 있는 기업, 인수대상기업, 사기업

▶ 조건부청구권 평가법의 유용성과 한계점 : 최근에 개발된 파생금융상품의 가치평가 모형을 응용하므로 이론에 기반을 둔 모형이기는 하나, 이들 모형에서 근거를 두고 있는 몇 가지 가정은 만기가 장기인 기업의 자본 가치를 평가하는데 현실적으로 충족되기 어려운 가정이며, 이 모형을 이용하기 위하여 필요한 기초자산의 가치와 분산 등을 실무적으로 추정하기가 어렵다는 문제를 가지고 있다.

▶ 콜옵션과 풋옵션 : 콜옵션(call option)은 기초자산의 가치가 약정한 행사가격보다 클 때 가치를 갖고, 풋옵션(put option)은 기초자산의 가치가 미리 약정된 행사가격보다 작을 때 가치를 갖는다.

▶ EV(Enterprise Value:기업가치) : 기업의 미래수익 창출 능력을 이자율(평균자본비용)로 할인하여 현재시점에서 그 기업의 가치를 산출한 값이다. 이 수치가 현 주가보다 높은 기업은 앞으로 주가가 오를 것이라고 평가한다.

④ EVA란 자본조달 비용을 초과하여 기업이 창출해낸 가치를 의미한다.

(2) EVA모형의 기본식

$$EVA = NOPLAT - (WACC \times IC)$$
$$= IC \times (ROIC - WACC)$$
$$ROIC = \frac{NOPLAT}{IC}$$

- IC : 투하자본
- ROIC : 투하자본수익률
- NOPLAT : 세후영업이익
- WACC : 가중평균자본비용

① EVA의 창출을 위한 필요조치
  ㉠ 영업비용을 감소시키거나 매출을 증가시킴으로써 세후 영업이익(NOPLAT)을 증가시켜야 한다.
  ㉡ 자본구조를 변경함으로써 가중평균자본비용(WACC)을 감소시켜야 한다.
  ㉢ 운전자본에 대한 투자 또는 쓸모없는 자산을 줄이는 등 영업이익에 영향을 미치지 않는 범위 내에서 투하자본(IC)을 축소시켜야 한다.
② EVA : 투하자본수익률(ROIC)에서 자본비용(WACC)을 차감한 값에 투하자본을 곱해 구할 수 있다.
③ 투하자본(IC) : 기업이 영업을 위해 사용하고 있는 자산을 의미한다.
④ 세후영업이익(NOPLAT) : 기업이 재무활동이나 투자활동을 제외한 본연의 영업활동에서 발생한 수익으로부터 이에 관련된 비용을 차감한 세전순영업이익에서 실효법인세를 차감한 것이다.
⑤ EVA의 창출 여부 : ROIC가 자본조달비용인 가중평균자본비용(WACC)을 상회하는지 여부에 달려 있다.

(3) EVA의 유용성과 한계

① 유용성
  ㉠ EVA는 기업의 새로운 투자여부 결정 기준, 사업부의 성과평가, 기존사업의 구조조정, 업무흐름의 재구축 등 다양한 용도로 사용될 수 있다.
  ㉡ 기업가치 극대화 관점에서 기업의 경영성과를 평가할 수 있다.
② 한계
  ㉠ 현재가치를 고려하지 않고 있기에 EVA를 성과평가로 삼을 경우 장기적인 성과를 무시할 수 있다.
  ㉡ 이를 보완하기 위해 스턴 스튜어트사는 시장부가가치(market value added : MVA)를 새로 고안했는데, 이는 시장에서 형성된 기업가치에서 주주와 채권자의 실제 투자액을 차감한 금액을 말한다.
  ㉢ 기업의 전체 가치는 투하자본과 주주에게 돌아가는 잔여이득인 EVA의 현재가치(MVA)의 합으로 계산된다.

Key Point

마셜(A. Marshall) : 회계이익과 달리 경제적 이익을 측정할 때는 회계적 비용뿐만 아니라 투자된 자본에 대한 기회비용까지도 고려해야 한다고 역설하였다.

EVA모형의 의의
- EVA모형이란 기업가치평가모형의 일종으로서 경제적 부가가치를 말한다.
- 주주 및 채권자의 자본비용과 기업의 수익을 비교해 주주의 부(富)라는 관점에서 기업가치를 평가한다. 기업의 수익성이 얼마나 되는지를 측정하는 방법으로 세후영업이익에서 총자본비용을 뺀 금액이다.
- EVA=세후영업이익 - (투하자본 × 가중평균자본비용)
- EVA는 기업실적에 따라 해마다 크게 달라지는데 좀더 장기적인 관점에서 잉여가치를 산출하기 위해 개발된 지표가 MVA(Market Value Added : 시장부가가치)이다.
- 기업이 앞으로 창출할 EVA를 현재 시점에서 이자율로 할인하여 더한 값으로 적정주가를 산출하는데 유용하다.

2 실전예상문제

객관식

1 기업가치와 관련된 설명으로 옳지 않은 것은?

① 미래 기대현금흐름을 자본비용으로 할인한 현재가치가 기업가치이다.
② 기업가치는 투자결정과 자본조달결정 등에 따라 영향받는다.
③ 기업가치를 평가하는 데 할인현금 흐름모형 등이 있다.
④ 재무제표 상의 수치가 기업가치를 직접 반영하고 있다.

▶ 재무제표는 기업의 과거활동에 대한 재무적 정보를 제공해 주는 반면 기업가치는 미래에 창출된 현금흐름과 관련되어 있으므로 재무제표 상 수치가 기업가치를 직접 반영하지 못하는 한계가 있다.

2 다음 중 재무제표 상의 기업가치에 대한 설명이 잘못된 것은?

① 현금흐름표는 기업회계기준의 구분에 따라 작성되었기 때문에 현금흐름을 기업가치평가에 그대로 이용할 수 있다.
② 기업가치를 평가하는 데 평균주가수익률, 주가 대 장부가치비율 등이 사용된다.
③ 재무제표상의 수치는 기업가치를 직접적으로 반영하지 못한다.
④ 기업가치는 미래에 창출된 현금흐름과 관련되어 있다.

▶ 기업의 가치란 기업의 기대현금흐름을 적절한 할인율로 할인한 현재가치의 합계이다.

3 차변의 자산 항목, 대변의 부채·자본 항목으로 구성되어 있는데 현재 기업의 재무상태를 반영하는 재무제표는?

① 재무상태표
② 포괄손익계산서
③ 현금흐름표
④ 자본변동표

▶ 주요 재무제표 : 재무제표는 재무상태표, 포괄손익계산서, 현금흐름표, 자본변동표로 구성되어 있다.
  • 재무상태표 : 차변의 자산 항목, 대변의 부채·자본 항목으로 구성되어 있는데 현재 기업의 재무상태를 반영한다.
  • 포괄손익계산서 : 발생된 수익의 원천을 보여준다.
  • 현금흐름표 : 발생주의에 따라 작성된 포괄손익계산서를 보완해주기 위해 현금주의에 입각해서 작성된다.
  • 자본변동표 : 자본크기와 변동에 관한 정보를 제공한다.

Keypoint & Answer

기업가치 ➡ ④

재무제표 상의 기업가치에 대한 내용 ➡ ①

주요 재무제표의 이해 ➡ ①

Keypoint & Answer	
재무제표의 구성요소 → ④	**4** 다음 중 재무제표의 구성요소로서 거리가 먼 것은? ① 재무상태표　② 포괄손익계산서 ③ 현금흐름표　④ 정산표 ▶ ①, ②, ③과 자본변동표로 구성되어 있다.
기업의 미래 기대현금흐름을 적절한 할인율로 할인한 현재가치의 합계 → ①	**5** 기업의 미래 기대현금흐름을 적절한 할인율로 할인한 현재가치의 합계는 무엇인가? ① 기업가치　② 재무제표 ③ 자본비용　④ 현금흐름 ▶ 기업가치의 정의 : 미래에 예상되는 기대현금흐름을 자본비용으로 할인한 현재가치를 의미한다. 그러나 미래의 기대현금은 물론 자본비용을 추정하는 일이 쉽지 않기 때문에 기업가치의 평가는 현실적으로 어려운 일이다.
기업가치에 대한 내용 → ②	**6** 다음 중 기업가치에 대한 설명으로 틀린 것은? ① 기업가치의 정의는 미래에 예상되는 기대현금흐름을 자본비용으로 할인한 현재가치를 의미한다. ② 기업가치의 평가는 현실적으로 매우 용이하다. ③ 기업가치를 평가하는 데 이용되는 대표적 모형으로는 할인현금흐름모형과 경제적 부가가치모형이 있다. ④ 기업가치는 투자결정과 자본조달결정 등에 따라 영향을 받는다. ▶ 문제 5번 해설 참조
기업가치평가의 일반적 절차 → ④	**7** 다음 중 기업가치평가의 일반적 절차에 해당하지 않는 것은? ① 경제적 수명 측정　② 현금흐름의 추정 ③ 자본 비용의 추정　④ 신용분석 ▶ 기업가치평가의 절차 : 기업의 경제적 수명 측정 → 현금흐름의 추정 → 자본비용의 추정 → 기업가치의 평가
기업가치평가에서 가장 핵심적인 작업 → ②	**8** 기업가치평가에서 가장 핵심적인 작업은 무엇인가? ① 자본비용의 추정　② 현금흐름의 추정 ③ 기업가치의 평가　④ 재무상태표 구성 ▶ 현금흐름의 추정 • 기업의 미래기대현금흐름 추정은 기업가치평가에서 가장 핵심적인 작업이다.

- 포괄손익계산서상의 영업손익은 미래 현금흐름의 예측지표로 이용된다.
- 포괄손익계산서 상의 당기순이익은 미래현금흐름을 예측하는 지표로서 부적당하다.

9 다음 중 현금흐름의 추정 과정의 단점에 해당되는 것은?

① 재무제표를 이용할 수 없다. ② 분석자의 주관이 배제되지 않는다.
③ 경제적 수명을 예측하기 어렵다. ④ 미래기대현금흐름을 추정할 수 없다.

▶ 현금흐름의 추정에는 분석이 주관적이라는 것이 단점이다.

현금흐름의 추정 과정의 단점 ➡ ❷

10 기업가치평가의 일반적 절차로서 바르게 나열된 것은?

① 경제적 수명측정 – 현금흐름추정 – 자본비용추정 – 가치평가
② 가치평가 – 자본비용추정 – 경제적 수명측정 – 현금흐름추정
③ 현금흐름추정 – 가치평가 – 경제적 수명측정 – 자본비용추정
④ 경제적 수명측정 – 현금흐름추정 – 가치평가 – 자본비용추정

▶ 문제 7번 해설 참조

기업가치평가의 일반적 절차 ➡ ❶

11 미래 현금흐름을 적절한 할인율로 할인하기 위해 사용하는 것을 무엇이라 하는가?

① 자본비용 ② 현금흐름
③ 경제적 수명 ④ 가치평가

▶ 미래시점에서 현금흐름을 현재시점에서의 현금흐름과 비교하기 위해서는 적절한 할인율로 할인해야 하는데 이때 사용할 수 있는 것이 기업의 자본비용이다.

미래 현금흐름을 적절한 할인율로 할인하기 위해 사용하는 것 ➡ ❶

12 기업가치를 평가하는 기본적인 방법으로 볼 수 없는 것은?

① 이동평균법 ② 조건부청구권 가치평가법
③ 상대가치평가법 ④ 현금흐름할인법

▶ 기업가치평가의 기본방법은 현금흐름할인법, 상대가치평가법, 조건부청구권 가치평가법의 세 가지로 대별될 수 있다. 첫째, 현금흐름할인법은 자산의 가치를 그 자산으로부터 기대되는 미래현금흐름의 현재가치로 평가하는 방법이다. 둘째, 상대가치평가법은 순이익, 현금흐름, 장부가격, 매출액 등의 공통변수를 기준으로 비교자산의 가치를 살펴봄으로써 자산의 가치를 평가하는 방법이다. 셋째, 조건부청구권 가치평가법은 옵션의 가격결정모형을 이용하여 옵션과 유사한 특성을 갖고 있는 자산의 가치를 평가하는 방법이다.

기업가치를 평가하는 기본적인 방법 ➡ ❶

13 자산의 가치를 그 자산으로부터 기대되는 미래현금흐름의 현재가치로 평가하는 방법은 무엇인가?

| 독 | 학 | 사 | 3 | 단 | 계 |

Keypoint & Answer

현금흐름할인법의 내용 ➡ ❶

① 현금흐름할인법 ② 상대가치평가법
③ 조건부청구권 가치평가법 ④ 이동평균법

▶ 현금흐름할인법(Discounted Cash Flow ; DCF)은 기업이 영업활동의 결과로 미래에 얻을 수 있는 미래 순현금흐름의 기대치를 해당 현금흐름이 갖고 있는 위험수준을 반영하는 할인율로 현가한 순현재가치를 총발행주식 수로 나누어 1주당 장래 기대이익으로 기업이 가질 수 있는 장래 수익률을 산정하는 방법이다.

현금흐름할인법 ➡ ❶

14 다음의 〈보기〉는 현금흐름할인법에서 무엇을 나타내는 식인가?

〈보기〉
$$\sum_{t=1}^{\infty} \frac{SCF_t}{(1+ke)^t}$$
SCF_T : t기간동안 주주에게 기대되는 현금흐름

① 자기자본의 가치 ② 소요자금
③ 현금흐름 ④ 현재가치할인법

▶ 자기자본의 가치를 나타내는 식이다. 자기자본의 가치는 주주에게 기대되는 미래의 현금흐름을 자기자본비용으로 할인하여 구한다.

현금흐름할인모형을 수정해야 할
필요성이 있는 경우 ➡ ❸

15 다음 중 현금흐름할인모형을 수정해야 할 필요성이 있는 경우에 해당되지 <u>않는</u> 것은?

① 경기순환기업 ② 인수대상기업
③ 공기업 ④ 비활용자산을 가진 기업

▶ 현금흐름할인모형을 수정해야 할 필요성이 있는 경우
• 재무적 곤경에 처해 있는 기업 • 경기순환기업
• 비활용자산을 가진 기업 • 특허권이나 제품옵션을 가진 기업
• 구조조정 과정에 있는 기업 • 인수대상기업
• 사기업

대표적인 자기자본가치모형 ➡ ❶

16 다음 중 대표적인 자기자본가치모형인 것은 어느 것인가?

① 배당할인모형 ② 가중평균자본비용
③ 현금흐름 ④ 현재가치할인법

▶ 배당할인모형은 대표적인 자기자본가치모형이다.

현금흐름할인법을 적용시키기 어려운 경우 ➡ ❷

17 다음 중 현금흐름할인법을 적용시키기 어려운 경우로서 거리가 <u>먼</u> 것은?

① 재무적 곤경에 처해있는 기업 ② 흑자영업이익의 기업
③ 경기순환기업 ④ 인수대상기업

▶ 현금흐름할인법은 현금흐름이 양(+)의 값을 갖고 어느 정도 신뢰성 있게 추정될 수 있으며 할인율을 추정하는데 이용되는 위험의 대용치가 존재하는 자산(기업)의 경우에 적용할 수 있다.

18 순이익, 현금흐름, 장부가격, 매출액 등의 공통변수를 기준으로 비교자산의 가치를 살펴봄으로써 자산의 가치를 평가하는 기업가치 평가방법은?

① 이동평균법　　　　　② 조건부청구권 가치평가법
③ 상대가치평가법　　　④ 현금흐름할인법

▶ 기업가치평가의 기본방법은 현금흐름할인법, 상대가치평가법, 조건부청구권가치평가법의 세 가지로 대별될 수 있다. 첫째, 현금흐름할인법은 자산의 가치를 그 자산으로부터 기대되는 미래현금흐름의 현재가치로 평가하는 방법이다. 둘째, 상대가치평가법은 순이익, 현금흐름, 장부가격, 매출액 등의 공통변수를 기준으로 비교자산의 가치를 살펴봄으로써 자산의 가치를 평가하는 방법이다. 셋째, 조건부청구권 가치평가법은 옵션의 가격결정모형을 이용하여 옵션과 유사한 특성을 갖고 있는 자산의 가치를 평가하는 방법이다.

19 다음 중 상대가치평가법에서 기업가치를 평가하는데 가장 많이 이용되는 비율이 <u>아닌</u> 것은?

① 평균주가수익률(PER)　　② 주가 대 장부가치비율(PBR)
③ 주가 대 매출액 비율(PSR)　④ 시장가치 대 대체가치 비율(토빈의 q)

▶ 상대가치평가법에서 ①, ②, ③이 가장 많이 이용된다.

20 다음 중 배수를 이용한 가치평가방법에 대한 내용으로 바르지 <u>못한</u> 것은?

① 방법이 어렵다.　　　　② 신속하게 평가할 수 있다.
③ 오용되기 쉽다.　　　　④ 조작이 쉽다.

▶ 배수를 이용한 가치평가방법은 방법이 간단하여 오용되기 쉽다.

21 다음 중 상대가치평가법에 대한 설명으로 틀린 것은?

① 비교자산을 단순히 비교·평가하므로 이용하는데 매우 간단하고 연관성을 가진다.
② 기업 가치를 신속하게 평가하는데 이용될 수 있다.
③ 비교대상을 선정하여 그 가치를 평가함에 있어서 상호간의 비교 가능성이 낮은 경우에는 이를 통한 가치의 평가가 왜곡될 수 있고 평가자의 의도로 인하여 조작될 가능성도 있다.
④ 특정한 조건 아래에서만 가치를 갖는 자산을 평가하는 방법이나.

Keypoint & Answer

➡ 자산의 가치를 평가하는 기업가치 평가방법 ➡ ❸

➡ 상대가치평가법에서 기업가치를 평가하는데 가장 많이 이용되는 비율 ➡ ❹

➡ 배수를 이용한 가치평가방법에 대한 내용 ➡ ❶

➡ 상대가치평가법에 대한 내용 ➡ ❹

| 독 | 학 | 사 | 3 | 단 | 계 |

Keypoint & Answer

▶ 배수를 이용한 가치평가방법이 매력적인 이유는 방법이 간단하고 연관성을 가지며, 기업 가치를 신속하게 평가하는데 이용될 수 있기 때문이다. 반면에 오용되기 쉽고 조작이 쉽다는 단점이 있다. 또한 이 방법이 시장이 만들어 내고 있을지도 모르는 오류들에 근거하여 가치를 평가한다는데 문제점이 있다. ④는 조건부청구권 가치평가법에 대한 것이다.

조건부청구권에 대한 내용 → ❷

22 다음 중 조건부청구권에 대한 설명으로 잘못된 것은?

① 옵션이라고도 한다.
② 풋옵션은 기초자산의 가치가 행사가격보다 클 때 가치를 갖는다.
③ 콜옵션과 풋옵션이 있다.
④ 옵션가격결정모형으로 구한다.

▶ 풋옵션은 기초자산의 가치가 미리 약정된 행사가격보다 작을 때 가치를 갖는다.

조건부청구권 가치평가법 → ❸

23 옵션의 가격결정모형을 이용하여 옵션과 유사한 특성을 갖고 있는 자산의 가치를 평가하는 방법을 무엇이라 하는가?

① 현금흐름할인법　　　　② 상대가치평가법
③ 조건부청구권 가치평가법　④ 이동평균법

▶ 문제 18번 해설 참조

조건부청구권 가치평가법에서 옵션에 대한 내용 → ❹

24 다음 중 조건부청구권 가치평가법에서 옵션에 대한 내용으로 그 설명이 바르지 못한 것은?

① 콜옵션은 기초자산의 가치가 미리 약정한 행사가격보다 클 때 가치를 갖는다.
② 어떤 자산으로부터 얻는 이익이 기초자산가치의 함수라면 그 자산은 콜옵션으로 평가될 수 있다.
③ 기초자산의 가치가 미리 정해진 행사가격 이하로 하락할 때에만 가치를 갖는 자산은 풋옵션으로 평가될 수 있다.
④ 콜옵션에서 기초자산의 가치가 미리 정해진 행사가격을 능가하면 그 자산의 가치는 0이 된다.

▶ 콜옵션에서는 기초자산의 가치가 미리 정해진 행사가격 이하로 하락하면 그 자산의 가치는 0이 된다.

옵션 또는 조건부청구권에 관계되는 내용 → ❸

25 다음 중 옵션 또는 조건부청구권에 관계되는 내용으로 그 설명이 잘못된 것은?

① 전환사채, 신주인수권부사채 등의 자산은 옵션의 성격을 갖고 있다.

② 자기자본은 콜옵션의 특징을 가지고 있다.
③ 특허권은 풋옵션의 특징을 가지고 있다.
④ 거래되지 않는 자산에 기초한 장기옵션의 가치평가시 옵션가격결정 모형의 사용에 한계가 있다.

▶ 특허권은 특허 프로젝트에 투자되는 비용을 행사가격으로, 특허유효기간을 만기로 하는 콜옵션으로 분석될 수 있다.

26 다음 중 기업가치 평가모형의 일종으로서 경제적 부가가치모형을 무엇이라고 하는가?

① 조건부청구권 가치평가법   ② EVA모형
③ 현금흐름할인법   ④ 상대가치평가법

▶ EVA(Economic Value Added)에 대한 설명이다. 경제적 부가가치란 기업이 영업활동을 통하여 창출된 이익에서 자본조달 비용만큼을 차감한 가치를 의미한다.

➡ 경제적 부가가치모형 ➡ ❷

27 다음은 EVA에 대한 설명이다. 그 내용이 바르지 <u>못한</u> 것은?

① 자본비용을 초과하여 기업이 창출한 가치를 의미한다.
② 기존 경영지표의 한계성을 극복한다.
③ 가치 중심의 패러다임이다.
④ 신용분석의 일종이다.

▶ ④ : 기업가치평가모형의 일종이다.

➡ EVA에 대한 내용 ➡ ❹

28 다음 중 EVA모형에 대한 설명으로 <u>틀린</u> 것은?

① 경제학자인 마셜에 의해서 처음으로 사용된 경제적 이익과 같은 개념이다.
② 자본조달 비용을 초과하여 기업이 창출해낸 가치를 의미한다.
③ 경제적 부가가치라고도 하며, 기업이 영업활동을 통하여 얻은 이익에서 자본비용을 차감한 것과 같다.
④ EVA의 창출을 위해 영업비용을 증가시키거나 매출을 감소시킴으로써 세후 영업이익(NOPLAT)을 증가시켜야 한다.

▶ EVA의 창출을 위한 필요조치
• 영업비용을 감소시키거나 매출을 증가시킴으로써 세후 영업이익(NOPLAT)을 증가시켜야 한다.
• 자본구조를 변경함으로써 가중평균자본비용(WACC)을 감소시켜야 한다.
• 운전자본에 대한 투자 또는 쓸모없는 자산을 줄이는 등 영업이익에 영향을 미치지 않는 범위 내에서 투하자본(IC)을 축소시켜야 한다.

➡ EVA모형에 대한 설명 ➡ ❹

Keypoint & Answer	
경제적 부가가치(EVA)	➡ ❷

29 다음의 <보기>에서 태평기업의 경제적 부가가치(EVA)는 얼마인가?

> 보기 태평기업의 세후순영업이익이 150억원, 투자자본이 1,000억원, 자본비용이 14%이다.

① 5억원 ② 10억원
③ 20억원 ④ 30억원

▶ 경제적 부가가치(EVA)는 투하자본수익률(ROIC)에서 자본비용(WACC)을 차감한 값에 투하자본을 곱해 구할 수 있다.
EVA = 세후영업이익(NOPLAT) − {가중평균자본비용(WACC)×투하자본(IC)}
 = 투하자본×{투하자본수익률(ROIC) − 가중평균자본비용} = 1,000×(0.15 − 0.14)
 = 10억원

EVA 모형의 용도	➡ ❸

30 다음 중 EVA 모형의 용도로서 거리가 먼 것은?

① 기업의 새로운 투자여부 결정 ② 업무흐름의 재구축
③ 신용평가 ④ 기존사업의 구조조정

▶ EVA는 생산과 판매라는 기업의 본원적인 활동으로부터 창출된 현금흐름이 타인자본과 자기자본조달에 소요된 자본비용을 지불하고도 기업가치(부가가치)를 얼마나 추가로 창출했는가를 측정할 수 있으므로 그 용도는 ①, ②, ④ 외에 사업부의 성과평가 등에 사용될 수 있다.

※ 다음의 <보기>에 제시된 자료를 보고 물음에 답하시오.(31~33)

투하자본	40,000
조정된 세전영업이익	12,000
유효법인세율	25%
가중평균자본비용	15%

세후 영업이익(NOPLAT)의 값	➡ ❸

31 위의 <보기>에 제시된 자료에서 세후 영업이익(NOPLAT)의 값으로 옳은 것은?

① 1,800 ② 3,000
③ 9,000 ④ 10,000

▶ NOPLAT = 12,000 × (1 − 0.25) = 9,000

WACC×IC의 값	➡ ❸

32 위의 <보기>에 제시된 자료에서 WACC × IC의 값으로 옳은 것은?

① 1,800 ② 3,000
③ 6,000 ④ 10,000

▶ WACC × IC = 가중평균자본비용 × 투하자본 = 0.15 × 40,000 = 6,000

Keypoint & Answer

33 앞의 <보기>에 제시된 자료에서 EVA의 값으로 옳은 것은?

① 1,200　　② 3,000
③ 4,000　　④ 6,000

▶ EVA = NOPLAT − (WACC × IC) = 9,000 − 6,000 = 3,000

→ EVA의 값　➡ ②

※ 앞의 자료에서 다음 <보기>의 자료가 추가되었을 때 물음에 답하시오.(34~37)

> 보기
> ㉠ 투하자본수익률(ROIC)과 가중평균자본비용은 각각 매년 동일하다.
> ㉡ 앞으로 3년간 매년 초에 1,200 만큼 추가 투자할 계획을 가지고 있다. 각 추가 투자분도 ㉠과 같이 동일하다.
> ㉢ 모든 투자안에서 발생되는 수익은 추가 투자 이전과 동일한 수익률을 영구히 얻을 수 있다.

34 위의 <보기>에서 투하자본수익률은 얼마인가?

① 22.5%　　② 25%
③ 27.7%　　④ 30%

▶ $ROIC = \dfrac{NOPLAT}{IC} = \dfrac{9,000}{40,000} = 0.225 = 22.5\%$

→ 투하자본수익률　➡ ①

35 위의 <보기>에서 앞으로 3년간 각 년도의 추가투자에 대한 EVA는 얼마인가?

① 60　　② 90
③ 120　　④ 180

▶ EVA = IC × (ROIC − WACC) = 1,200 × (0.225 − 0.15) = 90

→ 3년간 각 년도의 추가투자에 대한 EVA　➡ ②

36 위의 <보기>에서 추가투자로 인해 추가로 기대되는 경제적 부가가치 증가분은?

① 1121　　② 975
③ 1575　　④ 1053

→ 추가투자로 인하여 추가로 기대되는 경제적 부가가치의 증가분　➡ ③

▶

구 분	1기	2기	3기
추가투자자본	1,200	1200	1200
WACC	0.15	0.15	0.15
ROIC	0.225	0.225	0.225
IC × (ROIC − WACC)	90	90	90
EVA/WACC	600	600	600
EVA의 현재가치	600	521.74	453.69

추가로 기대되는 경제적 부가가치의 증가분 = 600 + 521.74 + 453.69 = 1575.43 ≒ 1575

| 독 | 학 | 사 | 3 | 단 | 계 |

Keypoint & Answer

기업가치 ➡ ❸

37 앞의 〈보기〉에서 추가정보를 감안한 경우 기업가치로 올바른 것은?

① 41,121 ② 51,575
③ 61,575 ④ 71,575

▶ 당초 기업가치 $v = IC + \dfrac{EVA}{WACC} = 40,000 + \dfrac{3,000}{0.15} = 60,000$ 이므로 추가된 기업가치와 합은 61,575이다.

기업가치 평가에 대한 내용 ➡ ❶

38 다음 중 기업가치 평가에 대한 설명으로 그 내용이 <u>잘못된</u> 것은?

① 이상적인 효율적 시장에서는 모든 미래의 시장부가가치(MVA)의 현재가치 합계가 EVA가 된다.
② 경제적 부가가치(EVA)란 기업이 영업활동을 통하여 창출한 이익에서 자본 조달비용만큼을 차감한 가치를 의미한다.
③ 잉여현금흐름(Free Cash Flow)방식은 현금유입액 전액에서 추가적 부가가치 창출에 기여할 투자자본의 증가분을 차감한 잉여현금흐름(영업현금흐름)을 추정하는 방식이다.
④ 할인현금흐름(Discounted Cash Flow)방식은 총자산에서 발생할 것으로 기대되는 미래현금흐름을 전부 할인하여 기업가치를 계산하는 방식이다.

▶ 시장부가가치(MVA)는 시장에서 형성된 기업가치에서 주주와 채권자의 실제 투자액을 차감한 금액이고 주가는 미래의 모든 예상현금흐름을 반영하므로, 이상적인 효율적 시장에서는 모든 미래의 EVA의 현재가치 합계가 MVA가 된다.

※ 태평제약의 가중평균자본비용은 14%이며, 법인세율은 40%이다. 다음의 재무제표를 이용하여 물음에 답하라.(39~42)

보기
(단위: 억원)

수입 및 비용		자 산	
매출	600	순운전자본	100
제조원가	−250	고정자산투자액	1,200
영업비용	−80	−누적감가상각비	−400
감가상각비	−20	순고정자산 투자액	900
이자공제전 이익	250	기타 투자액	100
법인세(40%)	−100		
세후순영업이익	150	총투자액(투하자본)	1,000

투하자본수익률에 해당되는 값 ➡ ❶

39 위의 〈보기〉에서 태평제약의 투하자본수익률(ROIC)에 해당되는 값은?

① 15% ② 20%
③ 25% ④ 30%

▶ ROIC = $\frac{NOPLAT}{IC} = \frac{150}{1,000} = 0.15 = 15\%$

40 앞의 <보기>에서 태평제약의 경제적 부가가치(EVA)를 구할 경우의 값은?
① 5억원 ② 10억원
③ 15억원 ④ 20억원

▶ EVA = NOPLAT − (WACC×IC) = 150 − (0.14×1,000) = 10억원

Keypoint & Answer

경제적 부가가치(EVA)를 구할 경우의 값 ➡ ❷

41 앞의 <보기>에서 태평제약이 양(+)의 EVA를 창출한다는 의미를 가장 정확히 표현한 것은?
① 일정기간 동안 투입된 자기자본에 대한 비용을 고려하고 있지 않기 때문에 정확한 기업의 가치를 나타내지는 못한다.
② 영업용 투자자본을 가지고 영업활동을 통해 발생한 이익이 자본조달비용(주주 또는 투자자의 자기자본비용 포함)을 지불하고도 부가이익이 창출되었다.
③ 태평제약의 순이익이 양(+)이어서 기업의 성장성이 높다.
④ 영업용 투자자본을 가지고 영업활동을 통해 발생한 이익이 이자를 지불하고도 기업의 부가이익이 창출되었다.

▶ 태평제약은 양의 EVA 값을 가지므로 영업용 투자자본을 가지고 영업활동을 통해 발생한 이익에서 자본조달비용을 지불하고도 기업의 부가이익이 창출되었으므로 투자하기에 적합하다고 할 수 있다.

양(+)의 EVA를 창출한다는 의미 ➡ ❷

42 앞의 <보기>에서 EVA의 한계점으로 올바른 것은?
① 기존사업의 구조조정 또는 업무흐름의 재구축에 사용될 수 없다.
② 사업부의 성과평가로 사용될 수 없다.
③ EVA는 기업가치 극대화의 관점에서 기업의 경영성과를 평가할 수 없다.
④ NPV와 달리 현재가치를 고려하지 않기 때문에 장기적 성과를 무시할 수 있다.

▶ EVA는 현재가치를 고려하지 않기 때문에 이런 문제를 보완하기 위해 종합적·장기적인 안목을 가진 기업가치를 측정할 수 있는 지표로서 시장부가가치(MVA)가 새로 고안되었다.

EVA의 한계점 ➡ ❹

주관식

1 기업의 미래 기대현금흐름을 적절한 할인율로 할인한 현재가치의 합계는 무엇인가?

기업가치

| 독 | 학 | 사 | 3 | 단 | 계 |

Keypoint & Answer

▶ 기업의 가치란 기업의 기대현금흐름을 적절한 할인율로 할인한 현재가치의 합계이다.

자본비용 ◀

2 미래 현금흐름을 적절한 할인율로 할인하기 위해 사용하는 것을 무엇이라 하는가?

▶ 미래시점에서 현금흐름을 현재시점에서의 현금흐름과 비교하기 위해서는 적절한 할인율로 할인해야 하는데 이때 사용할 수 있는 것이 기업의 자본비용이다.

상대가치평가법 ◀

3 순이익, 현금흐름, 장부가격, 매출액 등의 공통변수를 기준으로 비교자산의 가치를 살펴봄으로써 자산의 가치를 평가하는 평가방법은?

▶ 상대가치평가법은 순이익, 현금흐름, 장부가격, 매출액 등의 공통변수를 기준으로 비교자산의 가치를 살펴봄으로써 자산의 가치를 평가하는 방법이다.

콜옵션 ◀

4 ( )(은)는 기초자산의 가치가 미리 약정한 행사가격보다 클 때 가치를 갖는다. ( ) 안에 알맞은 것은?

▶ 콜옵션은 기초자산의 가치가 미리 약정한 행사가격보다 클 때 가치를 갖는다. 어떤 자산으로부터 얻는 이익이 기초자산가치의 함수라면 그 자산은 콜옵션으로 평가될 수 있다.

현금흐름할인법의 정의 ◀
- 기업가치는 미래 순현금흐름의 기대치를 해당 현금흐름이 갖고 있는 위험수준을 반영하는 할인율로 현가한 값으로 평가한다.
- 미래 순현금흐름은 기업에 투자한 주주와 채권자들에게 배분 가능한 현금흐름을 의미한다.

5 기업가치평가의 기본방법 3가지를 쓰시오.

6 EVA의 정의를 간략히 쓰시오.

Answer

5
- 현금흐름할인법은 자산의 가치를 그 자산으로부터 기대되는 미래현금흐름의 현재가치로 평가하는 방법이다.
- 상대가치평가법은 순이익, 현금흐름, 장부가격, 매출액 등의 공통변수를 기준으로 비교자산의 가치를 살펴봄으로써 자산의 가치를 평가하는 방법이다.
- 조건부청구권 가치평가법은 옵션의 가격결정모형을 이용하여 옵션과 유사한 특성을 갖고 있는 자산의 가치를 평가하는 방법이다.

6 EVA모형이란 기업가치평가모형의 일종으로서 경제적 부가가치(Economic Value Added)모형을 말한다. 경제적 부가가치(EVA)란 기업이 영업활동을 통하여 창출한 이익에서 자본조달 비용만큼 차감한 가치를 의미한다. 다시 말해서 EVA란 자본조달 비용을 초과하여 기업이 창출해 낸 가치인 것이다.

7 기업가치평가의 과정에 대해 설명하시오.

8 EVA의 장·단점에 대해 설명하시오.

9 회계적 이익과 경제적 이익에 대해 설명하시오.

Key Point

➡ 상대가치평가법 : 상대가치평가법은 공통점수를 사용하여 비교자산의 가치로부터 그 가치를 평가하는 것으로, 공통 변수로 사용되는 지표는 주가수익률(PER : Price Earnings Ratio), 주가 대 장부가치 비율(PBR : Price Book Value Ratio), 주가와 주당매출액 비율(PSR : Price Sales Ratio) 등이 있다. 상대가치평가법이라는 것은 이들 지표를 해당 기업의 자산과 비교하여 기업의 가치가 상대적으로 높거나 낮은지를 평가하게 된다.

➡ EVA 도입배경
- 지금까지 많은 국내 기업들의 매출과 이익을 우선하는 양적 위주의 경영은 고도 성장기를 지난 현재와 같은 저성장기에는 고비용·저효율을 초래하게 되고 기업의 계속성을 위협할 수 있다.
- 국내 기업의 경영평가지표로 주로 사용되어 온 매출액 및 경상이익 혹은 당기순이익 등 포괄손익계산서 상의 제반 지표는 발생주의 회계에 의해 작성된 재무제표에만 의존하기 때문에 기업가치의 원천인 현금흐름을 고려하고 있지 않다는 것이 문제점으로 지적된다.
- 양적 성장 중심에서 질적 성장 중심으로의 전환이 요구되고 있는 현 시점에서 진정한 가치경영을 달성하기 위해서는 기업손익의 개념에 부채에 대한 이자비용뿐만 아니라 자기자본에 대한 비용까지도 함께 고려해야 한다.
- 외형에 치중한 기존 경영지표의 한계성을 극복하고 가치 중심의 패러다임으로 전환하여 현금흐름을 바탕으로 기업가치를 창출하고자 하는 것이 경제적 부가가치(EVA)도입 배경이다.

Answer

7 ① 기업의 경제적 수명 측정 : 기업의 경제적 수명을 예측하는 일은 기업가치평가에서 가장 선행되어야 할 절차이지만 사실상 가장 어려운 작업이기도 하다.
② 현금 흐름의 추정 : 기업의 미래 기대현금흐름을 추정하는 일은 기업가치평가에서 가장 핵심적인 작업이 된다. 일반적으로 손익계산서 상의 영업손익을 미래 현금흐름의 예측지표로 이용한다.
③ 자본 비용의 추정 : 미래 시점에서 발생되는 현금흐름을 현재 시점에서의 현금흐름과 비교하기 위해서는 적절한 할인율로 할인해야 한다. 이때 이용할 수 있는 적절한 할인율은 기업의 자본비용이다.
④ 기업 가치 평가 : 현금흐름의 현재가치의 합계를 계산하는 것으로 기업평가는 마무리된다.

8 • EVA의 장점 : 기업가치 극대화 관점에서 기업의 경영성과를 평가할 수 있으며, 기업의 새로운 투자 여부를 결정하는 기준으로뿐만 아니라 사업부의 성과 평가, 기존 사업의 구조조정, 업무흐름의 재구축 등 다양한 용도를 위해 사용될 수 있다.
• EVA의 단점 : 현재가치를 고려하지 않으므로 EVA를 성과평가로 삼을 경우 장기적인 성과에 대해서는 무시될 수 있으며, 장기간을 필요로 하는 투자안은 기업가치에 기여하더라도 기각될 가능성이 있다.

9 회계적 이익은 포괄손익계산서상의 당기순이익으로써 타인자본에 대한 이자비용만을 고려하여 계산된 이익이다. 반면에 경제적 이익은 기업이 영업활동을 통하여 창출한 이익에서 자본조달비용만을 차감하여 구한다. 즉 경제적 이익은 생산과 판매라는 기업의 본원적인 활동으로부터 창출된 현금흐름이 타인자본과 자기자본조달에 소요된 자본비용을 지불하고도 기업가치(부가가치)를 얼마나 추가로 창출하였는가를 측정할 수 있다.

|독|학|사|3|단|계|
Bachelor's Degree

부록

최종모의고사

제1회 모의고사

Answer

1 다음 중 전통적 경영분석에 대한 설명으로 거리가 먼 것은?

① 기업회계자료를 이용하여 과거와 현재 재무상태와 경영성과를 파악하여 미래를 예측한다.
② 주로 재무제표를 이용하여 기업 실체를 파악하는데 초점을 맞춘다.
③ 모든 기업관련요인을 분석대상으로 하고 있다.
④ 흔히 재무제표분석이라고도 한다.

▶ 전통적 경영분석
 • 기업회계자료를 이용하여 과거와 현재 재무상태와 경영성과를 파악하여 미래를 예측한다.
 • 주로 재무제표를 이용하여 기업 실체를 파악하는데 초점을 맞춘다.
 • 흔히 재무제표분석이라고도 한다.

2 다음 중 현대 경영분석의 특징적인 내용으로 옳지 않은 것은?

① 급변하는 환경변화에 신속하게 대처하기 위한 의사결정 지원체계로 발전한다.
② 회계자료뿐 아니라 기업의 내·외적 관련자료를 분석대상으로 한다.
③ 의사결정목적에 적합한 다양한 정보를 얻을 수 있다.
④ 재무제표를 근간으로 재무비율을 이용하여 정보를 제공한다.

▶ 현대 경영분석의 특징적인 내용
 • 급변하는 환경변화에 신속하게 대처하기 위한 의사결정 지원체계로 발전한다.
 • 회계자료뿐 아니라 기업의 내·외적 관련자료를 분석대상으로 한다.
 • 의사결정목적에 적합한 다양한 정보를 얻을 수 있다.
 • 과학적 분석방법을 활용하는 등 분석방법이 다양해지고 있다.

3 미국에서 1960년대 말까지 경영분석발전이 지체된 이유로 거리가 먼 것은?

① 재무제표가 기업실체를 충분히 대변하지 못하기 때문에 회계이익에 대한 부정적 시각이 제기되었다.
② 1950년대 이후부터 재무이론이 빠른 속도로 발전했으나 전통적 경영분석이 재무이론의 발전에 부응하지 못하였다.
③ 이해관계자들의 정보에 대한 욕구가 다양화되면서 전통적 경영분석이 다양한 정보욕구를 충족시키지 못하였다.
④ 포트폴리오 이론에서 요구되는 위험특성에 대한 정보를 쉽게 획득할 수 있게 되었다.

▶ 경영분석 발전이 지체된 이유
 • 재무제표가 기업실체를 충분히 대변하지 못하기 때문에 회계이익에 대한 부정적 시각이 제기되었다.
 • 1950년대 이후부터 재무이론이 빠른 속도로 발전했으나 전통적 경영분석이 재무이론의 발전에 부응하지 못하였다.

1. ③ 2. ④ 3. ④

• 이해관계자들의 정보에 대한 욕구가 다양화되면서 전통적 경영분석이 다양한 정보욕구를 충족시키지 못하였다.

4 다음 중 일정시점에서의 기업의 재무상태를 나타내는 표는 무엇인가?

① 자본변동표　　　　② 현금흐름표
③ 포괄손익계산서　　④ 재무상태표

▶ 재무상태표란 일정시점에서의 기업의 재무상태, 즉 자산, 부채 및 자본의 내용을 수록한 표이다. 여기에는 자본과 부채를 합한 금액과 자산 총액이 일치하도록 작성되며, 자본과 부채는 재무상태표의 오른쪽 대변에 기록되어 자금의 조달 원천을 나타내고 자산은 재무상태표의 왼쪽 차변에 기록되어 조달된 자금의 운용상태를 나타낸다.

5 다음 중 비율분석에 해당되지 <u>않는</u> 것은?

① 구성비율분석　　　② 균형분석
③ 관계비율분석　　　④ 지수분석

▶ 비율분석법의 종류
• 구성비율분석법
• 관계비율분석법 : 상호관계비율분석법, 발생관계비율분석법, 정태비율분석법, 동태비율분석법
• 지수분석법 : 표준비율법, 지수비율법

6 시장이 효율적이라고 할 때, 만일 태평기업의 주가 대 순이익비율(PER)은 낮은 편이라고 한다면, 이 회사를 어떻게 평가할 수 있는가?

① 과소평가된 종목이다.　　② 성장가능성이 낮은 기업이다.
③ 성장가능성이 높은 기업이다.　　④ 투자유망종목이다.

▶ 주가수익비율은 주가를 주당이익으로 나눈 것으로서, P/E비율 또는 PER라고 하며, 단위는 배로 나타낸다. 이는 주당이익의 몇 배가 주식가격으로 형성되는지를 나타낸다. 시장이 효율적이라면 기업에 대한 가치평가가 정확하게 이루어질 것이다. 따라서 효율적인 시장에서 높은 성장이 기대되는 기업은 이 비율이 높게 나타나며, 성장이 낮을 것이라 생각되는 기업은 이 비율이 낮다.

7 다음 중 추세분석에 대한 설명으로 옳지 <u>않은</u> 것은?

① 재무상태와 경영성과가 개선 혹은 악화되고 있는지를 분석한다.
② 장기적인 추세를 분석하여 재무상태의 변화를 평가하게 되면 상호비교에서는 얻을 수 없는 정보를 알아낼 수 있다.
③ 추세분석은 기입내 분석, 시계열분석, 수평적 분석이라고도 한다.
④ 재무비율의 추세분석은 직관적인 해석이 불가능하다.

Answer

4. ④　5. ②　6. ②
7. ④

▶ 과거 수년 간에 걸친 유동비율, 자기자본순이익률 등의 변화를 관찰하는 재무비율의 추세분석은 오랜 기간을 살펴보지 않아도 나름대로의 직관적인 해석이 가능하기 때문에 유용하다.

8 다음 중 ROI기법의 유용성으로 볼 수 없는 것은?

① 이해하기 어려운 재무제표의 각 항목간의 관계를 시각화하여 쉽게 파악할 수 있다.
② 각 부서의 경영자, 종업원에서 부서의 업무와 기업의 목표의 관계를 명확히 인식시킬 수 있다.
③ 기업의 경영자나 종업원에 대한 평가에는 유용하지 못하다.
④ 기업활동을 활동성과 수익성의 양측면에서 분석할 수 있다.

▶ ROI는 기업의 총투자에 대한 성과를 나타내는 비율이므로 기업의 경영자나 종업원의 업적을 평가하거나 통제하는데 다른 의미로 정의한 수익률의 개념보다 타당성이 있다.

9 다음 중 매출액을 총자산으로 나눈 것으로 기업이 소유하고 있는 자산들을 얼마나 효과적으로 이용하고 있는가를 측정하는 비율은 무엇인가?

① 총자산회전율   ② 과거상태비율
③ 성장성비율   ④ 효율성비율

▶ 총자산회전율 : 매출액을 총자산으로 나눈 것으로 기업이 소유하고 있는 자산들을 얼마나 효과적으로 이용하고 있는가를 측정하는 비율이다.

10 다음 중 고정(비유동)자산 등을 보유함으로써 고정영업비용을 부담하는 것을 무엇이라 하는가?

① 재무레버리지   ② 영업레버리지
③ 결합레버리지   ④ 수익률레버리지

▶ 영업레버리지는 고정영업비용을 부담하는 것으로서 영업이익의 실현과정에서 고정적인 영업비용이 발생하기 때문에 생긴다.

11 다음 중 고정적인 영업비용이 존재할 때 매출액의 변화율에 따른 영업이익의 변화율을 분석하는 것은 무엇인가?

① 결합레버리지분석   ② 영업레버리지분석
③ 재무레버리지분석   ③ 손익분기점분석

▶ 영업레버리지분석은 매출액의 변화가 영업이익에 미치는 영향을 분석하는 것으로서, 분석의 초점은 매출액과 영업이익의 관계에 커다란 영향을 미치는 고정적인 영업비용, 즉 고정비의 역할에 있다.

8. ③ 9. ① 10. ② 11. ②

12 다음 중 조업도의 변화에 따라 비례적으로 변동하는 영업비용을 무엇이라 하는가?

① 고정영업비용 ② 변동영업비용
③ 수입이자 ④ 법인세비용

▶ 변동영업비용
- 조업도의 변화에 따라 비례적으로 변동하는 영업비용을 말한다.
- 직접노무비, 직접재료비, 판매수수료, 판매원의 성과급 등이 해당된다.

13 다음 중 재무제표의 한계로 볼 수 <u>없는</u> 것은?

① 재무제표에는 추정된 많은 자료가 포함되어 있다.
② 물가 상승시, 기업의 경제적 실질을 제대로 반영하지 못한다.
③ 회계처리방법이 다양하다.
④ 합리적인 표준비율이 선정되어 있다.

▶ 재무제표의 한계
- 재무제표에 반영되어 있지 않으며 계량화하기도 어려운 질적 정보가 있다.
- 재무제표에는 많은 추정이 포함된다. 추정은 기본적으로 미래의 불확실성에 기인한 오류를 내재하고 있다.
- 역사적 원가의 기록으로 인해 인플레이션이 생기면 기업의 경제적 실질을 제대로 반영하지 못한다.
- 동일한 사건에 대해서도 다양한 회계처리방법을 사용하므로 기업간 비교가 어렵다.

14 다음 중 '일시적 이익을 위해 이익을 부풀린다'의 분석유형에 해당되는 것은?

① 매출이 완성되기 전에 출고한 것처럼 하는 경우
② 재고자산 등 가공자산을 계상하는 경우
③ 반복적인 이익과 비경상적이고 비반복적인 이익을 구분하지 않는 경우
④ 감가상각이나 상각을 매우 느리게 하는 경우

▶ 실리트(H. Schilit)가 정리한 재무제표 분식유형 7가지
- 분식유형1 : 수익을 조기에 실현한다.
- 분식유형2 : 가공의 수익을 기록한다.
- 분식유형3 : 일시적 이익을 위해 이익을 부풀린다.
- 분식유형4 : 금년도 비용을 다음 연도로 연기한다.
- 분식유형5 : 모든 부채를 기록하지 않거나 공시하지 않는다.
- 분식유형6 : 당기 이익을 미래로 이연시킨다.
- 분식유형7 : 미래의 비용을 당기에 처리한다.

15 다음 중 우리나라의 대표적인 종합경기지표로 옳은 것은?

① 경기종합지수 ② 기업경기실사지수

Answer

12. ❷ 13. ❹ 14. ❸
15. ❶

| 독 | 학 | 사 | 3 | 단 | 계 |

Answer

③ 국민소득　　　　　　　　④ 경제성장지표

▶ 경기종합지수 : 우리나라의 대표적인 종합경기지표로 국민경제의 각 부문을 대표하는 각종 경제지표 중 경기대응성이 높은 것들을 선정한 후 이를 가공, 종합하여 작성된다.
- 선행종합지수 : 비교적 가까운 장래의 경기 동향을 예측하는 지표
- 동행종합지수 : 현재의 경기 지수
- 후행종합지수 : 경기의 변동을 사후에 확인하는 지표

16 경기동향에 대한 기업가들의 판단·예측·계획의 변화추이를 관찰하여 지수화한 지표를 무엇이라고 하는가?
① 기업경기실사지수　　　　② 경기종합지수
③ 국민소득　　　　　　　　④ 경제성장지표

▶ 기업경기실사지수(business survey index) : 경기동향에 대한 기업가들의 판단·예측·계획의 변화추이를 관찰하여 지수화한 지표로 약칭으로 BSI라고 한다. 주요 업종의 경기동향과 전망, 그리고 기업 경영의 문제점을 파악하여 기업의 경영계획 및 경기대응책 수립에 필요한 기초자료로 이용하기 위한 지표이다. 다른 경기관련 자료와 달리 기업가의 주관적이고 심리적인 요소까지 조사가 가능하므로 경제정책을 입안하는 데도 중요한 자료로 활용된다.

17 다음 중 신용분석의 중요성에 대한 설명으로 바르지 못한 것은?
① 총자산 중 대출금이 차지하는 비중이 크다.
② 원만한 거래관계를 유지함으로써 영업환경을 개선시킬 수 있다.
③ 기업의 자금수요를 충족시켜준다는 점에서 금융기관이 사회적 책임을 완수한다.
④ 금융기관은 이자소득을 올릴 수 있다.

▶ 금융기관의 경영측면에서의 신용분석의 중요성
- 총자산 중 대출금이 차지하는 비중이 크다. : 금융기관은 수익률과 대손위험을 적절히 고려하여 신중하게 대출 결정을 해야 한다.
- 원만한 거래관계를 유지함으로써 영업환경을 개선시킬 수 있다. : 대출을 통한 거래관계로 안정된 수익과 예금을 확보해야 한다.
- 기업의 자금수요를 충족시켜 준다. : 금융기관이 사회적 책임을 완수한다는 의미를 가진다.

18 다음 중 신용분석 5C에서 기업의 현금 동원 능력을 의미하는 것은?
① 인격　　　　　　　　　　② 상환능력
③ 자본력　　　　　　　　　④ 담보력

▶ 상환분석의 5C
- 경영자의 인격(character) : 대출에 따른 원리금 상환에 대한 기업의 의지를 평가하는 중요한 요소로 이용된다.

16. ❶　17. ❹　18. ❷

- 상환능력(capacity) : 기업의 현금동원능력을 평가하는데 이용되는 중요한 요소이다.
- 담보력(collateral) : 기업이 채무를 이행하지 못하는 경우에 확보할 수 있는 담보자산의 보유 정도를 의미한다.
- 자본력(capital) : 총자산에서 총부채를 공제한 순자산을 통하여 측정할 수 있다.
- 경제상황(condition) : 일반적인 경제상황 또는 기업의 채무상환능력에 영향을 미칠 수 있는 특별한 상황변화를 의미한다.

19 신용평점의 양적 평가요소에 해당되지 <u>않는</u> 것은?

① 유동성비율 ② 활동성비율
③ 성장성비율 ④ 마케팅요소

▶ 신용평점의 양적 평가요소(주요 재무비율)
- 시장가치비율 : 시장에서의 상대적 평가 예 주가장부가치비율, 주가수익비율, q비율
- 생산성비율 : 인적·물적 자원의 성과 예 노동생산성, 부가가치율, 자본생산성
- 성장성비율 : 경영 규모 및 성과의 증가 정도 예 매출액증가율, 총자산증가율, 자기자본증가율
- 수익성비율 : 경영의 총괄적 효율성 예 총자산순이익률, 자기자본순이익률, 매출액순이익률
- 활동성비율 : 자산의 효율적 이용도 예 매출채권회전율, 재고자산회전율, 유형자산회전율, 총자산회전율
- 레버리지비율 : 장기채무 지급능력 예 이자보상비율, 부채비율, 고정비율
- 유동성비율 : 단기채무 지급능력 예 당좌비율, 유동비율

20 차변의 자산 항목, 대변의 부채·자본 항목으로 구성되어 있는데 현재 기업의 재무상태를 반영하는 재무제표는?

① 재무상태표 ② 포괄손익계산서
③ 현금흐름표 ④ 자본변동표

▶ 주요 재무제표 : 재무제표는 재무상태표, 손익계산서, 현금흐름표, 자본변동표로 구성되어 있다.
- 재무상태표 : 차변의 자산 항목, 대변의 부채·자본 항목으로 구성되어 있는데 현재 기업의 재무상태를 반영한다.
- 포괄손익계산서 : 발생된 수익의 원천을 보여 준다.
- 현금흐름표 : 발생주의에 따라 작성된 손익계산서를 보완해주기 위해 현금주의에 입각해서 작성된다.
- 자본변동표 : 자본크기와 변동에 관한 정보를 제공한다.

21 자산의 가치를 그 자산으로부터 기대되는 미래현금흐름의 현재가치로 평가하는 방법은 무엇인가?

① 현금흐름할인법 ② 상대가치평가법

19. ④ 20. ① 21. ①

③ 조건부청구권가치평가법 ④ 이동평균법

▶ 현금흐름할인법(Discounted Cash Flow ; DCF)은 기업이 영업활동의 결과로 미래에 얻을 수 있는 미래 순현금흐름의 기대치를 해당 현금흐름이 갖고 있는 위험수준을 반영하는 할인율로 현가한 순현재가치를 총발행주식 수로 나누어 1주당 장래기대이익으로 기업이 가질 수 있는 장래수익률을 산정하는 방법이다.

22 다음 중 조건부청구권에 대한 설명으로 <u>잘못된</u> 것은?

① 옵션이라고도 한다.
② 풋옵션은 기초자산의 가치가 행사가격보다 클 때 가치를 갖는다.
③ 콜옵션과 풋옵션이 있다.
④ 옵션가격결정모형으로 구한다.

▶ 풋옵션은 기초자산의 가치가 미리 약정된 행사가격보다 작을 때 가치를 갖는다.

23 다음 중 EVA 모형의 용도로서 거리가 <u>먼</u> 것은?

① 기업의 새로운 투자여부 결정 ② 업무흐름의 재구축
③ 신용평가 ④ 기존사업의 구조조정

▶ EVA는 생산과 판매라는 기업의 본원적인 활동으로부터 창출된 현금흐름이 타인자본과 자기자본조달에 소요된 자본비용을 지불하고도 기업가치(부가가치)를 얼마나 추가로 창출했는가를 측정할 수 있으므로 그 용도는 ①, ②, ④ 외에 사업부의 성과평가 등에 사용될 수 있다.

24 다음 중 현대적 경영분석의 과제로서 거리가 <u>먼</u> 것은?

① 재무제표에 반영되지 않지만 기업의 재무상태나 경영성과에 중대한 영향을 미치는 질적정보도 경영분석의 대상이 되어야 한다.
② 기업의 위험과 수익성을 평가할 경우 반드시 증권시장자료의 분석이 함께 이루어져야 한다.
③ 경영분석의 이론적 측면을 폭넓게 다루어야한다.
④ 재무비율이 실제의 의사결정과정에서 어떻게 활용되고 있는지 파악할 수 있는 도구가 되어야한다.

▶ 경영분석의 실천적 측면이 폭넓게 다루어져야 한다.

25 당기순이익이 ₩59,698,000, 우선주 배당금이 ₩27,000, 평균 발행주식수가 27,000일 때 EPS는 얼마인가?

▶ 주당이익(EPS) = $\dfrac{당기순이익}{평균발행주식수} = \dfrac{59,698,000 - 27,000}{27,000} = 2,210$

Answer
22. ② 23. ③ 24. ③
25. 2,210원

26 총자산회전율의 의미에 대해 설명하시오.

27 EVA의 장·단점에 대해 설명하시오.

28 부실기업의 재무 구조조정과 사업 구조조정에 대해 설명하시오.

Answer

26 총자본회전율이라고도 하며 매출액을 총자산으로 나눈 것이다. 이 비율은 기업이 소유하고 있는 자산들을 얼마나 효과적으로 이용하고 있는가를 측정하는 활동성비율의 하나로서 기업의 총자산이 1년에 몇 번이나 회전하였는가를 나타내며 총자산회전율이 높으면 유동자산·고정자산 등이 효율적으로 이용되고 있다는 것을 뜻하며, 반대로 낮으면 과잉투자와 같은 비효율적인 투자를 하고 있다는 것을 의미한다.

27
- EVA의 장점 : 기업가치 극대화 관점에서 기업의 경영성과를 평가할 수 있으며, 기업의 새로운 투자 여부를 결정하는 기준으로뿐만 아니라 사업부의 성과 평가, 기존 사업의 구조조정, 업무흐름의 재구축 등 다양한 용도를 위해 사용될 수 있다.
- EVA의 단점 : 현재가치를 고려하지 않으므로 EVA를 성과평가로 삼을 경우 장기적인 성과에 대해서는 무시될 수 있으며, 장기간을 필요로 하는 투자안은 기업가치에 기여하더라도 기각될 가능성이 있다.

28 부실기업을 회생시키기 위한 처리 방안으로는 기업의 재무 구조조정과 기업의 사업 구조조정을 들 수 있다. 재무 구조조정은 주식이나 채권의 신규 발행을 통해 자금을 새로 조달하여 지급능력을 향상시키거나 채권자와의 협상을 통해 채무 상환의 시기와 방법을 재조정하고 부채의 출자전환을 통해 재무구조를 개선하는 것이다. 기업의 사업 구조조정의 방법에는 주요 자산의 매각, 다른 기업과의 합병, 자본지출과 R&D 비용의 삭감 등으로 사업구조 자체를 변경시키거나 새로 바꾸는 것이다.

제2회 모의고사

Answer

1 다음은 경영분석의 의의에 대한 내용이다. 그 설명이 잘못된 것은?

① 기업 경영의 의사결정에 필요한 정보를 얻기 위한 자료의 수집·분석 활동이다.
② 재무제표분석은 비율분석의 핵심이 된다.
③ 재무제표분석자료는 재무상태표와 포괄손익계산서 등 두 가지로 이루어진다.
④ 재무제표분석은 좁은 의미의 경영분석이다.

▶ 재무제표분석에 이용되는 자료는 포괄손익계산서, 재무상태표, 현금흐름표, 제조원가명세서 등 여러 가지 회계자료가 있다.

2 다음 중 전통적 경영분석의 특징적인 내용으로 옳지 않은 것은?

① 주로 재무제표를 근간으로 산출된 재무비율을 이용하여 미래예측에 필요한 정보를 제공한다.
② 분석결과에 대한 신뢰성이 높으며 의사결정목적에 적합한 다양한 정보를 얻을 수 있다.
③ 주로 재무제표항목이나 재무비율을 이용하여 기업간 상호비교 분석, 시계열 추세분석 등의 분석방법에 의존한다.
④ 주로 회계자료에 의존한다.

▶ 전통적 경영분석의 특징적인 내용
- 주로 재무제표를 근간으로 산출된 재무비율을 이용하여 미래예측에 필요한 정보를 제공하며, 주로 회계자료에 의존한다.
- 주로 재무제표항목이나 재무비율을 이용하여 기업간 상호비교 분석, 시계열추세분석 등의 분석방법에 의존한다.

3 기업 외부의 이해관계자들과 경영분석의 목적이 잘못 연결된 것은?

① 금융기관 - 기업의 신용도 평가
② 증권분석기관 - 유가증권의 내재가치 파악 및 투자 정보 획득
③ 거래처 - 거래기업의 부도가능성에 관한 정보수집
④ 세무기관 - 투자자보호를 위한 금융기관의 자산구성과 수익성평가

▶ • 세무기관 : 기업의 조세부담능력, 적정과세, 세금포탈 등에 대한 정보를 얻기 위해 기업에 대한 세무분석을 한다.
• 금융감독기관 : 투자자보호와 금융시장의 발전을 위한 행정지도 차원에서 금융 기관을 대상으로 자산 구성과 수익성을 평가한다.

1. ③ 2. ② 3. ④ 4. ③

4 다음 중 일정기간의 기업의 경영성과를 나타내는 재무제표는 무엇인가?

① 자본변동표   ② 현금흐름표

③ 포괄손익계산서 ④ 재무상태표

▶ 포괄손익계산서(income statements)는 일정 기간의 기업경영 성과를 나타내는 재무제표이다. 재무제표를 작성하는 중요한 목적 중 하나는 기업이 일정 기간에 얼마나 이익을 남겼는지 또는 얼마나 손해를 보았는지를 정확하게 계산하는 데 있으며 포괄손익계산서는 정확한 손익금액을 계산하면서 동시에 그 손익이 경영의 어떤 활동에서 발생했는가를 알아보기 위해 작성된다.

5 다음 중 타인자본이 기업자본 중 차지하는 비율로 자기자본조달의 안정성을 나타내는 것은?

① 수익성비율 ② 생산성비율
③ 레버리지비율 ④ 성장성비율

▶ 레버리지비율(leverage ratio)
- 레버리지비율은 기업의 장기지급능력을 측정하는 재무비율이다.
- 레버리지비율은 기업의 총자산 중에서 외부의 채권자로부터 차입한 금액과 주주가 출자한 금액의 비율로 측정한다.
- 외부차입금의 비중이 높을수록 기업의 위험은 증가하므로 레버리지비율은 기업의 위험을 재는 척도로도 이용된다.

6 다음 중 비율분석이 사용되는 이유와 거리가 먼 것은?

① 복잡한 경영분석의 예비적 기능을 갖는다.
② 시간과 경비가 절약된다.
③ 정확한 재무예측이 가능하다.
④ 간단하고 이해하기가 쉽다.

▶ 비율분석을 사용하는 이유
- 비율분석은 간단하며 이해가 쉬워 경영학이나 재무관리를 공부하지 않은 사람도 쉽게 사용할 수 있다.
- 의사결정을 위한 자료수집이 거의 필요없다. 단순히 연말이나 회기말에 이미 작성된 재무제표를 사용함으로써 많은 시간과 경비를 절약할 수 있다.
- 구체적이고 복잡한 기업분석을 하기 이전의 예비분석으로 비율분석이 많이 쓰이고 있다. 경영분석의 기초단계에서 비율분석으로 재무상의 문제점을 쉽게 발견할 수 있으며, 그 문제점을 분석·평가하는 데는 좀더 고차원적인 분석방법을 적용함으로써 시간적·경제적 절약을 할 수 있다.

7 다음 중 어느 두 시점 간의 재무상태표, 손익계산서, 각 항목의 증감을 표시하여 그 기간에 일어난 재무상태의 변화, 성장추세를 나타내고자 하는 것은?

① 비교순재산표 ② 비교재무제표
③ 비교흐름표 ④ 비교재무상태표

5. ❸ 6. ❸ 7. ❷

▶ 비교재무재표는 어느 두 시점 간의 재무상태표, 포괄손익계산서, 각 항목의 증감을 표시하여 그 기간에 일어난 재무상태의 변화, 성장추세를 나타내고자 한다.

8 다음 중 ROI기법의 한계점으로 거리가 먼 것은?

① ROI기법으로는 레버리지의 증가에 따른 위험의 증가를 파악할 수 없다.
② ROI는 경영자의 경영능력 외에도 많은 요인들에 영향을 받는다.
③ ROI는 시장가치가 아닌 장부가치를 기준으로 계산을 한 수치이므로 오래된 설비를 많이 보유하고 있는 기업이 오히려 ROI가 작게 평가될 수 있다.
④ 기업의 ROI는 그 기업이 사용하고 있는 회계처리방법에 의해 영향을 받는다.

▶ ROI는 시장가치가 아닌 장부가치를 기준으로 계산한 수치이므로 오래된 설비를 많이 보유한 기업이 오히려 ROI가 높게 평가될 수 있다.

9 다음 중 기업이 타인자본, 즉 부채를 보유함으로써 금융비용을 부담하는 것을 무엇이라 하는가?

① 가중치산정　　　　　　　　② 재고자산회전율
③ 재무레버리지　　　　　　　④ 은행조정비

▶ 기업이 타인자본, 즉 부채를 보유함으로써 금융비용을 부담하는 것을 재무 레버리지라고 한다. 재무 레버리지가 존재하는 경우 고정적 금융비용의 지급으로 영업이익의 변동이 세후순이익의 변동을 확대시키게 되는데, 이를 재무 레버리지 효과라고 한다.

10 타인자본을 사용함으로써 고정재무비용을 부담하는 레버리지는 어느 것인가?

① 결합레버리지　　　　　　　② 통합레버리지
③ 영업레버리지　　　　　　　④ 재무레버리지

▶ 레버리지의 종류
• 영업레버리지 : 고정자산 등을 보유함으로써 고정영업비용을 부담하는 것
• 재무레버리지 : 타인자본을 사용함으로써 고정재무비용을 부담하는 것
• 결합레버리지 : 고정영업비용과 고정재무비용을 동시에 부담하는 것

11 다음 중 손익분기점분석의 가정이 아닌 것은?

① 매출량·매출액에 관계없이 단위당 판매가격이 일정하다.
② 분석을 위한 비용·매출가격, 생산량의 관계를 측정하는데 과거자료가 이용된다.
③ 여러 가지 상품을 생산하는 기업에는 적용되지 않는다.
④ 고정비는 매출량에 관계없이 일정하다.

Answer
8. ③　9. ③　10. ④
11. ③

▶ 손익분기점분석의 가정
- 매출량·매출액에 관계없이 단위당 판매가격이 일정하다.
- 고정비는 매출량에 관계없이 일정하다.
- 분석을 위한 비용·매출가격, 생산량의 관계를 측정하는데 과거의 자료가 이용된다.
- 여러 상품을 생산하는 기업도 적용한다.
- 손익분기점 분석은 정태적 분석이다.

12 다음 중 회계처리방법 선택에 영향을 미치는 요인으로 거리가 먼 것은?

① 기업내의 회계 관행　　② 이익배분기준
③ 경영자에 대한 보상제도　　④ 경제적 발전 양상

▶ 회계처리방법 선택에 영향을 미치는 요인
- 경영자에 대한 보상제도
- 이익배분기준
- 법인세 절감효과, 차입조건
- 기업회계기준이나 세무회계기준
- 산업내의 회계 관행
- 수익과 비용의 대응 원칙, 보수주의 원칙, 객관성의 원칙 등과 같은 회계원칙

13 다음 중 재무제표분식의 폐해로 볼 수 없는 것은?

① 고의의 투자자들에게 피해를 준다.
② 채권자에게 손해를 끼친다.
③ 회사와 종업원들에게 피해를 준다.
④ 신뢰도를 떨어뜨린다.

▶ 재무제표 분식의 폐해
- 선의의 투자자들에게 피해를 준다.
- 채권자 및 거래처에 손해를 끼칠 수 있다.
- 회사와 종업원들에게 피해를 준다.
- 경제 전체의 신뢰도를 떨어뜨린다.

14 '물가가 지속적으로 오른 현상을 (　　)(이)라고 하는데 (　　)(은)는 소득분배 및 자원배분을 왜곡시키고 민간의 저축과 투자를 위축시키며 국제경쟁력을 약화시킨다.'에서 빈 칸에 공통으로 들어갈 말은?

① 구조적 인플레이션　　② 스태그플레이션
③ 디플레이션　　④ 인플레이션

▶
- 디플레이션 : 물가하락
- 스태그플레이션 : 물가상승, 생산량 감소
- 구조적 인플레이션 : 수요가 증가하거나 공급측면에서 생산증대에 제약

15 일정기간 한 국가의 거주자와 비거주자 사이에 일어난 상품, 서비스, 자본 등의 모든 경제적 기래로 발생한 수입과 지급의 차이를 가리켜 무엇이라고 하는가?

Answer

12. ❹　13. ❶　14. ❹
15. ❶

① 국제수지 ② 환율
③ 통화량 ④ GNP

▶ 국제수지(payments, balance of)
- 한 나라의 거주자와 다른 나라의 거주자 사이에 이루어지는 모든 경제거래를 체계적으로 기록한 것이다.
- 한 나라의 전체 국제수지에서는 지급한 금액 모두가 받은 금액과 상쇄되므로, 무역수지와는 달리 흑자나 적자가 생기지 않고 균형을 이룰 수 있다.

16 다음 중 기업 부실의 과정에서 제1단계에 해당하지 <u>않는</u> 것은?

① 총비용이 총수익보다 많다. ② 투자수익률이 자본비용을 초과한다.
③ 수익성이 저하된다. ④ 지급 능력을 유지하고자 노력한다.

▶ 기업부실의 과정 중 제1단계
- 투자수익률(ROI)이 자본비용에 미달하고 총비용이 총수익보다 많아 수익성이 저하되는 단계
- 기업의 내부유보축소 및 비업무용 자산처분으로 지급능력을 유지하고자 한다.

17 여러 재무변수들이 다변량정규분포를 보이며, 집단별 재무변수의 확률분포가 동일하다는 가정에서 여러 재무비율에 따라 대상기업을 부실기업과 정상기업으로 분류하는 데 이용되는 통계적인 분석방법은 무엇인가?

① 프로필분석 ② 이원분류법
③ 판별분석 ④ 재무비율 평균의 차이분석

▶ 판별분석의 의의 : 다변량분석방법 중에서 가장 대표적인 방법으로, 여러 재무변수들이 다변량정규분포를 보이며, 집단별 재무변수의 확률분포가 동일하다는 가정에서 여러 재무비율에 따라 대상기업을 부실기업과 정상기업으로 분류하는 데 이용되는 통계적인 분석방법이다.

18 다음 중 신용분석의 기능에 해당되지 <u>않는</u> 것은?

① 금융기관의 수익성을 개선 ② 한정된 금융자원의 효율적 배분
③ 정보제공, 증권판매촉진 ④ 금융기관에게 정보 제공

▶ 신용분석의 기능 : 금융기관의 수익성을 개선, 대출 포트폴리오 구성, 한정된 금융자원의 효율적 배분과 기업의 효율적 경영 유도, 정보제공, 증권판매촉진, 자본조달비용 절약, 건전경영 유도

19 다음 중 질적 평가요소에 속하지 <u>않는</u> 것은?

① 생산요소 ② 마케팅요소
③ 인적자원요소 ④ 재무비율

16. ❷ 17. ❸ 18. ❹
19. ❹

▶ 신용평점의 질적 평가요소
- 전략 요소 : 경영전략 방향, 최고경영진의 구성, 연구개발 투자, 대정부 관계 등
- 재무 요소 : 대금융기관 관계, 자금 동원능력, 거래신뢰도, 지배구조, 환위험 등
- 인적 자원 요소 : 직원 채용 및 배치의 합리성, 근로 조건 및 복지시설, 경영자의 능력, 노사 관계, 기업 공개 여부 등
- 마케팅 요소 : 판매조직, 광고활동, 시장점유율, 제품 종류, 제품의 질, 제품 가격, 소비자 금융 등
- 생산 요소 : 공장 자동화, 품질관리, 기술 개발, 원자재 조달, 생산시설, 영업 레버리지, 규모의 경제, 계열화 정도 등

20 기업의 미래 기대현금흐름을 적절한 할인율로 할인한 현재가치의 합계는 무엇인가?

① 기업가치　　② 재무제표
③ 자본비용　　④ 현금흐름

▶ 기업가치의 정의 : 미래에 예상되는 기대현금흐름을 자본비용으로 할인한 현재가치를 의미한다. 그러나 미래의 기대현금은 물론 자본비용을 추정하는 일이 쉽지 않기 때문에 기업가치의 평가는 현실적으로 어려운 일이다.

21 다음 중 현금흐름할인모형을 수정해야 할 필요성이 있는 경우에 해당되지 않는 것은?

① 경기순환기업　　② 인수대상기업
③ 공기업　　④ 비활용자산을 가진 기업

▶ 현금흐름할인모형을 수정해야 할 필요성이 있는 경우
- 재무적 곤경에 처해 있는 기업
- 비활용자산을 가진 기업
- 구조조정 과정에 있는 기업
- 사기업
- 경기순환기업
- 특허권이나 제품옵션을 가진 기업
- 인수대상기업

22 다음 중 기업가치 평가에 대한 설명으로 그 내용이 잘못된 것은?

① 이상적인 효율적 시장에서는 모든 미래의 시장부가가치(MVA)의 현재가치 합계가 EVA가 된다.
② 경제적 부가가치(EVA)란 기업이 영업활동을 통하여 창출한 이익에서 자본조달비용만큼을 차감한 가치를 의미한다.
③ 잉여현금흐름(Free Cash Flow)방식은 현금유입액 전액에서 추가적 부가가치 창출에 기여할 투하자본의 증가분을 차감한 잉여현금흐름(영업현금흐름)을 추정하는 방식이다.
④ 할인현금흐름(Discounted Cash Flow)방식은 총자산에서 발생할 것으로 기대되는 미래현금흐름을 전부 할인하여 기업가치를 계산하는 방식이다.

Answer

20. ① 21. ③ 22. ①

▶ 시장부가가치(MVA)는 시장에서 형성된 기업가치에서 주주와 채권자의 실제 투자액을 차감한 금액이고 주가는 미래의 모든 예상현금흐름을 반영하므로, 이상적인 효율적 시장에서는 모든 미래의 EVA의 현재가치 합계가 MVA가 된다.

23 다음 중 경영자가 경영관리의 차원에서 필요한 정보를 얻기 위한 목적으로 수행하는 경영분석을 무엇이라 하는가?

① 내부분석 ② 외부분석
③ 정보분석 ④ 효율분석

▶ 내부분석은 경영자가 경영관리의 차원에서 필요한 정보를 얻기 위한 목적으로 수행하는 경영분석이다.

24 다음의 〈보기〉에 제시된 절차는 무슨 분석에 관한 것인가?

보기
㉠ 부실기업과 건전기업의 도산 1년전에서 몇 년 전 사이의 재무제표 자료를 입수한다.
㉡ 기업 부실예측에 유용하다고 여겨지는 재무비율을 계산한다.
㉢ 각 재무비율의 평균을 연도별로 변화추이를 비교한다.
㉣ 뚜렷한 차이를 나타내는 비율들을 선정한다.

① 프로필분석 ② 이원분류법
③ 판별분석 ④ 집단간 재무비율평균의 차이분석

▶ 프로필분석은 부실화 과정의 진전에 따른 부실기업과 정상기업의 재무비율이 어떻게 변화하는지를 그래프를 통해서 조사·분석하는 방법이다.

25 레버리지비율에 대해 간략히 설명하시오.

Answer

25
- 레버리지비율은 기업의 장기지급능력을 측정하는 재무비율이다.
- 레버리지비율은 기업의 총자산 중에서 외부의 채권자로부터 차입한 금액과 주주가 출자한 금액의 비율로 측정한다.
- 외부차입금의 비중이 높을수록 기업의 위험은 증가하므로 레버리지비율은 기업의 위험을 재는 척도로도 이용된다.

23. ① 24. ①

26 내부경영분석의 목적을 설명하시오.

27 금리에 대해 설명하시오.

28 기업가치평가의 과정에 대해 설명하시오.

Answer

26
- 경영자가 업무 계획을 수립하거나 기업 내부 상황을 통제하는 데 필요한 정보를 얻기 위해 경영분석을 실시한다.
- 경영자가 경영전략이나 장기 경영계획을 수립하는 데 필요한 정보를 얻기 위해 경영분석을 실시한다.
- 대외적으로 경영자는 거래처의 신용분석, 경쟁기업의 분석, 인수 대상 기업의 분석 등을 수행한다.
- 경영자는 어떤 방법으로 자금을 조달하고 어느 사업에 투자해야 할 것인가와 같은 의사결정에 필요한 정보를 얻기 위해 경영분석을 한다. 이 때의 목적 역시 기업가치를 극대화하는 것이다.

27 자금을 대차(貸借)할 때 부과하는 사용료이다. 이자·이식(利息)과 동의어이기는 하지만 관용상으로는 이자가 추상적인 관념인 데 비하여, 금리는 자금시장에서 구체적으로 거래되고 있는 자금의 사용료 또는 임대료이다. 자금을 대출할 때는 대출해 주는 사람이 차용하는 사람에게 사용료를 부과하고 있는데, 그 외에도 대출에 소요되는 각종 수수료, 위험부담을 위한 보험료, 원금을 반환할 시기의 화폐가치 하락에 대한 손실에 대비하는 보상금 등을 부과하기도 한다.

28 ① 기업의 경제적 수명 측정 : 기업의 경제적 수명을 예측하는 일은 기업가치평가에서 가장 선행되어야 할 절차이지만 사실상 가장 어려운 작업이기도 하다.
② 현금 흐름의 추정 : 기업의 미래 기대현금흐름을 추정하는 일은 기업가치평가에서 가장 핵심적인 작업이 된다. 일반적으로 포괄손익계산서 상의 영업손익을 미래 현금흐름의 예측지표로 이용한다.
③ 자본 비용의 추정 : 미래 시점에서 발생되는 현금흐름을 현재 시점에서의 현금흐름과 비교하기 위해서는 적절한 할인율로 할인해야 한다. 이때 이용할 수 있는 적절한 할인율은 기업의 자본비용이다.
④ 기업 가치 평가 : 현금흐름의 현재가치의 합계를 계산하는 것으로 기업평가는 마무리된다.

제3회 모의고사

1 다음 중 기업의 의의에 대한 내용으로 바르지 못한 것은?

① 기업은 일자리 제공이라는 중요한 역할을 담당하고 있다.
② 국가 경제를 위해 조직된 조직체이다.
③ 이익을 얻는 것을 목적으로 하는 경영조직체이다.
④ 물건을 만들어 팔거나 서비스를 제공한다.

▶ 기업은 각종 물품을 생산 공급하고 일자리를 제공해주는 중요한 역할을 담당하기 때문에 기업의 건전한 발전은 국가 경제에 유용하다.

2 다음 중 현대적 경영분석에 대한 설명으로 옳지 않은 것은?

① 회계자료뿐 아니라 그 외 다양한 기업관련자료를 이용하여 기업실체를 파악함으로써 미래를 예측하는 분석체계이다.
② 기업이해관계자들은 회계자료와 다양한 기업자료를 분석하여 의사결정목적에 적합한 정보를 얻고자 한다.
③ 재무제표 외에 국내·외 경제동향, 산업동향 등의 요인을 분석대상으로 한다.
④ 주로 재무상태표, 포괄손익계산서 등을 이용해 기업실체 파악에 초점을 둔다.

▶ 현대적 경영분석
 • 회계자료뿐 아니라 그 외 다양한 기업관련자료를 이용하여 기업실체를 파악함으로써 미래를 예측하는 분석체계이다.
 • 기업이해관계자들은 회계자료와 다양한 기업자료를 분석하여 의사결정목적에 적합한 정보를 얻고자 한다.
 • 재무제표 이외에 국내·외 경제동향, 산업동향 등의 요인을 분석대상으로 한다.

3 다음 중 외부적 경영분석이 필요한 이유로서 올바른 것은?

① 경제계획수립이나 물가안정에 필요한 정보를 얻기 위하여
② 외부환경의 변화에 신속하게 대응하기 위하여
③ 경영전략이나 장기경영계획의 수립에 필요한 정보를 얻기 위하여
④ 업무계획의 수립이나 내부통제에 필요한 정보를 얻기 위해서

▶ 외부적 경영분석과 내부적 경영분석
 • 외부적 목적에 의한 경영분석은 기업의 외부자인 여신자, 투자가, 행정기관, 공공단체, 종업원 등에 의해 재무상태와 경영성과를 측정·분석하는 것을 말한다. 국가 및 공공단체는 제정책의 수립과 수행을 위해 기업의 재무상태와 경영성과를 분석·검토한다.
 • 내부적 목적에 의한 경영분석은 경영자가 경영당사자의 입장에서 경영관리의 합리화를 기하기 위한 내부적 관리목적의 수단으로 행하는 것이다.

4 일정 기간 동안 기업이 조달한 현금 내역과 조달된 현금의 운용내역을 영업활동, 투자활동 및 재무활동으로 나누어 정리한 것을 무엇이라 하는가?

1. ② 2. ④ 3. ① 4. ③

① 포괄손익계산서 ② 재무상태표
③ 현금흐름표 ④ 제조원가명세서

▶ 현금흐름표는 일정 기간 동안 기업의 현금유입과 지출내역을 제품의 생산과 상품의 구매 및 판매 등과 같은 영업활동, 현금의 차입 및 상환, 주식발행이나 배당금 지급 등과 같은 재무활동, 현금의 대여와 회수, 유가증권, 투자자산, 유형자산의 취득과 처분 등과 같은 투자활동으로 구분하여 나타낸 표이다.

5 다음 중 특정매출액을 달성하기 위해 보유하고 있는 재고자산 수준에 대한 척도는?

① 매출채권회전율 ② 재고자산회전율
③ 총자본회전율 ④ 자기자본순이익률

▶ 재고자산회전율
- 재고자산회전율은 매출원가를 재고자산으로 나누어 측정한다.
- 재고자산은 재무상태표에 판매가격이 아닌 취득원가로 기록되므로, 활동의 척도로 매출액 대신 매출원가를 사용하는 것이 보다 적절하다.
- 재고자산회전율은 특정 매출액을 달성하기 위해 보유하고 있는 재고자산 수준에 대한 척도이다.

6 시장이 효율적이라고 할 때, 만일 태평기업의 주가 대 순이익비율(PER)은 낮은 편이라고 한다면, 이 회사를 어떻게 평가할 수 있는가?

① 과소평가된 종목이다. ② 성장가능성이 낮은 기업이다.
③ 성장가능성이 높은 기업이다. ④ 투자유망종목이다.

▶ 주가수익비율은 주가를 주당이익으로 나눈 것으로서, P/E비율 또는 PER라고 하며, 단위는 배로 나타낸다. 이는 주당이익의 몇 배가 주식가격으로 형성되는지를 나타낸다. 시장이 효율적이라면 기업에 대한 가치평가가 정확히 이루어질 것이다. 따라서 효율적 시장에서 높은 성장이 기대되는 기업은 이 비율이 높게 나타나며, 성장이 낮을 것이라 생각되는 기업은 이 비율이 낮다.

7 다음 중 ROI에 대한 설명으로 옳지 <u>않은</u> 것은?

① ROI분석은 듀퐁시스템이라고도 한다.
② ROI분석은 기업의 경영성과를 여러 부분의 재무요인으로 분해하여 경영성과의 변동원인을 분석하는 것으로 재무활동을 통제하는 수단으로 이용된다.
③ ROI분석은 ROI의 구성요인을 여러 재무요인별로 분해하여 경영성과의 변동원인을 찾아냄으로써 재무통제가 필요한 부문이 어느 부문인가를 파악하는데 이용되고 있다.
④ ROI분석의 기본체제는 ROA와 ROG로 구분되어 분석된다.

Answer

5. ❷ 6. ❷ 7. ❹

▶ ROI분석의 기본체계는 총자본순이익률(ROA) 및 자기자본순이익률(ROE)을 몇 개의 관련 재무비율의 곱으로 그 인과관계에 따라 분해하여 분석하는 것이다.

8 다음 중 ROI기법의 한계점으로 옳지 <u>않은</u> 것은?

① ROI분석에서는 주로 회계자료에 의존하여 이루어진다. ROI는 회계처리방법에 따라 영향을 받을 뿐만 아니라 경영자의 능력, 조직구성, 기술수준 등 질적 요인에 따라 영향을 받는다. 그러나 ROI분석에서 이와 같은 질적 요인에 대한 고려를 할 수 없다.
② 분석을 통해 나타난 재무나 관리적 문제점들이 일시적 현상인지를 파악하게 한다.
③ 총자본순이익률이나 자기자본순이익률이 변동할 때에 인플레이션으로 인한 화폐가치 변동이나 화폐의 시간가치가 고려되지 못하고 있다.
④ 기업의 위험도 변화에 대한 분석수단을 제공하여 주지 못한다. 때로는 총자본순이익률이나 자기자본이익률의 증가와 함께 기업의 영업위험이나 재무위험의 증가가 나타날 수도 있으나 이를 포착하지 못한다.

▶ 분석을 통하여 나타난 재무나 관리적 문제점들이 일시적인 현상인지 또는 지속적인 현상인지 판단하기가 어렵다. 따라서 4~5년의 장기에 걸친 분석을 통하여 판단의 오류를 방지할 필요가 있다.

9 다음 중 ROE분석의 문제점으로 볼 수 <u>없는</u> 것은?

① ROE는 경영자의 의사결정이 어떠한 경로를 통하여 영향을 미치는지 구체적으로 알 수 없다.
② 현재 시점에서 경영성과를 판단하는 의사결정을 내리는데 도움을 받기 위해서는 자기자본을 현시점의 시장가치로 계산해야 한다.
③ ROE는 수익성과 위험의 상충관계를 무시하고 있다.
④ 미래에 장기간에 걸쳐 효과가 나타나는 자본투자의 평가에 사용해서 안된다.

▶ 주가는 경영자의 의사결정에 대한 경로·영향을 구체적으로 알 수 없지만 ROE의 값은 각 요소별 영향도를 측정할 수 있다.

10 다음 중 타인자본 때문에 발생하는 이자가 지렛대의 역할을 함으로써 영업이익의 변화에 대한 순이익의 변화폭이 더욱 커지는 현상을 무엇이라 하는가?

① 영업레버리지효과　　② 재무레버리지효과
③ 결합레버리지효과　　④ 손익분기효과

▶ 재무레버리지효과는 재무레버리지가 존재하는 경우 고정적인 금융비용의 지급으로 영업이익의 변동이 세후순이익의 변동을 확대시키게 되는 것이다.

8. ② 9. ① 10. ②

11 다음 중 손익분기점에 대한 설명으로 바르지 <u>못한</u> 것은?

① CVP분석이라고도 한다.
② 손익분기점은 매출액·매출량 두 가지로 나타낼 수 있다.
③ 손익분기점에서의 영업이익은 1이다.
④ 총수익과 총영업비용이 일치하는 점이다.

▶ 손익분기점은 총수익과 총영업비용이 일치하는 점으로서 이때 기업의 영업이익은 0이 된다. 또한 손익분기점은 기업이 경영활동을 수행하는 데 있어서 근본적으로 발생하는 원가, 매출액(매출량), 이익의 상호관계를 분석하기 때문에 이것을 CVP분석이라고도 한다.

12 다음 중 손익분기점분석의 문제점이 <u>아닌</u> 것은?

① 고정영업비용과 변동영업비용의 분류가 언제나 가능하다.
② 손익분기점모형에서는 일정한 경영환경을 가정하고 있으나 시간의 경과에 따라 경영환경이 달라지며, 경영환경의 변화에 따라 영업비용의 구조가 변화하기 때문에 손익분기점 판매량이 변화하게 된다.
③ 모든 기업이 단일제품만을 생산한다고 가정하고 있으나 현실적으로 단일제품만을 생산하는 기업이 거의 없다. 대부분의 기업에서 여러 제품을 생산하고 있다.
④ 단위당 판매가격과 단위당 변동영업비용이 일정하다고 가정하고 있으나 실제로 판매량이 변동함에 따라 단위당 판매가격이나 단위당 변동영업비용이 변동한다.

▶ 손익분기점모형에서는 모든 영업비용을 고정영업비용과 변동영업비용으로 구분할 수 있다고 가정하고 있으나 고정영업비용과 변동영업비용으로 분류하기가 매우 어렵다. 왜냐하면 일부 항목의 영업비용이 고정비적 성격과 변동비적 성격을 동시에 지니기 때문이다.

13 다음 중 횡단면분석상의 문제점에 대한 설명으로 <u>틀린</u> 것은?

① 횡단면분석에서 분석대상기업의 자료가 없는 경우에는 목적했던 결과를 얻을 수 없다.
② 회계기간이 일치하지 않는 경우 일반적으로 기업에 따라 결산일이 서로 다르기 때문에 재무제표자료를 상호 비교하는 데 있어 문제가 있을 수 있다.
③ 회계처리방법이 다른 경우 그 기업의 특성을 그대로 받아들여 일관성 있는 결과를 얻을 수 없다.
④ 회계처리방법의 변경과 관련된 문제, 계정과목의 분류와 관련된 문제 등이 나타난다.

11. ❸ 12. ❶ 13. ❹

| 독 | 학 | 사 | 3 | 단 | 계 |

▶ 시계열분석상의 문제점
- 시계열분석 : 시계열자료를 분석하여 체계적인 패턴을 찾아낸 후 그 패턴에 의거하여 미래의 재무상태와 경영성과를 예측하는 데 이용된다.
- 재무제표자료에 대한 시계열분석에서 직면하는 문제점 : 구조적 변화에 의한 시계열자료상의 문제, 회계처리방법의 변경과 관련된 문제, 계정과목의 분류와 관련된 문제, 극단적인 값과 관련된 문제 등이 있다.

14 국민경제 전체의 경기동향을 쉽게 파악하고 예측하기 위하여 주요 경제지표의 움직임을 가공·종합하여 지수형태로 나타낸 것을 무엇이라 하는가?

① 기업경기실사지수　　② 경기종합지수
③ 국민소득　　　　　　④ 경제성장지표

▶ 경기종합지수(composite indexes of business indicators) : 국민경제 전체의 경기동향을 쉽게 파악하고 예측하기 위하여 주요 경제지표의 움직임을 가공·종합하여 지수형태로 나타낸 것으로 1983년 3월부터 통계청에서 매달 작성하여 발표하고 있으며, 개별 구성지표의 경기전환점에 대한 일치성 정도에 따라 선행종합지수(leading) · 동행종합지수(coincident) · 후행종합지수(lagging)로 나눈다.

15 다음 중 산업분석을 위한 일반적 검토요인으로 거리가 먼 것은?

① 수요구조　　　　　　② 생산구조
③ 판매구조　　　　　　④ 소득구조

▶ 산업분석의 일반적 검토요인 : 산업연혁, 수요구조, 생산구조, 판매구조, 재무구조, 정부의 산업에 대한 정책, 해외산업동향, 산업의 경쟁상황

16 실질적 지급불능에 이르렀을 때 채권자의 신청에 의해 법원이 파산선고를 내린 경우를 의미하는 것은?

① 경제적 부실　　　　　② 지급불능
③ 파산　　　　　　　　 ④ 법정화의

▶ 기업부실의 다양한 의미
- 파산 : 파산이란 실질적 지급불능에 이르렀을 때 채권자의 신청에 의해 법원이 파산선고를 내린 경우를 뜻한다.
- 지급불능 : 지급불능이란 만기가 된 채무를 상환하지 못하는 기술적 지급불능과 기업의 총부채가치가 총자산가치를 넘어 실질순자산가치가 마이너스가 되는 실질적 지급불능(파산적 지급불능)으로 구분한다.
- 경제적 부실 : 경제적 부실(경영부실)은 기업의 총수익이 총비용에 미달하여 적자를 보는 경우나 기업의 투자수익율이 자본비용보다 낮은 경우, 기업의 실현수익률이 업종평균의 투자수익률에 미치지 못하는 경우 등 주로 기업의 수익성 저하가 원인이 되어 나타나는 경제적 문제를 말한다.

14. ❷　15. ❹　16. ❸

17 근대법에서 지급불능 채무자의 채권자들이 즉시 지불받기 위하여 자신의 채권액보다 적은 액수를 변제받기로 하는 합의제도를 무엇이라 하는가?

① 기업개선작업   ② 화의제도
③ 부도유예협약   ④ 은행관리제도

▶ 우리나라 부실기업 정리제도
- 화의제도 : 화의법에 의해 규정된 제도로 채무자는 파산선고를 피하기 위해, 채권자는 유리한 변제를 받을 목적으로 법원의 감독하에 합의를 체결하게 된다.
- 강제화의제도 : 강제화의는 파산 채권자가 파산자와의 협정에 의해 파산을 종결시키는 제도이다.
- 파산 : 채무자가 경제적 변제능력을 상실하여 법률적 수단으로 채무자의 전재산을 관리하여 채권자에게 채권비율에 따라 금전적으로 공평하게 배분해주는 것을 목적으로 하는 재판상의 절차를 말한다.
- 은행관리제도 : 부실 기업의 주거래 은행이 은행 감독원의 승인을 받아 이사회 결정으로 기업을 대신해 경영에 참여하여 기업을 존속시키고 자신들의 채권을 보호하는 제도이다.
- 회사정리제도 : 법원의 감독 아래 각 이해관계자들의 이해를 조정하여 사업을 계속하면서 기업을 회생시키는 제도를 말한다.
- 기업개선작업 : 경영자와 주주, 채권 금융 기관들이 협의하여 기업채무 구성과 채무 상환일정을 재조정하는 방식으로 부실기업의 회생을 꾀하는 것을 말한다.

18 다음 중 대출 승인 기준이 <u>아닌</u> 것은 어느 것인가?

① 고객관계가치   ② 신용위험
③ 친분도   ④ 경영진의 질

▶ 대출 승인 기준
- 산업·경제에 대한 전망 : 원리금 상환능력에 영향을 줄 수 있는 산업·경제적 요인
- 신용위험 : 원리금 상환능력에 영향을 주는 질적 요소
- 경영진의 질 : 경영진의 경영능력
- 전략적 요소 : 당해 금융기관 전체 여신 포트폴리오, 경영전략과 연관된 대출 중요성
- 재무제표관련기준 : 수익성, 유동성, 안전성, 현금흐름, 자산가치 등
- 고객관계가치 : 기존 고객의 가치, 새로운 고객관계로서의 가능성과 가치평가
- 기타요소 : 대출 신청 사항의 법률적·정책적 측면에서의 계약조건검토

19 신용평점을 결정하는 일반적인 과정 중 가장 먼저 해야 할 것은?

① 각 평가요소별 배점을 합하여 종합신용평점을 구한다.
② 선정된 평가요소 각각의 중요도에 따라 가중치(weight)를 부여한다.
③ 개별 평가요소 하나하나에 대하여 심사대상기업의 강점과 약점을 산업 내 타기업과 비교하여 등급을 매긴다.
④ 산업 내 경쟁업체와 상호 비교하여 신용도 평가에 중요하다고 보는 주요 평가요소를 선정한다.

17. ❷ 18. ❸ 19. ❹

▶ 신용평점제도의 네 단계
- 제1단계 : 신용평가에 중요하다고 판단되는 주요 평가요소를 선정한다.
- 제2단계 : 선정된 각 중요소에 가중치를 부여한다.
- 제3단계 : 평가요소별로 분석하여 기업의 강약점을 분석하고 이를 산업내 타기업과 비교해 등급을 매긴후 가중치를 고려하여 점수를 산정한다.
- 제4단계 : 평가요소별로 산정된 점수를 모두 합하여 신용평점을 구한다.

20 기업가치평가에서 가장 핵심적인 작업은 무엇인가?

① 자본비용의 추정   ② 현금흐름의 추정
③ 기업가치의 평가   ④ 재무상태표 구성

▶ 현금흐름의 추정
- 기업의 미래기대현금흐름 추정은 기업가치평가에서 가장 핵심적인 작업이다.
- 포괄손익계산서상의 영업손익은 미래 현금흐름의 예측지표로 이용된다.
- 포괄손익계산서 상의 당기순이익은 미래현금흐름을 예측하는 지표로서 부적당하다.

21 순이익, 현금흐름, 장부가격, 매출액 등의 공통변수를 기준으로 비교자산의 가치를 살펴봄으로써 자산의 가치를 평가하는 기업가치 평가방법은?

① 이동평균법   ② 조건부청구권 가치평가법
③ 상대가치평가법   ④ 현금흐름할인법

▶ 기업가치평가의 기본방법은 현금흐름할인법, 상대가치평가법, 조건부청구권가치평가법의 세 가지로 대별될 수 있다. 첫째, 현금흐름할인법은 자산의 가치를 그 자산으로부터 기대되는 미래현금흐름의 현재가치로 평가하는 방법이다. 둘째, 상대가치평가법은 순이익, 현금흐름, 장부가격, 매출액 등의 공통변수를 기준으로 비교자산의 가치를 살펴봄으로써 자산의 가치를 평가하는 방법이다. 셋째, 조건부청구권 가치평가법은 옵션의 가격결정모형을 이용하여 옵션과 유사한 특성을 갖고 있는 자산의 가치를 평가하는 방법이다.

22 다음 중 옵션 또는 조건부청구권에 관계되는 내용으로 그 설명이 잘못된 것은?

① 전환사채, 신주인수권부사채 등의 자산은 옵션의 성격을 갖고 있다.
② 자기자본은 콜옵션의 특징을 가지고 있다.
③ 특허권은 풋옵션의 특징을 가지고 있다.
④ 거래되지 않는 자산에 기초한 장기옵션의 가치평가시 옵션가격결정 모형의 사용에 한계가 있다.

▶ 특허권은 특허 프로젝트에 투자되는 비용을 행사가격으로, 특허유효기간을 만기로 하는 콜옵션으로 분석될 수 있다.

23 다음 중 투자자 및 증권분석기관이 수행하는 경영분석을 무엇이라고 하는가?

20. ② 21. ③ 22. ③
23. ②

① 신용분석   ② 증권분석
③ 감사분석   ④ 행정분석

▶ 투자와 증권분석기관은 채권 및 주식의 내재가치(intrinsic value) 또는 위험특성을 파악하기 위하여 경영분석을 한다. 따라서 투자자 및 증권분석기관이 수행하는 경영분석을 흔히 증권분석(security analyisis)이라고 한다.

24 다음의 〈보기〉에서 태평기업의 경제적 부가가치(EVA)는 얼마인가?

> 보기   태평기업의 세후순영업이익이 150억원, 투자자본이 1,000억원, 자본비용이 14%이다.

① 5억원   ② 10억원
③ 20억원   ④ 30억원

▶ 경제적 부가가치(EVA)는 투하자본수익률(ROIC)에서 자본비용(WACC)을 차감한 값에 투하자본을 곱해 구할 수 있다.
EVA = 세후영업이익(NOPLAT) − {가중평균자본비용(WACC)×투하자본(IC)}
      = 투하자본 × {투하자본수익률(ROIC) − 가중평균자본비용} = 1,000×(0.15 − 0.14)
      = 10억원

25 손익분기점에서 매출액 1,000만원 고정비는 520만원이고 변동비는 480만원일 때 공헌이익률은?

▶ 공헌이익 = 매출액 − 변동비 = 1,000만원 − 480만원 = 520만원

∴ 공헌이익률 = $\dfrac{공헌이익}{매출액}$ = $\dfrac{520만원}{1,000만원}$ = 0.52

26 활동성 비율에 대해 간략히 설명하시오.

Answer

26. • 경영활동의 수행과정에서 특정 자산이 얼마나 효율적으로 사용되었나를 측정한다.
     • 활동성비율은 매출액을 특정 자산으로 나누어 매출액을 달성하는데 특정 자산이 몇 회나 회전했나, 즉 회전율로 측정한다.
     • 자산회전율이 높을수록 자산이 경영활동에 효율적으로 사용되었다고 할 수 있다.

24. ❷
25. 0.52

27 손익분기점 분석의 문제점에 대해 설명하시오.

28 채권등급평가의 개념에 대해 설명하시오.

27
- 손익분기점 분석에서 매출량이나 매출액에 관계없이 단위당 판매가격이 일정하며 단위당 변동비도 일정하다는 가정을 하는데 실제 기업의 매출활동을 보면 매출량은 매출가격에 영향을 주며, 매출량의 증가에 따라 단위당 변동비도 변할 수밖에 없다.
- 손익분기점 분석에서는 비용을 고정영업비용과 변동영업비용으로 구분해야 하는데, 실제로 그것을 구분하는 것은 쉬운 일이 아니다.
- 한 기업에서 여러 가지 상품을 생산하는 경우에 문제점이 발생한다.
- 손익분기점 분석을 하기 위해서는 비용·매출가격·생산량의 관계를 측정해야 하는데, 여기에는 과거의 자료가 이용된다. 그러나 생산원가나 매출가격 같은 것은 시간이 경과함에 따라 변하게 되므로 비용·매출가격·생산량의 관계도 달라진다.

28 채권등급평가란 신용평가기관이 특정 채권의 원리금이 약정된 날짜에 약정된 금액만큼 상환될 수 있을지를 판정하여 이를 등급으로 매겨 투자자에게 전달하는 것을 말한다. 그러므로 투자자에게 위험에 대한 정확한 정보를 제공하여 투자자를 보호할 수 있다.

제4회 모의고사

1 다음 중 기업에 대한 설명으로 옳지 <u>않은</u> 것은?

① 기업은 자본주의 사회에서 이윤추구를 목적으로 하는 생산경제의 단위체 또는 그 활동이다.
② 넓은 의미에서 기업은 경제사업체 그 자체를 말하며, 좁은 의미로는 경제사업체의 주체를 가리킨다.
③ 기업의 구체적 활동을 말할 때는 경영이라는 개념을 사용한다.
④ 기업은 한 조직의 경제활동에 관한 내용의 체계적인 개발과 분석을 나타내는 활동이다.

▶ 기업
- 자본주의 사회에서 이윤추구를 목적으로 하는 생산경제의 단위체 또는 그 활동이다.
- 넓은 의미에서 기업은 경제사업체 그 자체를 말하며, 좁은 의미로는 경제사업체의 주체를 가리킨다.
- 기업의 구체적 활동을 말할 때는 경영이라는 개념을 사용한다.

2 다음 중 전통적 경영분석에 대한 내용으로 옳은 것은?

① 재무비율의 유용성에 대한 올바른 평가를 선행하는 것을 원칙으로 한다.
② 재무제표에 반영되지 않는 질적 요인에 대한 분석이 부족하다.
③ 증권시장 관련자료 등 다양한 자료를 충분히 활용하여 평가한다.
④ 전통적 경영분석은 다양한 이용자의 목적을 충족시킨다.

▶ 전통적 경영분석의 문제점
- 재무비율의 유용성에 대한 올바른 평가 없이 행해지는 경우가 많다.
- 이용자의 목적을 충족시키지 못한다.
- 증권시장 관련 자료 등 다양한 자료를 충분히 활용하지 못한 채 이루어지기 때문에 기업에 대한 평가가 완전하지 못하다.
- 재무제표에 반영되지 않는 질적 요인에 대한 분석이 부족하다.

3 다음 중 내부분석의 목적과 거리가 <u>먼</u> 것은?

① 자금조달·투자 사업의 선정 등과 같은 의사결정에 필요한 정보를 얻는다.
② 주식의 내재가치를 평가하여 주식의 가치가 과대 또는 과소평가 되었는지에 대한 정보를 얻는다.
③ 경영자가 장기 경영계획이나 경영전략을 수립하는데 필요한 정보를 얻는다.
④ 경영자가 업무계획을 수립하거나 기업 내부 상황을 통제하는 데 필요한 정보를 얻는다.

▶ ②는 주식을 대상으로 하는 주식평가로 기업 외부의 이해 관계자들인 투자자나 증권분석기관에서 수행하는 경영분석이다.

Answer

1. ④ 2. ② 3. ②

4 다음 중 현금흐름표가 제공하는 정보로 거리가 먼 것은?

① 기업의 지급능력 및 재무위험 ② 미래현금흐름의 예측
③ 순이익의 질 ④ 임의적립액에 대한 예측

▶ 현금흐름표가 제공하는 정보는 ①, ②, ③ 외에 다음과 같다.
 • 주된 영업활동을 통하여 조달되거나 사용된 현금흐름
 • 시설 또는 설비와 같은 고정자산의 취득에 사용된 자금의 원천
 • 회사채 발행이나 주식발행을 통하여 조달된 자금의 사용내역
 • 영업손실을 보았음에도 불구하고 일정한 배당금을 계속 지급할 경우, 배당금 지급에 사용된 자금의 원천
 • 부채 및 회사채의 상환에 소요된 자금의 조달내역
 • 생산시설의 확충에 소요된 투자재원의 조달 내역
 • 전기에 비해 당기순이익이 증가하였음에도 불구하고 현금이 감소한 원인

5 다음 중 당기순이익을 자기자본으로 나눈 백분율로 자기자본을 경영자가 얼마나 효율적으로 운영했나를 측정하는 것은?

① 자기자본순이익률 ② 자기자본증가율
③ 시장가치비율 ④ 활동성비율

▶ 자기자본순이익률(ROE)
 • 주주들은 자신의 투자자금에 대한 수익성에 관심을 갖는데 이러한 관점에서 측정하는 수익성 척도가 자기자본수익률이다.
 • 일반적으로 ROE가 시중금리보다 높으면 경영자의 경영능력이 뛰어나다고 볼 수 있다.
 • 자기자본순이익률은 매출액이익률의 증가, 총자산회전율의 증가 또는 부채의 이용 등에 따라 개선될 수 있으므로 근본적인 자기자본순이익률의 변화요인을 살펴보는 것이 중요하다.

6 다음은 시장가치비율을 표시한 것이다. 바르지 못한 것은?

① 주가수익비율은 보통주의 시장가격을 주당이익으로 나눈 것이다.
② 희석된 주당이익은 주당이익보다 작다.
③ 주당이익성장률이란 당기 중의 주당이익증가액을 전기주당이익으로 나눈 것이다.
④ 주당이익은 세후순이익을 총주식수로 나눈 것이다.

▶ 주당이익은 세후순이익을 총주식수가 아닌 발행주식수로 나눈 것이다.

7 다음 중 ROI분석에 대한 설명으로 바르지 못한 것은?

① 듀퐁의 재무분석시스템은 매출액순이익률과 총자산회전율로 분해될 수 있다는 데 기초를 둔다.

Answer

4. ④ 5. ① 6. ④ 7. ②

② 외부통제방법으로 개발되었다.
③ 궁극적으로는 회사의 경영성과를 계획·통제하는 것을 목적으로 한다.
④ 이익예측에 활용하는 가장 널리 이용되고 있는 경영성과의 측정방법이다.

▶ ROI분석은 미국의 화학회사인 듀퐁사에 의해 사업부의 업적을 평가하고 관리하기 위한 내부통제방법으로 개발된 것이다.

8 다음 ROE의 구성요소 중 경영내용을 판단할 때 쓰이는 비율로서 동태비율로 분류되는 것은?

① 경험적 재무비율　　② 과거 경험비율
③ 매출액순이익률　　④ 생산성비율

▶ 매출액순이익률은 매출액에 대한 순이익의 비율이다. 기업의 순이익은 매출액에서 제조원가 또는 매입원가와 영업비용을 공제하고 다시 영업외 손익을 가감한 것을 말한다. 경영내용을 판단할 때 쓰이는 비율로서 관계비율 중의 동태비율로 분류된다.

9 다음 중 지수법의 문제점으로 볼 수 <u>없는</u> 것은?

① 기업의 수익성이나 성장성은 고려되지 않는다.
② 기업의 정태적 실태를 파악할 수 없다.
③ 가중치의 선정에 주관적 요소가 개입된다.
④ 비율선정이 주관적이다.

▶ 지수법의 문제점
  • 기업의 수익성이나 성장성은 고려되지 않는다.
  • 가중치의 선정에 주관적 요소가 개입된다.
  • 비율선정이 주관적이다.

10 다음 중 영업위험에 대한 설명으로 옳지 <u>않은</u> 것은?

① 영업위험은 경제환경변화에 따라 예상 밖으로 영업이익이 줄어들 수 있는 가능성을 의미한다.
② 영업위험을 결정하는 중요한 요인은 영업이익변동에 영향을 주는 고정영업비용이 차지하는 비중이다.
③ 자동차, 철강 등 장치산업은 고정자산의 비중이 높기 때문에 영업위험이 높다.
④ 영업위험은 순이익이 많은 기업일수록 높다.

▶ 영업위험
  • 경제환경변화에 따라 예상 밖으로 영업이익이 줄어들 수 있는 가능성을 의미한다.
  • 영업위험을 결정하는 중요한 요인은 고정영업비용이 차지하는 비중이다.
  • 자동차, 철강 등 장치산업은 고정자산의 비중이 높기 때문에 영업위험이 높다.

Answer

8. ❸　9. ❷　10. ❹

| 독 | 학 | 사 | 3 | 단 | 계 |

11 다음 중 생산능력의 범위 내에서 조업도의 변화와 관계없이 일정하게 발생하는 영업비용을 무엇이라 하는가?

① 고정영업비용 ② 변동영업비용
③ 수입이자   ④ 법인세비용

▶ 고정영업비용
- 생산능력의 범위 내에서 조업도의 변화와 관계없이 일정하게 발생하는 영업비용이다.
- 재산세, 감가상각비, 임차료, 급료 및 광고비 등이 해당된다.

12 다음 중 총비용 중에서 고정재무비용이 차지하는 비중, 또는 총자본 중에서 부채가 차지하는 비중을 무엇이라 하는가?

① 영업레버리지   ② 재무레버리지
③ 결합레버리지   ④ 자본조달분석

▶ 재무레버리지
- 총비용 중에서 고정재무비용이 차지하는 비중, 또는 총자본 중에서 부채가 차지하는 비중을 의미한다.
- 부채의존도가 높을수록 고정재무비용의 부담이 증가하기 때문에 영업이익이 변화할 때 주당순이익이 그보다 높은 비율로 변화하는 재무레버리지효과가 나타난다.

13 다음 중 재무제표분식의 주된 동기가 아닌 것은?

① 비자금 조성을 위해   ② 자금조달의 용이성을 위해
③ 거래처에 대한 신용유지 ④ 기업청산을 위해

▶ 재무제표 분식의 동기
- 분식결산을 하는 동기 : 비자금 조성을 위해 혹은 기업신용도가 약화되면 자금조달이 어렵고 기차입자금에 대해서도 상환독촉을 받기 때문에 문제가 없도록 재무상태가 양호하게 보이게끔 분식할 유인을 가진다.
- 한국의 경우에는 비자금 조성 관행이 분식결산의 동기로 크게 작용했다.

14 다음 중 우리나라의 통화량 지표가 아닌 것은?

① M1 ② M2
③ M3 ④ M4

▶ 우리나라의 통화 지표
- M1 : 화폐의 지급결제수단으로서의 기능을 중시하여 민간이 보유하고 있는 현금과 당좌예금, 보통예금 등 은행 요구불 예금의 합계로 정의된다.
- M2 : M1보다 넓은 의미로 M1 뿐만 아니라 장기예금, 정기적금 등 은행의 저축성 예금과 거주자 외화 예금을 포함한다.
- MCT : M2에 양도성예금증서와 금전신탁을 포함시킨 지표이다.

11. ① 12. ② 13. ④
14. ④

- M3 : M2에 비은행 금융기관의 각종 예수금과 은행 및 비은행 금융기관이 발행하는 금융채, 양도성예금증서, 표지어음 및 상업어음 등을 포함시킨 가장 넓은 의미의 통화지표이다.

15 다음 중 금리에 대한 설명으로 <u>틀린</u> 것은?

① 금리란 돈을 빌린 대가로 지불하는 자금의 가격이다.
② 금리 수준의 변동이 기업경영에 미치는 영향은 미약하다.
③ 금리는 정부나 중앙은행이 직접 규제하거나 시장개입 등을 통해 간접적으로 국민경제에 영향력을 행사한다.
④ 금리는 금융시장의 가격으로서 통화량과 함께 통화신용정책의 지표로서 유용하게 활용될 수 있다.

▶ 금리 수준의 변동이 기업경영에 미치는 영향은 매우 크다. 금리 수준이 인상될 경우 기업의 금융 비용 부담이 늘어나 기업의 수지가 악화됨으로써 주가가 하락한다. 금리 변동은 투자자의 유가증권에 대한 요구수익률을 변동시킴으로써 주가를 변동시킨다.

16 파산자가 제의한 채무 변제계획을 채권자가 승인함으로써 파산절차에 의하지 아니하고 파산을 종결하는 제도를 무엇이라 하는가?

① 은행관리제도 ② 강제화의제도
③ 기업개선작업 ④ 회사정리제도

▶ 강제화의 : 파산 채권자가 파산자와의 협정에 의해 파산을 종결시키는 제도이다. 파산채권자는 회수불능채권의 일부를 면제 또는 기한유예의 조치를 취함으로써 파산자가 기업을 계속 영업하도록 하여 경제적 재기의 가능성을 높여준다.

17 재무상태가 취약 혹은 원리금 상환이 불확실해지는 증거가 보이는 대출 유형은?

① 요주의대출 ② 문제대출
③ 회의적 대출 ④ 회수불능대출

▶ 대출유형
- 정상대출 : 채무를 약관대로 모두 준수하는 대출
- 요주의대출 : 재무상태가 취약 혹은 원리금 상환이 불확실해지는 증거가 보이는 대출
- 문제대출 : 재무적, 관리적, 정치적 또는 경제적 상황이 매우 불리하게 전개되는 경우 즉각적인 시정이 요구되는 대출
- 회의적 대출 : 대출금의 완전 상환이 의문시되고 대손 가능성이 매우 큰 대출
- 회수불능대출 : 대출금의 회수가 불가능한 것으로 판정된 대출

15. ❷ 16. ❷ 17. ❶

| 독 | 학 | 사 | 3 | 단 | 계 |

18 기업의 현금 동원 능력은 재무제표의 분석과 미래의 기대현금흐름을 추정함으로써 얻을 수 있는 신용분석의 5C는?

① 자본력
② 담보력
③ 상환능력
④ 경제상황

▶ 상환능력(capacity)
- 만기시에 채무자가 부채를 상환할 수 있는 능력에 대한 객관적인 평가이다.
- 상환의지가 있더라도 지급능력이 없는 경우에는 상환이 불가능하다.
- 단기대출에 대한 상환능력을 평가하는 항목 : 자금의 회전기간, 현금수지상황, 유동성 등이다.
- 장기대출에 대한 상환능력을 평가하는 항목 : 투자의 수익성, 현재의 부채상태 등이다.

19 기업가치를 평가하는 기본적인 방법으로 볼 수 없는 것은?

① 이동평균법
② 조건부청구권 가치평가법
③ 상대가치평가법
④ 현금흐름할인법

▶ 기업가치평가의 기본방법은 현금흐름할인법, 상대가치평가법, 조건부청구권 가치평가법의 세 가지로 대별될 수 있다. 첫째, 현금흐름할인법은 자산의 가치를 그 자산으로부터 기대되는 미래현금흐름의 현재가치로 평가하는 방법이다. 둘째, 상대가치평가법은 순이익, 현금흐름, 장부가격, 매출액 등의 공통변수를 기준으로 비교자산의 가치를 살펴봄으로써 자산의 가치를 평가하는 방법이다. 셋째, 조건부청구권 가치평가법은 옵션의 가격결정모형을 이용하여 옵션과 유사한 특성을 갖고 있는 자산의 가치를 평가하는 방법이다.

20 다음 중 상대가치평가법에 대한 설명으로 틀린 것은?

① 비교자산을 단순히 비교·평가하므로 이용하는데 매우 간단하고 연관성을 가진다.
② 기업 가치를 신속하게 평가하는데 이용될 수 있다.
③ 비교대상을 선정하여 그 가치를 평가함에 있어서 상호간의 비교 가능성이 낮은 경우에는 이를 통한 가치의 평가가 왜곡될 수 있고 평가자의 의도로 인하여 조작될 가능성도 있다.
④ 특정한 조건 아래에서만 가치를 갖는 자산을 평가하는 방법이다.

▶ 배수를 이용한 가치평가방법이 매력적인 이유는 방법이 간단하고 연관성을 가지며, 기업 가치를 신속하게 평가하는데 이용될 수 있기 때문이다. 반면에 오용되기 쉽고 조작이 쉽다는 단점이 있다. 또한 이 방법이 시장이 만들어 내고 있을지도 모르는 오류들에 근거하여 가치를 평가한다는데 문제점이 있다. ④는 조건부청구권 가치평가법에 대한 것이다.

18. ③ 19. ① 20. ④

21 다음 중 EVA모형에 대한 설명으로 틀린 것은?

① 경제학자인 마셜에 의해서 처음으로 사용된 경제적 이익과 같은 개념이다.
② 자본조달 비용을 초과하여 기업이 창출해낸 가치를 의미한다.
③ 경제적 부가가치라고도 하며, 기업이 영업활동을 통하여 얻은 이익에서 자본비용을 차감한 것과 같다.
④ EVA의 창출을 위해 영업비용을 증가시키거나 매출을 감소시킴으로써 세후 영업이익(NOPLAT)을 증가시켜야 한다.

▶ EVA의 창출을 위한 필요조치
- 영업비용을 감소시키거나 매출을 증가시킴으로써 세후 영업이익(NOPLAT)을 증가시켜야 한다.
- 자본구조를 변경함으로써 가중평균자본비용(WACC)을 감소시켜야 한다.
- 운전자본에 대한 투자 또는 쓸모없는 자산을 줄이는 등 영업이익에 영향을 미치지 않는 범위 내에서 투하자본(IC)을 축소시켜야 한다.

22 다음 중 기업의 재무계수를 분석·검토해서 기업의 재무상태와 경영성과의 양부 또는 적부를 판단·인식하는 방법은 무엇인가?

① 경영분석(재무분석) ② 대기행렬분석
③ 공정분석   ④ 시장조사분석

▶ 문제는 경영분석의 정의에 관한 것이다.

23 다음 중 경영분석에서 이용되는 기본적 재무자료는 무엇인가?

① 자본변동표   ② 포괄손익계산서와 잉여금계산서
③ 현금흐름표   ④ 재무상태표와 포괄손익계산서

▶ 경영분석에 이용되는 기본적 재무자료 : 재무상태표(B/S)와 포괄손익계산서(P/L, I/S)

24 다음 중 내부적 목적에 의한 경영분석을 행하는 이유로 옳은 것은?

① 경영관리의 합리화를 기하기 위해서
② 제정책(예 : 과세정책)을 수립하기 위해
③ 회계처리의 적정성을 평가하기 위해서
④ 신용분석을 하기 위해서

▶ ②, ③, ④ : 외부적 목적에 의한 경영분석, ① : 내부적 목적에 의한 경영분석
경영분석 목적의 중점이 외부적 목적에서 내부적 목적으로 이행하게 되었다.

25 자기자본이 600만원, 고정자산이 670만원, 고정부채가 300만원일 경우 고정장기적합률은?

Answer

21. ④ 22. ① 23. ④
24. ① 25. 74.4%

> Answer

> ▶ 고정장기적합률 = $\dfrac{670만원}{600만원 + 300만원} \times 100 = 74.4\%$

26 우리나라 부실기업 정리제도를 3가지 이상 쓰시오.

27 자기자본순이익률의 의미를 설명하시오.

28 EVA의 정의에 대해 설명하시오.

> Answer
>
> **26**
> - 화의제도 : 화의법에 의해 규정된 제도로 채무자는 파산선고를 피하기 위해 채권자는 유리한 변제를 받을 목적으로 법원의 감독하에 합의를 체결하게 된다.
> - 강제화의제도 : 강제화의는 파산 채권자가 파산자와의 협정에 의해 파산을 종결시키는 제도이다.
> - 파산 : 채무자가 경제적 변제능력을 상실하여 법률적 수단으로 채무자의 전재산을 관리하여 채권자에게 채권비율에 따라 금전적으로 공평하게 배분해주는 것을 목적으로 하는 재판상의 절차를 말한다.
> - 은행관리제도 : 부실 기업의 주거래 은행이 은행 감독원의 승인을 받아 이사회 결정으로 기업을 대신하여 경영에 참여하여 기업을 존속시키고 자신들의 채권을 보호하는 제도이다.
> - 회사정리제도 : 법원의 감독 아래 각 이해관계자들의 이해를 조정하여 사업을 계속하면서 기업을 회생시키는 제도를 말한다.
> - 기업개선작업 : 경영자와 주주, 채권 금융 기관들이 협의하여 기업채무 구성과 채무 상환일정을 재조정하는 방식으로 부실기업의 회생을 꾀하는 것을 말한다.
>
> **27** 순이익을 자기자본으로 나눈 것으로, 1원의 자기자본으로 순이익을 얼마만큼 발생시켰는가를 나타낸다. 주주들이 요구하는 투자수익률이 바로 이 자기자본순이익률이다. 자기자본순이익률이 높다는 것은 자기자본이 매우 효율적으로 운용되고 있음을 의미한다.
>
> **28** EVA모형이란 기업가치평가모형의 일종으로서 경제적 부가가치(Economic Value Added)모형을 말한다. 경제적 부가가치(EVA)란 기업이 영업활동을 통하여 창출한 이익에서 자본조달 비용만큼 차감한 가치를 의미한다. 다시 말해서 EVA란 자본조달 비용을 초과하여 기업이 창출해 낸 가치인 것이다.

약력

저자 황 성 수

- 전) 순천향대학교 경영학과 외래교수
- 전) 단국대학교 경영학과 외래교수
- 전) 상명대학교 금융보험학과 외래교수
- 전) 한국관광대학 교양과 겸임교수
- 전) 한국미래정책연구원 연구위원
- 전) 전략경영연구원 연구위원
- 현) 신경대학교 경영학과 조교수

경영분석